Frühneuhochdeutsches Lesebuch

Früh-
neuhochdeutsches
Lesebuch

Herausgegeben von
Oskar Reichmann und Klaus-Peter Wegera

Max Niemeyer Verlag
Tübingen 1988

Werner Besch zum 4. Mai 1988

CIP-Titelaufnahme der Deutschen Bibliothek

Frühneuhochdeutsches Lesebuch / hrsg. von Oskar Reichmann
u. Klaus-Peter Wegera. − Tübingen : Niemeyer, 1988
NE: Reichmann, Oskar [Hrsg.]

ISBN 3-484-10585-2 (Leinen-Ausgabe)
ISBN 3-484-10586-0 (Kart. Ausgabe)

© Max Niemeyer Verlag Tübingen 1988
Alle Rechte vorbehalten. Ohne Genehmigung des Verlages ist es nicht gestattet,
dieses Buch oder Teile daraus photomechanisch zu vervielfältigen.
Printed in Germany.
Satz: pagina, Tübingen
Druck: Allgäuer Zeitungsverlag GmbH, Kempten/Allgäu
Einband: Heinr. Koch, Tübingen

Inhalt

Einleitung

1. Zur Begründung des Lesebuchs

Das späte Mittelalter und die frühe Neuzeit sind Epochen der deutschen Geschichte, die der Neuzeit nicht nur im rein zeitlichen Sinne vorausgehen, sondern in denen auch entscheidende geistige und sozialgeschichtliche Voraussetzungen der neuzeitlichen Kultur bis hin zur Gegenwart gelegt werden.

Unter sprachgeschichtlichem Aspekt werden spätes Mittelalter und frühe Neuzeit seit W. Scherers Werk *Zur Geschichte der deutschen Sprache*[1] meist zu einer eigenen historischen Sprachstufe zwischen dem Mittelhochdeutschen (1. Hälfte des 11. Jahrhunderts bis zur Mitte des 14. Jahrhunderts) und Neuhochdeutschen (seit Anfang/Mitte des 17. Jahrhunderts), nämlich dem Frühneuhochdeutschen, zusammengefaßt. Diese Sprachstufe, in der akademischen Forschung, vor allem aber in der Lehre gegenüber dem Mittelhochdeutschen lange Zeit vernachlässigt, findet seit knapp zwei Jahrzehnten ein ihrer text- und sprachgeschichtlichen Rolle angemesseneres Interesse.[2]

---

[1] W. Scherer, Zur Geschichte der deutschen Sprache. 2. Aufl. Berlin 1878. Man vgl. zur Periodisierungsproblematik neuerdings: H. Wolf, Die Periodisierung der deutschen Sprachgeschichte. In: Sprachgeschichte. Ein Handbuch zur Geschichte der deutschen Sprache und ihrer Erforschung. Hrsg. v. W. Besch/O. Reichmann/St. Sonderegger. 1. Halbb. Berlin/New York 1984, 815–823; O. Reichmann, Zur Abgrenzung des Mittelhochdeutschen vom Frühneuhochdeutschen. In: Mittelhochdeutsches Wörterbuch in der Diskussion. Symposium zur mittelhochdeutschen Lexikographie. Hamburg, Oktober 1985. Hrsg. v. W. Bachofer. Tübingen 1988 (im Erscheinen); J. Schildt (Hrsg.), Zur Periodisierung der deutschen Sprachgeschichte. Prinzipien – Probleme – Methoden. Berlin 1982; F. Hartweg, Periodisierungsprinzipien und -versuche im Bereich des Frühneuhochdeutschen – oder: Ein Versuch, eine große »Lücke« auszumessen. In: ZfdPh 108 (1989).

[2] Vgl. den Forschungsbericht: Frühneuhochdeutsch. Zum Stand der sprachwissenschaftlichen Forschung. Besorgt von W. Besch/K.-P. Wegera. Berlin 1987. (Zeitschrift für deutsche Philologie. Sonderheft). Dort werden die meisten der heute laufenden Projekte zum Frühneuhochdeutschen detailliert beschrieben. Erinnert sei insbesondere an das Bonner Projekt *Grammatik des Frühneuhochdeutschen*, an das ebenfalls in Bonn sowie in Augsburg betriebene Vorhaben *Wortbildung im Frühneuhochdeutschen*, an die Erschließung der Werke der Glossographie durch K. Grubmüller und einen Kreis ähnlich interessierter Forscher, an das *Frühneuhochdeutsche Wörterbuch*, an den Würzburger Sonderforschungsbereich *Wissensorganisierende und wissensvermittelnde Literatur*, an die Bemühungen um die Erforschung historischer Stadtsprachen, in der Literaturwissenschaft z. B. an die von H. G. Roloff begonnene Dokumentation *Die Deutsche Literatur* zwischen 1450 und 1620 (Reihe II von: *Die Deutsche Literatur*) oder an die allmähliche Etablierung von Lehrstühlen und sonstigen Arbeitsstellen für *Mittlere deutsche Literatur*.

Das hier vorgelegte Lesebuch versteht sich als kleiner Beitrag zu diesen Bemühungen. Es ist speziell für den akademischen Unterricht, vor allem im Fach Germanistik, außerdem aber in anderen auf das Verständnis des Frühneuhochdeutschen angewiesenen Disziplinen (z. B. Geschichtswissenschaft, Theologie, Rechtswissenschaft) gedacht und durchgehend auf diese pädagogische Funktion hin angelegt.

Die jüngste (Auswahl)bibliographie lesebuchähnlicher Zusammenstellungen frühneuhochdeutscher Texte[3] führt allein für die Zeit von 1450 bis 1620 die Zahl von 108 zwischen 1755 und 1972 entstandenen Anthologien, Chrestomathien und Lesebüchern auf. Viele von ihnen sind im Hinblick auf Auswahl, einleitende Kommentierung und philologische Erschließung der Texte, auch hinsichtlich angehängter Glossare und allgemeiner Einführungen bzw. Nachworte zur Kultur und Literatur der Epoche von hoher Qualität und befinden sich z. T. noch auf dem Markt. Die Herausgabe eines weiteren Lesebuches zum Frühneuhochdeutschen bedarf deshalb der Begründung. Diese ergibt sich aus der Kombination folgender Argumente:

Das *Frühneuhochdeutsche Lesebuch* enthält Texte aus allen Teilepochen des Frühneuhochdeutschen (also von der Mitte des 14. bis zur Mitte des 17. Jahrhunderts) und aus allen Teilräumen des hochdeutschen Sprachgebiets. Es setzt sich insofern von allen denjenigen Textzusammenstellungen ab, die ausschließlich oder vorwiegend einzelne geschichtlich herausgehobene Zeitabschnitte (z. B. die Zeit der Reformation) oder einzelne Landschaften (z. B. das Ostmitteldeutsche) berücksichtigen.

Das Lesebuch enthält Texte aus allen relevanten textgeschichtlich manifest gewordenen Lebensbereichen, damit aus allen sozialen Schichten und Gruppen mit ausgeprägter Schriftlichkeit und zu recht unterschiedlichen Themenbereichen, beschränkt sich also nicht auf ›literarische‹ oder ›literatur‹-nahe Texte der gehobenen Sozialschichten und ebenfalls nicht auf einige wenige Themengebiete. Durch dieses breite Literaturverständnis soll auch auf eine der Unausgewogenheiten des Fachs Germanistik hingewiesen werden: Es gibt eine Fülle ausgezeichneter Literaturgeschichten sowohl inhaltlicher wie formaler Orientierung; es gibt aber keine einzige Monographie zur Textgeschichte des Deutschen oder speziell des Frühneuhochdeutschen.[4]

Innerhalb des gesteckten Rahmens ›Gesamtzeit/-raum und gesamtes Textsortenspektrum‹ verbindet das Lesebuch Auswahlgesichtspunkte unterschiedlichster Art: Neben literarästhetischen Vorbildleistungen sowie Texten herausragender historischer Persönlichkeiten und epochenbestimmender geschichtlicher Bewegungen stehen Dokumente aus vielen Bereichen des historischen Alltags. Sie sollen schon auf Grund ihres grammatisch-stilistischen Duktus Einsicht in den geschichtlichen Stand der Schriftlichkeit unterhalb der Höchstleistungen vermitteln.

---

[3] Die deutsche Literatur. Biographisches und bibliographisches Lexikon. Reihe II. Die Deutsche Literatur zwischen 1450 und 1620. Unter Mitarbeit zahlreicher Fachgelehrter hrsg. v. H.-G. Roloff. Abt. B: Forschungsliteratur. 1. Lieferung. Bern/Frankfurt/Las Vegas [1985], 54–61.

[4] Über die Möglichkeiten und Probleme einer solchen Textgeschichte orientieren H. Kästner/E. Schütz/J. Schwitalla, Die Textsorten des Frühneuhochdeutschen. In: Sprachgeschichte [vgl. Anm. 1]. 2. Halbbd. Berlin/New York 1985, 1355–1368.

Von besonderem Gewicht für die Herausgeber war die Frage, nach welchem Gesichtspunkt die ausgewählten Texte zu ordnen seien. Sie soll deshalb etwas ausführlicher diskutiert und die getroffene Entscheidung begründet werden. Prinzipell ist jede Menge von Texten nach jeder beliebigen Texteigenschaft einteilbar.[5] In der Praxis, z. B. bei der Gliederung des Stoffes einer Literaturgeschichte oder beim Zusammenstellen eines Lesebuchs, wird man die gegebene Fülle der Möglichkeiten nach Relevanz- und Praktikabilitätsgesichtspunkten einschränken. Eine diesbezügliche Durchsicht der wichtigsten Literaturgeschichten und Lesebücher zum Frühneuhochdeutschen ergab, daß folgende Gesichtspunkte bevorzugt angewendet wurden:

- ein physikalistischer Zeitbegriff,
- geschichtliche Zeitbegriffe,
- geschichtliche Raumbegriffe,
- die sozialschichtige Gebundenheit von Texten,
- die Gruppengebundenheit von Texten,
- formale Gesichtspunkte unterschiedlichster Art,
- die Länge der Texte,
- die Dichotomie gebrauchssprachliche/literarische Überlieferung,
- inhaltliche Gesichtspunkte,
- Gesichtspunkte der Rezeption von Texten,
- Gesichtspunkte der Produktion von Texten.

Diese Gesichtspunkte werden in der Regel - teils nach Affinitäten, überwiegend nach Praktikabilität - miteinander kombiniert. Obwohl dieses Verfahren oft unbewußt gehandhabt, in vielen Fällen jedenfalls nicht explizit begründet wird, soll es hier nicht als eklektisch abgewertet, sondern ausdrücklich als eine Möglichkeit anerkannt werden, der Fülle von Texteigenschaften und Textbezügen durch eine Kombination von Ordnungsgesichtspunkten gerecht zu werden.

Dies heißt umgekehrt aber, daß auch die durchgehende Anwendung eines einheitlichen Einteilungsgesichtspunktes auf einer obersten Gliederungsebene möglich sein muß. Wir haben uns für die kommunikative Intention von Textproduzenten (das können Verfasser, Schreiber, Drucker, auch Auftraggeber sein) entschieden:

Die kommunikative Intention ist diejenige auf einen bekannten oder antizipierten Rezipienten bzw. auf eine bekannte oder antizipierte Rezipientengruppe gerichtete Handlungsabsicht eines Textproduzenten, die ihn zur schriftlichen Formulierung und Bekanntgabe eines Textes veranlaßt, und zwar in der Weise, daß der Text die Absicht zu erkennen gibt. Die Schreibhandlung erfolgt zu dem Zweck, über den Text in eine - wenn auch noch so mittelbare - kommunikative Beziehung zum Rezipienten bzw. zur Rezipientengruppe zu treten. Damit lenkt dieser Gesichtspunkt den Blick darauf, wie Textproduzenten innerhalb einer geschichtlichen Zeit mittels Texten gehandelt haben. - Die Intention dokumentiert sich auf der Rangebene des Gesamttextes, nicht also zwingend auf der Ebene von Textteilen (Kapiteln, Abschnitten, Sätzen), sie ist dementsprechend auch nur vom Gesamttext, seinem kommunikationsgeschichtlichen Ort, seinem sozialen Funktionszusammen-

---

[5] Vgl. die Versuche von H. Kuhn, Entwürfe zu einer Literatursystematik des Spätmittelalters. Tübingen 1980 und H. Kästner/E. Schütz/J. Schwitalla [vgl. Anm. 4].

hang her erschließbar. – Die Intention ist einerseits eine individuelle, sich nie in gleicher Form wiederholende, an eine Einzelsituation gebundene Gegebenheit; andererseits steht sie in Wechselbeziehung zu geschichtlichen und sozialen Verhältnissen und weist insofern Ähnlichkeiten mit Intentionen anderer Textproduzenten auf; deshalb sind Klassenbildungen möglich. – Die Intention ist ein eindeutig produzentenorientiertes Ordnungsprinzip von Texten; ihr Verständnis durch Textrezipienten kann annähernd vollständig sein, niemals aber den Grenzwert absoluter Vollständigkeit erreichen; vielmehr ist regelhaft mit unterschiedlichen Graden von Verständnis zu rechnen. Daraus ergibt sich, daß eine Texteinteilung nach Rezeptionsgesichtspunkten zu einem partiell anderen Ergebnis führen würde als eine solche nach Intentionen. – In vielen Fällen muß einem Text nicht eine einzige Intention zugrundeliegen; das Vorhandensein mehrerer Intentionen gehört zu den Regelfällen von Kommunikation. Dann muß eine der Intentionen dominant sein; die anderen sind entweder unter- oder beigeordnet.[6] – Jede Intention ist prinzipiell in unterschiedlichen formalen Gestaltungen vermittelbar, z. B. in lyrischer, epischer, dramatischer Form; innerhalb einer geschichtlichen Epoche und ihrer textgeschichtlichen Traditionen aber ist das Verhältnis von Intention und formaler Gestaltung nicht willkürlich, sondern an Konventionen gebunden, z. B. äußert sich Unterhaltungsabsicht seit dem 14. Jahrhundert eher in Prosa als in der Form des Versepos. Trotz solcher Konventionen reißt eine Einteilung von Texten nach Intentionen formale Zusammenhänge auseinander; umgekehrt zerreißt eine auf Formgesichtspunkten beruhende Gliederung intentionale Zusammenhänge. – Intentionen sollen nicht als Größen einer universalpragmatisch orientierten Handlungstheorie, sondern als genuin geschichtliche Gegebenheiten verstanden werden. Der Intentionskatalog für Texte des Frühneuhochdeutschen wird sich dementsprechend von einem solchen für das Mittel- oder das Neuhochdeutsche wesentlich unterscheiden.

Die Heranziehung der Intentionen von Textproduzenten für die Texteinteilung hängt ab von einer plausiblen Antwort auf die Frage, wie Intentionen methodisch festgestellt werden können. Das geschieht in erster Linie durch Prüfung des genauen Wortlauts der Gesamttexte, denen die ausgewählten Abschnitte entnommen wurden; dem liegt die Auffassung zugrunde, daß der Text die Intentionen des Autors zu erkennen gibt; stimmt man dieser Voraussetzung nicht zu, wird eine Texteinteilung und überhaupt eine Textgeschichte nach Intentionen zum mindesten in all denjenigen Fällen unmöglich, in denen ausschließlich ein Text vorliegt, aber keinerlei Nachrichten über seinen Verfasser sowie den genauen geschichtlichen Ort seiner Produktion und Rezeption erhalten sind. Damit ist eine zweite Möglichkeit der Erschließung von Intentionen angedeutet: Prüfung des gesamten pragmatischen, d. h. hier: zeitlichen, räumlichen, sozialen Umfelds, in dem ein Textproduzent gelebt und in das er seinen Text hineingestellt hat, sowie zusätzlich Prüfung aller Daten der Textrezeption, um von ihnen aus kritisch auf die Intention rückschließen zu können. Dies alles ist selbstverständlich nur auf der Basis der Ergebnisse möglich, die die Sekundärliteratur zu einem Text bereitstellt.

---

[6] Vgl. P. von Polenz, Deutsche Satzsemantik. Grundbegriffe des Zwischen-den-Zeilen-Lesens. Berlin/New York 1985, 329–330.

2. Zur Anlage des Lesebuchs

Das Lesebuch enthält Texte, die zu 9 Textgruppen geordnet sind. Allen Texten einer Textgruppe liegt eine einheitliche Intention zugrunde. Diese wird in der Überschrift genannt und in einem der Textgruppe vorangestellten Kopf kurz erläutert. Die Nennung der Intention erfolgt nach einem weitgehend gemeinsamen sprachlichen Muster: *sozial verbindende, legitimierende, dokumentierende, belehrende, erbauende, unterhaltende, informierende, anleitende, agitierende Texte.* Dieses Muster ist eine fachstilistische Kurzform für die adäquatere explizite Formulierung: *Texte, deren Produzenten jemanden sozial verbinden wollen, etwas legitimieren oder dokumentieren wollen, jemanden belehren, erbauen, unterhalten, informieren, anleiten wollen, agitieren wollen.* Die Erläuterung der Intention enthält maximal eine explizite Paraphrase der Intention, einen Hinweis auf die anvisierten Adressatengruppen, eine Andeutung der Geschichte der Textgruppe sowie ihrer Rolle und sozialen Einbettung innerhalb des Frühneuhochdeutschen, einige Stichworte zu den vor allem sprachlichen Kennzeichen der Texte.

Auch jedem Einzeltext ist eine Texteinleitung vorangestellt. Diese enthält maximal den Namen, die Herkunft, den Stand des Textproduzenten sowie sonstige relevante Daten über ihn, Angaben zur Überlieferung des Textes, zu seiner zeitlichen, räumlichen, sozialen Einordnung, zu den anvisierten Adressaten, zum Formtyp des Textes, zum Kontext, aus dem er herausgeschnitten wurde, Hinweise zur Sekundärliteratur, zu Editionen und Nachdrucken des Textes sowie zu dem heutigen Standort des herangezogenen Exemplars. Die angeführte Literatur stellt in der Regel eine auf ein Minimum begrenzte Auswahl dar. Angegeben werden wichtige Standardwerke, gegebenenfalls Bibliographien, profilierte neuere Arbeiten, die Intention erschließende Beiträge und – soweit möglich – auf den zugehörigen Textsortenkomplex bezügliche Werke (etwa zum Stichwort ›Reiseliteratur‹, ›Fabel‹, ›Fachliteratur‹ etc.)

Der Umfang jedes Einzeltextes ist so bemessen, daß er die Intention des Textproduzenten sowie die sprachlich-stilistische Gestaltung des Textes erkennen läßt. Dies gelang bei Kurztexten leichter als bei Langtexten. Insbesondere das dramatische Schrifttum entzog sich diesem Prinzip und blieb deshalb im Lesebuch weitgehend unberücksichtigt. Auslassungen von Textpartien unterblieben bis auf wenige Ausnahmefälle, in denen sie ohne weiteres einsichtig sind.

Die Texte werden diplomatisch getreu aus den Originalen bzw. Abbildungen davon wiedergegeben. Lediglich bei den Kürzeln wurde eingegriffen. Stillschweigend aufgelöst wurden alle Kürzel in lateinischen Wörtern und seltener verwendete Kürzel wie ꝭ für -(e)n. Einige Entscheidungen erscheinen jedoch auch bei sorgfältigstem Vorgehen schwer begründbar. So ist besonders in Handschriften die Entscheidung, eine Majuskel oder eine Minuskel anzusetzen, nicht immer mit letzter Sicherheit zu treffen, da sich das Problem der klein geschriebenen Majuskel bzw. der groß geschriebenen Minuskel mit jeweils fließenden Übergängen kaum je zufriedenstellend lösen läßt. Die Graphien der Vokale werden ebenfalls so originalgetreu wie möglich wiedergegeben, obgleich sich auch hier die verschiedenen Diakritica ($^{o\;\wedge\;c\;\check{}\;\grave{}\;\acute{}\;e}$) nicht immer deutlich unterscheiden lassen. Auch die Interpunktion blieb in ihrer ursprünglichen Form und Verteilung erhalten, da jeder Eigenschaft originaler Texte ein historischer Quellenwert zukommt; die Lesbarkeit der Texte mag durch diese Entscheidung beeinträchtigt sein.

Den Einzeltexten ist in der Regel ein knapper Anmerkungsapparat beigegeben. Dabei werden Bedeutungsangaben nur in Ausnahmefällen mitgeteilt; vielmehr werden dem Benutzer Hinweise gegeben, um ihn vor allem an die lexikographischen Hilfsmittel heranzuführen, Die Verweise verstehen sich im Falle wesentlicher Begriffe aus der Kulturgeschichte im weitesten Sinne auch als weiterführende Lesehinweise.

3. Danksagung

Unser Dank richtet sich an alle die Bibliotheken, die uns Kopien der Originale zur Verfügung gestellt haben; weiterhin an die Studenten und Mitarbeiter, die am Aufsuchen von Literatur und an der mühsamen Korrektur der Druckfahnen beteiligt waren, namentlich Birgit Eickhoff, Sabine Fedtke, Angelika Haller-Wolf, Ruth Hamann, Barbara Marks, Dieter Martin, Udo Salzbrenner, Iris Schmieder, Andreas Specht und – besonders hervorgehoben – K. Henning Wolf (alle Heidelberg), schließlich an die Teilnehmer des Hauptseminars ›Textsorten des Frühneuhochdeutschen‹ im SS 1986 in Bonn. Als Sekretärin wirkte Ursula Quoos mit, als wissenschaftlicher Mitarbeiter Andreas Gardt.

Zu danken haben wir schließlich dem Max Niemeyer Verlag, der bei allen Fragen der technischen Vorbereitung und Durchführung, schließlich bei den Korrekturen sein Engagement für das Zustandekommen des Lesebuchs bewies.

Abkürzungen und Siglen

ADB	Allgemeine Deutsche Biographie. [...] Hrsg. durch die Historische Commission bei der königl. Akademie der Wissenschaften. 56 Bde. Leipzig 1875–1912.
Bad. Wb.	Badisches Wörterbuch. [...]. Bearb. v. E. Ochs, fortges. v. K. F. Müller/G. W. Baur. Lahr 1925ff.
BMZ	Mittelhochdeutsches Wörterbuch mit Benutzung des Nachlasses von G. F. Benecke ausgearb. von W. Müller und F. Zarncke. 3 Bde. Nachdruck der Ausgabe Leipzig 1854–1866.
Brunner/Conze/Koselleck	Geschichtliche Grundbegriffe. Historisches Lexikon zur politisch-sozialen Sprache in Deutschland. Hrsg. v. O. Brunner/W. Conze/R. Koselleck. Stuttgart 1972ff.
Df.	Druckfehler.
DRW	Deutsches Rechtswörterbuch. (Wörterbuch der älteren deutschen Rechtssprache) [...] Weimar 1914ff.
DWB	Deutsches Wörterbuch von Jakob Grimm und Wilhelm Grimm [und] Quellenverzeichnis. 16 Bde (in 33 Bdn). Leipzig 1854–1971.
DWA	Deutscher Wortatlas. 22 Bde. [...]. Gießen 1951–1980.
FWB	Frühneuhochdeutsches Wörterbuch. Hrsg. v. R. R. Anderson/U. Goebel/O. Reichmann. Berlin/New York 1986ff.
HRG	Handwörterbuch zur deutschen Rechtsgeschichte. Hrsg. v. A. Erler [u. a.]. Berlin 1971ff.
Gebhardt	B. Gebhardt, Handbuch der deutschen Geschichte. 9. Aufl. Hrsg. v. H. Grundmann. 4 Bde. Stuttgart 1970–1976.
Georges	K. E. Georges, Ausführliches lat.-dt. Handwörterbuch [...]. 8. Aufl. Hannover/Leipzig 1918 (Nachdruck Basel/Stuttgart 1967).
Henisch	G. Henisch, Teutsche Sprach vnd Weißheit. [...] Hildesheim/New York 1973. Nachdruck der Ausgabe Augsburg 1616.
Lasch/Borchling	A. Lasch/C. Borchling, Mittelniederdeutsches Handwörterbuch. Fortgef. v. G. Cordes. Neumünster 1956ff.
Lexer	M. Lexer, Mittelhochdeutsches Wörterbuch. [...]. 3 Bde. Stuttgart 1979. Nachdruck der Ausgabe Leipzig 1872–1878.
Lex. für Theol. u. Kirche	Lexikon für Theologie und Kirche. Begr. v. M. Buchberger [...]. 14 Bde. Freiburg 1986.
M.	Marginalie

Maaler	J. Maaler, Die Teutsch spraach. [...]. Mit einer Einführung von G. de Smet. Hildesheim/New York 1971. Nachdruck der Ausgabe Zürich 1561.
NDB	Neue Deutsche Biographie. Hrsg. von der Historischen Kommission bei der Bayerischen Akademie der Wissenschaften. Bisher 15 Bde. Berlin 1953ff.
Realenz. f. prot. Theol. u. Kirche	Realenzyklopädie für protestantische Theologie und Kirche Begr. v. J. J. Herzog [...]. 3. Aufl. 22 Bde. Leipzig 1896–1909.
Reallexikon	Reallexikon der deutschen Literaturgeschichte. [...]. 2. Aufl. [...] hrsg. v. W. Kohlschmidt [u. a.]. 4 Bde. Berlin 1958–1984.
RGG	Die Religion in Geschichte und Gegenwart. [...]. 3. Aufl. hrsg. v. K. Galling. 6 Bde und 1 Registerbd. Tübingen 1957–1965.
Rhein. Wb.	Rheinisches Wörterbuch [...]. Hrsg. v. J. Müller. 9 Bde. Bonn 1928–1971.
Schiller/Lübben	K. Schiller/A. Lübben, Mittelhochdeutsches Wörterbuch. 6 Bde. Bremen 1875–1881.
Schmeller, Bayer. Wb.	J. A. Schmeller, Bayerisches Wörterbuch. Sonderausgabe der v. G. K. Frommann bearb. 2. Ausgabe München 1872–1877. 2 Bde. München 1985.
Schwäb. Wb.	Schwäbisches Wörterbuch. [...] bearb. v. H. Fischer [...]. 6 Bde. Tübingen 1904–1936.
Schweiz. Id.	Schweizerisches Idiotikon. Wörterbuch der schweizerdeutschen Sprache. [...] Frauenfeld 1881ff.
Veith, BWB	H. Veith, Deutsches Bergwörterbuch [...]. Wiesbaden 1971. Nachdruck der Ausgabe von 1871.
Theol. Realenz.	TRE. Theologische Realenzyklopädie. Hrsg. v. G. Krause und G. Müller. Bisher 15 Bde. Berlin/New York 1977ff.
Verfasserlexikon	Die deutsche Literatur des Mittelalters. Verfasserlexikon. [...] Berlin/New York 1978.

I. Sozial bindende Texte

Als *sozial bindend* werden Texte angesehen, deren Auftraggeber/Autoren/ Schreiber/Drucker die Absicht verfolgen, sozialbereichsspezifische Handlungen von Menschen verbindlich festzulegen und Verstöße gegen ihre Einhaltung gegebenenfalls durch Strafandrohung so weit wie möglich auszuschließen. Alle diejenigen, die in dem jeweiligen Sozialbereich stehen und damit unter die Festlegung fallen, sowie alle für den Sozialbereich Verantwortlichen haben Erwartungssicherheit über die als bindend festgelegten Handlungen, so daß soziales Verhalten, soziale Gruppenbildung und soziale Leistung ermöglicht werden.

Sozial bindende Texte waren bis ins 13. Jahrhundert – von Ausnahmen abgesehen – dem Latein vorbehalten. Danach werden sie zunehmend, aber bis zum Ende der frühneuhochdeutschen Epoche nicht ausschließlich, in deutscher Sprache abgefaßt. Ihren kommunikationsgeschichtlichen Ort bilden die Stadt- und Territorialverwaltung, die sich besonders seit dem späten 14. Jahrhundert entfaltenden städtischen Gewerbe, der Handel und die Anfänge industrieller Produktion gegen Ende des 15. Jahrhunderts. Zu den sozial bindenden Texten gehören vor allem Rechts- und Geschäftstexte.

Kennzeichen sozial bindender Texte sind u. a.: Angabe der Umstände, die zur Abfassung des Textes Anlaß geben, Formulierung der Handlungsregeln, Androhung von Strafen bei Handlungsabweichung, Nennung von Autoritäten, die die Regelungen veranlassen und ihre Einhaltung bzw. Durchführung garantieren, Nennung von Zwecken, die die Regelung ethisch rechtfertigen. Die Argumentationsstruktur ist meist konditional-konsekutiv oder final.

1. Goldene Bulle

Die ›Goldene Bulle‹ (auch ›Kaiserliches Rechtbuch‹) ist kaiserliches Gesetz, das auf zwei Reichstagen in Nürnberg am 10. Januar und in Metz am 25. Dezember 1356 erlassen wurde. Sie stellt eine Kodifikation überwiegend von Gewohnheitsrechten dar, um »die Einheit unter den Kurfürsten zu fördern [und] eine einmütige [Königs]wahl herbeizuführen und [damit] der erwähnten schmählichen Teilung und den mannigfachen aus ihr erwachsenden Gefahren den Zugang zu verschließen« (Prœmium zit. nach Wolf 1968, 10f.). Die Auftraggeber des deutschsprachigen Drucks von 1485 haben daneben auch eine legitimierende Intention: Veröffentlichung der Privilegien im Vorfeld der Königswahl 1486 (Wahl Maximilians I.).
    Der Druck enthält neben der Übersetzung der ›Goldenen Bulle‹ Kaiser Karls IV. (Nürnberg und Metz 1356; Bl. II^r/XX^v 29) die ›Goldene Bulle‹ König Sigmunds (Nürnberg 1431; Bl. XX^v 30–XXIII^r), die ›Reformation‹ König Friedrichs III. (Frankfurt 1442; Bl. XXIV^r-XXVII^r) und eine Quaternionentafel (Bl. XXVII^v). – Weitere deutschsprachige Drucke des 15. Jahrhunderts: 1474 Nürnberg bei Friedrich Creusner; 1477 Venedig bei Nicolas Gallicus; 1484 Ulm bei Lienhart Hollen.
    Ausgabe: Faks. Frankfurt 1968 mit einer Einleitung von A. Wolf. – Lit.: K. Zeumer, Die Goldene Bulle Kaiser Karls IV. 2 Bde. Weimar 1908; E. L. Petersen, Studien zur goldenen Bulle von 1356. In: Deutsches Archiv 22 (1966), 227–253; W. D. Fritz, Die goldene Bulle Kaiser Karls IV. Weimar 1972; A. Laufs, Goldene Bulle. In: HRG 1, 1739–1746. – Vorlage: Druck; Straßburg 1485 bei Johannes Prüß d. Ä.; Faks. der Ausgabe Wolf.

Das.II.Capitel.

Von der kure eines Rômifchen kûniges

D Arnach fo die kurfûrften fint kommen jn die ftat franckfurt · Des nechften
  morgens fo der tag vffgeet fôllent fy in aller gegenwûrtigkeit / jn Sant Bar-
5 tholomeus kirchen · dofelbft thûn fingen ein meffe von dem heiligen geift ⟨VI^r⟩ das
  er in ire hert3en wôlle erlûchten · vnd liecht finer krafft in ir finne gieffe / das fy
  mit finer hülff geftûret werden / einen gerechten vñ gûtten nüt3en menfchen
  kieffen / einen Rômifchen kûnig · 3û einem kûnftigen keifer · vnd 3û heile allen
  criften leüten · So die meffe gethan ift / fo fôllen die kurfûrften alle 3û dem altar
10 geen / vff dem die meffe gefungen ift · Vnd do fôllent die geiftlichen kurfürften vff
  dem heiligē ewāgelio fant Johans · Jn principio erat verbum · das dofelbs für fy fol
  geleit werden · ir hend mit würdigkeit legen vff ir bruft · Die weltlichen kurfûrften
  fôllent mit iren henden lyplich daran gryffen · Die alle mit allen irem gefünde
  fôllent do gegenwertig fyn vngewapent · Vnd der ert3bifchoff von Ment3 fol jnen
15 die form des eides geben · vnd er / mit jnen · vnd fy mit jm · Oder dero die nit
  gegenwertig fint botten / dē eid in tûtfche thûn · jn dife wyfe · Jch ert3bifchoff von
  Ment3 · des heiligē ryches ert3 cant3ler durch tûtfche land / vnnd ein kurfurfte /
  fchwere 3û difen heiligen ewangelyē / die hie vor mir gegenwertig ligent · Das ich
  vff die trûwe / mit der ich got vnd dem heiligen rômifchē rych verbunden byn /

---

10 *kurfürften*] s. DRW.

kiefen noch aller myner befcheidenheit vnd vernunft / vnd mit gottes hilff / kiefen 20
wil ein ჳytlich houpt criftenlichem volck das ift ein rổmifchen künig ჳů einem
kúnftigen keifer / der do ჳů bekomenlichen fey · als verre mich myn befcheiden-
heit vnd myn finne wyfent · Vnd by der felben trúwe fo will ich geben myn ftimme
vnd willē vnd die vorgenantē kure thủn / on alle gedinge / miet / lon / oder gelúb-
de · oder in welchrewyfe fổliche ding mổgent genant werden Alfo helffe mir got 25
vnd alle heiligen · So der eyde von den kurfürften oder iren botten in dͨ vorgenan-
ten forme vnd wyfe gefchworn ift / fo fổllē fy fich fchicken ჳů der kure · Vnnd
fổllent von der ftunde vffer der ftatt franckfurt nymer von einander kommen es
habe dann merer teil vnder jnen gewelet ein ჳytlich hopt / einen rổmifchen kúnig
ჳů einem kinftigen keifer · vertჳugent fy das ჳethůn tryffig tag / nacheinander 30
ჳeჳelende / von dem tage des gefchwornen eydes · Darnach das die tryffig tag
vfჳfint / fổllent fy fúrbas nit mer effen dann waffer vn brot · vn fổllent jn dheine
wyfe vfჳ der ftatt nymer mer kommen / es feye dann vor von jn / oder von dem
meiften teil vnder jnen ein ჳytliches houpt der heiligen criftenheit erkorn · Noch
dem das fy / oder der merer teile vnder jnen gewelet hant / Die felben wale fol 35
gehabt fyn vnd gehaltē werden / als ob fy einmüttigclichen von jnen allen werent
gefchehen Befchehe es ouch obe etliche kurfúrften oder ir bottē durch etlich ჳyt nit
gegenwertig weren / vnd fich verfpatent / oder gehindert werden vnd doch kổment
ee die vorgenante kure volendet wurde / dem bekēnen wir / das man jnen cჳů der
kure laffen foll in dem felben wefen inn ⟨vɪ^v⟩ dem fy ift in der ჳyt finer ჳůkunft / 40
wann es nun vonn alter beweret vnd von loblicher vngebrochenlicher gewổheit bis
her gehaltē ift dჳ hienach gefchriben fteet · Darumb fetჳen wir vnd erkennen von
vollē keiferlichen gewalt · Das der dͨ in vorgefetჳter wyfe erkorn wirt ჳů einem
Rổmifchen kúnig / fo die kure gefchehen ift · ob er fich dheinerlei fach oder
gefchefte von krafft des heiligen rychs ycht vnderfteet ჳe thủnde · So foll er allen · 45
vnd befunder den kurfúrften geiftlichen vnd weltlichen / von den kuntlich ift / das
fy die nechftē gelide fint des heiligen rychs · alle ir priuilegia / brieff / recht /
fryheit verlyhen / ding · alt gewonheit vnd wúrdigkeit · vnd was fy von dem rych /
bis an dē tag der kure gehebt hant vnd befeffen / beftetigen vnd beueftene mit finē
befigelten brieffen / on vertჳug vnd widerrede · Vnd die vorgenanten ftuck fol er 50
jnen alle vernúen · Vnd noch dem das er mit keiferlichen jnfeln gekrổnt wirt · Die
beftetigung fol der erkorn eim ygclichen kurfúrften befunder thủn · Von erft mit
finem kúnigclichen namen · Vnnd darnoch vnder finer keiferlichen wúrdigkeit
ernúwern Jn den dingē fol er die fúrften alle in der gemeinde / vnd ygclichen
befunder nymer gehindern · Me er ift es fchuldig fy gnedigclich ჳů fürdern one 55
argen lift · Jn der gefchicht fo try kurfúrften gegenwürtig ftổnd / oder dern botten
die nit gegenwürtig fint / den fierden vnder jn oder vffჳ ir gefelfchafft · das ift ein
kurfúrft der gegenwertig oder nit gegenwertig were / ჳů einem Rổmifchen kúnig
erwelt · Den erkennen wir mit gefetჳte / das der erwelten ftimme · ob er gegen-
wertig were · oder finē boten / ob jm nit gegenwertig gebúret ჳefinde / volle krafft 60
habe · vn die ჳale der kiefer merern / vnd das grổffer teile erfetჳen glych den and‘n
kurfürften

---

33 *kommen*] Dr. *omkmen.*   **51** *jnfeln*] s. DWB s. v. *Infel*; Lexer s. v. *infele.*

Das.III.Capitel.

Von dem ſitʒen der Ertʒbiſchȯffe von Mentʒ Trier vnd Kȯlne.

65 Jn dem namen der heiligen vnteilſamē trifaltigkeit ſeliglich Korolus der fierde /
mit gunſt gȯtlicher gnaden / ʒů ewiger gehengknuſſe der ding · Getʒierd vnd ere
des heiligen rȯmiſchen rychs / vnd keiſerlicher wůrdigkeit / vnd danckberes ge-
meines gůt füret einmůttiger wille der wůrdigen erlůchten kurfürſten · Die alſo
hohe ſȯllent fürſichtigclichen ir wyßheit / den heiligen buwe mit ſorgſamer miltig-
70 keit / mit der hilff keiſerliches gewaltes / recht wůrt verſtricket · Vnd ſo ſy mere
mit wyter mynne gelychs gunſtes mit ein verſtrickt ſint / ſo ſy mere mit ſollichem
vſſʒgieſſent gemahe fruchtberer freide vnd růwe aller criſtenheit · Daruͫ das
vnder den wirdigen ertʒbiſchȯffen von Mentʒ Trier vnd Kȯln / des heiligen ryches
kurfür⟨vɪɪʳ⟩ſten aller kriege vnd arckwan die vnder jnen mechten vffſtȯn / von dē
75 vorgang / vnd vͫ die wirdigkeit ires ſitʒens in keiſerlichem oder kůnigclichem
hofe / hienoch vnd fůrbas mer ʒů ewigen ʒyten abſyn · vñ ſy in gerůwiger wyſe
hertʒen vnd gemüttes belyben · die wir koum betrachten mȯgen / mit gemeinem
gunſt flyſſe vnd tugentſamer lieb die notturft des heiligen rychs / ʒů troſt criſtenem
volck · So ſetʒē wir mit vorbetrachtung mit allen kurfůrſten geiſtlichen vnd welt-
80 lichen / mit irem rate · vnd volkomenheit keiſerliches gewaltes beſtetigē wir mit
diſem geſetʒte / ewigclich ʒewerende · Das die ertʒbiſchȯffe ſȯllent vnd mȯgent
ſitʒen in allen offenlichen kůnigclichen vnd keiſerlichen geteten / an gerichten
lehen ʒelyhen / ʒů tiſch eſſen / in reden · vnd ⟨vɪɪᵛ⟩ jn allen andern wercken · oder
ſo jnen gebůret ʒů ſamen ʒekomen ʒe tedingen vm des rychs nutʒ vnd ere · Der
85 biſchoff von Tryer ſol gelych gegen des keiſers angeſicht ſitʒen · Der von Mentʒ ſol
jn ſinem biſtum vnd in ſiner prouintʒ / ouch vſʒwendig ſiner prouintʒ / in aller
tůtſcher Cantʒelary / one in der prouintʒ kȯln / ſitʒen ʒů der rechten ſytē des
keiſers · Der von kȯln ſol in ſinem biſtum vnd prouintʒ / in allen lampartiſchen
vnnd welhiſchen landen / ſitʒen ʒů der rechten hand des keiſers Wir wȯllen das die
90 ſelbe wyſe ʒů ſitʒen ʒů aller ordnung / als vorgeſprochen iſt / gehalten werden von
den nochkomenden der vorgenanten ertbiſchȯffe kȯln Trier vnd Mentʒ · Das ʒů
keiner ʒyt yemermere keinerley ʒwyfel von den dingen vfferſtande ·

---

66 *gehengknuſſe*] s. DRW s. v. *Gehängnis* (II). **66** Satzbruch **84** *tedingen*] s. Lexer s. v.
tagedingen.

Das.IIII.capitel

Von dem fitʒen aller kurfúrſten · Vnd von dem ʒúrúffen dʼ kurfúrſtē ein
rŏmiſchē kúnig ʒekieſen · vñ vō dē amptē   95

Wir ſetʒen hienoch · Wie dick es ſich heiſchet / vō diſer ſtund vnd fúrbas mer /
ſo ein keiſerlicher hofe gehalten wúrt in ygclichem ſitʒen / ʒů rate / ʒů tiſch /
vnd in welchen andern ſtetten / do einem keiſer oder rŏmiſchen kúnig gebúret ʒe
ſitʒen · So ſol der kúnig von Beheim / vm das er ein gekrŏnter vnd geſalbeter fúrſte
iſt / aller nechſt by dem ertʒbiſchofe ſitʒen / er ſey vonn kŏln oder von mentʒ /   100
dem dann one mittel gebúret ʒeſitʒen by der rechten ſyten eins keiſers / noch ge-
legenheit der ſtette vnd proúintʒien als ir fryheit haltet · Noch dem kúnig von
beheim vff die ſelben ſyten ſol ſitʒen der pfaltʒgraff vom Ryn · Aber ʒů dem
lingken teile noch dē vorgenanten ertʒbiſchoff / den one mittel gebúrt ʒeſitʒen / ſol
der hertʒtʒog von Sachſſen ſitʒen · Darnohe der marckgraff von brandenburg ·   105
Anderwerb wann vnd wie dick das heilige rych ledig iſt / von dannen ſol der
ertʒbiſchoff von Mentʒ gewalt haben als es bekant iſt · das er von alter har hat
gewalt gehebt die andern kurfúrſten / ſyne geſellē in der kure / mit brieffen ʒů jm
heiſchen · Die alle oder die gegenwertig mŏgen oder wŏllen ſyn · vnd in dem ʒyle
der kure by im geſamnet ſint ſo ſol der biſchoff von mentʒ / vnd kein anderer / die 110
ſtimmen jnnemen · vnder ſŏlicher ordnung · Zů dem erſten ſol der ertʒbiſchoff
von mentʒ den ertʒbiſchoff von Trier anfragen / dem die erſte ſtim ʒůgehŏret · als
es von alter herkomen iſt · Darnohe den ertʒbiſchoff von kŏln · dem die wirdigkeit
vnd das ampt ʒůgehŏret · das er eim rŏmiſchē kúnig die erſten kúnigclichen kron
vffſetʒet Zům tritten mole von dem kúnig vō Beheim · Der vnder den layſchen   115
fúrſten / von kúnigclicher wirdigkeit den anfang hat · Zú dem fierden mole · von
dem phaltʒgrafen by Ryn · Zům fúnften von dem hertʒogen von Sachſſen · Zum
ſechſten male / ⟨VIIIʳ⟩ von dem margrafen von brandemburg · So das alles geſche-
hen iſt · ſo ſŏllent die vorgenanten kurfúrſten / den biſchoff von Mentʒ iren geſel-
len widerumb fragen das er jnen ſyn meinung vnd willen offembare Anderwerb jn   120
der herſchaft eins keiſerlichen hofs ſol der marckgraf von brandenburg waſſer ge-
ben úber des keiſers hende · oder des Rŏmiſchen kúniges · Dem tranck ſol dienen
der kúnig von Beheim · das er doch nit ſchuldig iſt ʒů dienen vnder ſiner kúnigc-
lichen kron · Er wŏlle es dann gern thůn von willen · Der pfaltʒgraff vom Ryn ſol
das erſt eſſen antragen · Der hertʒog von Sachſſen marſchalck / ſol ſyn ampte thůn 125
als von alter har iſt kommen

---

115 *layſchen*] s. Lexer s. v. *leiisch*; DRW.

2. Augsburger Religionsfriede

Der Augsburger Religionsfriede vom 25. September 1555 läßt sich durch folgende Stichworte charakterisieren: resignierter konfessionspolitischer Kompromiß nach Jahrzehnten konfessioneller Auseinandersetzungen; Erweiterung des Ewigen Landfriedens von 1495 auf die Träger genau bestimmter konfessioneller Abweichungen von der katholischen Lehre; zwar nicht dem Rechtsgrundsatz, wohl aber der Sache nach reichsrechtliche Sicherung des Besitzstandes einiger Konfessionen; Begründung territorialer Kirchenhoheit und ansatzweise Gewährung freier Konfessionswahl für jedes Individuum (zu realisieren durch Auswanderung). Zwischen Ferdinand I. einerseits und den Reichsständen der katholischen und der Augsburgischen (nicht der übrigen, z. B. der zwinglianischen und calvinistischen) Konfession andererseits geschlossen, verpflichtet er die Parteien insgesamt und ihre Gruppen untereinander in einem komplizierten, überall die Spuren des politischen Kompromisses zeigenden Gefüge von Vereinbarungen bis zur Wiederherstellung der Glaubenseinheit auf wechselseitige Respektierung der Konfessionswahl sowie auf die Lösung aller anfallenden religiösen Streitigkeiten durch »Christliche / freundtliche / friedliche mittel«.

Ausgabe: K. Brandi, Der Augsburger Religionsfriede vom 25. September 1555. 2. Aufl. Göttingen 1927; K. Zeumer, Quellensammlung zur Geschichte der deutschen Reichsverfassung in Mittelalter und Neuzeit. 2. Aufl. Tübingen 1913, Nr. 189. – Lit.: F. Hartung, Deutsche Verfassungsgeschichte vom 15. Jahrhundert bis zur Gegenwart. 7. Aufl. Stuttgart 1959; M. Heckel, Deutschland im konfessionellen Zeitalter. Göttingen 1983; A. Laufs, Rechtsentwicklungen in Deutschland. 3. Aufl. Berlin/New York 1984; HRG 1, 260–261; RGG 1, 736–737. – Vorlage: Abschiedt / Der Römischen Königlichen / Maiestat vnd Gemeiner Stendt auff / dem Reichstag zu Augspurg [. . .]. Mainz 1555 bei Franziskus Behem; Exemplar der Bayerischen Staatsbibliothek München.

⟨ Jn sölcher für gezogener Berathschlagung des Friedens / haben sich gleich als bald auß der erfarnuß / vnd dem jenigen so hieuor fürgangen / der Chürfürsten Rehte / erscheynende Fürsten / Stendt / Bottschafften vnd Gesandten erinnert. Dieweyl auff allen von Dreyssig oder mehr Jaren gehaltenen Reychßtägen vnd et-
5 lichen mehr Particular versamblungen / von einem gemeinen beharlichen vnnd bestendigen Frieden / zwischen des Heyligen Reychs Stenden / der strittigen Religion halben / auffzürichten / vielfaltig gehandlet / gerathschlagt / vnd etlich mal Friedstende auffgericht worden. Welche aber zůerhaltung des Friedens niemals genugsam gewesen / sonder deren / vnangesehen die Stende des Reychs / für vnnd
10 für in widerwillen vnd mißuertrawen gegen einander stehen blieben / darauß nicht geringer vnrath / sein vrsprung erlanget. Wo ferr dann inn werender Spaltung der Religion ein ergentzte Tractation vnd hand⟨5ᵛ⟩lung des fridens / in beden der Religion / Prophan / vnd weltlichen sachen / nicht fürgenomen würdt / vnnd in alle wege dieser Artickel dahin gearbeit vnnd verglichen / damit beyder seyts Re-
15 ligionen hernach zuuermelden / wissen möchten / weß einer sich zu dem andern endtlich zuuersehen / daß die Stende vnd vnderthonen sich bestendiger / gewisser / sicherheit nit zůgetrösten / sonder für vnd für ein jeder in vntreglicher gefar / zweifenlich stehn müst. Sölche nachdenckliche vnsicherheit auffzůheben / der

---

8 Friedstende] s. DRW.   13 nicht] Dr. nchit.

Stende vnnd vnderthonen gemüter widerumb in rhůge vnd vertrawen gegen einander zůſtellen / die Teutſch Nation vnſer geliebt Vatterlandt vor endtlicher zertrennung vnnd vndergang zůuerhütten. Haben wir vns mit der Chůrfürſten Rheten vnd Geordneten / den erſcheinnenden Fürſten / vñ Stenden / der abweſenden Botſchafften vñ geſandten / vnd ſie hinwider ſich mit vns vereinigt vnd verglichen. 20

⁋ Setzen demnach / ordnen / wŏllen vnd gebieten / das hinfüro niemands / was würden / ſtandts oder weſen der ſey / vmb keinerley vrſachen willen / wie die 25 Namen haben mŏchten / auch inn was geſuchtem ſchein / das geſchehe / den andern beuheden / bekrigen / berauben fahen / vberziehen / belegern / auch darzu für ſich ſelbs / oder jemants andern von ſeinet wegen nit dienen / noch einich Schloß / Stet / Marckt / Beueſtigung / Dŏrffer / Hŏffe / vnd Weiler / abſteygen / oder on des andern willen / mit gewaltiger that / freuentlich einnemen oder gefar- 30 lich mit Brandt oder in andere wege beſchedigen / noch jemandts ſŏlchen Thetern rhat / hůlff / vnd in kein ander weiß beyſtendt oder fůrſchub thun / auch ſie wiſſentlich vnnd gefarlich nicht herberigen / behauſen / ⟨6ʳ⟩ åtzen / trencken / endthalten / oder gedulten / ſonder ein jeder den andern mit rechter freundſchafft vnd Chriſtlicher lieb meinen / auch kein Standt noch gliedt des heyligen Reychs 35 dem andern / ſo an gebůrenden orten Recht leyden mag / den freyen zůgang der Profiant / narung / gewerb / Renth / Gůlt / vnd einkomen abſtricken / noch auffhalten / Sonder inn alle wege die Keyſerliche Maieſtat / vñ wir / alle Stende / vnd hinwiderumb die Stende / die Keyſerliche Maieſtat vns / auch ein Standt den andern bey dieſen nachfolgenden Religions / auch gemeiner Conſtitution des vffgerich- 40 ten Landtfriedens alles inhalts bleiben laſſen ſollen.

⁋ Vnd damit ſŏlcher friedt / auch der ſpaltigen Religion halben / wie auß hie vor vermelten vnd angezogenen vrſachen / die hohe notturfft des heyligen Reichs Teutſcher Nation erfordert / deſto beſtendiger zwiſchen der Rŏmiſchen Keyſerlichen Maieſtat / vns / auch Chůrfůrſten / Fürſten vñ Stenden des heiligen Reichs 45 Teutſcher Nation angeſtelt / auffgericht / vnd erhalten werden mŏchte. So ſollen die Keyſerliche Maieſtat / wir / auch Chůrfůrſten / Fürſten vnd Stende des heiligen Reichs / keinen ſtand des Reichs / von wegen der Augſpurgiſchen Confeſſion / vñ der ſelbigen lehr / Religion / vnnd glaubens halb / mit der thatt / gewaltiger weiß vberziehen / beſchedigen / vergewaltigen / oder in andere wege / wider ſein 50 Conſcientz / gewiſſen / vnd willen / von diſer Augſpurgiſchen Confeſſions Religion / Glauben / Kirchen gebreuchen / Ordnungen / vnnd Ceremonien / ſo ſie auffgericht / oder nochmals auffrichten mŏchten / in Jren Fürſtenthumen / Landen / vnd Herrſchafften / tringen oder durch Mandat / oder inn ⟨6ᵛ⟩ eyniger anderer geſtalt beſchwåren / oder verachten. Sonder bey ſŏlcher Religion / Glauben / 55 Kirchen Gebreuchen / Ordnungen vnnd Ceremonien / auch jhren Haab / güttern liegendt vnd farendt / Landt / Leuthen / Herrſchafften / Obrigkeyten / Herrlicheyten / vnd gerechtigkeyten / rüglich vnd friedlich bleiben laſſen / vnd ſoll die

---

24ff. Landfriedensformel. **27** *beuheden*] vgl. Lexer s. v. *bevêheder*; DRW. **29** *abſteygen*] s. FWB. **37** *auffhalten*] ›jm. etw. vorenthalten‹. **42ff.** Sicherung der Stände. **58** *Herrlicheyten*] s. Lexer s. v. *hêrlîcheit*; DRW.

ſtreitig Religion nicht / anderſt dann durch Chriſtliche / freundtliche / friedliche /
60 mittel vnnd wege / zů einhelligem Chriſtlichem verſtandt vnd vergleychung ge-
pracht werden / alles bey Keyſerlichen vnnd Kŏniglichen würden / Fürſtlichen eh-
ren / waren worten / vnd peen des Landtfriedens. ℂ

℃ Dargegen ſollen die Stende / ſo der Augſpürgiſchen Confeſſion verwandt / die
Rŏmiſche Keyſerliche Maieſtat / vns / vnd Chůrfůrſten / Fürſten vnnd andere des
65 Heyligen Reychs Stende der allten Religion anhengig / Geyſtlich vnd Weltlich /
ſampt vnd mit jhren Capiteln / vnnd andern Geyſtlichs ſtandts / auch vngeachtet /
ob vnd wohin ſie jhre Reſidentzen verrückt oder gewendet hetten (doch das es mit
beſtellung der Miniſterien gehallten werde / wie hie vnden daruon ein ſŏnderlicher
Artickel geſetzt) gleycher geſtalt bey jhrer Religion / glauben / Kirchen gebreuchen
70 Ordnungen / vnnd Ceremonien / auch jhren Haab / Güttern / liegend vnd fa-
rendt / Landen / Leuthen / Herrſchafften / Obrigkeyten / Herrlicheyten / vnd ge-
rechtigkeiten / Renthen / Zinſen / Zehenden / vnbeſchwerdt pleyben / vnd ſie
derſelbigen friedtlich vnd růglich gebrauchen / genieſen / vnweigerlich folgen
laſſen / vnd getrewlichen darzů verhoffen ſein / auch mit der that / oder ſonſt in
75 vngutem gegen demſelbigen nichts fürne- ⟨7ʳ⟩ men / ſonder jn allwege nach laut
vnd außweyſung des Heiligen Reychs Rechten / Ordnungen / Abſchieden / vnd
auffgerichtem Landfrieden jeder ſich gegen dem andern an gepůrenden ordenli-
chen Rechten benügen laſſen / alles bey Fůrſtlichen Ehren / waren worten / vnd
vermeydung der Peen in dem vffgerichten Landtfrieden begriffen.

80 ℃ Doch ſollen alle andere : ſo obgemelten bede Religionen nit anhångig / Jn
dieſem frieden / nit gemeint / ſonder gentzlich außgeſchloſſen ſein.

℃ Vnd nachdem bey vergleichung dieſes friedens ſtritt fur gefallē / Wo der
Geyſtlichen eyner oder mehr / von der alten Religion abtretten wůrden / wie es der
von jhnen biß daſelbſt hin beſeſſenen / vnd eingehabten Ertzbiſtům / Biſtům /
85 Prelaturn vnnd beneficien halb / gehallten werden ſolle / welches ſich aber beder
Religions ſtende nit haben vergleichen kŏnnen. Demnach haben wir Jnn Krafft
hochgedachter Rŏmiſcher Keyſerlicher Maieſtatt / vnns gegebenen volmacht vnnd
heimſtellung erklert vnnd geſetzt / Thun auch ſŏllichs hiemit wiſſentlich / Alſo wo
ein Ertzbiſchoff / Biſchoff / Prelat / oder ein anderer Geyſtlichs ſtandts / von
90 vnſer alten Religion abtretten wurdt / das derſelbig ſein Ertzbiſtům / Biſtům / Pre-
latur vnd andere beneficia auch damit alle frucht vnd einkomen / ſo er dauon
gehabt als baldt ohn eyniche verwiderung / vnd verzugk / jedoch ſeinen Ehren
onnachteylig / verlaſſen / auch den Capiteln / vnd denen es von gemeinem Rech-
ten oder der Kirchen vnd Stifft gewonhei⟨7ᵛ⟩ten zůgehŏrt / ein Perſon der alten
95 Religion verwandt zů wŏlen vnnd zůordnen zugelaſſen ſein / welche auch ſampt
der Geyſtlichen Capiteln vnd andern Kirchen / bey der Kirchen vnd Stifft funda-
tionen / Electionen / Preſentationen / Confirmationen / altem herkomen / gerech-
tigkeitten / vnnd güttern / liegendt vnd farendt / vnuerhindert vnnd friedlich ge-

---

74 *verhoffen*] s. DWB.   **79** *Peen*] s. DWB s. v. *Pön*.   **80ff.** Ausſchluß Andersgläubiger.

laſſen werden ſollen / Jedoch künfftiger Chriſtlicher freuntlicher vñ entlicher ver-
gleichung der Religion vnuergrifflich.   100

3. Bambergische Halsgerichtsordnung

Strafgerichtsprozesse wurden bis ins 15. Jahrhundert stark von relativ ungeordneten, dem Er-
messen der untersuchenden Amtspersonen breiten Spielraum lassenden polizeilichen Vorver-
fahren bestimmt. Den Schritt von diesem Verfahrenstyp zu einer geregelten, am gemeinen
Nutzen orientierten Form des Strafprozesses vollzog der Bamberger Hofmeister Johann von
Schwarzenberg und Hohenlandsberg (1465-1528) mit der von ihm gestalteten sog. Bamber-
gischen Halsgerichtsordnung von 1507. Sie beruhte auf fränkischem Gewohnheitsrecht des
15. Jahrhunderts, verband dieses mit anerkannten Lehrsätzen der oberitalienischen Jurispru-
denz sowie mit Gedanken der von Schwarzenberg publizierten Übersetzung der philosophi-
schen Schriften Ciceros und wurde auf diese Weise die Grundlage der seit 1532 für alle
Reichsglieder geltenden *Peinlichen Gerichtsordnung Kaiser Karls V. (Constitutio Criminalis
Carolina)*. Der hier ausgewählte Text betrifft u. a. das »Richterproblem als die zentrale Frage
des Strafprozeßrechts« (Laufs, 112); er belegt damit exemplarisch die sozialen und ethischen
Bindungen, auf die die Prozeßbeteiligten durch die Ordnung verpflichtet werden.
    Ausgabe: J. Kohler/W. Scheel, Die Bambergische Halsgerichtsordnung [...]. Halle 1902.
[Nachdruck Aalen 1968]; Faks.: Johann von Schwarzenberg, Bambergische Halsgerichtsord-
nung. Nürnberg 1979. - Lit.: HRG 1, 592-595; R. His, Geschichte des deutschen Strafrechts
bis zur Carolina. München [u. a.] 1928; A. Laufs, Rechtsentwicklungen in Deutschland.
3. Aufl. Berlin/New York 1984; H. Rüping, Grundriß der Strafrechtsgeschichte. München
1981; E. Schmidt, Einführung in die Geschichte der deutschen Strafrechtspflege. 3. Aufl. Göt-
tingen 1965; E. Wolf, Johann Freiherr von Schwarzenberg. In: Große Rechtsdenker der deut-
schen Geistesgeschichte. 4. Aufl. Tübingen 1963, 102-137. - Vorlage: Druck; Bamberg 1507
bei Hans Pfeil (bis 1580 11 Auflagen); Exemplar der Universitätsbibliothek Marburg.

iij. Von Richtern vnd Vrteylern.

Jtem Erſtlich Setʒen orden vnd wőllen wir / das all vnſer vnd vnſers / Stiefts halß-
gericht mit tůglichen / Richtern vnd vrteilern verſehen vnd beſetʒt werden / So
tůglichſt / beſte vnd meyſt dieſelbigen nach gelegenheit ydes orts mőgen bekomē
vnd gehabt werden /   5

iiij. Von dem pan vber das blut

Jtem einem yeden panrichter ſol der pan vber das blut ʒurichten von vns verlihen /
vnd demſelben gericht durch vnſer ſchrift verkundigt ſein / ⟨vᵛ⟩

---

6 *pan*] s. DRW s. v. *Bann*.   **6** *blut*] vgl. DRW s. v. *Blutbann*.   **8** auf unterer Seitenhälfte
Holzschnitt: Vereidigung von vier Gerichtspersonen, des Richters, Schöffen, Gerichtsschrei-
bers und Nachrichters, durch den Gerichtsherren in einem Saale. Darüber: *Geſellen mercket
ewer pflicht. Sel vnd ere verwurcket nicht.*

v. Des Richters Eide vber das blut ʒurichten.

10 Jch fol vnd wil des Hochwirdigen Furften vnd herren / herrñ Georgen Bifchouen
ʒu Bamberg meins genedigñ herren vnd feines ftifts fchadñ warnen / vnd fromen
getrewlich werbñ / mich rechts gerichts fleiffigē vnd vber das blut recht vrteil gebñ
vnd richten / dem armen als dem reichen / vnd das nit laffen / weder durch lieb
laid myet gabe noch von keiner andern fachen wegen Auch des genanten meins
15 gnedigñ herñ / gepoten gefchefften vnd verpotñ gehorfam fein / vnd funderlich fol
vnd wil ich feiner gnaden ordnūg / vber die halßgericht gemacht getrewlich gele-
ben / vnd nach meinem peften vermőgen hanthaben / vnd wes dawider gehãdelt
wűrde / das ich nit wendē mőcht / an fein furftlich gnade gelangen ʒulaffen / alles
getrewlich vnd vngeuerlich Alfo Bit mir got ʒu helffen vnd die heiligen /

20   vj. Von den / fo die Gericht Jrer guter halben befitʒen

Jtem welche perfon von irer gűter wegen die halßgericht ʒubefitʒen fchuldig fein /
vnd daffelbig auß fwacheyt vnd gebrechligkeit ires leibs vernuft / yugent / alter /
oder ander vnfchickligkeit halbñ nit befitʒen vnd verwefen mőgen (So oft das not
gefchicht) Sol der oder diefelbigñ ander tűgēlich perfon ʒubefitʒung des halßge-
25 richts an yr ftat orden vnd beftellñ mit wiffen vnd ʒulaffung vnfers Amptmans

vij. Schopffen Eyde.

Jtē fo fol ein yder Schőpff vnfer halßgericht dem Amptman Hauptman oder pfleger
deffelbigen vnfers Ampts globñ vnd fweren wie hernachuolgt / welche pflicht ei-
nem yeden fchopffen vor gelefen / vnd er alfo nachfprechen fol Das ich in den
30 fachen / derhalb ich von halßgerichts wegen vrteil gefragt wűrdt / nach meiner
beften verftentnus vnd meines genedigen herren / von ⟨vjͬ⟩ Bamberg Reformacion
gemeß / getrewlich vrteil vnd recht fprechen will / Vnd was mir von halßgerichts
wegen (als einē fchopffen) ʒuthun gepurt / gehorfam vnd fleiffig fein / vnd mich in
dem allen nit abwenden laffen weder freűntfchaft / feindtfchafft / myet / gabe /
35 noch keinerley fachen / dadurch recht vnd gerechtigkeit gehindert werdñ mochtñ
Alfo helff mir got vnd die heiligñ

viij. Schreibers Eide

Jtē dem Gerichtsfchreiber fol in feinem Eide / den er funft ʒum gericht thut /
eingepundñ werden / das er in den fachen (das halßgericht betreffende) fleiffig
40 aufmerckung haben wőlle / clag antwort anʒeigung arckwon verdacht oder be-
weifung / So der anclager wider den beclagten vor jme furbringt / Auch die vrgicht
des gefangñ / vnd wes gehandelt wurdet / getrewlich aufʒufchreiben verwaren /
vnd (fo es nodt tut) verlefen / Auch dar jn keinerley geuerde fuchen / oder ge-
brauchen / Auch diefe Reformacion vnd alle fachen (darcʒu dienende) getreulich
45 furdern wőll

---

16 *halßgericht*] s. DRW.

ix. Nachrichters Eyde

Jch fol vnd wil meines gnedigñ herrñ von Bambergs vnd feiner gnaden Stifft fcha-
den warnen / frőmen werben in meinem ambt getrewlich dienen / peinlich fragen
vnd ftraffen / wie mir võ feiner gnaden weltlichen gewalt / yedes mals beuolhen
wurdet / Auch darvmb nit mer dan ʒimlich belonung nemen / alles nach laut difer 50
ordnüg / was ich auch in peinlicher frag hőre / oder mir funft in gehaym ʒuhalten
beuolhen wirdet / daffelbig wil ich nyemant ferner erőffen Auch on erlawbung
genantes meines gnedigen herrñ hoffmeifters Marfchalcks oder haußvoyts nyndert
ʒyhen / vnd derfelben gefchefften vnd gepotñ gehorfam vnd willig fein / alles ge-
trewlich vnd on allerley geuerde / Alfo helff mir got vnd die heiligen 55

4. St. Joachimsthaler Bergordnung

Das Bergrecht entwickelt sich (seit Mitte des 12. Jahrhunderts) zu einem Sonderrecht mit
zahlreichen Privilegien für die Gewerken, die wiederum - seit dem 16. Jahrhundert auch als
Genossenschaften - ihrerseits Lohnarbeiter beschäftigen. Die Bergordnungen regeln sehr ge-
nau diese besonderen Arbeits- und Rechtsverhältnisse: Regelungen der verschiedenen Ämter
und Posten, Vorschriften die Berg- und Hüttenwerke betreffend, arbeitsrechtliche Regelungen
(Lohnschutzbestimmungen, Arbeitszeitregelungen, im späten 16. Jahrhundert auch Kündi-
gungsschutz etc.). Die Bergordnung von St. Joachimsthal enthält zudem eine Prozeßordnung
für Bergangelegenheiten und die Vereidigungsformeln für die verschiedenen Ämter.
    Lit.: W. Wegener, Bergrecht. In: HRG 1, 374-378. - Vorlage: Druck; BergkOrdnung des
freyen Kőniglichen Bergwercks Sanct Joachimsthal / sampt anderen vmbliegenden vnnd
eingeleibten Silberbergwercken. [In:] Vrsprung vnd Ordnungen der Bergwerge Im Kö-
nigreich Böheim, Churfürstenthum Sachsen, Ertzhertzogthum Osterreich Fürstenthumb
Braunschweig vnnd Lüneburgk, Graffschafft Hohenstein [...] S. 75-211 (+ Appendix). [Ab-
druck der St. Joachimsthaler Bergordnung von 1548 (erlassen von Erzherzog Ferdinand), zu-
sammen mit verschiedenen Ordnungen von Silber-, Zinn-, Blei- und Kupferbergwerken.] Leip-
zig 1616 bei Lorenz Kober; Exemplar der Herzog August Bibliothek Wolfenbüttel.

Der LXX. Artickel.

Wie mit dem Vollmachten / fo vber Retardattheil / auffbracht / gehandelt foll werden. ⟨143⟩

DEr Bergkmeifter fol keinen Schichtmeifter / oder Vorfteher der Zechen geftat-
ten / einiche Vollmachten auffʒurichten / theil aus dem Retardat ʒuver- 5
geben / ʒuvorgewercken oder ʒuverkauffen / es fey dann das die Gefchwornen /
ʒuvorn in derfelben Zechen / die tieffften / auch die őrter vnd Gebewde / da man
jetʒt bawet / vnd nechft ʒuvorn gebawet hat / auffs fleiffigft befichtiget / vñ befto-

---

2 *Retardattheil*] s. Veith, BWB s. v. *Retardat.*   **6** *vorgewercken*] s. Veith, BWB s. v. *vergewer-*
ken.   **8** *beftochen*] s. Veith, BWB s. v. *bestechen*; DRW.

chen haben / vnd wo fie alsdann betrug oder gefehrlich fúrnehmen befinden /
10 follen fie es dem Bergkmeifter / vnnd der Bergkmeifter fúrder dem Hauptman oder
Verwalter vnnachleffig anzeigen / der fol es an vnfer ftat mit ernft ftraffen.

Vnnd da der Bergkmeifter befúnde / das in den Vollmachten / durch die Vorfte-
her der Zechen / oder durch etliche Gewercken / zu jhrem eigen nutz / den andern
Gewercken zufchaden / vorteil gefucht / diefelbigen vollmachten fol der Bergk-
15 meifter keins wegs annehmen / noch bekrefftigen / vngeacht / ob gleich die Ge-
wercken auff berurte vollmachten vber den halben theil eingefchrieben hetten /
vnd wo hierinnen betrúgliche Handlung gefunden / das vnfer Hauptman oder Ver-
walter daffelb mit ernft ftraffe.

Damit aber auch durch die vollmachten / mit den bawenden Gewercken nicht
20 gefehrlichen gehandelt / fol es folgender geftalt darmit gehalten werden.

Erftlich fol kein Vorfteher der Zechen / fich vnterfahen einiche vollmacht der
Retardattheil halben / auffzubringen / er hab dann zuvor die verlegten Gewercken
vnd Verleger / foviel er immer der bekommen mag zufammen erfordert / vnd jh-
nen der Gebewde vnd gelegenheit der fachen beneben dem Steiger gründlichen
25 bericht gethan / mit jhnen befchloffen / welcher geftalt fie darmit zugebahren /
vnd zuhandlen gefinnet / folchen der Gewercken fchluß / follen fie dem Bergk-
meifter anzeigen / der fol jhnen alsdann ein zeit die vollmacht auffzurichten
beftimmen vnd ernennen / vnd fo diefelbigen Vollmachten / in berurter zeit nicht
vollzogen / vnd deß verzugs nit anfehnliche vrsachen dargethan / follen fie
30 vnkrefftig geachtet / vnd nicht zugelaffen werden / auff das nicht die Auffbringer
der vollmachten / zu ihrem eigen vortheil vnd nutz / der Retardattheil alslang es
jhn wohlgefellet mechtig fein.

In die Vollmachten fol einer fúr den andern nicht einfchreiben / er hab dann des
von demfelbigen einen beweißlichen vnnd auffrichtigen befehl / vnd wo es ausfún-
35 dig / das ein Vorfteher / oder auch einander von wegen eines einfchreib / von dem
er keinen befehl hette / oder ein vollmacht durch einen falfchen bericht auffbracht
wúrde / vnd folchs in Zeit da die theil vnverruckt an Tag bracht vnnd erweift / fo
foll alsdann ⟨144⟩ diefelbige vollmacht (vngeachtet ob fie der Bergkmeifter aus
vnwiffen des handels bekrefftiget hette) nichtig erkand vnd zurúck geftoffen wer-
40 den / vnnd die jenigen fo fie durch eigen angemaft einfchreiben / oder falfchen
bericht auffbracht / mit ernft vnd hertiglich geftrafft werden.

Vnd da auch der Bergkmeifter befúnde / das in den Vollmachten durch die
Vorfteher der Zechen / oder durch etliche Gewergken / zu jhrem eigen nutz / vnd
den andern mit Gewergken zufchaden / Vortheil gefucht / die Retardattheil damit
45 vmb ein gerings an fich zu bringen / diefelbigen fchnellen vnd vordechtigen Voll-
machten / fol der Bergkmeifter fo bald nicht annehmen / fondern der fachen nach-
trachten / auff das den bawenden Gewergken allen zu gleich hierinnen zum beften
gehandelt / vnd niemand wieder die billigkeit verfortheilt werde. Dieweil auch in
den geftúckten vollmachten / welche vnter dem Titel (das man die Retardattheil /
50 den verlegten Gewergken austheilen wolle / vnd welcher feinen theil nicht anneh-

---

9 *gefehrlich*] s. DRW s. v. *gefährlich.*   **16** *berurte*] Synonym für *(ob)gemelt, (ob)/(für)genant,*
vurschreven usw.   **22** *auffzubringen*] s. DRW.   **22** *verlegten*] s. DWB; Veith, BWB.
23 *Verleger*] s. DWB; Veith, BWB.

men / das man denſelbigen andern vergewergken muͤge) auffgebracht viel
ſeltʒamer partirung vnd Practica vermerckt / ſo befehlen wir hiemit / das vnſer
Bergkmeiſter ſolcher vollmachten keine annehmen ſolle / es haben dann alle ver-
legte Gewercken / lauter vnd klar eingeſchrieben / ob ſie jhren gebuͤhrenden theil
der Kuckes / oder Retardattheil annehmen wollen oder nicht / vnd ſolle mit dem 55
austheilen nicht anders dann oben im LXVij. Artickel vermeldet / gehalten werden.
    So die Vollmachten gebuͤrlicher weis / vnd vermuͤg dieſer vnſer Ordnung auff-
bracht ſein worden / ſo ſollen die Auffbringer der vollmachten allweg dem Bergk-
meiſter ein verʒeichnis aus dem Gegenbuch / wie viel theil auff derſelbigen Ze-
chen / ʒu dem mal im Retardat geſtanden / mit bringen / Damit er ſich der not- 60
turfft / oder ob die vollmachten ʒu der genuͤge auffbracht / ʒuerkundten / vnnd
darnach ʒurichten habe.
    Alle theil ſo obberuͤrter geſtalt aus dem Retardat vergewerckt / vnd hinweg ge-
laſſen werden / ſollen die Perſonen / ſo dieſelbigen angenommen / allweg auff die
vollmachten verʒeichent werden / auff daß ſich der Gegenſchreiber / Bergk- 65
meiſter / vnnd Gewergken / wie viel theil aus dem Retardat vergewerckt / oder
darein ſtehen bleiben / gruͤndlichen ʒuerkundten haben / es ſol auch eigentlich auff
die vollmachtē verʒeichent werden / wie thewr / vnd welcher geſtalt / ſolche theil
hingelaſſen werden.
    Vnd beſchließlich ſollen furanhin / alle Austheilung vnnd Vollmachten die Re- 70
tardattheil anruͤhrendt / ſoviel immer muͤglich ʒuthun allweg auff den Mitwoch
nach dem Beſtettigen / vnd auff den Sonnabend nach dem Anſchnidt / vberantwort
vnd angenommen werden.

5. Neue Reformation der Stadt Nürnberg

Die Neue Reformation wurde von einem unbekannten, offenbar rechtsgelehrten Verfasser
formuliert, 1479 in ihren wesentlichen Teilen vom Rat der Stadt als geltendes Recht erlassen
und abschnittsweise in den Kirchen verkündet, seit 1480 außerdem im Rathaus zur Einsicht
bereitgelegt und 1484 als Druck publiziert. Sie bildete das Vorbild für die Rechte einer Reihe
von Städten vorwiegend südlich der Mainlinie und gilt deshalb als »Prototyp der am Beginn
der Neuzeit stehenden Quellengattung der Reformation« (Köbler, XX). Inhaltlich verbindet
sie Elemente des einheimischen Rechts (deshalb *Reformation* ›Wiederherstellung‹) mit sol-
chen des allmählich vordringenden gelehrten Rechtes. Der hier abgedruckte Teil gehört dem
Prozeßrecht an, bindet das Gericht und die Prozeßbeteiligten also an bestimmte Verfahrens-
vorschriften.
    Ausgabe und Lit.: Reformation der Stadt Nürnberg [. . .] in fotomechanischer Verkleinerung
[. . .] neu hrsg. v. G. Köbler. Gießen 1984, 59–61. Dort eine Einleitung und ausführliche
bibliographische Hinweise. Zusätzlich: R. Schulze in HRG s. v. *Reformation (Rechtsquelle)*. –
Vorlage: Druck; Nürnberg 1484 bei Anton Koberger; Faks. der Ausgabe Köbler.

---

55 *Kuckes*] s. Veith, BWB s. v. *Kux*; DRW.   **59** *Gegenbuch*] s. Veith, BWB; DRW.
72 *Anſchnidt*] s. Veith, BWB; DRW.

❡ Hernach find begriffē die tittel der gefetʒe der newē reformacion der ſtat Nurmberg Tauſent vier hundert vnd im newnundſibitʒigiſten Jar furgenomen.

❡ Der erſt Tittel

5 ❡ Gefetʒe vō eingang vnd ordnūg gerichtlichs vnd rechtlichs furnemens. Vnd ʒu erſt funderlich von māgerlay furpottē der Burgere Geſte. Diener vnd Jnnwoner. anheimiſch vnd in irē abweſē. Auch der die ſich verpergen. Vnd die furpott vallen laſſen. Vnd von rechtuertigung der Burger von den geſten in beſtympter ſumm. Vnd vō vermeidūg ewſʒerer gerichte furne-
10   mens bey mercklicher peene. ⟨29ᵛ⟩

❡Das erſt gefetʒ

Von furnemē der furpot. wie. wā vnd an welchen endē ein Burger dē andern furpieten ſoll vnd mag.

E Jn yeder Burger der gen einem andern Burger Rechtens notturfftig iſt. ſoll im
15 ʒwaymal fůrpietē laſſen. durch einen geſchwornen fronpotten. ſo er alhie in der Stat anhaims iſt. ʒu dem erſten. vnd ʒu dem andern als dem letʒten Rechttag. den man nennet Peremptorium. mit ſōllicher beſcheidenhait. das das erſt fůrpott perſonlich vnter augen beſchehen ſoll. vnd das ander nachuolgend furpott mag auch vndter augen. oder ʒu hawß vnd ʒu hof. da dañ derſelb wonhafft iſt. beſchehē.
20 Vnnd ſo aber der verātwurter auf das erſt fůrpot einer antwurt bekēnet die vber vierʒehen tag ʒethun. oder alßdañ antwurtet. ſo iſt nit not das ander nachuolgend fůrpott ʒethun.
Doch ſoll einicher fronpot nyemant fůrpietten alle dieweil gericht weret oder gehalten wirdet. funder nach ablewtüng des gerichts.
25 Vnd die fronpotten můgen fůrpietten an allerley ennden außgenomen in den kirchen vnd auf den kirchhōfen. ⟨30ʳ⟩

❡ Das ander gefetʒ

Von furpot eins Gaſts gen einem Burger.

E Jn Burger. der alhie in der ſtat iſt. ſoll einem gaſt auf das erſt fůrpot das Jm
30 perſonlich vndter augen beſchehen iſt. einer antwurt vber vierʒehē tag bekennen. oder alßdann antwurten.

---

6 *furpottē*] s. Lexer s. v. *vürbot*.   **20** *verātwurter*] s. DWB; Lexer.   **20** *antwurt*] s. DRW.
24 *ablewtüng*] vgl. FWB s. v. *abläuten*; DWB, Neubearb.

⁋ Das dritt geſetʒ

Von furheiſchung vnd ladung der Burger in Jrem abweſen.

WO ein Burger oder Gaſt gegen einem Burger. der nit anhaims. ſunder außer-
halb der Stat were. Rechts notturftig wurde. der ſoll Jm erſtlichen ʒů haws. ʒů 35
hof oder ſeiner gewonlichen herberg vnd anweſen. durch einen geſchwornen Fron-
botten fůrpieten laſſen. oder wo er nit haws. hof oder kůntlich herberg oder an-
weſen het. ſo ſoll ſ̊llich fůrpot mit beſtymung eines endtlichē Rechttags peremp-
torie an dem gemainen Rathaws angeſchlagē. vñ im fůrter ſ̊llichs an die ende. da
der angeʒaigt wirdet. ʒewiſſen gethan vnd verkůndet werden. Vnd wo er ⟨30ʳ⟩ aber 40
an einem nemlichen ende nit angeʒeigt. oder ob der an dem angeʒeigten ende nit
troffen wůrde. ſo ſoll Jm alßdañ fůrter ſ̊lliche verkůndůg vber die vier weld
beſchehen. Vñ wo er oder yemandt anders von ſeint wegen darauf in ʒeit Jn derſel-
ben verkůndung begriffen in gericht nit erſcheynt ſo ſoll verrer wider Jne als vnge-
horſamen procediert werdē Wo er aber oder yemādt võ ſeint wegē in der ʒeit 45
erſcheynt ſo ſoll auf bederteil fůrpringē geſchehen was recht iſt. Vñ ſo er alſo darauf
in Recht nit erſchyne. oder ob er in gericht erſchyn. vnd doch der ſachen bis ʒů
entlicher vollʒiehůg. wie ſich gepůrt nit außwartet. ſo ſoll doch nachuolgend der
vollung. pfanduordrůg. anpietung. vñ ander gerichtlicher nachuolghalb eynich
perſonlich verkůndung außerhalb ſeiner gewŏnlichen behawſung vnd wonung Jm̃ 50
pittelſtab gelegen vnd außerhalb des Rathawſs. wie vor ſteet. ʒethůn nit not noch
ſchuldig ſein.

⁋ Das vierdt geſetʒ

Von den die ſich in der Statt oder Jm pittelſtab verpergen. oder nit ʒetreffen
ſein.

WO ſich ein Burger oder Jnnwoner in gerichtlichē fůrpotten. verkůndungen.
anfangs des Rechtē. od‘ deßgleichē der vollůg. anpiettůg. oder in ander
ge⟨31ʳ⟩richtlicher handlung vnd volʒiehung Jm pittelſtab mit geuerde verpůrge.
oder verhielte. Alſo. das er da nit wol ʒetreffen wer. ſo ſolt er an den enden ſeiner
wonung oder herberg vñ darʒů bey den nachpawren oder kundigē daſelbs. durch 60
denſelben potten mit vleyſs geſucht werden. mit forſch vnd fůrhaltung erſtlich
ʒefragen nach ſeiner perſon. wo die ſey Vnd ſo die dardurch nit mŏcht getroffen
oder angeʒaigt werden. ſo ſoll alßdann der pot. denſelben nachpawrn oder kundigen
die ſache ſeins fůrpotts ladung. verkůndung oder anpiettung Jm von gerichts wegen
beuolhen. entdecken vñ ſagen. mit beſtym̃ung deſſelben. vnd auch der ʒeit ſeiner 65
erſcheinung. vnd darʒů die perſon von der wegen das fůrpott verkůndung oder
anpiettung beſchehen vnd außgangen iſt. Es mŏchte auch der pott ſ̊llichen lad-
brief. verkůndbrief. oder anpietbrief an das haws oder herberg anſchlahen od‘ ant-
wurtē den Jnnſeſſen deſſelben hawſs oder wonung. da   mit im ſ̊llichs nach

---

39 ende] s. DRW.   **49** vollung] s. Lexer.   **51** pittelſtab] s. Lexer s. v. bëtelstap.

70 verfehenlicher vermůttung mồg ʒewiffen werden. Vnd fo der pott auch darnach ʒu
den heiligen beredt. das er fouil vnd vorgelawt hat. gethan vnd volfůrt hab. fo foll
dem clager wider Jne als einen vngehorfamen verholffen werdē. Erfchyne aber
darnach der antwurter vñ brechte vber feins widertails gegēweere fouil fůr. das fich
feins vnwiffēs darauß oder auch darʒu auß benemůg feins geuerds auf fein ver-
75 pflicht fo im in Recht aufgelegt ʒevermůtē were. Nemlich. dʒ er fich geuerlich nit
verhaltē. vñ im diefelb verfcheinpottung nit ʒů wiffen were worden. fo follt alßdann
fồlliche vollung oder verrer procefs. wie fich dan in Recht gepůrte. auf erkantnůs
vnd entfchid des Rechten abgeftelt . vnd ʒu feiner verhồrung vnd fůrbringung
mitfampt dem widertail gelaffen werden.
80 Vnd wo aber die execucion vnd volʒiehůg deffelben rechtē vor difer parthey
erfcheynung vnd fůrpringen entlich wordē wer. fo follt es alßdann bey demfelben
außgefůrten vñ volʒogen Rechten beleiben.

6. Gengenbacher evangelische Kirchenordnung

Verfasser sind wohl die Prediger Lucius Kyber, Konrad Knecht und Matthias Erb zusammen
mit dem Gengenbacher Rat (vgl. Kohls 1966, 28). - Die Handschrift aus Gengenbach (er-
schlossen; Kohls 25ff.), 1. Hälfte 16. Jahrhundert (erschlossen: Kohls, ibid.), ist eine Abschrift
einer unbekannten Hand. In der gleichen Handschrift finden sich im Anschluß an die Gen-
genbacher Kirchenordnung (Fol 1ʳ-8ᵛ) die ›Articuli auß difer Reformation dem Rhatt Vber-
geben 1538. 14. Junii‹ (Fol 9ʳ-12ᵛ) und ein Schreiben der o. g. Geistlichen an den Gengen-
bacher Rat vom Juni 1538 (Fol 13ʳ-14ᵛ; zur chronologischen Ordnung s. Kohls 26f.). - Adres-
sat sind die Einwohner der Stadt Gengenbach (burger vnd hindersassen). Die Kirchenordnun-
gen des 16. Jahrhunderts dienen dem »Aufbau und Leben der der Reformation zugewandten
Kirchenwesen [. . .], die zugleich das bis dahin gültige kanonische Recht [. . .] z. T. ersetzen bzw.
[. . .] ergänzen« (RGG), und zwar im Anschluß an den Reichstag von Speyer 1526. Gegenstand
der Gengenbacher Kirchenordnung sind Festsetzungen zum Predigtamt und zur Predigt sowie
Vorschriften zur religiösen Unterweisung und zu den zentralen Sakramenten der Taufe und
des Abendmahls.
   Ausgabe und Lit.: E. W. Kohls, Evangelische Bewegung und Kirchenordnung. Studien und
Quellen zur Reformationsgeschichte der Reichsstadt Gengenbach. Karlsruhe 1966 (Veröffent-
lichungen des Vereins für Kirchengeschichte in der evangelischen Landeskirche in Baden).
Allgemein zum Stichwort ›Kirchenordnung‹ s. RGG. - Vorlage: Hs.; Universitätsbibliothek
Basel als Depositum des Frey-Grynäischen Instituts; Sign.: Fr.-Gr. Ms. I,1.

Ordnůng vnd Chriftliche ůbung

der beẏden Sacramenten des Taůffs Vnnd herren nachtmal, nach vnfer
kirchen gelegenhaẏt.

Beẏ dem erften půntcʒaẏchen (darin vns gott der Herr feiner gnaden vnd Barm-
5 hercʒigkaẏt důrch Chriftům vns gefchenckt erinert vnd wie mit ainem figel

---

74 *benemůg feins geuerds*] ›Widerlegung böser Absicht‹.   **78** *abgeftelt*] s. FWB s. v. *abstellen*.

verſichert / vnd vns ains beſſerlichen neúern lebens vermant) dem Taúff iſt in
vnſer kirchen grewlich geirret / vnd vaſt bößer braúch dem wort gottes vngmeß
einkomen /

ZUM erſten das der taúff ʒúm merhrem teÿl ſonnderlich haimlich vnd in ab-
weſen der gancʒen Chriſtenlichen gmeind, (vor der die Sacramenta gehandelt wer- 10
den ſollen / dieweÿl ſÿ dem gancʒen leÿb Chriſti nit ÿedem glid beſonder geben
ſind) geúbt vnd vnordenlich gebraúcht Diſe vnordnúng aber me aúß vnglaúben
entſprúngen, als ob man múßte ʒúm waſſertaúff eÿlen ſonſt wer dem kind kain haÿl
ʒú hoffen, vnd der gemaind fúrbit nicht vor got gúlte, vnd gott ſeine ſeligkaÿt nun
an die aúſſerlichen elementa gebúnden hetten, 15

ZUM andern wirt nit weniger die einſetcʒúng des heÿligen taúffs veracht mit der
bößen vnd vbel her gebrächten gewonhaÿt, das man ſolche ʒeúgen vnd geúattern
erwelt, die kúndſchafft des glaúbens geben ſollen die von gott kain erkantnúß,
haben von kinder bericht nicht, Ja etwan die gott find ſind, vnd ſeinem heÿligen
wort ʒúgegen handlen, ⟨7ʳ⟩ allain der vrſach halben darcʒú gecʒogen vmb gaben 20
genieß willen, flaÿſch frúndtſchafft damit ancʒúrichten Diſen baiden vnordnúngen
furcʒúkomen, das aller menſchlicher geſúch abgeſtelt vnd gottes vnd ſeiner gnaden
ʒeÿchen nit geſpottet werd, Wellen wir das die hebammen wa ſÿ kinder helffen
erfrúchtigen den eltern ſagen das ſÿ ire kind ʒúm haÿligen taúff tragen ſo die
gmaind gottes beÿ ainander iſt am Sontag fúr die kinder / ſo dem herren fúrge- 25
tragen werden ʒú bitten / das der herr diſe kinder aúch glider ſeins leÿbs der kir-
chen machen wólle.

Derglichen iſt vnſer ernſtlich befelch das man ſolche geúattern ſúche die gottes
worten vnd Sacramenten find ſind vnd hierinen kain ʒeÿtlicher núcʒ geſúcht wer-
den, 30

Von des Herren abendmal

Das ander puntcʒeÿchen oder Sacrament des leÿbs vnd blúts vnſers herren Jheſú
chriſti / vns darúmb gegeben vom herrn vnſer blode gewiſſen ʒú ſtercken hoffnúng
aúffcʒúrichten, der empfangnen ablaſſúng der ſúnden dúrch chriſti todt vnd blút
vergieſſen ʒú erinnern ain exempel vnd vorbild brúderlicher trew vnd beſſerlichs 35
lebens darúon ʒúerlernen vor der gemaind des glaúbens an Chriſtúm ʒúbecʒeúgen
Dieweÿl aber des hochwúrdig vnſerer erlößúng gedechtnúß ſo erſchrockenlich
vnwirdiclich von vilen mißhandlet wirt, das kain wúnder wer, das vns ſterben
tödtliche kranckhaÿten armút theúrúng vnd ander vnfäll vil meer dann den Chorin-
thern vmb ſolche vnere dis loblichen Sacraments ʒúſtúnde, 40

Die Corinther werden vom paúlo gſträfft, das ainer dem andern ʒú vor das nacht-
mal braúcht vnd ain andern nit gewartet haben Jtem die armen die nichts ʒú eſſen
ghept / von der Reichen vberflÿſß geſchendt Jtem das ſÿ das hern brot vnd kelch
vnwirdiglich genomen nit bedacht was er fúr bedeutnúß aúff im trag, miß in paúlus
ſo hoch das er ſagt darúmb múſſen ſÿ vnglúckhafftig ſein kranck gar ſterben. 45

---

8 einkomen] s. DWB.   **17** geúattern] s. DWB s. v. Gevatter.   **18** kúndſchafft] s. DWB (5).
19 bericht] s. DWB.   **22** geſúch] s. Lexer.   **29** find] ſollte ſein: nicht find.   **33** blode] s.
Lexer s. v. blæde.

⟨7ᵛ⟩ Wann wir aber gar vnſer vnordnůng dargegen halten iſt Jhens haẏlig geweſen,

Jtem ettlich wellen das nachtmal nemen, vnd glaůben nit das chriſtůs mit ſeinem todt on vnſern verdienſt vns erlößt hab die eſſen in vnd trincken den tod,

50 Jtem die andren wellen dem Herren etwas darmit bringen ain gůt werck darůß machen verdienen dem himel ʒů groſſem ſchmach dem lẏden chriſti aůß welchem dan die abgottiſch papſt meß entſprůngen,

Jtem die drẏtten verkeren dem herren ſein ordnůng vnd wort /

Jtem die vierden wellen in den laſtern bliben ligen, Jtem ettlich den befelch
55 gottes gar verachten vnd ſich nẏmer mit der gmaind verainbären glich als ob die inſacʒůng Chriſti vnnöttig were.

Die obgemelte vnd andre vnʒalichte ſtůck verůrſachen vns ain beſſere vnd des herren wort gemeſſere ordnůng ʒů ſtelen,

Auff das dem herren vmb ſein leẏden ſterben vnd blůt vergieſſen (dardůrch wir
60 allain ſonſt niemand anderſtwo her Jn gottes hůld khomen vnd von ſůnden erloßt.) fleẏſſig gedanckt vnd diſem nachtmal gebůrliche eer bewiſen,

So wellen wir das die vnſern der grůndſůppen aller abgóttereẏ der bäpſtmeß (welche ʒům höchſten ain verklainerůng des lẏdens chriſti) ſtill vnnd můßig ſtanden diewẏl ſẏ dem werck ʒů gibt, das chriſtus ʒůgehört / Welcher ſich aber deren nit
65 entſchlagen wölte, ſol nit bößer von der chriſtenlichen gmeind geacht werden, dann als er dann offenlich gott leſtertte vnd ſagte chriſtůs iſt nit gſtorben fůr vnſere ſůnd er hatt aůch nit gnůg thůn vnd vnſer ſchůld becʒalt, wir můſſen erſt mit meſſen, fůrbitt der todten, haẏligen tagen Speẏßen trancken klaẏdůngen, erwelten tagen, Ceremonien, vaſten beten, Creůcʒgengen kappen platen gocʒen wercken vnſere
70 ſůnd becʒalen, Vnd ſolcher ſol billich von den glidern chriſti bis er wider zu jm ſelber kompt abgeniten ſein ʒů dem wellen wir als ⟨8ʳ⟩ ſchůcʒer vnd ſchirmer der eeren gottes vns an ſolchen freůelern mit wolbedachter gepůrlicher ſtraff ʒů rechen vorbehalten haben,

Sol des halben ſich niemands der alſo geſinnet iſt an der meß hangt, ſich
75 vnwiſſen der predicanten vnd vnſer aufſſeher des herren tiſch mit andren gleůbigen berůren

Das nachtmal ſol auch nit dann in der gmain gebrůcht werden diewẏl der ſagt eſſent, nit iß Trincken all nit trinck dů allain / Vnnd Paůlus 1 Corinther 11 Wann ir ʒů ſamen komen, nit ẏedlicher ſonderlich etc.
80 Das man aber von alters her das nachtmal ʒů krancken tragen hatt aůß dem wort gottes kain grůnd, iſt aůch von menſchen erdacht, dann des herren nachtmal iſt ain gmainſchafft kans kainer allain nemen.

Wir wellen dem herren ʒů lob vnd ʒů vnſer verbeſſerůng das nit des herren leẏden aůß teglicher vbůng in verachtůng kome, vnd des herren abentmal mit eer
85 erbietůng gehalten werde aůff diſe nachbeſtimpte tag begon /

Aůff welche ſich meniglich beraẏtten ſollen, diſer tagen ainen (der jnen am ge-

---

55 *verainbären*] s. DWB (3).   **62** *grůndſůppen*] s. DWB.   **63** *verklainerůng*] s. DWB (2).
68 *Speẏßen*] hier ›Fastenspeise‹.   **69** *Creůcʒgengen*] s. Lexer s. v. *kriuʒganc*.   **69** *kappen*]
hier ›Kutte‹.   **69** *platen*] hier ›Tonsur des Geistlichen‹.   **69** *gocʒen wercken*] hier auf die
Heiligenverehrung bezogen.   **71** *abgeniten*] wohl für *abgeschniten*.

legenſten) des Jars ain mal ſich vor der gemain ercʒaẏgen / Vnnd ſo die predicanten
der ſelbẏgen glaủbens kủndtſchafft nit ſatt haben, ſollen ſẏ ee ſẏ des tiſchs des
herren thaẏlhafftig werden mit den predicanten erſprachen jres fủrnemens bſchaẏd
vnd Rhat aủß dem haẏligen wort gottes empfahen.												90

Vnnd die predicanten ſollen allweg am nechſten Sonntag darủor aủff den
Cancʒeln das nachtmal verkleren, vnd verkunden, Das man ſich darcʒủ ſchicken
kủnden,

Hiebeẏ ſoll des herren nachtmal dủrchs gancʒ Jar niemand der es begert vnnd in
gottes gaẏſt dem herren ʒủ dancken treẏbt abgeſchlagen werden,									95

Articủli aủß diſer Reformation dem Rhätt
Vbergeben 1538. 14 Jủnij

7. Oxforder Benediktinerregel

Die Ordensregel wurde ursprünglich von Benedikt von Nursia unter Benutzung alt-
monastischer Uberlieferung verfaßt. Die sog. Oxforder Benediktinerregel - eine Bearbeitung
für Nonnenklöster aus dem 14. Jahrhundert - bringt E. Sievers in Zusammenhang mit der
Zisterzienserabtei Eberbach (Sprache: südliches und mittleres Nassau, vgl. Sievers, IX). Diese
ungelenke Ausführung ist möglicherweise eine Abschrift einer älteren interlinearen Überset-
zung. Die Ordensregel bestimmt und charakterisiert das monastische Leben, nennt die Pflich-
ten der Mönche/Nonnen, legt die Stellung von Abt/Äbtissin fest und regelt den Tagesablauf
und das Zusammenleben im Kloster.

Ausgaben: Oxforder Benediktinerregel. Hrsg. v. E. Sievers [Beigefügt dem] Verzeichnis der
Doctoren, welche die Philosophische Facultät [. . .] in Tübingen im Decanatsjahre 1866-1867
ernannt hat. Tübingen 1887; C. Selmer [Hrsg.] Middle High German Translation of the Regula
Sancti Benedicti. The Eight Oldest Versions. Cambridge, Mass. 1933, 245-278. - Lit.:
K. Ruh/St. Sonderegger/N. R. Wolf, Benediktinerregel. In: Verfasserlexikon. 2. Aufl. Ber-
lin/New York 1978, 702-710; R. H. Lawson, The rule of Benedict in thirteenth and fourteenth
Century Germany: conceptual implications of lexical variation. In: Amsterdamer Beiträge zur
älteren Germanistik 16 (1981), 135-144. - Vorlage: Hs.; Bodleian Library Oxford; Sign.: Laud.
Misc. 237.

wie ſie irren ordē haldē ſollen.

Iren ordē ſollē ſie in dem cloſtere alſo haldē alſo die ʒijt gewiſet irre bekerūgē vn̄
die wirdekeit irres lebenes vn̄ als die ebdiſſen geſeʒʒet Noch ſie in ſal nūmer
betruben noch keine die ir beuolē iſt noch keine friliche gewalt ubē it unrechte
ſeʒʒendc wenc ſic ſal ūmer vor dēken. dʒ ſie allei irre vrtdeile gode rede geben ſal.	5
Durch dʒ al na dē ordenē die ſie geſeʒʒet obe die die ſuſtere ſelbe hant ſo kūmē
ūmer ʒu der pecen ʒu vnſers herne lichame ſalme an ʒu hebene ī dem core ʒu ſtane
noch in keinē ſteden in w'dē keẏ alder underſcheidē in dem ordene wan ſamuel vn̄
daniel die kint ſie u'deiliden die priſtere. Durch dʒ allein dē uʒ beſchidē die die

4 *it*] s. Lexer s. v. *iht*. 5 *vor dēken*] s. Lexer s. v. *verdenken*. 5 *rede*] s. DWB; Lexer; vgl.
nhd. *Rede und Antwort stehen*. 7 *pecen*] s. Lexer s. v. *pâcem*. 9 *u'deiliden*] s. Lexer s. v.
verteilen. 9 *uz beſchidē*] s. DWB s. v. *ausbescheiden*.

10 ebdiſſĕ mit rade ober die andere geſat3it hat obe die ſie neder geſat3it hat durch
ſumeliche ſchult die andere ſollĕ alle ſin alſe ſie 3u cloſtere kũmen ſint alſus gedane
wis die in der anderĕ ſtũdĕ des dages 3u cloſtere kũmĕ iſt die ſal ſich iungere bekĕnĕ
der die 3u erſter ſtũden quã welges alderes oder welges wirdikeide ſie ſij. Die kint
ſal man in allen dingĕ 3uchtelichĕ halden. Die iungĕ ſollĕ ir oberſtĕ eren die
15 oberſten ſollĕ ir iũgern mynnĕ. keyne ſuſter in mu3 die and'e mit naṁ gru33ĕ wã die
oberſtĕ ſollĕ ir iũgerĕ heiſ3ĕ ſuſt'. vñ die iũgen ſollĕ ir oberſten hei33en nũnen d3 iſt
muterliche 3ucht. Aber die ebdiſſen wan ſie kriſtus ambet begeit in dĕ cloſt'e ſie ſal
gehei33en w'de frauwe vñ ebdiſſen durch ere vñ durch mỹne des heilgĕ criſtes. Sie
ſal auch denken vñ ſal ſich alſo arbidĕ d3 ſie wert ſij der eren. wie ſo yn die ſuſtere
20 vnder3uſchen begeinent. die iũgere ſal die ſegenũge heyſchĕ võ der oberſten. Alſe
die alde kũmet die iũge ſal off ſtan vñ ſal ir ſtat gen 3u ſit3ene. Noch die iũgere in
ſal bij der alden nit ſit3en ſie īgebid i3 ir alſo die ſcrift ſprichit Mit erĕ under3uſen
uor gande. Die cleine kint vñ iũge ſuſtere 3u core vñ 3u diſche ſollĕ ſie mit 3uchtĕ
volgine irme ordine. Da uſ3e vñ allĕthalbene ſollĕ ſie hude han vñ 3ucht bit ſie 3u
25 uernumſteclichỹ ald'e vollenkũmĕt.

8. Leipziger Schöffenspruch

Der vorliegende Spruch entstammt einer von einem unbekannten, wenig gebildeten Schreiber
1523 bis 1524 angefertigten Abschrift einer im Original verlorengegangenen Kompilation äl-
terer Schöffenspruchsammlungen. Der geistige Urheber der Kompilation, die wahrscheinlich
in den Räumen des Leipziger Schöffenstuhls erfolgt ist, war ein Mitglied dieses Gremiums; ihr
Zweck soll nach Kisch (S. 109*) privaten Charakters gewesen sein. Unter der Voraussetzung,
daß ihr geistiger Urheber sie zum Zwecke einer auf Präzedenzfällen beruhenden Rechtspraxis
zusammengestellt hat, gehört die Kompilation zu den sozial bindenden Texten. Hat der Ur-
heber aus rechtsgeschichtlichen oder -vergleichenden Interessen heraus gehandelt, läge dem
Text eine dokumentierende Intention zugrunde. Die pragmatischen Bedingungen, unter denen
die Sammlung entstanden ist, sowie der Aufbau der Sprüche machen die erstere Intention
wahrscheinlicher. Direkte Adressaten wären dann die Mitglieder des Leipziger Schöffenstuhls.
    Ausgabe: Leipziger Schöffenspruchsammlung. Hrsg., eingeleitet und bearb. v. G. Kisch.
Leipzig 1919, Nr. 459. - Lit.: G. Buchda, Die Schöffenspruchsammlung der Stadt Pössneck.
Tl. 3. Weimar 1962. - Vorlage: Hs.; Sächs. Landesbibliothek Dresden; Sign.: M 20.

Von einem vngehorſamen weibe die pej

Jrem mãne nicht ſein wolt Vnd die nach jres mãnes tode forderte den
dritten theile, ap er jr [volgt]

N. nam ein frawen Zw einer Eelichen wirtin vnnd 3oge ir jn ire hawß Vnnd Bawet
5 do jn irer behawſũg Bräw hawß vnd malc3 hawß vnd gelt auch von Sie ſchulde
vnnd wonet auch mit ir jn irem hawſ3e wol vier wochenn, darnach wart die fraw N.
vngehorſam, Alſo das jme die vngũnſt ſeiner frawen 3wang, das er mũſt Ziehn außs

---

19 ſich [. . .] arbidĕ] s. Lexer s. v. arbeiten.   **20** begeinent] s. Lexer s. v. begegnen.   **22** īgebid]
vgl. Lexer s. v. ne und gebieten.   **22** under3uſen] s. Lexer s. v. zwisc; vgl. lat. honore invicem
praevenientes: Römer 12, 10.   **5** gelt] s. Lexer s. v. gelten.

jrem hawß vnd ʒoge jn ſeine eigen behawſung   Darnach poten jre freůnde beide
geiſtlich vnd werltlich, das ſie mit jr Redten, das ſie thett, als ein Erber tůgentſame
frawe Vnd ʒoge Zw jme nach rechte vnd geſecʒe der heiligen chriſtenheit   Do 10
ſprach die Sie wolt eher erbloſʒ ſich machen er dan ſie ʒw jme ʒiehn wolt
⟨clxxxvij'⟩ Da clagt er fůr gehegter Banck von ſeines gepawes vnd ſchůlde wegenn,
das er fůr ſie außgegeben hatt vnnd gegolden, das ſie jme ein widerſtatung da fůr
thun, Vnnd jme ir gůte aufließ vor gericht, das wolde die frawe nicht thůn Vnd
widerſprach es, das was geteilt vor gericht, das wold die fraw nicht thůn, Nun N. 15
nicht ſollde teill haben an Jrem gůte So ſall ſie aůch nicht teill habenn an ſeinem
gůte, Vnd ſolt wid' abbrechenn was er gepawet hett vnd ſold jme das ſelber ʒůnůtʒ
pringñ   Darnach lůde ſie d' Techent beider ſeitt, Vnd gepot jne peÿ gehorſam Sie
ſolden wid' ʒůſamen ʒiehn nach recht der heiligen chriſtenheit. Da ſprach Sie ſur
dem Techent Vnd der gantʒen pfarrheitt Sie wolt eher gůtloſʒ, Erbloſʒ, Leibloſʒ vnd 20
Seelloſʒ werdenn Dan ſie wider ʒw jne wold ʒiehn, Nun N. iſt geſtorbenn Vnd hat
gelaſſen Brůder vnd Schweſter, Nůn fordert die vngehorſame fraw ein Dritteill der
gůter. Nůn důnckt die Erben Es ſei vnmoglich das ſie dritteil ſol haben wan ſie jme
keinē tag gehorſam geweſt, Als ein andere Erbere fraw jrem rechten Eelichē mañe
damit ſie jren dritteill behalden mocht Nůn fragen die Erbnemen nach Rechte, Ap 25
die vngehorſame fraw ſolle einen dritteill habenn mit den Rechtenn, Wan vor drů-
ber geteilt iſt, Sie ſolle kein Recht haben an ſeinē gůtern

Hierauf, Konnen des toden mānes Erben geʒewgen ⟨clxxxviij'⟩ mit Richter Vnnd
mit Schöpfenn, oder alſo mit einem Schopfenn, oder dingpflichtigenn Ap die an-
dern wern verſtorbenn, das geteilt ſeÿ jn gehegter Banck Seintmall N. nicht ſolle 30
teyll habenn an d' frawen gůt So ſoll die fraw aůch kein teill habenn, an ſeinē gůte,
Jſt dan die fraw alſo geſchiedenn von irem Eelichen manne, das mann ſie weder mit
geiſtlichen noch werltlichenn gericht darʒw nicht bringenn mochte, Das ſie pej
irem mañe nach Redlicher ordenůg der Ee geſeſſenn vnd jme gehorſam als moglich
iſt geweſt were   So ſolle die frawe nach jres mānes tode jres dritteills moglichen 35
darbenn Vnnd des mānes Erbnemen ſeint ſeins gůts neher ʒůůertretenn, Vnd
ʒůbehalden, dan Jme die fraw darein geſprechenn oder jn denn dritteill von jres
verſtorbenn manes gůte abgeforderenn moge   Von Rechtes wegenn

9. Eckerichordnung der Zentallmend Schriesheim

Der aus dem Jahre 1628 stammende Text gehört zur Textsorte der Weistümer. Diese werden
von H. Baltl definiert als »gemeinschaftsbezogene, weisende Feststellung von Rechtssätzen in
gerichtsverfassungsmäßiger Weise, gültig für einen bestimmten, räumlich begrenzten Bezirk«
(1951, 376). Zur Geschichte der Definitionsversuche des Weistums sowie zu den sonstigen
Bezeichnungen (u. a. *ehalt, teiding, ban-, ehaftteiding, öfnung, jarding, dingrodel, rüge*) vgl.
neuerdings D. Werkmüller, 66–75.

Die Auftraggeber des vorliegenden Textes verpflichteten die Allmendgenossen der Zent
Schriesheim zu einem bei bestimmten und genau genannten Voraussetzungen seit alters üb-

---

12 *gehegter Banck*] s. DRW.   14 *aufließ*] s. DRW.   15 *geteilt*] s. Lexer.   18 *Techent*] s.
Lexer s. v. *tëchan*.   25 *Erbnemen*] s. DRW.   29 *dingpflichtigenn*] s. DRW.

lichen, durch den Text noch einmal festgeschriebenen sozialen Verhalten, um weiterhin einen reibungslosen Ablauf des thematisierten Teils ländlichen Zusammenlebens zu gewährleisten. Ausgabe: K. Kollnig [Bearb.], Die Weistümer der Zent Schriesheim. Badische Weistümer und Dorfordnungen. 2. Bd. Stuttgart 1968, 64f. – Wichtige Weistümersammlungen in folgenden Reihen: Publikationen der Gesellschaft für rheinische Geschichtskunde; Veröffentlichungen der Pfälzischen Gesellschaft zur Förderung der Wissenschaften; Veröffentlichungen der Gesellschaft zur Fränkischen Geschichte; Württembergische Ländliche Rechtsquellen; Sammlung schweizerischer Rechtsquellen; Österreichische Weistümer. Vgl. ferner: Weisthü- mer. Gesammelt von J. Grimm. – Lit.: H. Baltl, Die österreichischen Weistümer. Studien zur Weistumsgeschichte. In: Mitteilungen des Instituts für österreichische Geschichte 59 (1951), 365–410 und 61 (1953), 38–78; D. Werkmüller, Über Aufkommen und Verbreitung der Weis- tümer. Nach der Sammlung von Jacob Grimm. Berlin 1972. – Vorlage: Hs.; Generallandes- archiv Karlsruhe; Sign.: 66/7761, S. 126–133.

Verʒeichnúß v́ndt Ordnúng:

Wann es ein äckherig aúf der Allmendt hatt, welches Simon Lang von Groß-Sachßen, alß ein allter hirtt úndt Allmendts Schúltheis, fo aúf die 48 Jahr aúf der Allmendt gehüthet, alfo berichtet hatt, Anno 1628./.

5 1. Wann man baldt die s. v. fchweine einfchlagen will, fo wirdt Di äckhern ʒúe vor noch ein mahl dúrch den Centgraaffen, fo Er will, úndt dēn Allmendts gebüttel fambt ettlichen búrgermeistern, befehen, nachmahlen läft man die hirtten, fambt-lich nacher Schrießheim, durch den Allmendts gebüttel gebiethen úndt welcher aúf die gefetʒte ʒeit nicht erfcheinet, nach dem ʒúm dritten mahl geblaßen, der múß
10 únnachläßig Ein vierthel wein ʒúr ftraff erlegen, úndt hatt der gebüttel drey Tag platʒ ʒúe gebiethen./.

2. So man beÿ ein ander, wirdt ein gewißer Tag beftimbt ʒúm ein fchlag /

3. Múß man in ʒweÿ tagen beÿ ftraff fambtlich, wer die atʒúng ʒúe geniefen, ein fchlagen, deßgleichen, aúch in ʒweÿ Tagen mit ein ander aúßfchlagen./.

15 4. Gehet únder defßen in wehrender atʒúng der Centhgraff mit dem Allmendts gebüttel oder dießer allein ettlich mahl hinaús, úndt fiehet, wie die hirtten, haúß-hallten, ob fie der atʒúng aúch recht nach fahren, úndt gúte ordnúng únder ein ander hallten./.

5. Müßen in wehrender atʒúng alle köhler beÿ ftraff aúß der Allmendt bleiben./.

20 6. Darf únder defßen keiner dúrch aúß beÿ ftraff kein holtʒ aúff der Allmendt haẁen oder wegführen, damit die Allmendt rein úndt faúber gehallten, úndt das die hirtten aúch deßwegen keine entfchúldigúng für ʒúe wenden, fo Ihnen ein fchadt wider verhoffen gefchehen follte./.

7. Alle hirtten, die frembdt feindt, úndt aúf der Allmendt hüthen wollen, müßen
25 einen búrgen ftellen, aúf das, fo ein fchadt gefchicht, man fich an Jhme ʒúe erhollen habe, welcher búrg aúch angeloben múß mit der handt Treẁ./.

8. So man eingefchlagen hatt in die äckhern, folle ein hirth eines and' ftrich, biß daß viehe recht gewehnet, 8 Tage meiden, úndt foll aúch keiner einem andern an

---

2 *äckherig*] s. FWB s. v. *ackeram*.   5 *s. v.*] Ausgabe: *s[it] v[enia]*.   5 *einfchlagen*] s. DWB (12).   14 *aúßfchlagen*] hier Antonym zu *einschlagen*, s. Bad. WB. (am ehesten: 1b). 26 *handt Treẁ*] s. DWB s. v. *Handtreue*; Bad. WB; DRW.

feinem gehörigen orth ftallen, fondern ein jeder beÿ dem feinigen ftall, wie von
allters her koṁens, verbleiben./. 30

9. Die Allmendt eißen foll keiner im Odenwaldt oder fonften ohne erlaúbnúß des
Centhgrafen oder Allmens gebüttels in einem dorff abhollen úndt brennen, beÿ
ftraff eines vierthel weins./.

10. So der Allmendts gebüttel von dem Centhgrafen, fachen halben, fo ettwa für
fallen, aúf die Allmen ʒúe denen hirtten gefchickt wirdt, welche Er ʒúe faṁen 35
fordert, úndt Jhnen folches für hällt, feindt Jhme die felbe wegen des Centhgraffen
ʒúe gehorfaṁen fchúldig. Úndt fo Er oder ein anderer hirtt úndern deßen ettwas in
der Allmendt fiehet, fo der herrfchaft, oder denen Allmendts genoßen fchädlich,
ift Er fchúldig, felbiges, gleich dem Allmendt fchützen ʒúe rügen, úndt anʒúe brin-
gen, vermög hierüber abgelegter handttreẁ./. 40

11. So ein hirtt ein todtes fchwein oder fonften lägerhafft findet, úndt 3. mahl
bläßt, fo ift derjenige, welcher es höret, Jhme fobalden ʒúe ʒúe eilen, úndt ʒúe
fehen fchuldig, was demfelben in einem oder dem andern fehlt oder mangelt, aúch
demfelben beÿ ʒúe fpringen, úndt ʒeügnús ʒúe geben, wie es damit ʒúegangen ift./.

12. So vielleicht ein fchwein von einem wilden fchwein oder andern wilden Thie- 45
ren follte ʒerrißen werden, folle der hirt fehen, das Er ʒúm wenigften das brandt-
ʒeichen auffweifft./.

13. Wenn ein fchwein krankhet, úndt die hirtten Thún es demjenigen, welchem
es ʒúe gehöret, ʒúe wißen, Er aber hollet fie nicht úndt es ftirbt darüber, fo ift der
hirt entfchúldiget. Jedoch folle Er daß aaß weißen, damit Er aús allem verdacht 50
feÿe./.

14. So man den hirtten tag hällt, folle der Allmendt fchütʒ auch erfcheinen, úndt
neben den hirtten dem Centhgraffen anʒeigen, was Er ún recht s aúf der Allmendt
gefehen oder gehöret, von den hirtten oder fonften, das únrecht oder ftraffbar ift,
damit ın allem gúte ordnúng gehallten werde./. 55

15. So aúch ein hirth in wehrendem hüthen einen ficht holtʒhaẁen, es feÿe grün-
del, fölgen, rüfter, oder dergleichen, fo ift Er aúf dem hirtten Tag beÿ feinen pflich-
ten dem Centhgraffen folches an ʒúe ʒeigen fchúldig, welches hernacher aúf die
Allmendt rügen gehöret./.

16. Wann ein aichel äckherich ift, fo ift das aichelleßen verbotten von den All- 60
mendts genoßen beÿ hoher ftraff, wie dann aúch deßwegen, ehe man aúß fchlägt,
hauß fúch gethan, úndt wer betretten, beÿ der waldtrúg darúmb abgeftrafft wirdt./.

10. Neuer Heiratsvertrag H. Paumgartner/R. Fugger

Hans Paumgartner der Jüngere und seine Frau Regina, geb. Fugger, treffen unter Aufhebung
ihres durch Hans Paumgartner den Älteren und Jacob Fugger vermittelten Heiratsvertrages
vom 24. März 1512 und des eigenen Vertrages der Eheleute vom 4. April 1519 einen neuen
Contract vnd pact. auch heyrat geding. in dem sie sich gegeneinander sowie ihren Erben und
Nachkommen gegenüber bei Eintreten festgelegter Bedingungen zu genau formulierten
Rechtshandlungen verpflichteten.

31 *Allmendt eißen*] s. Kollnig, S. 329. 34 *fachen*] s. DWB. 41 *lägerhafft*] s. DWB s. v.
lagerhaft; Lexer s. v. *lëgerhaft*; Schwäb. Wb.

Lit.: K. O. Müller, Quellen zur Handelsgeschichte der Paumgartner [. . .]. Wiesbaden 1955;
G. Freiherr von Pölnitz, Die Fugger. 3. Aufl. Tübingen 1970. - Vorlage: Hs.; Fürstlich von
Waldburg-Zeilsches Gesamtarchiv. Schloß Zeil bei Leutkirch.

JCh Hanns Paůmgartner ỹecʒo der Ellter weỹllennt herrn Hannſen paůmgartners
ſaligen domalen des eltern Eeleiblicher Sůn, Vnd Jch Regina Fůggerin weỹl-
lenndt Herrn Jorigen Fůggers ſeligen Eeleibliche verlaſſne dochter, vnnd des ge-
melten mein Hanſen paůmgartners Eeleiblicher gemachel, Bekennen bede ſament-
5 lich, vnd ein ỹeglichs jnſonnderhait für ſich ſelbs, Aůch vnnſer baider erben vnd
nachkomeñ, vnnd thůn khůndt menigclichem, Wiewol ʒů der ʒeit vnſer beder an-
fencklichen vnd Eelichen ʒůſamen vermechlůngen vnd verphlichtůngen in vnſerm
Namen, vnd von vnſert wegen, důrch die Edlen vnnd Ernůeſſten Herrñ Jacoben
Fůgger ſeligen vnſern lieben herren Schwager, vnd Vettern, an mein Reginen Fug-
10 gerin ſtat, Aůch obenerwenten herrn Hanſen paůmgartnern den Elltern vnſern
liebeñ vatter, vnd Schwecher ſaligen, an mein Hannſen paůmgartners yecʒt des
eltern ſtat, nit allein etliche heỹrats geding abgeredt, beſloſſen vnd ſchrifftlich
aůfgericht worden ſein, Alles nach Jnnhalt ʒwaier gleichlaůttenden heỹrats brief,
oder notelen der dato ſtan aůf den vierůndʒwaincʒigiſten tag des Monats Marcij
15 von der gepurt Criſti vnnſers lieben herren. Jn dem fůnffʒechenhůndertiſten vnd
ʒwelften Jarn Sonder das wir aůch bede nachůolgent aůs gůtem freỹen ſamenthaff-
tigem vereindtem willen dieſelben heỹrats Verſchreibůngen vnd notteln, in etlichen
půncten vnd Artigcůlen vnſer beder nottůrfft vnd gelegenhait nach erclert vnd
erweittert haben, nach vermůgens erclernůß briefs důrch vns baide deſhalben auf
20 Montag den Vierten tag des Monats Aprillis Jm fůnffcʒechenhůndert vnd
Newndcʒechenden Jar aůfgericht, So gibt doch die teglich erfarnůß ʒůerkennen, das
důrch verlaůffůng der ʒeit, aůch aůs dem wie ſich etwann die fell, vnd Sachen der
perſonen, aůch des ʒeitlichen gůts vnd vermůgens halben, vnd in annder verrer weg
begeben, vnd ʒůtragen jn hanndlůngen, Contracten, vnd půncten offt vil verenn-
25 drůngen verůrſacht werden vnd geſchecheñ, Dieweil dann obengemelte heỹrats
verſchreibůngen, vnd derhalben vns' beder beſchechen erclerůngen nit allain vns
bede Eegemecht, vnd vnſere Eeleibliche kinder berůrn, Sonder das wir aůch, wie
wir bericht werdeñ, Aůs Zůlaſſůng der Recht ſoliche heỹrats geding ʒů yeder ʒeit,
wie offt wir wellen, nach vnnſerm geůallen, in ainem oder mer Stůckhen vnd Arti-
30 gellen enndern, oder gancʒ abthon, annderſt machen vnd aůfrichten můgen,
Demſelben nach ſo haben wir vns bede ſamentlich, vnd einmůtigclich, aůs allerley
wolbetrachten gůten bewegnůſſen, vnd fůrgefallen vrſachen, Aůch mit Rat vnſer
negſten freůndt ỹecʒt von neẘem mit ainanndern darcʒů ain yegclichs gegen dem
Anndern jnſonderhait für vnns, vnd vns ỹegclichen erben freỹ willigclichen aůf-
35 rechts vnd Crefftigs Contracts vnd pacts, Aůch heỹrat gedings weis entſloſſen ver-
aint, vnnd vertragen, Vnnd thůn auch ſolichs hiemit jn crafft dits briefs, wie von
Artigcůlen ʒů artigcůlen hernach geſchriben ſteet. Erſtlich als die obgemelten erſte
heỹrats Verſchreibůngen, Aůch vnnſere erclerůngen darůber beſchechen vnder
annderm vermůgen, Welicher geſtalt wir bede, Nemlich Jch Regina Fůggerin mei-

---

27 *Eegemecht*] s. DWB s. v. *Ehegemächt*.

nem lieben Eewirt Hannſen Paŭmgartner ÿecʒt dem elltern Sechs taŭſennt güldin 40
ʒŭ Rechtem heÿratgŭt, Deſgleichen Jch Hans paŭmgartner der Elter Jr meiner lie-
ben hauffraŭen Regina Függerin aŭch Sechstaŭſent vnd Achthŭndert Gŭldin ʒŭ
ainer Rechten widerlegŭng vnd Morgengab, ainanndern ʒŭpringen, vnd verſpre-
chen ſolten, wie dañ ſolichs von vnnſerer beder wegen bemelter maſſen beſchechen,
vnd volcʒogen worden iſt, Vnnd das aŭch Regina Függerin das alles aŭff allen vnd 45
ÿegclichen mein Hanſen paŭmgartners meins Eewirts hab vnd gŭttern Ligenden
vnd varenden, So Jch dacʒŭmal, aŭch ÿecʒo het, Vnd hinfŭro vberkomen möcht, aŭf
kleinem vnd groſſem, nichts aufgenomen, noch hindan geſecʒt, vor Allermenigclich
habhafft, bekomen, vnd gewerttig ſein ſolt, Jn dem iſt unſer beder will, das es alſo
nachmaln beÿ ſolichen beden Sŭmen des heÿrat gŭts der widerlegŭng, vnd Morgen- 50
gab beleiben, Aber ſonſt alles annders, Was die obgemelten veſt aŭfgerichten heÿ-
rats Verſchreibungen, oder notuln, Auch vnſer beder erclerŭngen in annder weg
vermŭgen vncrefftig, vnpindig, auch gencʒlich abgethon, vnd aŭfgehebt ſein ſoll,
Ferrer iſt vnſer beder, vnd eins yegclichen Jnſonderhait will, geding, vnd maÿnŭng,
wa ſich nach ſchickŭng Got des allmechtigen begebe, Das Jch Hans Paŭmgartner 55
der Elter vor Reginen Függerin meinem Eegemachel mit tod abgieng, vnd jr keineñ
Eelichen leibs erben aŭs vns beden, mit vnd beÿ ainanndern geborñ, hinder mir
verlies, Das alſdañ mir Reginen Függerin vor menigclichem verŭolgen, ʒŭſteen,
werden vnd bleiben ſoll, Alles das Jhen wie hernach geſchriben ſteet. Nemlich
anfencklich die Sechs taŭſent Guldin Zŭgebrachts vnd becʒalts heÿratgŭts. Deſglei- 60
chen die Sechstaŭſent, vnd Achthŭndert güldin verſprochner widerlegŭng, vnd
Morgengab, Jtem mer Acht taŭſent güldin Reiniſch die mir Reginen Függerin von
meiñ vätterlichen Erb ʒŭgeſtanden, Vnd mein Hannſen paŭmgartners handen ko-
men ſein, Jtem aintaŭſendt güldin ſo ʒŭ mein Hannſen Paŭmgartners hannden
komen ſein, aŭs den Taŭſent Sechſhundert dreÿcʒechen Gŭldin, vierʒechen ſchil- 65
ling, vnd Ailf haller ſo mir Reginen Fuggerin von meinem bruder herr Marcuſſen
Fugger ſeligen erblich ʒŭgeſtanden ſein, Angeſehen das Jch Regina Függerin von
ſolicher ÿecʒgemelter Sŭma der Eintaŭſent, Sechſhundert, vnd dreÿcʒechen Gŭldin,
Vierʒehen ſchilling vnd ailf haller meinen dreÿen Sŭnen Hanſen, Hans Jörgen,
vnnd Anthonien einem ÿegclichen Hŭndert güldin geben vnd geſchenckgt, vnd die 70
vberigen dreÿhundert dreicʒehen Guldin, Vierʒehen ſchilling, ailf haller beÿ mir
ſelbs behalten, Vnd alſo von ſolicher yecʒgemelter poſ[ition] nit mer dañ Taŭſennt
güldin in meins lieben haŭfwirts Hannſen Paŭmgartners gewalt komen laſſen hab
[…].
Jch Hans Paumgartner yecʒo dˋ Elter Bekenn mit diſſer meiner handtgeſchrifft, was
jn diſſem libell geſchriben ſtatt, das Jch ſolhs mitſampt meiner Haŭßfrawe fur- 75
genomen gethan vnd bewilligt hab, vnd diſſe Heirats Nottell alſo aŭffgericht

Jch regina fuggerin hanſſen paumgartnerß des elltern eelicher gemachel beken mit
diſſer meiner hand geſchrift waß in diſſem liwel geſchryben ſtat daſ jch ſollichſ mit
ſampt meinem eewirt furgenomen getan vnd bewilligt hab vnd diſſe heyratß nottel
allſo aŭfgericht 80

---

43 *widerlegŭng*] s. DWB.   53 *vnpindig*] vgl. Lexer s. v. *unbinden*; DWB.

II. Legitimierende Texte

Als legitimierend werden diejenigen Texte angesehen, deren Auftraggeber/Verfasser/Schreiber/Drucker seit längerem bestehende oder in Entwicklung befindliche gesellschaftliche Zustände aller Art, darunter Rechtsverhältnisse, politische und soziale Beziehungen, Titel, Amter, mit dem Zweck verzeichnet oder beschrieben sehen möchten, diese Verhältnisse als geschichtlich, religiös, rechtlich, philologisch oder auch durch persönliche Zwänge begründet erscheinen zu lassen, sie zu preisen oder zu entschuldigen und auf solche Weise zu ihrer Aufrechterhaltung bzw. zu ihrer weiteren Entwicklung beizutragen. Den geschichtlichen Hintergrund legitimierender Texte bilden die Spannungen im sozialen Gefüge des späten Mittelalters und der frühen Neuzeit, insbesondere das Verhältnis von Adel und Stadtbürgertum. Zu dieser Textgruppe gehört u. a. ein Großteil der Historiographie, sofern sie der Legitimation von Fürstenhäusern, bestimmter Ereignisse oder der Selbstdarstellung von Personen dient.

Kennzeichen legitimierender Texte sind die Berufung auf anerkannte Normen und Autoritäten, ein deutlich ausgeprägter positiver und negativer Wertwortschatz, häufige Kontrastbildungen, Wechsel von Aussage-, (rhetorischen) Frage- und Ausrufesätzen, ein im allgemeinen relativ direkter Rezipientenbezug.

1. Dat nuwe Boych

Nach inneren Unruhen in der Stadt Köln erhalten die Zünfte im Jahre 1396 Aufnahme in den Rat der Stadt und damit Anteil am Stadtregiment. *Dat nuwe Boych* ist eine Rechtfertigungsschrift des neuen Rates. Es bietet, um den Umsturz zu legitimieren, eine kritische Darstellung der Politik der Geschlechter (des Stadtpatriziats). Die Handschrift wurde 1396/98 in Köln wohl von dem Stadtschreiber Gerlach vom Hauwe (vom Anker) verfaßt.
Ausgaben: Chroniken der deutschen Städte vom 14.-16. Jahrhundert. Bd. XII: Köln. Hrsg. v. H. Cardauns. München 1875, 272-309; Quellen zur Geschichte der Stadt Köln. Hrsg. v. L. Ennen/G. Eckertz. Bd. I. Köln 1860, 422-444. - Lit.: H. Keussen, Der Verfasser des Verbundbriefes und des »Neuen Buches«. Zur Geschichte der Kölner Revolution 1396. In: Mitteilungen aus dem Stadtarchiv von Köln. Heft 15 (1888). 1-26: J. B. Menke. Geschichtsschreibung und Politik in deutschen Städten des Spätmittelalters. Die Entstehung deutscher Geschichtsprosa in Köln, Braunschweig, Lübeck, Mainz und Magdeburg. In: Jahrbuch des Kölnischen Geschichtsvereins 31/32 (1957), 1-84 und 33/34 (1960), 85-194. - Vorlage: Hs.; Historisches Archiv der Stadt Köln.

Darna ʒo hantʒ vp evnē morgē So hielte der Rait ʒerʒiit van allen louffen vnd fachē as van her hilg's wegē vnd der vurg partijen eyne gefchreuē morgēfpraiche die dem gemevnden gelefen wart offenbierlichen Jnd do die gelefen was Do fprach h' Coftiin vpme heumart vurfs. Jnd danckde der guder gemevnden truwelichē dat fv fich as wal bewiift hadde Jnd fachte vn da ʒo Alfo as h' Johan van halle Scheffen ʒo   5
coelne der gemevndē da voerentʒ ouch ʒo gefacht hadde van des Raitʒ wege, dat yn der Rait vorbas gūftich fijn weulde fij ʒo laiffen vnd yn ʒo helpē ʒo yrē guden alden vriiheiden vnd gewovnheit. der alle burg'e van ald's alwege gehat hadden Jnd yn alfo ʒo doin, dat yn die gemevnde dankē feulde Jnd der gliiche worde was as vil dat die gemevnde ʒo den ʒijden vro vnd geuolgich waire.   10

Darna ou' evne lange wile do der Rait in allen vurfs louffen vnd fachen ʒo vreden was. Do fchaffden Scheffene vnd Rait vre fachen vnd wairē evndrechtich Jnd hadden doch klevne achte ʒo der gemevndē vurfs Jnd do die gemevnde dit fagē. Do giengē fv mit allen erbe'n burge'n vnd kouftudē ducke vnd vil bv evnande'n in yre gefelfchaf Jnd hadden mange reden da van Afuerre dat ⟨74ʳ⟩ fv ʒo lefte vre erbe'   15
vrunde ʒo evne' ziiden fchickden an den Rait vp dat hūvff Jnd daden fv gutlich ermanē vnd bidden vrre ʒo gedenken in den ʒo gefachten fachē Jnd fonderlingē dat fv vn an de wiinbroderfchaf helpen vnd vort alle ande' der Stede vriiheit vnd genade weulden laiffen wederuairen as fv vn ʒo gefacht hedden. Jnd dit wart vn evns vnd anderwerf allet vertreckt mit gutlichen reden Alfuer dat die erbe' burge' vnd   20
gemeynde as vil vp dat huyff giengē vnd fchickden vnd fy ermayndē Dat ʒo lefte h' Coftijn vurfs fprach vnd' ande'n wordē ʒo yn alfo vnfe hern en nementʒ van vch

---

1 *louffen*] s. DWB (7)   2 *vurg*] vurgenant.   2 *morgēfpraiche*] s. Lexer; DWB.   4 *vurfs.*] vurfchreven.   4 *guder*] s. DRW s. v. *gut.*   5 *bewiift*] s. DWB s. v. *beweisen.*   14 *ducke*] s. Lexer s. v. *dicke.*   15 *Afuerre*] mhd. *als verre.*   18 *wijnbroderfchaf*] s. DRW s. v. *Bruderschaft.*   20 *anderwerf*] s. FWB s. v. *anderwerbe*; Schiller/Lübben; Lasch/Borchling.   20 *vertreckt*] s. Schiller/Lübben s. v. *vordragen* (3).

nyet vur goet dat Jr as vil her louft Jnd ir mocht wail heym gain, want fy haint vil
and's ʒo denken vnd ʒo fchaffen mer wanne fy yet doin off verdragen willent So
25 enfolen fy vch nyet darvmb vragen Jnd der gelych worde hadde he vil die erbe'
burge', Jnd van der ʒijt an dat yn h' Coftin vurfs beyde vur vnd na alfo antwerde So
wurden fij in yn feluer ʒornich vnd namē des ouch nyet vur gůt. Jnd vergaderden
fich ducke in yren gefelfchaffen vnd gaffelen vnd giengen duck by eyn vmb def'
vurfs fachē wille Jnd dachtē up alle vurfs louffe vnd gefchichte, wie die Stat vnd
30 gude gemeynde vmb yrs grofen haff nijtʒ ʒwift vnd ʒweyůgen wille in grofen ver-
derflichen fchadē cofte vnd veetfchaf komen we'n vnd dach by dage quemē Jnd
ouch dat manch burg' vnd koufman fyne haue vnd gůt durch yre ʒweyůgen vnd
kriechs wille verloerē hedde Jnd dachten dach vnd nacht darna dat fy yre narůge
vnd der Stede vrijheit erkrigē vnd behalden mochtē, vmb fich vff deme grofen
35 verderfliche' cofte krode vnd fchaden ʒoerloefen. we wail fy dat doch lieuer alwege
mit gnaden dan mit vngenaden gehat vnd genoymē hedden, dat wiffentlich vnd
allen guden luden kundich is.

Herna do die Scheffene vnd yre partijē vrůde vnd maigē in engē vnd wijden Rade
den meyftendeil dit fagen vnd gewar wurden, dat die Ampte vnd gaffelen vafte
40 beftoindē by eyn ʒo gain vnd ʒo vergaderen. vnd ouch mechtich wurden Do hadden
fij vafte grofen has vnd verdůncken darůp. Jnd hadden yrē Rait by eyn, we fy die
gaffelen vnd gefelfchaf afdeden Jnd dat bleyf allet alfo ftain Sonder eyng'ley gnade
narůge of troift der gemeynden vnd burge'n ʒo doin Alfo dat darna vp dat lefte vp
eynē vrijdach ʒo auēt vnd des morgēs, die Scheffene vnd yre p'tijen fich ⟨74ᵛ⟩ ʒo
45 Arfburch vergadertē vnd eyn gebot hadden, da an vil guder lude van der gemeyndē
vnd gaffelen verdochtē. Jnd die Richt'boiden alle gewapent vp der ftraiffen giengē
Jnd vil wonderlig' meren vaft vp der ftraiffen fich ergiengē. As verre dat h' Coftijn
vpme heumart, vp den Sondach nyeft darna ʒo auent mit den Scheffenē vnd fyne'
partijen vur arfburgh vergadert was mit vil yrē vrůden vnd warē ouē vp me hufe by
50 eyn gewapent in yrme rade. Alfo dat h' Coftijn ʒo lefte vp fyn pert fas vnd reyt
alvmb ʒo den gaffelen. Jnd fprach ʒo yn Of fy nyet flaiffen enweulden gain darup
eme weder geantwo't wart. Sij feulden wail flaiffen gain wañe fij dat ʒijdich fyn
důchte Jnd in def' wijfe So volgden eme eyn deil der burge' vnd gemeynde na. vnd
eyn deil quamē eme vp deme wege vnder ougen die an den worden vnd rijden
55 verdochten. Jnd griffen yn vnd wůrpen yn van dem perde vnd viengen yn in fulg'
wijfe, dat he vurficherde vnd na lijflichen ʒo den heilgen fwoire mit vpgereckden
vingee'n lijff noch gůt der Stede noch der gemeynden ʒo vntfirnen Jnd boyuē die
ficherheit So gienck h' Coftin vurfs an die Sluffele van lyfenkirḡ portʒē in Coftijns
hufe vur lyfenkirchē da he die wail wifte Jnd fluffen bynnen nachtʒ de portʒe vp.
60 vnd he vnd Coftyn vurfs vntfluwen heymlichē buffen Coelne vp de felue nacht

---

24 *yet*] s. Schiller/Lübben s. v. *ieto*. 27 *vergaderden*] s. Lexer s. v. *vergatern*. 28 *gaffelen*] s.
DRW. 31 *veetfchaf*] vgl. DWB s. v. *Fehde*; Lexer s. v. *vêhede*; Schiller/Lübben s. v. *vede-
schop*. 35 *krode*] s. Lexer s. v. *krot*. 45 *Arfburch*] Oversburg. 46 *Richt'boiden*] vgl. DRW
s. v. *Bote*. 56 *lijflichen*] s. Lexer s. v. *líplich*. 57 *boyuē*] s. Schiller/Lübben s. v. *boven*.
58 *ficherheit*] s. Lexer. 58 *lyfenkirḡ portʒē*] Lyskirchen Pforte = Witschgassenpforte (zum
Rhein hin). 60 *buffen*] s. Rhein. Wb. s. v. *baussen*.

vurſs Jnd ʒoſtunt do ſy he'n Coſtin vurſs alſo gevangē haddē as vurſs ſteit Do tradē
die gemeynde vnd burge' ʒo ſtunt vort vur h'n Coſtijns huyſſ vnd namē alda in ſyme
huſe der Stede Bānyer. Jnd traden vort mit gewapēder hant vnd Bānyer vur
Arſburch Jnd vunden alda vp Arſburch die Scheffene vnd vort ande' yre maige vnd
partijen Jnd viengen die mit eynande'n. Jnd lachtē ſy darna alvmb vp der Stede   65
Torne oyuē vnd vnden. Jnd giengē do vort an alle Burgreuē vnd portʒenē Jnd namē
alle vnd yecliche Sluſſele van allen Sloſſen vnd portʒē Jnd beſtaltē do vort yrē Rait
vnd gemeynde. Jnd giengē do mit yrē vrüden alvmb ʒo allen geuangenē vur vnd na
vp den tornē lygende vmb den grüt van yn allen ʒo hoerē in allen vurſs louffen vnd
ſachē, da van der Stede vnd gemeynden vmb yrs haſſ vnd nijtʒ wille groſe ſchade   70
coſt krut vnd veetſchaf komē is. Jnd dat die gemeynde na deſen geſcheften vurſs
ouch gecoſtet hait an dem Roimiſchē Coenge An ande'n enden ſteden vmb ⟨75ʳ⟩ yre
ſachen ʒo beſtellen vnd vp eynē guden voyſſ ʒo ſetʒē me dan dat allet van der vurſs
partijen wegē van den vurledenē Jairē bis her ʒo komē vnd geſchiet is.

2. Götz von Berlichingen, Lebensbeschreibung

Die Schrift *Mein Gottfriden von Berlichingen zw Hornberg vhedt vnd handlungen* (Rossacher
Hs. ohne Titel) stellt eine Rechtfertigung Götz von Berlichingens (1480–1562, Reichsritter) für
sein Verhalten insbesondere im Bauernkrieg dar. Verfaßt wurde sie vermutlich durch Diktat
Götzens an seinen Dorfpfarrer aus Neckarzimmern. Hersteller der Handschrift ist wohl ein
Schreiber des Syndikus Stefan Feyerabend, Heilbronn 1562/67. Gewidmet ist das Werk Hans
Hoffmann, Bürgermeister zu Heilbronn, und Stefan Feyerabend, Rechtslizentiat und Syndi-
kus in Heilbronn; Adressaten sind im weiteren alle Standesgenossen und früheren Gegner
Götzens. Insgesamt sind 16 Handschriften nachgewiesen (vgl. Ulmschneider 1981); der erste
Druck erfolgte jedoch erst 1731 in Nürnberg bei Felßecker, hrsg. v. W. F. Pistorius (dazu
Faks. Frankfurt 1980); mehrere Drucke besonders nach Erscheinen von Goethes ›Urgötz‹
1773/74. — Ausgabe: H. Ulmschneider, Götz von Berlichingen. Mein Fehd und Handlungen. Sigmarin-
gen 1981. — Übersetzung ins Nhd.: Lebensbeschreibung des Ritters Götz von Berlichingen.
Stuttgart 1962 (Übertragung der Pistorius-Ausgabe). — Lit.: H. Ulmschneider, Götz von Ber-
lichingen, Ein adliges Leben der deutschen Renaissance. Sigmaringen 1974; G. Misch, Ge-
schichte der Autobiographie. Bd. 4.2. Frankfurt/Main 1969. — Vorlage: Rossacher Hs.; Freih.
v. Berlichingen'sches Archiv; o. Sign.

Vnnd wie ich jn meinem haüß wahr, da brachenn die baürn wid' vff ʒŭ Gündelß-
heim, vnnd ſchickhten die haübtleüt mein Schültheißenn ʒŭ mir, ich ſoldt ʒŭ jnn
khoṁen, ſie hettenn etwas mit mir ʒühanndlenn wŭſt ich doch nit, wie oder wann,
forchtt mich aŭch ſie würdenn mich vbereillenn das es meinem Weib vnnd Khin-
dten vnd den meinen ʒŭ nachteill möcht reichenn / dann jch hett khein wehrlich   5
volck jnn meinem haüß, ſo wahrenn die baürn all voll teüffel, vnd wolltenn Knecht
vndd Magdt aŭch nit mehr gŭet thonn / Alſo ʒog ich mit dem hinüff, vnnd ſaß ab
vorm Wirtßhaüß, vnnd will hinein gehnn, alls jch aŭch thett. ſo ghet Marx Stümpff
⟨93ʳ⟩ vonn baürnn die ſtegen herab, vnnd ſprichtt Götʒ biſtŭ da, ſagt jch Ja, was iſt

---

74 *vurledenē*] s. Lexer s. v. *verlíden*.   **4** *vbereillenn*] s. DWB s. v. *übereilen*.   **6** *volck*] s. DWB.

10 die fach was foll ich thonn / oder was wollenn die Haübtleütt mein, da hebt er ann,
dü müft ir Haübtman werdenn. da fagt ich Gott mir nit. das thüe der teüffel.
warümb thüft dü es nit, thüe dü es ann meiner ftatt, Da fagt er fie habenn mirs
ʒügemüt, ich hab mich aber vonn jnn geredt, vnnd wann ich es meines dinfts
halbenn thün khonndt, fo wollt ichs thonn / da fagtt ich wie vohr, fo will jchs nit
15 thün, will ehe felbs ʒü denn Haübtleüttenn gehnn / verfihe mich fie werdenn mich
nit darʒü ʒwingen oder nottigen, Da fagt er Nims ann, meinem gnedigenn herrnn
vnnd andern fürften, vnd vns allenn dem gemeinen Adell ʒü gütt da fagt jch, ich
will es nit thün, vnnd ging darüff ʒü denn Haübtleüttenn felbs vnd erlangt güttenn
befcheidt, allein das fie mir das anhenngtenn, jch folt ʒü den Andern Haübtleütenn
20 aüch ghenn. die vnnder dem haüffenn draüß vor dem thor weren. wie Jch fiehe
dann jm feldt fehenn würt, vnnd follt es jnn ⟨93ᵛ⟩ aüch Anntʒaigen, vnnd fie, wie
ich jnen Angeʒaigt hett bittenn, das thet ich, Reitt hinaüß vnnd fprach fie Ann ein
rott nach der andernn. wie fie dann mit allenn fendlin hauffenn weiß beʋ einannd'
wahrenn Da fanndt ich aber güttenn befchaid beʋ allenn fürften. Graffen vnnd
25 herrnn verwanthenn vnd vnnderthanenn / die jm haüffenn wahrenn / Aüßgeno-
m̃en beʋ denn Hoennloifchenn. die namen meinen gaüll beʋ dem Zaüm vnnd vmb
ringten mich, mit vermeldüng, jch follt mich gefanngen gebenn / globenn vnnd
fchwerenn, den Andern tag beʋ jnen ʒü Büchenn jm leger ʒüfein, Da würde ich fie
findenn, vnnd onne jrenn wiffenn nit abʒiehenn; die gelüb beʒwang mich, das ich
30 mich ʒü jnenn ghenn Büchenn fteldt, damit nit mein weib vnnd / Khindt, vnnd
Anndere vom Adell dardürch befchedigt würdenn, vnd thett es mit traürigem be-
trübtenn vnd bekümertenn hercʒenn, dann jch ließ mich nit ghernn erwürgen, Wie
fie dann neülich villenn from̃en vom adel ʒü Weinßberg gethann hettenn / vnnd
ich hofft noch jm̃er ich woldt etwas güts erlanngt habenn / ⟨94ʳ⟩ vnnd ʒog alfo des
35 andernn tags mit traürigem hertʒenn ʒü jnn jnn das leger, vnnd Wünfcht mir vill
mal das jch darfür jn dem boften thürn leg der jnn der Türckheʋ wehr / oder vff
erdtrich es wehr wa es woldt, vnnd ging mir wie Gott wollt, wie mir gleich Gott
wider aüßhülff, Nün ich kham ʒüm haüffenn Gott erkanndt vnd weiß wie mir
wahr, da namen fie den gaüll beʋ dem ʒaüm vnnd müft jch abftehnn ʒü jnen jnn
40 Ringh, Da redtenn fie mit mir der haübtmanfchafft halbern, das fchlüg ich jnn
nün freʋ vnd gütt ründt ab, jch khonndt oder wüft es meiner ehrenn vnnd pflich-
tenn nach nit ʒüthün Darʒü verftündt jch mich jres handels nit. Dann ir hanndlüng
vnd mein handlüng, vnd jr wefenn vnd mein wefenn were Alls weitt von einand'
Alls der himell vonn der erdenn / Darʒü fo khonndt jch es aüch gegen Gott, kaʋ:
45 Mt. Chürfürften, Fürftenn, Graüen vnnd herrnn, vnd der gemeinen Ritterfchafft,
vnd gegen dem bündt Aüch vnnd allenn ftendenn des Reichs freündenn vnnd fein-
denn mit ehrn nit verantwürttenn / Vnd batt fie folten mich deßen erlaffenn ⟨94ᵛ⟩
Aber es wahr verlornn, kürtʒümb jch follt jr Haübtman fein, da fagt ich, ehe jch jr
Haübtman fein, vnnd fo thirannifch handeln, wie fie ʒü Weinßberg gethann vnd
50 gehandelt hettenn / oder aüch darttʒü rathenn oder helffenn foldt, ehe müften fie

19 *anhenngtenn*] s. DWB s. v. *anhängen*.   **23** *rott/fendlin*] Gliederungsabteilungen der
Landsknechtheere: Ein Regiment bestand normalerweise aus 10 Fähnlein, diese wiederum
waren in Rotten untergliedert. Jeder Rotte gehörten 10 Landsknechte bzw. 6 Doppelsöldner
an. Allgemein bedeutet *Rotte* auch ›bewaffnete Schar‹.   **40** *Ringh*] s. DWB s. v. *Ring*.
44 *kaʋ: Mt.*] ›kaiserliche Majestät‹.

mich ʒů todtſchlagen wie ein wüettenden Hůndt, da ſagtenn ſie es wehr geſchehen,
wo nit, geſchehe es villeicht Niṁer, Nůn khaṁen die Meintʒiſchenn Reth aůch
ghenn Bůchenn jns feldt ʒů dem geſprech, vnnd Max ſtůmpff mit jnen, derenn
waren vnnd' fünff oder ſechs nit, vnnd wahr freilich einer, hab ich Anderſt rechtt
behaltenn, darůnnder, der hieß der Rückher, Inn ſůṁa die Meintʒiſchenn Reth   55
bathen mich aůch, wie Max ſtůmpff, ich ſolt ſolche Haůbtmanſchafft jrenn gne-
digſten hern ʒůgefallenn, aůch allenn Fürſten vnnd allem Adell, hohenn vnd ni-
dernn ſtenden jm Reich ʒů gůtt Anneṁen. jch möcht vill vnraths damit verkho-
ṁen, Da ſagt ich daraůff wann die Baůrn vonn jrem fürneṁen wolten Abſtehn,
vnd der oberkeitt vnnd jrer herrſchafft gehorſam ſein / mit dhiennen, fronnen   60
Recht neṁen vnd gebenn, wie vonn alth' herkoṁen ⟨95ʳ⟩ wehr, vnnd ſich halltenn
gegen jrer Oberkeitt alls wie froṁen gehorſamen vnnderthannen vnnd hin-
derſaſſenn gebůrt vnd wall annſtett, ſo wollt jch es Achttag mit jnn verſůchenn, Da
ſchlügenn ſie mir ein lannge ʒeitt für, Aber es kham letʒlichenn vff ein Monnat,
doch das ſie inn allenn herrſchafftenn vnd Ambternn. Stettenn, fleckhen vnnd   65
dorffern, ſie wehrnn gleich daheim wo ſie wolltenn / weit od' nahe / vnnder jrem
ſiegel hinderſich ſchreibenn, das ſie dem allem wie obgemellt nachkoṁen wolten,
vnnd aůch kheins Fürſten oder Edellmans haůß nit brennen oder beſchedigen /
vnnd nam daraůff ettliche ire Räth vnnd Haůbtleůt, die mich daůchtenn tůglich
darʒů ſein, vnnd wahr ſonnderlichenn dernn einer Wenndel Hipler ein feinner 70
geſchickhter man vnnd ſchreyber Als man vngeůerlich ein jm Reich findenn ſollt,
War aůch etwann ein Hoenlochiſcher Canntʒler geweſt / vnnd thetten jme die
vonn Hoennlohe, ſoůill jch wiſſenns hab, aůch nit viell gleichs. denn nam jch ʒů
mir, vnnd machten ein vertrag, wie vorgemeldt, das ſie gehorſam ſoltenn ſein /
vnnd dergleichenn, vnd ſchreibenn eß hinderſich ⟨95ᵛ⟩ jnn alle Ambt vnnd   75
Herrſchafft, wůe ein jeglicher daheim wahr, vnnd würt aůch ſolche betheidigůng
vnnd vertrag vberanntwůrt, vnnd vonn dem hellenn haůffenn vnnd jrenn Haůbt-
leůttenn bewilligt, das ich nit anderſt wůſt, dann die ſach ſtůndt deſſelbigen hal-
benn wie gemeldt gar woll, vnnd wehr anngenoṁen / Was geſchahe aber, ſie woll-
tenn hinab ʒiehen vonn Aṁerbach ghenn Miltennberg, vnnd woldt Graff jorg vonn 80
Wertheim Aůch dahin khoṁen, das er ſich Aůch mit denn heilloßenn Leůtten
vertragenn mocht, Vnnd ʒiehe ich dahin vnnd will wehnn ſie ʒiehenn mir nach / ſo
halltenn ſie onne wiſſenndt mein ein gemein mit dem gantʒenn haůffenn, vnd wahr
das die meinůng, Die baůrn, denn man hinderſich geſchriebenn hett, warrenn mit
jrer bottſchafft Da, vnnd ſagtenn, ſie wolltenn wehn ſie kriegten vmb jre freiheitt, 85
ſo wehr jnn geſchribenn vnnd gebottenn wordenn / ſie ſoltenn ebenn thonn wie
hieůor aůch vnnd dergleichen, vnnd machtenn alſo ein vffrhůr jn dem haůffenn,
das ſie ʒůſaṁen ſchwůrenn, vnd die finger ⟨96ʳ⟩ vffreckhtenn, mich vnd die jenigen
die ſolchenn vertrag vffgericht, vnnd jnenn ʒůgeſchickht hettenn, thott ʒů ſchla-
genn, vmb der vrſachenn willenn, wie obgemellt, das ſie dem vertrag denn wir   90
vfgericht hettenn nachkhoṁen, vnnd allſo halltenn ſolltenn, Da wůſt ich herr Gott
nichts drůmb, vnnd ʒeůg doch dem haůffenn ʒů, vnnd wollt ſehenn was die heil-
loſenn leůtt für ein hanndel hettenn / So leůfft ein kriegßman herrab, der wahr

---

67 *hinderſich ſchreibenn*] s. DWB s. v. *hinter*; DRW s. v. *hinterſchreiben*.   **82** *wehnn*] ›wäh-
nen‹.   **83** *gemein*] s. Lexer s. v. *gemeine*; DRW.

vonn Hailbronn, vnnd wahr aůch bey denn baůrnn (denn hett ich erkenndt da
95 vnnſer ettlich als Phillips Echter, Frantʒ vonn Sickhingenn ich vnnd anndere gůte
freůndt vnd geſellenn Vmbſtadt ein naṁen, da er Frantʒ für Darmſtatt lag) der
gemeints onne allenn ʒweiffell threůlich gůtt gegenn mir, vnd het alle redt gehortt,
das ich nit wůſt, der ſagtt mit kürtʒenn worttenn ʒů mir Jůnckher reitt nit ʒům
haůffenn, da war ich ſchellig vnnd ſchwůr vbell, das eůch Botʒ der vnd Jenner vff
100 ein haůffenn ſchenndt, was hab ich dann gethann, dann ich khonndt nit wiſſenn,
⟨96ᵛ⟩ waß es wehr, oder warůmb ich mich beſorgen ſollt, het ann denn vertrag nit
mehr gedacht ſonnder gemeint es blieb darbeÿ, vnnd ſtůnde gleichwoll. vnnd wie
jch ſchier ʒům haůffenn khome, da ſahe ich ein ſchloß Brennenn heiſt Willenn-
berg, jſt des Biſchoffs vonn Meintʒ, welchs alles wider denn vertrag den wir vffge-
105 richt hettenn gehandelt wahr, vnnd wie ſie mitt mir theÿdigtenn vor Büchen, vnnd
wollten mir alls oblaůt lennger ʒeitt beÿ jnn ʒůbleibenn vfflegen, dan jch thonn
wolt, da ſagt ich frey ʒům gantʒenn haůffenn, ſie ſoltenn mich allſo wie ich bewil-
ligt, die acht tag bleibenn laſſenn. Jch wollt mich dermaſſenn halltenn, ſie ſolten
mein ebenn Alßbaldt můedt werdenn, Alls ich jr, vnnd das geſchahe aůch vnnd
110 weret ſolche Haůbtmanſchafft nit vber acht tag, wie ich geſagt hett / allſo ʒogenn
ſie hinein für Wůrtʒbůrg, vnnd lag daß leger hieaůß ʒů Hüttberg, da hettenn ſie
abermall ein gemein, vnd wollten weder fürſten, herrnn, noch Edeleůtt beÿ jnn
habenn, vnnd gaben mir aůch vor dʼ ʒeitt ⟨97ʳ⟩ wie ich jnen geſagt hett, vrlaůb, da
wahr ich mein lebennlanng nihe froher, dann jch ließ mir jnn denn Acht tagenn,
115 waß jch jm ſin hett das hercʒ nit abſtoßenn, wie ich dann niehe khein heůchler
geweſt bin, vnnd noch vff diſenn tag nit vnnd Redt nichts das jnn gefallenn thett,
gab jnen aůch nie recht wo ſie vnnrecht hettenn, [. . .].

3. Ulrich Füetrer, Buch der Abenteuer

Das ›Buch der Abenteuer‹ – vermutlich eine Auftragsarbeit – wurde zwischen 1473 und 1478
von Ulrich Füeterer (1420–1493/1496, Maler und Dichter) verfaßt. In dem über 40.000 Verse
(in Titurelstrophen) umfassenden Werk ist ein Großteil der Artusepen kompiliert. Zusammen
mit Füetrers ›Bayerischer Chronik‹ dient das ›Buch der Abenteuer‹ der Legitimation des
Bayernherzogs Albrecht IV. und im weiteren der gesellschaftlichen Rolle der spätmittelalter-
lichen Adelsgesellschaft. Die Beziehung zu Albrecht IV. wird besonders deutlich in der Ver-
bindung von Akrostichon (s. jeweils das erste Wort von Strophe [10] bis [29]) und der Ahnen-
reihe Titurels. Daneben besteht wohl auch eine dokumentierende Intention (Sammlung ver-
fügbarer höfischer Epen) sowie eine unterhaltende. Überliefert sind 5 Handschriften, von
denen nur zwei vollständig sind (vgl. Nyholm XXXVff.).
  Ausgaben: Die Gralepen in Ulrich Füetrers Bearbeitung (Buch der Abenteuer). Hrsg. v.
K. Nyholm. Berlin 1964; Ulrich Füeterer, Der Trojanerkrieg. Hrsg. v. E. G. Fichtner. München
1968; Ulrich Füeterer, Wigoleis. Hrsg. v. H. A. Hilgers. Tübingen 1975; ›Merlin‹ und ›Seifrid de
Ardemont‹ von Albrecht von Scharfenberg in der Bearbeitung Ulrich Füetrers. Hrsg. v.
F. Panzer. Tübingen 1902; F. J. Hofmann, Der ›Meleranz‹ von dem Pleier in der Bearbeitung

---

99 ſchellig] s. Lexer s. v. ſchëllec.   **99** Botʒ [. . .] ſchenndt] s. Schwäb. Wb. 1, 1329.
103 Willennberg] Wildenburg (bei Amorbach).   **111** Hüttberg] Höchberg (Kreis Würzburg).
115 das hercʒ nit abſtoßenn] s. FWB s. v. abstossen (9); Schwäb. Wb. 1, 73; 3, 1524.

Ulrich Füetrers. Diss. [masch.] Wien 1933; A. Carlson, Ulrich Füetrer und sein ›Iban‹. Diss. München. Riga 1927; Ulrich Füetrer, Persibein. Aus dem Buch der Abenteuer. Hrsg. v. R. Munz. Tübingen 1964; Poytislier aus dem Buch der Abenteuer von Ulrich Fuetrer. Hrsg. v. F. Weber. Tübingen 1960. - Lit.: P. Hamburger, Untersuchungen über Ulrich Füetrers Dichtungen von dem Gral und der Tafelrunde. [. . .]. Diss. Straßburg 1882; R. Spiller, Studien über Ulrich Füetrer. In: ZfdA 27 (1883), 262-294; U. Killer, Untersuchungen zu Ulrich Füetrers ›Buch der Abenteuer‹. Diss. Würzburg 1971; W. Harms, Zu Ulrich Füetrers Auffassung vom Erzählen und von der Historie. In: ZfdPh, Sonderheft 93 (1974), 185-197; Ch. Rischer, Literarische Rezeption und kulturelles Selbstverständnis in der deutschen Literatur der ›Ritterrenaissance‹ des 15. Jahrhunderts. Untersuchungen zu Ulrich Füetrers ›Buch der Abenteuer‹ und dem ›Ehrenbrief‹ des Jakob Püterich von Reichertshausen. Stuttgart [usw.] 1973; H. Wenzel, *Alls in ain summ zu pringen*. Füetrers ›Bayerische Chronik‹ und sein ›Buch der Abenteuer‹ am Hof Albrechts IV. In: Mittelalter-Rezeption. Ein Symposion. Hrsg. v. P. Wapnewski. Stuttgart 1986, 10-31; G. S. Williams, Adelsdarstellung und adliges Selbstverständnis im Spätmittelalter: Politische und soziale Reflexionen in den Werken J. Rothes und U. Füetrers. In: Legitimationskrisen des deutschen Adels 1200-1900. Hrsg. v. P. U. Hohendahl/P. M. Lützeler. Stuttgart 1979, 45-60. - Vorlage: Hs.; Bayerische Staatsbibliothek München; Sign.: Cgm 1.

[1.] Alpha et O du rainer: Emanuel geneñt.
du dreyer vnd doch ainer /   Der himl hoch vnd alle element /
Planeten fiben an der hymel ftraffen /
Die lauffen hin ir richte /   Alls fy dein gottlich chraft hat angelaffeñ

[2.] AN angeñg vnd an ende /   Haftu in deinem zefen   5
Befchloffeñ in deiner hende /   Hymel erd vnnd waz drinn hat fein wefen /
In erd in wag in luft vnd fewres hyc3e /   [wic3e.
Was fchwimbt lauft chreücht vnd fchwebt /   da3 ift gar alls ob aller menfchen

[3.] Dein wefen ye vnnd ymmer /   Vor allem anegeñg.
da3 hat kain end auch nyñer /   Alle höche weytte tieff vnnd leng /   10
Da3 hat durch meffen als dein gothaitt frone /
Sodiacus mit 3aychen 3welff /   Dy Chöre newn vnnd auch der himl throne

[4.] HErr durch dein namen dreye /   Geift vatter Sun vnnd crift /
Vmb hilf ich 3ue dir fchreye /   Wann du der Vrfprung aller guete pift.
Lafs deiner gnadē runft her 3ūe mir fincken /   15
Jch pitt dein gótliche guette /   Lafs mich aufs kunften pach ain tropflein trincken

[5.] Das Jch 3ue lob vnd eerñ /   Aim fürften hochgeporn /
Mein diennft mug gekerñ /   So das ers wifs wie fich die aufs erkorñ /
Ritterfchaft erhueb 3um erftñ male /
Jch main in Salua terra /   Die dort wonten pey dem Edeln Grale   20

[6.] Darnach denn chundt beweyfen /   Mit worttenn machen kundt /
Anfang der pritoneyfen   Jch mayn dy chuenen von der Tauelrundt /
Vnnd wer gefellefchaft darc3ue begerte /
Der mueft mit ritters ellen /   Vil preis bejagen mit fper vnnd auch mit fchwerte

---

4 *angelaffeñ*] s. DWB 1, 391.   **12** *Sodiacus*] Zodiacus (Tierkreis).   **22** *pritoneyfen*] s. Parzival 74, 11.

25 [7.] O Got das Jch der reichen /   Arbait mich vnndter windt /
Daʒ mag man mich geleichen /   Von allem recht ann wycʒen für ain kindt /
Die do ſpilen gend mit yeren docken /
Gar ſunder veder chengl /   Will ich von neſte vnnd von hennde flocken.

[8.] Ob ich nun alſo hanndel /   Mein arbait miſſe prauch /
30 Vnd thorhafticlich wanndel /   Jn der vinſter über die ſtorrñ ſtrauch /
So mag man ſpottñ mein von allem rechtñ.
Darumb mag ichs laſſen nicht /   Nun weicht all vmb / ein plinder der will vechtñ.

[9.] Doch ſey in gottes namen /   Der arbait mein begunē
Herr deiner kunſtñ ſamen /   Sá in mein hercʒ / vnnd den vil dúrren prunnen
35 Mit genadñ fluʒ penecʒ. vnd auch erfeúchte /
Maria aller engl frawe /   Mein tunckels hercʒ mit kúnſtñ mir erleúchte.

[10.] DEm Aller tugent kainer /   Mit lobe nye gepraſt /
Er eeren wirdig rainer /   Von anfang trueg nach wunſch den plúenden aſt /
von dem entſproſs vil ritterſchaft der frechñ /
40 Die von der eerñ pawme /   Deʒ lobes ʒwey mit wierdñ kundñ prechen. ⟨1ʳᵇ⟩

[11.] Durchleúchtigenn Jn wierden   Sach man ſein lob vil gancʒ /
Ritterſchaft die geʒierden /   Sein leib erwarb das er der eerñ chrancʒ
Gepluemet trueg vor allen anndern fúrſteñ   [durſten.
Sein chrey er hal durch manig landt /   Sein gierlich hercʒ thett ye nach eeren

45 [12.] Hochgebornn von geſchlachte   Von tugñt edler vil /
Die hett er ye in achte   Die nicht gacht ʒue der eeren ʒil
Von Capadocia was der herr genennet /
Senebor der allte /   all durch ſein tugent was er weitt er chennet.

[13.] Fúrſtenn Vnnd lanndes herreñ   Von ſein' freyen hand
50 Enpfiengñ ſunnder werren   Zepter chron mit vanen yere land
Sein pietlich gwalt der nam mit weitt uii ienge /
Den guettñ was er haymlich ye   den argñ waʒ er in gerichte ſtrenge.

[14.] Vnnd do ſich nun entſprayttet /   Sein lob ſo manig valt /   [waldt /
Vntugent von tugent ſchnayttet /   Jnn lannden weytt / in pirg vnnd manchem
55 Durch ritterſchaft ſuecht er dick awentewre /
femurgan / Precyljen /   Brumbanie / durch ſtraich der her gehewre.

[15.] HErren vnnd diener ſunder /   Er maniche hurſt durch raitt
Gar vil felcʒaṁer wunder /   Jm wider gieng in aw auff veld vnd hayd /
Das er mit ſig ye ward der hochgepreyſet /
60 Als mir dy awentewr gicht   Vnnd Mórlin mich clárlich vnnterweyſet

[16.] HErreñ namen allaine /   Wollt er getragñ nye /
Das merckt wie ichs maine /   Sein tugent groſs er all ʒeit ſcheinen lye /

---

27 *docken*] s. DWB s. v. *Docke*; Lexer s. v. *tocke*.   28 *chengl*] s. Lexer s. v. *kengel*.
44 *chrey*] s. Lexer s. v. *krîe*.   56 *femurgan, Precyljen, Brumbanie*] s. Parzival 56, 18; 129, 6;
473, 23; Nyholm 359ff.

Das ſagt man von im gar dy weytt vnnd verre /
Wer tugent pflag mit treẅe / Dem waჳ er geſell lieber uil dann herre.

[17.] Albrecht von Scharffennberge / Wär ich mit kunſt dein gnoſs / 65
Alls ain Ris gen dem twerge / Alſo iſt mein kunſt gen dir eben groſs /
Sein lob kuncჳt du mit kunſt uil pas gepluemen / [men.
Oder von Straſpurg herr Góttfrid / Des kunſt man mag mit warhait wol gerue-

[18.] Pfallcჳ aller engel wunnen Hoch in der hymel tron /
Der freẅd wolt ich euch gunnē / Mit eüch dem kunſtenreichñ wolforan 70
Von Eſchenwach / des ticht waჳ ſo durch veinet /
Alls fůr den cჳiegl der Jochant / Allſo ſein kunſt aufs anndern tichtñ ſcheinet.

[19.] GRaf / Ritter vnnd auch chnechte / Die kunſte ſich verſtandt /
Dy ſagen daჳ ich rechte / Mit warhait var. doch da pey vngeſchandt /
Sullñ ſein die edlen künſtenreichen / 75
O gott ſolt ich dē múnſtñ mit meiner kunſt / ჳue ebñ maß mit geleichen.

[20.] Beÿ vmbe red uil lange / Verdroſſenhait iſt vil /
Darumb ich fúrpas gange / Mit rede kurcჳ / ich eẅch nū ſagñ will /
wie Senebor an preys uil manigñ lecჳet /
Chainer tugent im gepraſt / dann das er waჳ mit tawffe vnpenecჳet 80

[21.] REin Prabant Angoloyſe / Do er die hett durch ſuecht /
Der edel vnnd kurtoyſe / Zue landt kert er / all do in got peruecht /
Mit ainem Sun des lob pelaib ſunder ſtille /
Wo man ye ſagt von ritterſchafft / Der edel jung ward genenet parille.

[22.] HErcჳog / Fúrſten die werden / Erſuechtñ verr ſein wierdt / 85
Die do ჳue ſehen gerdtñ / Den Jungñ ⟨1ᵛᵃ⟩ ſchanden ploſſen wol durch ჳiert /
Mit lob vil gancჳ / an alle valſche maſen
Vil manig ritter ellenthaft / Von ſeinem ſper beteckt den gruenen waſen.

[23.] Inn ſeinen Jungñ iarñ / Prach er ſich alſo fúr /
Daჳ alle die do waren Jm lobes iahen von der hóchſten chúr / 90
Das er der peſte wár. gar auff der erdñ /
wolt er alſo verrecken / chain teẅrer dörft auch nach im niṁer werden

[24.] Obernñ vnnd übermuetñ / mich niemant darumb ſol /
Das ich den iungñ fruetñ / Nicht pringe fúr / alჳ er ſein ჳeit uil wol /
Verdienen chund mit ritt'ſchaft der frechen / 95
bey ſtreittñ in herttē gedrenge / kund er helm hawen vnd ſchilt durch ſtechñ.

[25.] Vnnd do den valſches freÿen / Mit lob den hoch gepreyſten /
mit ritterlichen chreyen / Fraw awenteẅr in dick in arbait weiſten /
Jn dem rait er fúr daჳ vorecht prumbane /
Jn wunniclichem riechen Hort er ain ſtiṁ in ſueſſem ſenften done. 100

---

72 *Jochant*] s. Lexer s. v. *jâchant*. 99 *vorecht*] s. Lexer s. v. *fôrëht*.

[26.] Niderñ vnnd auch hochñ /   perg er maniḡñ rait /
Jn ſtrengñ pirgen rouchen /   als vns dy awenteẘr von im ſait /
kam er ȝue nóttñ dick von ſtarckenn würmen /
Leoen perñ ſchlangñ gros   An die begund er vnerſchrocken ſturmen

105 [27.] Bayreñ Schwaben Francken /   Karlingen provencȝal /
Die ſtarcken nicht die chrancken   Tſchetis Baron oder Emeral /
dy lobtñ all mit geydt den fúrſten groſſen /
An ſáld er für den vatter ſtaig   Darumb daȝ er ward in die tawff geſtoſſen.

[28.] Ettliche ȝeit der werde /   Mit preys der auſerkorn /
110 Er ſchawt vil frembder erde /   Bis im ȝue freúden ain ſun ward geporñ /
Der ſeinen preys ſo hoch vor andern ȝilde /
Sein veinden was er gar ain ſchawr /   Sein maiſtes tach was helm vnnd auch ſchilde

[29.] ZEttera Waffen ſchreyen /   macht er ſein veind inn nóttñ /
Des edeln ſchandñ freyen /   Sper vnnd ſchilt ſich dick begunden róttñ,
115 Jm veindte pluet / wo er icht cham ȝue ſtreittñ,   [weittñ.
meñg ſchilt von im durch ſtochñ ward /   durch halſperg ſchlueg er wuñden gar dy

4. Martin Luther, Ursachen des Dolmetschens

Der im folgenden wiedergegebene Text, Teil eines Druckes mit dem Titel *Summarien vber die Psalmen / Vnd vrsachen des dolmetschens*, entstand im Anschluß an die Revision des Psalters im Jahre 1531. Luther legitimiert in ihm die vorgenommenen, konsequent auf die Zielsprache Deutsch orientierten Übersetzungsentscheidungen und richtet sich mit dieser Intention an seine antizipierten Kritiker. Daraus erklären sich zugleich die prinzipiellen, auf die Grundlagen der Übersetzung zielenden belehrenden sowie die agitativen Züge des Textes.
   Ausgabe: D. Martin Luthers Werke. Kritische Gesamtausgabe [WA]. Bd. 38. Weimar 1912, 1–69. – Lit.: H. Wolf, Martin Luther. Eine Einführung in germanistische Luther-Studien. Stuttgart 1980; E. Arndt/G. Brandt, Luther und die deutsche Sprache. 2. Aufl. Leipzig 1987; Luthers Sprachschaffen. Gesellschaftliche Grundlagen. Geschichtliche Wirkungen. Referate der internationalen sprachwissenschaftlichen Konferenz Eisenach 21. – 25. März 1983. Hrsg. v. J. Schildt. Berlin 1984. – Vorlage: Druck; Titelblatt: Wittenberg 1531, Kolophon: Wittenberg 1533 bei Hans Lufft; Exemplar der Universitätsbibliothek München.

Allen fromen Chriſten.

G Nade vnd friede jnn Chriſto / Wir haben vmb dieſe Oſtern des 1531. jars /
vnſer Deudſch Pſalterlin widderumb vberlauffen / vnd ȝum letȝten mal ge-
beſſert / Da bey wirs gedencken hinfurt ȝu bleiben laſſen / Wie nu der ſelbige
5 Pſalter meiſter klûglinge gefallen werde / da ligt vns nichts an. Aber weil / villeicht
etliche ȝu vnſer ȝeit / vnd noch mehr / ſo nach vns komen werden / gute frume

---

105 *Karlingen*] s. Jüngerer Titurel w. 202, 1a.   106 *Tſchetis*] s. Lexer s. v. *schêtîs*.
5 *klûglinge*] Anspielung auf die Gegner; vgl. WA 30, 2, 634, 6.

hert3en / die auch der fprachen kûndig / vnd doch des dolmetfchen vngeûbt / fich
môchten ftoffen vnd ergern / das wir fo frey / an vielen orten / von den buchftaben
gangen find / 3u weilen auch anderm verftand gefolget / denn der Juden Rabini
vnd Grammatici leren / Wollen wir hiemit vrfachen an3eigen / vnd mit etlichen 10
Exempeln verkleren / auff das fie fehen / wie wir nicht aus vnuer⟨Aij^v⟩ftand der
fprachen / noch aus vnwiffen der Rabinen glofen / fondern wiffentlich vnd willig-
lich / fol 3u dolmetfchen furgenomen haben.

   Als im lviij. Pfalm / haben wir den ix. vers alfo verdolmetfcht / Ehe ewre dornen
reiff werden am dornftrauch / wird fie ein 3orn fo frifch weg reiffen / etc. Wiffen 15
wol / das die Jûdifchen Rabinen anders lefen vnd deuten / Vnd machen aus dem
wort (Sir) tôpffen / vnd aus dem wort (3orn) feur / vnd fol die meinung haben /
Ehe denn ewre tôpffen der dornen gewar werden / vnd das fleifch drinnen noch
rohe ift / fo wird fie der 3orn (das feur) verbrant haben / Das ift / Wenn die
gottlofen toben / find fie gleich / wie dornen / fo man vnter tôpffen legt / vnd das 20
fleifch gar machen follen (das ift / die frumen verderben) So verbrennen fie jnn
fich felbs / ehe folch fleifch gar wird / Diefe meinung laffen wir gut fein / vnd ift
auch die vnfere / haben fie aber alfo geben / Ehe die dornen reiff werden / odder
3u achten find am dornftrauch / fo komet der 3orn / das ift / ein beil oder axt / vnd
hewet drein / weil fie noch fo grûn vnd frifch find / Alfo find die gottlofen mit 25
jrem toben / wie junge dorn am ftrauche / die wachfen daher vnd drewen 3u fte-
chen / Aber es kompt ein baur mit einem beil drein / ehe fie hart vnd reiff werden
3u ftechen / vnd ⟨Aiij^r⟩ wirfft fie nidder wie ein wetter / Denn Gott lefft die gott-
lofen wol toben / aber fie mûffen jr drewen vnd toben nicht ausfûren / Er fchickts
alfo / das fie mûffen vntergehen / ehe fie es ausrichten / wie Saul / Abfalom / 30
Pharao vnd allen Tyrannen gegangen ift.

   Pfalm. lxviij. im. xxx. vers / haben wir alfo verdolmetfcht / Die da luft 3u gelt
haben / Wiffen wol / das die Rabini hie anders das wort Rat3e / vmb des punct
Dagges willen deuten / Wie wol wir der meinung faft eines find / nemlich / das der
Pfalm bittet / Got wôlle fchelten vnd wehren dem thier im rhor / das da luft 3u gelt 35
hat / das ift / leufft vnd thut alles widder Gottes wort / vmbs gellts willen / Was
aber folch thier fey / fagt er felbs / Die rotte odder hauffe der ochfen vnter den
kelben / Das ift / Es find die feiften / reiche rotte der groffen hanfen / die im lande
fich weiden / wie die ochfen jnn guter weide odder groffem grafe / vnd haben viel
anhanges / wie die ochsen viel kûe vnd kelber neben fich haben / vnd die fich auch 40
mit weiden / Solche Tyrannen (vnd fonderlich meinet er die priefter im Jûdifchen
volck) fechten vnd lauffen nur vmbs gellts willen / wider Gottes wort / Denn fie
forgen / wo Gottes wort folt auffgehen / jre pracht vnd reichtum mûfte 3u boden
gehen / Das meinen wir / da ⟨Aiij^v⟩ wir dolmetfchen alfo / Die da luft 3u gelt
haben / Die Rabini alfo / Das da leufft mit den 3utrettern vmb gelts willen / Das 45
ift / Solch thier leufft mit den Tyrannen / fo die frumen 3utretten vmb gellts wil-
len / Wie wol dis ftûcklin (die da luft 3u gellt haben) jnn diefem let3ten Pfelterlin /

---

14 Zum Nachweis der Bibelstellen vgl. die Ausgabe.   33 *Rat3e*] von *ratsah* ›Lust haben‹; vgl.
dazu Luther, WA: Deutsche Bibel 3, 77–78; 10, 1, 316–317 (Vers 31).   34 *Dagges*] ›Dagēsch‹
(in der hebräischen Schrift ein diakritischer Punkt in einem Konsonanten).   38 *groffen
hanfen*] vgl. WA 31, 1, 7, 8.

meine herrn Drůcker / auſſen haben gelaſſen / das wir doch mit ſonderem vleis
vnd groſſer diſputation gemacht hatten / So gar iſt kein vleis gnugſam jnn der
50 Drůckerey.

Pſalm. lxij. im. v. vers / Da wir vorhin den worten nach alſo gedolmetſcht ha-
ben / Las meine ſeele vol werden / wie mit ſchmaltʒ vnd fettem / das mein mund
mit frŏlichen lippen rhůme / Weil ſolchs kein Deudſcher verſtehet / Haben wir
laſſen faren die Ebreiſchen wort (ſchmaltʒ vnd fett / damit ſie freude bedeuten /
55 gleich / wie ein geſund / fett thier / frŏlich / vnd widderumb ein frŏlich thier / fett
wird / Ein traurig thier / abnimpt vnd mager wird / Vnd ein mager thier / traurig
iſt) vnd haben klar Deudſch gegeben alſo / Das were meines hertʒen freude vnd
wonne / wenn ich dich mit frŏlichem munde loben ſolte / Denn ſolchs iſt doch
Dauids meinung / da er auſſer der Stad bleiben vnd fur Saul fliehen muſte / das er
60 nicht ſein kundte bey dem Gottes dienſt / noch das ⟨Aiiijʳ⟩ frŏliche Gottes wort
hŏren / welchs alle betrůbte hertʒen trŏſtet / etc.

Pſalm. lxv. im. viij. vers / da wir ʒuuor haben gedolmetſcht / Du machſt frŏ-
lich / die ausgehen / beide frůe vnd ſpat / Haben wir klerlicher alſo gemacht / Du
machſt frŏlich / was da webert / beide des morgens vnd des abends / Das iſt / Es iſt
65 deine gabe / das alle thier / beide menſchen vnd viehe / morgens frůe mit gutem
friede auff ſtehet / Vnd ein jglichs frŏlich dahin gehet / nach ſeiner narung vnd ʒu
ſeiner erbeit / Da ſingen die vogel / Da bleket das viehe / knecht vnd magd gehen
ʒu felde mit eim liedlin / Des gleichen / ʒu abend kompt es alles wider heim / mit
ſingen vnd bleken / Summa / Der Pſalm lobet Gott vmb friede vnd gute ʒeit /
70 Denn wo friede vnd gut ʒeit iſt / da ſingts alles vnd iſt frŏlich / vnd ſtehen berge
vnd tal lůſtig / Das iſt ein groſſer ſegen vnd gabe Gottes / der ſolche freude gibt /
Denn ʒu kriegs ʒeit vnd ander bŏſer ʒeit / kan niemand ſolche freude geben noch
haben.

Ob wir nu hierinn vnd der gleichen ŏrtern ʒu weilen / von den Grammaticis vnd
75 Rabinis weichen / ſol ſich niemand wundern / Denn wir die regel gehalten / Wo
die wort haben mŭgen leiden vnd geben / einen beſſern ver⟨Aiiijᵛ⟩ſtand / Da ha-
ben wir vns nicht laſſen ʒwingen durch der Rabinen gemachte Grammatica / ʒum
geringern oder andern verſtand / Wie deñ alle Schulmeiſter leren / das nicht der
ſinn den worten / ſondern die wort / dem ſinn dienen vnd folgen ſollen / So wiſſen
80 wir auch / vnd S. Paulus. 2. Cor. 4. leret vns / das Moſes angeſicht den Juden ver-
deckt iſt / das ſie der ſchrifft meinung / ſonderlich jnn den Propheten / wenig vnd
ſelten treffen / Gleich / wie an dieſem ort / deuten ſie (die frŏlichen ausgeher frůe
vnd ſpat) die ſonne / ſo des morgens / vnd die ſternen / ſo des abends / auffgehen /
Welcher verſtand / ob er mag wol gut ſein / hat er vns doch hie her nicht gefallen.
85 Abermal Pſalm. lxviij. haben wir viel gewagt vnd offt den ſinn gegeben / vnd die
wort faren laſſen / Darumb vns freilich viel klůglinge meiſtern / vnd villeicht auch
etliche frumen ſich dran ſtoſſen werden / Was iſts aber / die wort / on not / ſo
ſteiff vnd ſtrenge halten / daraus man doch nichts verſtehen kan? Wer Deudſch
reden wil / der mus nicht der Ebreiſchen wort weiſe fůren / Sondern mus darauff
90 ſehen / wenn er den Ebreiſchen man verſtehet / das er den ſinn faſſe / vnd dencke
alſo / Lieber / wie redet der Deudſche man jnn ſolchem fall? Wenn er nu die
Deudſche wort ⟨Avʳ⟩ hat / die hieʒu dienen / ſo laſſe er die Ebreiſchen wort faren /
vnd ſprech frey den ſinn eraus auffs beſte Deudſch ſo er kan.

Als hie im. xiij. vers / hetten wir auch wol kůnden ſteiff dem Ebreiſchen nach /
alſo dolmetſchen / So jr ʒwiſchen den marcken ligen werdet / ſo ſind die flůgel der   95
tauben mit ſilber vberʒogen / vnd jre fittiche mit gleiſſendem golde / etc. Welcher
Deudſcher verſtehet aber das? Nu aber der neheſt vers dauor / von kőnigen ſinget /
die da kriegen / vnd der hausfrawen die ausbeute befelhen / ſo iſt dieſes vers mei-
nung / Das ſolche kőnige / ein fein / ſchőn / wol gerůſt heer ʒu felde haben /
welchs von ferne anʒuſehen iſt / wie eine taube / der die feddern weis vnd rot (als   100
weren ſie ſilbern vnd gůlden) gleiſſen / Dieſe kőnige ſind die Apoſteln / ſo hin vnd
widder jnn der welt / durch manchfeltige ſchőne gabe vnd wunderthaten des hei-
ligen geiſts herrlich glentʒend / widder den Teufel ʒu felde gelegen / vnd viel leute
dem Teufel abgewonnen / welche ſie der Hausmutter der Kirchen / als eine aus-
beute befolhen / ʒu regieren vnd leren.   105

5. Johannes Eck, Ablehnung der Verantwortung des Bürgermeisters und Rats der Stadt Konstanz

Johannes Eck (1486-1543), einer der gelehrtesten und polemisch schärfsten Gegner der Re-
formation, griff seit 1524 in die Schweizer Religionskämpfe ein und hielt sich in diesem
Zusammenhang auf dem Weg zur Badener Disputation (dazu: Lex. für Theol. u. Kirche 1,
1186-1187) im Jahre 1526 zweimal in Konstanz auf. Dort herrschte eine literarische Fehde
u. a. über die Gründe und Gegengründe einer theologischen Disputation. Auf der einen Seite
standen der Bürgermeister und Rat der Stadt sowie die Anhänger der neuen Lehre, auf der
anderen Seite die zahlenmäßig in die Defensive gedrängten Vertreter der katholischen Kirche.
J. Eck nimmt in seiner Schrift Bezug auf eine vorausgegangene polemische Darstellung (ver-
antwurtung) der Verhältnisse durch den Bürgermeister und Rat. Er begegnet deren Ausfüh-
rungen außer durch inhaltliche Argumente vor allem durch das in wechselnder Form wie-
derholte Pochen auf den tradierten kirchlichen Rechtsverhältnissen, die dem Laien gar keine
Aktivität in Richtung auf Einsetzung von Priestern, damit auf Einberufung einer Disputation
erlaubten. Dies macht seine Schrift zu einer primär legitimierenden. Stark agierende Züge
sind der Legitimationsabsicht untergeordnet. Als Adressaten kommen in erster Linie seine
Gegner, ferner aber alle an der konfessionellen Auseinandersetzung Beteiligten in Betracht.
   Ausgabe: Johannes Eck, Vier Schriften gegen Martin Luther, den Bürgermeister und Rat
von Konstanz, Ambrosius Blarer und Konrad Sam [. . .] hrsg. v. K. Meisen/F. Zöpfl. Münster
1929, 19-40. - Lit.: Vgl. die Ausgabe. Ferner: ADB 5, 596-602; Lex. für Theol. u. Kirche 3,
642-644; RGG 2, 302; Theol. Realenz. 9, 249-258; F. Zöpfl, Johannes Eck: Lebensbilder aus
dem Bayerischen Schwaben. Bd. 6. München 1958, 186-216; L. v. Muralt, Die Badener Dis-
putation 1526. Leipzig 1926. - Vorlage: Druck; Ingolstadt [1526 bei Peter Apianus]; Exemplar
der Bayerischen Staatsbibliothek München.

---

98 *ausbeute*] hier ›Kriegsbeute‹.

Ableinung der verantwurtung Burgermeiſters

vnnd Rats der Stat Coſtentʒ ſy vnd jrr Luttheriſch predicanten betreffend / durch
Doctor Ecken etc.

Acta ʒwiſchen ainem Ratt Coſtentʒ vnnd den gelertenn etc.

5 Anntwurt vff das ketʒer bůchlein bruders Ambroſi Blaurers etc.

Jngoldſtat.

⟨Aj'⟩

ALlen frummen Chriſtliebhabenden wünſch ich Johann Eck etc. gnad von Gott
dem herren mit erbietung meiner willigen dinſt. Als in vergangen Mayen vil
10 hochgelerter vnd der heyligſchrifft erfarn durch Coſtentʒ den weg genuͤmen haben
in die lôblich Eidgnoßſchafft gen Baden vff die diſputation wider Zwingli / Oeco-
lampadi vnd ander neuchriſten / haben die herren von der ſtat Coſtentʒ ain tref-
fenlichs anbringen than / das auch ain diſputation gehalteͤ wurd mit jren gelerten
predicanten / vnd nach dem die gelerten / vñ auch ich ſonnderlich ſôlcher diſpu-
15 tation begierig / in willens die in billicher maß anʒůneͤmen / ſeient die herren von
der ſtatt Coſtentʒ mit jrem predicanten am hag abʒogen / vnd geſetʒt vff erkantnuß
des reichſtags ʒů Speir / vnnd alſo von der diſputation abgeſtanden / die ſy vor ſo
hefftig begerten ʒů wenigſtem mit worten / wie wol mit dem gemůet jr verfůriſch
prediger mit jr ſeichter kunſt / keiner ye begert
20   Als nůn diſer abſchid iſt lautmer wordeͤ / dar mit der neuchriſten handlung
geblůmbt würde vor dem ainfâltigen man / iſt ain verantwurtung außgangen vnder
dem titel des Burgermeiſters vñ Rats ʒů Coſtentʒ am 7. tag Julij / darin die neu-
chriſtiſchen predicanten erhebt / vñ die gelerten treffenlich chriſtenlich menner
vervnglimpfft werden. Deßhalb der warhait ʒů gut vnd vnſerm heiligen chriſtenli-
25 chen glauben bin ich verurſacht worden / ſollich vermainte verantwurtung war-
hafftiglich abʒůlainen / vnnd wie ſich die ſach verlauffen grůntlich annʒůʒaigen.
     Man ſagt etc. wir habent etlich hochgelert mâner gepetten / dʒ ſy mit den predi-
câten. die durch vns dʒ gôtlich wort ʒů verkůnden vffgeſtelt vnd berůfft ſind etc. ain
diſputation halten wôltint.
30   Jch wolt gern wiſſen wer euch gwalt het gebenn predicanten ʒů berieffen / on
verwilligung ewers biſchoffs: es iſt ye wider ordnung vnd gebrauch chriſtenlicher
kirchen / die prediger ſôllent jren ordinarijs preſentirt werden / S. Pauls hats nit
dem Burgermeiſter ʒů Creta befolhen prieſter auffʒůſtellen / ſonnder dem Biſchoff
Tito vnd ſonderlich thuet jr an dem vnrecht / dañ wie ich hôr / ſo iſt es wider ein
35 vffgerichten verſigelten vertrag / der ʒwiſchenn dem Biſchoff vnd euch ſoll ver-
handen ſein. *Pacta ſeruabo ait prætor.*
     Die lere vnſerer prediger / die ſy mit heiliger gſchrifft ʒůerhalteͤ / ⟨Aij'⟩ vnd
deren darby ouch jrs lebens / allen begerenden vor vns. wo ſy predigt habint /
rechnung ʒegeben allweg vrbittig gweſen.

---

5 *Blaurers*] Ambrosius Blarer, dazu Lex. für Theol. u. Kirche 2, 523; RGG 1, 1318;
Theol. Realenz. 6, 711–715.   **11** *Baden*] Baden im Aargau.   **13** *anbringen*] s. FWB.
20 *abſchid*] s. FWB s. v. *abschied* (5).   **39** *vrbittig*] s. Lexer s. v. *urbietic*.

Ewer predicāten werdent jr falſch ketʒeriſch leer niṁermer mit der heiligen 40
gſchrifft erhalten / dañ was vorgleichūg oder gmainſchafft hat dʒ liecht mit der
finſternuß. Es ſeien als iung rappen die ſy auß Lutteriſchē / Zwingliſchen / Oeco-
lampiſchen neſtern vñ andern ketʒer außgenuṁen haben. Das ſy aber vor euch
rechnung wőllen geben / iſt ein erberige mainūg / ſo ſy euch etlich jar mit verdam-
ter leer verfiert haben / ſo wőllent ſy der ſach bey euch bleiben / ſunſt iſt jñ kain 45
richter gut genug. Mant mich gleich wie in der fabel / do die wőlff nirgent wolten
den pauern in rechtē antwurt geben / dañ vor den rappen / weſten wol das ſy kains
vor jñ verlůren. Jch hab alweg gehőrt die ſach des glaubens ſőlle durch geiſtliche
oberkait geőrtert werden / wie der heilig Ambroſius anʒaigt / vnd die kayſer ſelbs /
Conſtantinus / Martianus / Baſilius etc. wer wőlt euch ſo gelert gmacht haben / das 50
jr wider die heiligen alten Concilien wolten ewern verfůeriſchen prediger recht
geben. Arrius dˋ ketʒer hett ſein jrrung in Alexandria außbreit in Aphrica / vñ muſt
rechnūg geben im concili ʒů Nicea in Aſia / vnd ewer ʒart prediger wőllent ſunnſt
nirget hin dann gen Coſtentʒ. Ey wie apoſtoliſch iſt das gelebt.

Jſt namlich war / das ſich ʒů verruckter ʒeyten bey vns ʒwiſpeltigkait in verkun- 55
dung des wort Gotts ʒwiſchen den predicanten in vnſer ſtat Coſtentʒ ʒůgetragen
hat / derenhalb nit klaine ʒertrennung burgerlicher ainigkait / ouch ʒwiuel in
chriſtenlichen glaubē bey den vnnſern gewachſen iſt.

Habt jr dañ die ſchnuppen / dʒ jr nit ſchmåckend / was ewer neu chriſten ewan-
gelium ſey / der herr ſagt / vonn jrn frůchten werdt jr ſy kennen: was ſeient nur die 60
frůcht des newen ewangeli / dʒ ſy vil armer witwen vnd waiſen durch Francken /
Schwaben / vnnd am Rhein ſint / bis in die hundert tauſent pauern erſchlagen /
widerwill / vngehorſame / ʒwiſpeltigkait vñ alles ibels. Wer iſt ſchuldig an ewer
ʒwyſpeltigkeit: jr ſelbs mit ewern luſigen predigern: dañ dieweil bey euch vnd
ewern froṁen åltern vñ vorfarn chriſtenlich prediger nach warem ainhelligem 65
verſtandt der heyligen kirchen habe dʒ wort Gottes prediget / iſt dy ʒwyſpeltigkeit
nit gſein: aber yetʒ die auf bloſen prediger ʒwickē herein auff dˋ Lutteriſch /
Zwin⟨Aijᵛ⟩gliſch verdamptenn mainung: behelt Gott jm ain ſaumen hertʒhafftiger
leüt / die ſőlcher ketʒerey nit annhangen. Alle newerung dient ʒů widerwertigkeit /
aber in dem glauben iſt die ſelb ʒů dem ſchådlichſtenn. Darumb wőllt jr frid vnnd 70
ainigkeit habenn in ewer ſtatt / ſo bleibent ſtet im warenn alten glaubenn / wie
Sant Pauls die Theſſalonicenſer ermannt. Steet vnnd haltet die latʒung die jr gelert
habent etc. Werdent jr aber leichtlich abfallen vom altenn glauben vonn ainem
ſchlechten winndt falſcher verfůeriſcher leer / ſo würd der nam ewer ſtatt Conſtan-
tia / das iſt ſtanthefftigkeit ann euch verlorn ſein. 75

Wir habent den predicanten by vnns ein regel firgeſchriben / das ſy an den
Canntʒlenn nicht predigenn / dann nun das heylig ewangelium hell / klar / vnnd
nach rechtem chriſtennlichem verſtanndt / one jnmiſchung menſchlichen
ʒůſatʒes / der vff heylige Bybliſche geſchrifft / nit begrůndet ſyg etc.

---

42 *rappen*] s. Lexer s. v. *raben*.   44 *erberige*] s. Lexer s. v. *êrbærec*.   52 *Arrius*] zur Sache vgl.
Lex. für Theol. u. Kirche s. v. *Arianismus*; RGG 1, 593–595; Theol. Realenz. 3, 692–719.
59 *ſchmåckend*] s. Lexer s. v. *smecken*.   67 *auf bloſen*] s. DWB s. v. *aufblasen*.   67 *ʒwickē*] s.
DWB.   68 *ſaumen*] s. Lexer s. v. *sâme*; gedacht ist wohl an den Münsterprediger Antonius
Pirata.

80 Jſt wol wunderlich / ſo die ſchaff dem hirten regel geben / wie er ſy waydnen
ſôll. Ewer regell nach ſo mieſt jr den heyligenn Sonntag verliern / dann ewer pre-
dicanten haben den nit funden im hellen klaren euangelium / noch jr dar ʒů: deß-
gleich werdent jr verlieren die rain junnckfrawſchafft der hymel küngen Marie
nach jr gebürt / dann das kinden ewer junnckherren nit finden jm klaren euan-
85 gelio vnnd vill annder chriſtennlich erkanntnuß. Ey wôll ſuberer regel jr geben
habt. Jch wolt auch gern wiſſenn / wer euch gelert hett / das das euangelium ſo klar
vnd hell ſey auch annder Byblicſhe gſchrifft jrr vnnd ewer predicanten wiſſent nit
vonn wem der Eſaias geſagt hatt. Er würdt ſein ein mennſch verbergende ſein red /
vnnd euch iſt alles vnuerborgen. Sant Peter beʒeügt wie in Sant Pauls epiſteln etlich
90 dinng ſchwer ſein ʒů verſteen: welche die vnngelerten vnnd vnnſtettenn bôſernt /
wie auch annder geſchrifften / ʒů jr aigner verdamnuß / merckent auff ob ewer
predicanten nit ſolich ſeien / wie Petrus meldett.

℟ Darʒů iſt wiſſent dʒ ewer neuchriſtiſch predicāten ewer regel nie gehalten: dañ
das euangeliū habend ſy nit prediget nach chriſtenlich verſtandt / ſunnder nach
95 Waldenſiſch / Pickardiſch / Hußſiſch / Lutteriſch / vnd Zwingliſch vñ ander
ketʒer art: warumb geduldet ⟨Aiijʳ⟩ jr das der außgeloffen maineidig münch der
blårer prediget wider das klar hell euangeliū / vnd vernichtet das hochwirdig ſacra-
mēt des ʒarten fronleychnam Jeſu Chriſti / warumb ſy all wider klare helle
gſchrifft / wider chriſtenlichen verſtandt predigent wider das opffer der heyligen
100 meß / wider eererbietung vnnd annrůeffunng der muter Gottes Maria vnnd der
lieben heyligen / vnnd vill ander vnnchriſtenlicher Türckiſcher articsel. Das ſint
ewer euₐnhelliſch predicanten die lobt jr / ob den halt jr: vnnd den frummen vater
Anthonien der prediget das euanngelium nach chriſtenlicher kyrchen verſtanndt /
den durchåcht jr. Jr habt vier predicantenn neuchriſtenn / warumb wôlt jr nit
105 vergůnnen den frummen alten chriſten / deren noch vill ſeient in ewer ſtatt / das ſy
nun ain predicāten haben. Hetten jr ewer regel regel laſſen ſein / vnnd alß ein ſtatt
des heyligenn Reichs hetten gehorſam erʒeigt (wie jr vor Gott vnnd der welt ſchul-
dig ſeit) dem edict Kayſerlicher Maieſtet ʒů Worms vßgangē: vñ hetten beuelch
gebē / das die heylig gſchrifft wurd geprediget nach ainhelligē angenuⁿͤen verſtandt
110 dˊ chriſtenlichen kirchen / vnd nach erklårung der heyligen concilien / der heyligen
Doctor von der kirchen anngenommen vnnd bewert: vnnd laut des ſelbigen edicts
verbietendt eweren predicanten die Lutteriſchen ketʒeriſchen bůchlin / ſo wer ewer
ſtatt alls rain vnnd in ſôllicher ainigkeit des glaubens. wie die biderberleut ʒů Vber-
lingen: Gott verleich denn frummen leutenn ſeinn genad vnnd alles gůts.

---

95 *Pickardiſch*] s. Lex. für Theol. u. Kirche s. v. *Pikarden.*   **97** *blårer*] Ambrosius Blarer; hier
wortspielerisch mit *blärren, plärren* in Verbindung gebracht, vgl. DWB.   **102** *euanhelliſch*]
Wortspiel; vgl. mhd. *helle,* nhd. *Hölle.*   **113** *ſôllicher*] Dr. *ſôlllicher.*

6. Johannes Draconites, Verantwortung seines Glaubens

J. Draconites (Drach, 1494–1566), Theologe der lutherischen Reformation, war nach Aufenthalten in Erfurt, Miltenberg, Waltershausen (bei Gotha) und Eisenach von 1534 bis 1547 Professor der Theologie und Pfarrer in Marburg, danach u. a. Superintendent in Rostock und Verwalter des Bistums Pomesanien. In Marburg interpretierten seine Gegner (darunter der Melanchthonianer A. Hyperius, 1511–1564) seine von Luther übernommene, streng auf dem sola-fide-Prinzip beruhende Lehre von der Rechtfertigung durch den Glauben so, als führe sie über eine theologische Mindergewichtung der guten Werke zu deren Vernachlässigung im sozialen Zusammenhang und schließlich zur sittlichen Verrohung der Gemeindemitglieder, und führten in diesem Sinne Klage beim Landgrafen gegen ihn. Draconites, zur Verantwortung aufgefordert, legitimiert daraufhin seine Lehre durch die Behauptung und den versuchten Nachweis der Übereinstimmung aller seiner Aussagen mit dem von Paulus in seinen Briefen an die Römer und Galater festgelegten Verhältnis von Glauben und Werken. – Entstehung der Handschrift: 1540.

Ausgabe: Urkundliche Quellen zur hessischen Reformationsgeschichte. 2. Bd.: 1525–1527 bearb. [. . .] v. G. Franz. Marburg 1954, 330–335. – Lit.: G. Kawerau, Johannes Draconites aus Carlstadt. In: Beiträge zur bayerischen Kirchengeschichte 3 (1897), 247–275; Lex. für Theol. u. Kirche 3, 541; RGG 2, 261; ADB 5 (1877), 371; NDB 4 (1959), 95. – Vorlage: Hs.; Hessisches Staatsarchiv Marburg; Sign.: 22 b 25.

Durchleuchtiger hochgeborner furſt gnediger herr / es iſt mir efg Schrifft / an des hern Auffartstage / nach meiner Predigt / fur dem altar vberantwortet. Vnd hat ſich Paulus ſo in dritten himel entʒückt / gefrewet / das er ſeine lere fur dem Konig agrippa verantworten ſolt / wie viel mehr habe ich armes wurmlin ſo noch auff erden kreucht / mich ʒu frewen / das mir vrſach gegeben / meine lere ʒuuerant- 5
worten / fur efg die mehr von got weys denn Konig agrippas? Denn weil ich mich ſelbs fur den geringſten Prediger auf erden halte / ſo mus ich zur Vorrede alſo ſagen / wenn ich wůſte / das ich vom erſten tage bis auff diſe ſtund / etwas geleret hette / das widder den Catechiſmum were / oder das geſecʒ vnd euangelion (denn ſo nenne ich alle heilige Schrifft) anders ausgeleget hette / denn Paulus ʒun Rö- 10
mern vnd galatern ausleget / ſo wölt ich mich ſelbs verfluchen. Hab ich aber Gottes wort bisher recht vnd trewlich geleret / ſo muſ ich nicht alleine ſagen wie Paulus / ſo wir ſelbs oder ein engel vom himel / ein ander euangelion predigen würden / denn das wir geprediget haben / der ſey verflucht / ſondern auch in Chriſto meinem hern frey rhůmen vnd ſagen / wenn ich den menſchen wolgefiele / ſo were ich 15
Chriſti knecht nicht. Jch aber bin des in Chriſto ſo gewis als got lebet / das meine lere niemand denn dem Satan vnd ſeinen gliedern vbel gefellet. Drůmb bit ich efg / das ſie diſe meine verantworttung / nicht alſo verſtehen wölle / als irgend widder einen Chriſten / ſondern alleine widder des Satans gliedere / geſtellet.

So ſage ich ʒum erſten / wer mir ſchuld gibt / das ich ettwas mehr oder höher / 20
von des glawbens gerechtickeit oder Euangeliſcher freiheit predige / denn Paulus ʒun Römern vnd galatern prediget / das der nicht ein chriſt ſondern ein Widderchriſt ſeie. Denn ich wil den Man von efg gerne hören nennen / der mir ſchuld

---

1 *efg*] *Ewer fůrstliche gnaden.*   4 *agrippa*] Herodes Agrippa II.

gibt / ich habe irgend in einer predigt oder Lection zúúiel vnd hoch / von des
25 glawbens gerechtickeit vnd euangelifcher freiheit / geleret. Denn wie keme ich ar-
mer Súnder dazu / das ich den allerhöhiften / hoch gnug / ich fchweige zúúiel vnd
hoch / preifen kundte? fo der allerhöhift apoftel / fur groffem Wunder göttlicher
maieftet / verftummen muft vnd fagen / o welch eine tieffe des reichtums / beide
der weisheit vnd erkentnûs gottes / wie gar vnbegreifflich find deine gericht / vnd
30 vnerforfchlich deine wege. Drûmb múffen die freilich Chriftum nicht angehören /
die mich darûmb verklagen / das ich von der gerechtickeit des glawbens vnd euan-
gelifcher freiheit / nicht mehr noch höher predige / denn Paulus zun Romern vnd
galatern prediget.

    Es gefellet mir aber treffenlich wol / das efg als ein bekenner der gerechtickeit
35 des glawbens vnd befchirmer chriftlicher freiheit / fpricht / es fey nicht vnrecht /
wenn man viel vnd hoch / vom glawben vnd euangelifcher freiheit predige / wenn
man nûr auch vom gehorfam des glawbens / lieb / vnd gutten wercken / vleiffig
predige / welchs ich denn zu Marpurg viel viel trewlicher vnd vleiffiger thue / denn
efg begeren kan. So bitte ich efg / das fie doch auff das vrteil vnd recht gottes fo efg
40 felbs redet / alle meine verkleger zwey ftuck fragen wôlle. Zum erften / ob die
fromen leute / ie gehöret oder gefulet haben / was gefecz / Súnd / gottes zorn /
welt / tod / Teuffel / helle / feie. Zum andern / wie vnd wo durch / fie nicht alleine
von folchen groffen feinden erlöfet werden / fondern auch dem glawben gehorfam
fein / das ift / lieb vnd gutte werck vben / können. Sprechen fie / o gnediger herr /
45 man kan fich durch die predigt des gefeczs oder werck des gefeczs / nicht alleine
erlöfen von difen feinden allen / fondern auch werck des gefeczs / on gottes wort
vnd geift / durch den freien willen gethan / mügen einen Sünder (wie alle
menfchen find) gerecht vnd felig machen. So fpreche efg / o widderchrift / ich fage
nein dazu / denn es ftehet gefchrieben / der buchftabe tôdtet / vnd abermal / wo
50 des gefeczs werck gerecht machen / fo ift Chriftus vmb fonft geftorben. Sprechen
fie aber / durchs euangelion / oder predigt des heiligen geifts von Chrifto / krieget
man den heiligen geift / welcher / on werck des gefeczs oder freien willens / durch
den bloffen glawben an Chriftum / nicht alleine von difen feinden allen erlöfet /
fondern auch alles gutte / denckt / redet / thut / fo gott von einem menfchen fod-
55 dern kan / fo fprecht / ia / bey difem erkentnus vnd bekentnus wil ich bleiben
ewiglich / denn es ftehet gefchrieben / der geift macht lebendig / vnd abermal / ich
fcheme mich nicht des euangelii von Chrifto / denn es ift eine gottes krafft die felig
vnd gerecht macht / alle die fo dran glawben / wie gefchrieben ftehet / der gerecht
wird feines glawbens leben. Sehet / gnediger herr vnd furft / das auff difen grund
60 Gottes Jefum Chrift / alle meine predigete gebawet werden / wil ich durch
Chriftum reichlicher beweifen / wenn ich efg diefelben / als eine rechenfchafft
meiner lere / zufenden werde. Wölt aber gott / das ich diewile / fo viel ruge / fur
den lofen geiftern haben kündte / das ich nicht mechtiger widder die Sünde der
erften Tafel / weder die Súnde der andern Tafel / ftreitten müfte / das ift / mehr
65 vom gehorfam des glawbens / liebe vnd gütten wercken / denn von des glawbens
gerechtickeit vnd euangelifcher freiheit / welche ftücke alle / gleich wol in allen
predigeten / von mir / viel trewlicher vnd vleiffiger getrieben werden / denn mei-
nen verklegern lieb were das es ewer fg wûfte oder glewbete. So aber kein menfch
die lofen geifter ftraffet / die mir auch zu haûs lauffen / vnd nicht alleine fpre-

chen / ſie wöllen drauff ſterben / das ich / vom geſecʒ ʒu weng / vnd vom euan- 70
gelio ʒu viel / rede / ſondern verbieten mir auch thurſtiglich / ſolche Sprůche auff
der Canʒel / ʒubrauchen / ich wil der Sünde nimer mehr gedencken / item / der
gerecht fellet ſieben mal / vnd ſtehet auff / werde ich verürſacht vnd gedrungen /
den Catechiſmum in allen predigeten gewaltiglich ʒutreiben / das iſt / imerdar vom
geſecʒ vnd euangelio / nicht anders ʒureden / denn Paulus ʒun Römern vnd gala- 75
tern redet. Wer hat aber iemals gehöret (ausgenomen des Satans gliedere) das der
gemeine man / vom Catechiſmo vnd Paulus epiſteln / ein rohes leben füren lerne?
Es iſt ein Man vom Mencʒiſchen Cardinal / des Euangelions halben vmbbracht /
fridrich Weigand genant / der hielt ſo viel von Paulus epiſteln / das er ſprach / man
kundte nicht alleine kirchen ſondern auch Policeien draus regieren. Gute lere heiſt 80
niemand bôſe werden.

Drůmb můſſen ie meine lieben verkleger / nicht alleine die warheit ſparen /
wenn ſie ſprechen / der gemeine man werde verürſacht / durch meine predigt / ein
rohes leben ʒufüren / ſondern werden auch keinen andern lohn kriegen / weil ſie
den heiligen geiſt ſo teuffeliſch anliegen / denn Dauids ſtrick / der alſo heiſt / aller 85
bosheit wird das maul geſtopfft werden. ach du lieber gott / wie ʒu ſchreie ich mich
doch alle tage / du ſolt keine frembde götter haben / du ſolt den namen deines
gottes nicht misbrauchen / du ſolt den Sabbath heiligen / du ſolt vater vnd mutter
ehren / du ſolt nicht tödten / du ſolt nicht ehebrechen / du ſolt nicht ſtelen / du
ſolt kein falſch ʒeugnis furen widder deinen nehiſten / las dich nicht geluſten dei- 90
nes nehiſten weibs / haús / knechts / magd / ochſſen / noch alles das dein nehiſter
hat / vnd was kan man von gutten wercken leren / das in diſen geboten nicht
begriffen? wie treibe ich doch auch die Buſſe / mit gottes drewwortten vnd exem-
peln gottlichs ʒorns / ſo gewaltiglich / das eſg / feſtiglich ſol glewben / der Satan
verklage mich vmb nichts anders willen / als ſolt ich die Buſſe oder legem ʒu wenig 95
treiben / weil ichs im all ʒu viel treibe. Widderumb aber / bekenne ich auch / das
ich gar tröſtlich von gottes gnad in Chriſto predige / wem aber? denen ſo Buſſe
thun / wie auch Chriſtus leret predigen / da er ſpricht / thut Buſſe vnd glewbet dem
euangelio. Ich geſchweige das ich von guten wercken ia ſo viel lere als ein ander.
Mein allerliebſter herr vnd furſt / was ſol ich doch mehr oder anders leren denn ich 100
lere? erkennet doch was meine verkleger fur dapffere gelerte frome leute ſind. Sie
ſprechen / er iſt ein guter trewer vleiſſiger diener des euangelii (vnd trotʒ in das ſie
anders von mir ſagen) aber ſie geben mir gleichwol einen Schlangenſtich vnd plau-
dern / er prediget nicht mechtig gnug von der Buſſe / was iſt das anders geſagt /
denn nicht wiſſen / was recht oder vnrecht leren ſeie? Ich ſcheme mich fur die gute 105
leute / das ſie mich vmb der warheit willen verklagen ſollen.

Denn wird von iemand ein rohes leben gefurt / was kan doch ich daʒu? Denn mir
iſt ie nicht befohlen / die rottengeiſter vnd vbelthetter mit dem Schwerd ʒuſtraf-
fen / ſondern mit gottes wortt / dem gewiſſen / Buſſe vnd vergebung der Sůnden
ʒupredigen / ſumma / das gewiſſen regiren / nemlich / böſen lüſten / als vrſachen 110
der vbelthat / ʒu wehren / auffdas kein vbelthat geſchee vnd durch den glawben an
Chriſtum / ein leben nach dem geſecʒ gottes gefüret werde [. . .]

---

79 *fridrich Weigand*] Friedrich Weigandt, Mainzer Rentamtmann in Miltenberg, Mitarbeiter
Wendel Hiplers (1465-1526), des führenden Kopfes des Odenwälder Haufens im Bauernkrieg;
vgl. Gebhardt 2, 68.

7. Hans Rosenplüt, Von den Müßiggängern und Arbeitern

Der Nürnberger Spruchdichter Hans Rosenplüt (um 1400–1460) gibt in dem hier wiederge-
gebenen Gedicht »eine neue religiöse Legitimierung und biblische Begründung« der Arbeit
des Handwerkers und Bauern (Reichel, 184). Diese Legitimierung hat als sozialgeschichtlichen
Hintergrund vor allem die zunehmende Einengung der Rolle des Handwerks durch die Früh-
formen der Industrialisierung und des Bankenwesens. Sie richtet sich dementsprechend gegen
die Müßiggänger, das ist die Gruppe der »leute, die durch ein standesmässiges vermögen
berechtigt waren, kein handwerk oder gewerbe zu treiben, die von ihren renten lebten« (Lexer
1, 2216), für Nürnberger Verhältnisse formuliert: »jene in der Stadt ansässige Oberschicht, die
Renten verzehrte und das Ideal der Muße pflegte« (Reichel, 262). Die Argumentation erfolgt
allerdings nicht negativ als direkter Angriff auf diese Gruppe, sondern positiv unter Anknüp-
fung an deren Auffassung von Arbeit als nützlicher Tätigkeit für die Gemeinschaft.

Ausgabe der handschriftlichen Fassung (Sächsische Landesbibliothek Dresden; Sign.:
M 50): Fastnachtspiele aus dem fünfzehnten Jahrhundert [. . .]. 3. Bd., 1152–1157. Stuttgart
1858; Druckfassung: partiell bei D. Wuttke, Methodisch-Kritisches zu Forschungen über Peter
Vischer d. Ä. und seine Söhne. [. . .]. In : Archiv für Kulturgeschichte 49 (1967), 208–261. – Lit:
H. Kiepe, Die Nürnberger Priameldichtung. Untersuchungen zu Hans Rosenplüt und zum
Schreib- und Druckwesen im 15. Jahrhundert. München 1984; J. Reichel, Der Spruchdichter
Hans Rosenplüt. Stuttgart 1985; K. Wiedemann, Arbeit und Bürgertum. Die Entwicklung des
Arbeitsbegriffs in der Literatur Deutschlands an der Wende zur Neuzeit. Heidelberg 1979. –
Vorlage: Druck [Oppenheim um 1510 bei J. Köbel]; Exemplar der Staatsbibliothek Preußi-
scher Kulturbesitz Berlin.

Von den Muſſiggengern vnd Arbeitern.

MVſſigangk groß laſter ernert
Sel / Leip / Vernunfft / vñ Syñ vertʒert
5   Arbeit verdynt die ewig freydt
Diß buchlein leß du findtſt beſcheydt.

⟨Ajᵛ⟩ MVſſigangk o du ſuſſe ſpeiß
Vff Erd haſtu gantʒ hohen preiß
Jn Hel ſitʒt du tyeff inn abgrundt
10 Herr ich bit mach mein ſel geſundt.

⟨Aijʳ⟩

Eyn mußgener bedenck ſein ſtandt
Er neuſt den raup arbeyter hant.
Sein brot wirt im nymer ſawr
15 Der hantwerckman vnd auch der bawr
Die tʒwen muſſen yn altʒeit nern
Der bawr muß mit dem pflug ern

Vnd auch der hantwerckman mit küſt
Noch hat er wider lieb noch gunſt
Zu den die ym ſein brot gewin   20
Das offt der ſweiß muß von im ryn
Deſſelben er im ſelten danckt
Mit muſgang ſein ſele ſo kranckt
Das ewig ſterben vff in hagelt
Der fur vns ans creutʒ wardt genagelt   25
Vnd ab hat geleſcht aller menſchē ſund
Vnd ſoñ vnd mañ hat angeʒundt
Vnd all ſtern hat an hymel geheft
Vnd alle creaturn hat macht vnd creft
Der hat kein ʒeit nie muſſig gegangen   30
Der helſch vogt hat nie mer gefangen
Dan in dem mußgang vnd in tragkeit
Vnd wan der ſunder ſelt in ʒagheit
An enden fecht er am meiſten [geiſten
⟨Aijᵛ⟩ Mit / ſein ſel garn mit all ſein   35
Wan er den menſchē kan muſſig findē
So ſtreicht er ʒu mit ſein ſechs winden

---

13 *raup*] s. Lexer s. v. *roup*.

Mit hoffart / vnkeufch vnd fraß
Die hundt hetzt er on vnderlaß   [zorn
40 Mit geitz / mit neyd / vnd auch mit
Vnd bleft dan vf fein yag hell horn
Sein ftym dē funder zweiflung infchelt
Wan in die fechs helhund haben gefelt
Mußgener das laß dir fein ein warnen
45 Vnd hut dich vor des gegers garnen
Das du darin nicht werft gehetzt
Welcher arbaitter fein antlitz netzt
Mit herter arbeit in feinem fweiß
Das ift ein zyment vnd ein beiß
50 Dar in fein fel wirt fo gepleicht
Das yr fchon vff in himel reicht
Das got felber wirt vmb fie bulen
Het ich gelernt in allen fchulen
Vnd wer doctor in medicinis
55 Vnd in theologya nit minis
Vnd ein hocher philofophus
Vnd wer bewerter medicus
Dz ich kund kennē ein gātzē fāgwineus
Als Jpocras / Orienus / Plinius   [en
60 ⟨Aiij^r⟩Vnd het ler iar gedint / den drey-
Noch kont ich nicht / als wol ertzneyen
Als wan ein arbeiter ein tropffen fwitzt
So er an feiner arbeit / erhitzt
Die heillig fchrift das innen helt
65 Das fich der tropff / in vier teil fpelt
Das erft teil fleuft in die hel hinab
Vnd lefcht das hellifch fewr diñ ab
Dar in die fele folt ewiglich brinnen
Der ander teil ein in die fele wirt rinnen
70 Dar in nimpt fie ein folch ziment
Recht als die fon vf glut zu orient
Vil clerer wirt die fele gewaffchen
Jn fweiß laugē durch arbeit vñ afchen
Das dritteil vf in himmel fteigt
75 Darin eß alfo harpft vnd geigt
Das got der vatter wirt fo fenftmutig
Vnd got der fun fo weich vnd gutig
Vnd got der heilig geift die fele reinigt

Das fie mit got gantz wirt vereinigt
Das virde teil bringt folch frucht   80
Das es die gantzen welt aus fucht
Vnd fammelt vf alles das gut
Was man in aller criftenheit thut
Mit vaften / petten / mit almufen geben   85
Jn geiftlichem vnd weltlichem leben
⟨Aiij^v⟩ Vnd aller priefter meß andechtig-
                         lich
Vnd was mañ vrteil fpricht rechtlich
Dariñ Got hat eyn wolgeuallen
Vnd all müd fußdryt in wallen.   90
Vnd was all martrer han erlitten
Biß fie den hymel han erftritten
Das felb es alles zůher trybt vnd fürt
Das fein der arbeiter teylhaft wurt
Muffigang ift eyn onfruchtbar acker   95
Daruff der hellifch feyndt geet zacker
Vnd feet dar yn hoffart vnd onkeufch
Vnd aller funden yngereufch   [fraß
Geytz Neyd vnd Zorn / trackheit vñ
Das ift ym ein gute aderlaß   100
Wañ er das fehwt vnd nit verdirbt
So dañ der muffigenger leit vnd ftirbt
So tryfcht er auß die fyben garb
Das der menfch aller hoffnung darb
Vñ gein feim fchöpffer in zweyflung fal 105
Das merckt ir müffigenger all
Drūb ift arbeit ein fruchbar reicher gart
Des got der vater mit gutē wetter wart
Vnd got der fon das vetterlich wort
Selber iñ dem garten hackt vñ fchort   110
Vnd got der heilig geift dar yñ egt
Das der gart folch feelnarung tregt
⟨Aiiij^r⟩ Das dy feel nymermer hat kein
                         mangel
Das pawt der heilig götlich triangel   115
Darumb ift arbeit der gotlichft orden
Der ye vff erd geftifft ift worden
Wañ yn got felber hat geftifft
Da Adam fich mit fraß vergift

---

49 zyment] s. Lexer s. v. zîmënte.   **49** beiß] s. Lexer s. v. beize.   **58** fāgwineus] Dr. fagwi-
neus, Hs. fangwin [?]; vgl. Georges s. v. sanguineus.   **65** fpelt] s. Lexer s. v. spalten.
96 zacker] s. DWB s. v. zackern.   **98** yngereufch] s. Lexer s. v. ingeriusche; DWB s. v. Inge-
räusch.   **101** fehwt] Hs. feet.   **110** fchort] s. DWB s. v. schoren.

120 Das hyeß yn got fein prot gewinnen
Mit hacken reutē vñ Eua mit fpinnen
Jñ fchweiß irs antʒlitʒ vff der erden
Muffigener laß dirs brot fawer werden
Das du deins nechften raubs nit nyeft
125 Da mit du das reych gots verlieft
Muffigener das laß dir fein ein epiftel
Wañ dich wil ftechen der faulheit diftel
So bedenck all ʒeit bei nacht vnd tag
Den angftmort graufam donnerfchlag
130 Wañ got fpricht geet hyn ir verdamptē
Jr feit falfch gewefen iñ ewern ampten
Vnd habt mir an der rechnung gefelt
Da hilft kein kunft fterck freund od' gelt
Vnd aller heiligen vñ engel pytten
135 All erbarmūg wirt gantʒ abgefchnyttē
Got beʒalt fie da mit rechtem metʒen
Schreib iñ dein hertʒ die warnūg letʒen
Vnd hut dich vor muffigang vnd feyern
Glaub vñ volg den kantʒelfchreyern
140 〈Aiiijᵛ〉 Die laß dir fein ein ʒeigende
                                        hant
Die vf den wegfcheidē den bilgrum māt
Das fie die rechten ftraffen treffen
Wiltu all hellifch tuffel effen
145 So laß dich nimmer muffig finden
Wie wol die ʒaghant pleibt do hinden
Noch gee fur fie als fie dir teudt
Vnd halt was dir der prifter peut
Ob er die burd nicht vf fich led
150 Als er dan vf der kantʒeln redt
Noch volg feinē wortē die dein fel fpeife
Vnd fleuch feine werck die dich ab-
Meffias Adonay Jhefus   [weiffē
Dein arbeit ging an / nach dem kuß
155 Do du all vnfer fchuldt wolft tʒaln
Mit gantʒer heut / mit kerñ / mit fchaln
Mit plut / mit fleifch / gantʒ vfgefpent
Vnd vfgegeben all ʒinß vnd rent
Vnd nichß behalten in diner fchatʒ kiftē

Was fie der pein / vñ fchmacheit wiften 160
Die aller lugenhaftigften nequam
Dir warhaftigen vnfchuldigen lam
Vnd alle deine glider mortlich gefwecht
Do vnß verfchlant der hellifch hecht
Do nam vnß auß fein wapenfach   165
Des crutʒes druckung vff dein nack
〈Avʳ〉 Daran man dich hert fpant vñ
                                        fchmidt
Die arbeit mach vnfern feirn quit
Her durch dein fterben das du namft.   170
Do mit / du vns ʒu rettung kamft
Ob wir vnfer brot ye haben genoffen
Vñ vnfern fweiß nit dar vmb vergoffē
So laß beʒaln dein blut verrern
Dein hoches wircken an den fpern   175
Als luna fol in den ʒwelf ʒeln
Der mon in vinfter die fun iñ heln
Jn Aries gemini thaurus Cancer
Des biftu ein peltʒer vnd ein phlantʒer
Jñ Leo Virgo Libra   180
Stet das im cloben fo fprech wir ya
Jn Scorpio vnd in Sagittario
Jn Capricorno vnd in Aquario
Jn Pifce von feptentrio
Dein flegel drafch nie vf lerem ftro   185
Von Orient ʒu meridie
Wie das nach ordnūg vmb hin gee
Gen weften vnd groß arbeit thut
Vnd nymer kein minuten rut
Daß regiment vnd recht regirn   190
Stet nymer nit in abftinirn
Vñ arbeit vns als rab mit fein wircken.
Als weit der himel mag vmb ʒirken
〈Avᵛ〉 Dan wan die arbeiter feirn doben
So ift als wachfen hieniden ʒugefchobē 195
Vnd was werhaft ift hie vnden
Der ʒeichlach wurden alle tag gefunden
Jn waffer in erden vff baum vff halm
Der warheit leut meiner glocken galm

---

136 *metʒen*] s. DWB.   **137** *die*] Hs. wohl besser *der*.   **137** *letʒen*] s. Lexer s. v. *lëcze*.
157 *vfgefpent*] hier: ›ans Kreuz geschlagen‹.   **165** *wapenfach*] Hs. wohl richtiger: *wam-*
penfack.   **169** *mach vnfern*] Hs. wohl richtiger: *macht vns*.   **192** *rab*] Hs. *herab*.
196 *werhaft*] Hs. *perhaft*.   **197** *Der ʒeichlach*] Zum Diminutivsuffix *-lach* s. Grammatik des
Frühneuhochdeutschen I, 3, § 27, Anm. 9.   **199** *glocken*] Dr. *gkocken*.

00 Darůmb ſo ſol kein menſch nit feyrn
Will er entpfligen den helliſchen geirn
Die altʒeit ſchmecken vnſer ſunden aß
Der kunn wir nymer werden laß.
05 Dan wan wir got ſeins ſterbens däcken
Vnd vnſer hertʒ mit beicht rein ſwanckē
Vnd ab vns ſchelen aller ſunden
                                     ſchelfen
So beſten wir dort recht vor den ʒwelftē
Do man die letʒſten rechnung gilt

Herr durch dein vetterlich milt   210
Nun teil vns mit deins ſuns erarnen
Wan wir hie ʒabeln in todes garnen
Vnd vnſer tag ſein aus geʒilt
So biß herr vnſer vf haltender ſchilt
Der vns vor allem vbel behut   215
So hat gedicht hans roſen blut

Hie   endet   ſich   der   mußgenger.

8. Niclas von Wyle, Translationen

Die Äußerungen des Niclas von Wyle (um 1415 bis 1479) zur Veränderung der Graphie bilden
einen relativ selbständigen Anhang zur 1478 erschienenen Gesamtausgabe seiner seit 1461
einzeln publizierten 17 »Translationen« vorwiegend italienischer Renaissanceliteratur. Wäh-
rend die Translationen gleichzeitig von der Intention zur Unterhaltung und grammatisch-stili-
stischen Lehranliegen ihres Übersetzers geprägt sind, hat der Anhang eine deutlich legiti-
mierende Funktion: Das herkömmliche, je unterschiedliche *landes deutsch* der einzelnen
Kanzleien, dessen Träger sich durch schreibsprachliche Eigenheiten von den Trägern anderer
Schreibgewohnheiten unterscheiden, wird gegen unnütze modische Änderungen, damit letzt-
lich gegen den überregionalen Sprachausgleich, verteidigt.
    Ausgaben: Translationen von Niclas von Wyle. Hrsg. v. A. von Keller. Stuttgart
1861, S. 349–353. Teildruck: J. Müller, Quellenschriften und Geschichte des deutschsprach-
lichen Unterrichts bis zur Mitte des 16. Jahrhunderts. Gotha 1882, S. 14–16 [Nachdruck mit
einer Einführung v. M. Rössing-Hager, Darmstadt 1969].– Lit.: E. Bernstein, Die Literatur des
deutschen Frühhumanismus. Stuttgart 1978, S. 43–62; H. Rupprich, Die deutsche Literatur
vom späten Mittelalter bis zum Barock. Erster Tl.: Das ausgehende Mittelalter, Humanismus
und Renaissance. 1370–1520. München 1970, 571–573 [Lit. 787]; B. Strauß, Der Übersetzer
Niklas von Wyle. Berlin 1912; Verfasserlexikon 6, 1016–1035. – Vorlage: Druck; Eßlingen
1478 [bei Konrad Fyner]; Exemplar der Universitätsbibliothek Heidelberg.

Minen lieben Jungern. A. B. C. D. E. F. Vnd. G.

Sage jch niclǎs von wÿle vil hails. Jr bittē mich lieben Junger ains dings: Daʒ Jch
ůch wǒll ſetʒen etwas grunds wie ainem ÿeden in gaiſtlichem vnd weltlichem weſen
nǎch vnderſchaid der ſtenden emptern vnd ⟨241ᵛ⟩adels ſÿg ʒeſchriben / mit ʒů ge-
bůg gebůrlicher worten Jr ÿetklichē ʒůgehǒrig: vñ ſint villicht hier us bewegt daʒ ir   5
mainet die latiniſch rethorick ſǒll mir des ſin ain fůrerin vnd gewiſſe vnder-
wÿſung . Dar an Jr aber Jrrent. Dañ wie wol die ſelb latiniſch rethorick ain ʒaigerin
ſin mag alles rechten vñ lobſamē gedichts aller ſprǎchen vñ geʒüngē. noch dañ ſo
fǎllet es nach minem bedücken aller maiſt an dem das ir an mich als obſteet begert
hant. Des erſtē darumb: dʒ das latine vil vnd mancher laÿ vnderſchidlicher worten: 10
die man alſo ainem ÿeden nǎch gelegēhait ſins ſtandes ſchribē vñ ʒůgeben ſol:

_____
202 vnſer] Dr. vnder, Hs. vnſer.   **210** Herr] Dr. Hert, Hs. Herre.

fólliger ift: dañ das tütfche: das hieran nit klainē gebruch hăt. Zum andern ouch
aller maift darumb: daʒ das tütfche gedicht an ʒůgebůg fólicher worten vnglých ift:
vñ kain gewiffʒ kunft noch regel habende / fich endert v̄n v'keret nach wyte vñ
15 gewōhait der landen vnd năch endrung der lüten der lôffen vñ der ʒÿte. Defhalb
fchwer Jft vnd nit wol muglich: Das ütʒit hier von gefetʒt werden mug gewiffes
belÿplichs vnd ÿeder man gefelligs. Aber noch dañ vfʒ trüw vnd liebe bewegt / wil
Jch üch etwas mainung vñ grunds vfʒ dem latine fetʒen: nit dar vmb: das Jr üch des
als fürgewiffʒ halten vnd gebruchen fóllen: funder das Jr min beduncken̄ vnd oppi-
20 nion hier jnne mercket̄ vnd dañ des lăds gewonhait nútʒit defter minder haltent.
Als ferre die ʒehalten gebürlich ift: năch dem der gemain fpruch lutet: dʒ kunft fÿg
ʒelernen vnd gewonhait ʒehalten. Jch hab aber gefprochen als ferre die ʒehaltē
gebůrlich ift. Dañe vil gewonhaiten bifher entftanden fint vnd noch teglich
entftend / die billicher miffʒbruhe dann gewonhait werdē ⟨242ʳ⟩ genennet vñ billi-
25 cher wurden vermitten dañ geůbet. Jr vil fchrÿbent das wort flÿfʒ durch ain . v . als
vlÿfʒ / daʒ nach vnderwÿfůg der ortographie durch ain . f . vnd nit durch ain . v .
recht gefchribē werdē mag. dāne dʒ . v . geet niemer in craft ains . f . jm folge dañ
ain vocal. fuft fo oft ain confonant hin năch geet fo belÿps es ain . v . vocalis. So
fchribent etlich das wort vnfer / durch ain befchloffen . s . jm mitten ftende alfo
30 vnfer. darʒů das . s . ouch nit funden vnd erdăcht ift. Dañ gelÿcherwÿfe wie der
hebrēÿfch hăt ain offen vnd ain befchloffen mem vnd ain krumbe kaff vnd ain
fchlechte kaff des gelÿchē ain kriechifcher ain ʒwifalt . o . als omicron vñ omega etc.
die mit vnd'fchaid gebrucht werdē alfo habē ouch wir ʒwaÿerlaÿ . f . s . vñ . v . u .
dero fich mit gebürlicher vnd'fchaid ift ʒe gebruchē alfo dʒ das befchloffen . s .
35 niemer jm mitten fteen fol. Jtem fo ift vnfers lădes tůtfche bifʒ her gewefen ʒe
reden ʒwüfchen dir vnd mir ʒwúfchen v̇ch vnd vns. Zwufchen jm vnd mir. Dar für
wir ÿetʒ ófterrÿchefch fprechen ʒwúfchen din vnd min ʒwüfchen úwer vnd vnfer
ʒwúfchen fin vnd min. Jtem vnd als die fúrftē vnfer landen bifher pflegen haben
ain andern ʒefchrÿbē vñ noch des meren tails tůnt / v̇wer lieb. heben ÿetʒ etlich
40 fchriber an flemifch dar für ʒefchribē üwer liebde vñ bequēlich für bekemlich vñ
deJnen für die felbē. Vnd rinifch geet für găt vñ fteet fúr ftăt / rachtůg für richtůg
gefcheen für gefchechen. Vnd dero hunderterlaÿ Jtē vñ das wund'barer ift: fo habē
fich vnfer v̊ătter vñ dero altfordern in fchwăbe ÿeweltñ her bis vf vns gebrucht in
Jrem reden vñ fchriben des diptōgons . ai . fúr . ei . burgermaifter fchribēde nit
45 burgermeifter . nain vñ nit nein . ⟨242ᵛ⟩ flaifch vñ nit fleifch etc. Aber ÿetʒ garnăch
in allē schwebifchen cantʒlien der her'n vñ ftetten fchribent die fchriber ei für ai.
burgermeifter fprechēde vñ nit burgermaifter wÿfheit vñ nit wÿfhait: daʒ ain groffe
vnnütʒe endrůg ift vnfers geʒüngs dar mit wir loblich gefündert wăren von den
geʒüngen aller vmbgelegnen lăden das vns ÿetʒ laidet vnd fremdes liebet. Jch bin
50 bůrtig von bremgartē ufʒ dē ergôw: vñ hab mich anefăgs als Jch herus in fwăben
kam groffes flÿffes gebruchet dʒ jch gewonte ʒefchriben ai für ei. Aber ÿetʒ were
not mich des wider ʒe entwēnen wo Jch anders mich ādern fchribern wôlt verglÿchē.
das ich aber nit tůn wil. Yetʒ ift aber ain núwes gögelfpiele entftăden dʒ man in vil
cătʒlien vñ fchriberÿen pfligt ʒefchribē ʒwaÿ . n . da des ainē gnůg wer vnd das

---

17 *belÿplichs*] vgl. Lexer s. v. *belíben.*   31 *mem, kaff*] Buchstaben des hebräischen Alpha-
bets.   40 *bequēlich, bekemlich*] s. DWB s. v. *bekommenlich, bequem, bequemlich.*   50 *ergôw*]
Aargau.

ander v́berflüſſig iſt: mer die verſtētnüſʒ Jrrend dañ fürdernd als: vnnſer . Vnnd .   55
frünntlich . liebenn etc. Vnd des gelÿchen. Ain ÿetklicher conſonant geʒwifaltiget /
v́ber ſchlecht vñ gibt ſiner ſtimme ʒů ain ſtercke: Vñ iſt ain groſʒ vnderſchaide wo
er ainig ſteet vñ wo ʒwifaltig: ſol ouch ăn urſach niemer beſchechen als ir in diſen
exēpeln merckē mugen. An dinē hof hoff ich ʒekomē vñ wil din will ſÿg ouch dar
bÿ. Jtē diſen briefe las ich laſſ vnd treg vs vñ vs: vſſ trurigē hertʒen: aber für dʒ ain   60
. ſ . pfligt mā ouch ain ʒ ʒemachē: alſo ſſʒ. jtē ich ſach dʒ din ſachh wolt gůt werdē:
Jt gedēck vnd ſinn ob nit der ſin dir nechſt fürgehalten gůt wer. Jtē min minn vnd
liebe gegē got ſŏllen fürtreffen etc. Jn diſen ſchriften ir mercken mugen den
vnderſchaid diſer worten . hof . hoff . wil . will . las . laſʒ . vs . Vſʒ . ſach . ſachh .
ſinn . ſin . Minn . min . Des gelÿchen wirt ⟨243ʳ⟩ funden in den andern conſonāten   65
allen. Warumbe ſchriben dañ diſe maiſter ʒwaÿ . n . do nit mer dañ ains notdürftig
iſt. Dwÿle doch laſterlich iſt ain ding ʒetůn durch vil dʒ glÿch als wol durch minders
mag beſchechen. Sÿ ſagen aber Es ſÿge alſo hüpſcher vñ ſtande bas: So gebent
antwort (bitt jch) warumb ſÿ dañ nit drů . n . oder ʒway . m . ouch ſchriben ſo wurd
die geſchrift noch hüpſcher vñ bas ſteen. Vñ mich wůdert dʒ etlich Stattſchriber mir   70
bekāt: ſŏlichs vō jrē ſubſtitutē lÿdē tůnt / ſo bald ſÿ etwas núwes ſechē uſʒ ains
fürſten cātʒlie uſgegágen: ob es wol nit grůdes hät vñ vnrecht iſt: noch dañ das bald
vffaſſent vñ ſich des gebruchēt wie die affen vñ iſt nit ăders / dañ wie ir ÿetʒ ſechēt
die jůgen geſellē diſer ʒÿt beklaidet geē vñ geſchůcht nach drÿer oder vierer lāden
ſittē alſo findet mā ouch ſeltē me ainch gedichte Es ſyen dañ dar vnd' viererlaÿ od'   75
fünfer: ſpräche v'miſchet. das jch nit rům: noch ſeer ſchilt. Aber doch grŏſſerm
lobe gib / ſich in gedicht gůter lāds tütſch ʒierlich ʒegebruchē / dañe frēder ſprachē
worte ʒeſůchen / die vnſer fordern gebürlicher habē v'mitten. Aber ſich ʒeflÿſſen
hüppſcher wortē dero mā ſich ye ʒů ʒÿtē nāch tütſche vnſers lands gebruchet. als
ÿetʒ ſint die wort . dē nāch . deshalbē . angeſechē . ainbarē: billichtē: abnemē etc.   80
Vnd der gelÿchen vil. Ouch vʒefaſſen ſchŏn hoflich tranſumpciones / da ain wort
für ain anders gebrucht wirt etlicher gelÿchnüſʒ halben der dingen ſo ſy betüttent
Als nüws iſt angeʒogen. ʒwÿtrecht ſint Jngeriſen. der hăt ſin fordrung abgeſtellet.
Als mich die ding anfechten. Vnd Jch in die ſachen blick. Das iſt vor ouch uf der
ban geweſen . Wir wŏllen das in der federn belÿben ⟨243ᵛ⟩ lăſſen. die ſtatt iſt v́ber   85
ʒuckt vñ das ſchloſʒ v́ber ſchnelt vns iſt hilf erſchinnen: der ʒüge iſt vf den bainen
vñ des gelychē tuſenterlaÿ. das lob ich vñ răt úch ſŏlichs (wo ir das hŏrēt oder
leſent) vʒefaſſen vñ úwer gedechtnüſʒ ʒe enpfelhen vnd beſunder in diſen dingen
ʒetůn nāch aigēſchaft vñ nature der binen / die nit vf alle blůmen fliegent noch die
ſelben gantʒ hinnement ſunder ſo ſÿ das haben genomē das bekomlich iſt Jrē   90
wercke das ůbrig alles hinder jnen verlăſſent belÿben. Alſo wŏllen ouch lieben
Junger das gůte vffaſſen vnd das arge fürgeen. Da mit Jr vſʒ wolgeſchickter Jugend
wachſent in loblich alteɩ vnd dʒ von v́ch nit geſprochē werdē mug úch geweſen ſin
gůte aÿer vnd worden bŏſʒ hennen. Dar ʒů úch laitt vnd ſchick der da iſt ain
ſchicker vnd regierer der himeln vnd erden.   95

---

62 *gedēck*] Dr. *gedcēk*.   **81** *tranſumpciones*] s. Georges s. v. *trānssümptio*.   **90** *bekomlich*]
vgl. Anm. zu Z. 40.

III. Dokumentierende Texte

Als *dokumentierend* werden Texte angesehen, deren Auftraggeber/Verfasser/Schreiber/Drucker Ereignisse, Besitzverhältnisse, Fakten aller Art mit dem Zweck festgehalten, gespeichert, dokumentiert sehen möchten, Vorhandenes in eine Übersicht zu bringen und verfügbar zu machen, um sich gegebenenfalls nach späterer Notwendigkeit auf die Festschreibung berufen und sie je nach Interesse nutzen zu können. – Dieser Texttyp tritt im Frühneuhochdeutschen im Zusammenhang mit dem Ausbau der territorialen, städtischen, frühindustriellen Administration verstärkt neu auf. Ihm gehören vor allem Stadtbücher, Protokolle, Urbare, Zinsverzeichnisse, annalistische Chroniken, Tagebücher an.

Kennzeichen dokumentierender Texte sind ein äußerst reduzierter Adressatenbezug, (z. T. tabellarische) Auflistungen, eine stark parataktische Syntax, ein oft fachsprachlicher Wortschatz.

1. Habsburgisches Pfandregister für den Thurgau

Der um 1380 entstandene Text dokumentiert für verwaltungsinterne Zwecke die Pfandschaften der Habsburger im Thurgau. Durch die Aufzeichnung in einem Register, einer zwischen Urkunde und Akte stehenden Textsorte, erhält er tendenziell Rechtskraft, so daß seinen Auftraggebern gleichzeitig eine sozial bindende Intention zugeschrieben werden muß. Register entstanden mit dem Aufbau eines systematischen territorialen Verwaltungswesens im späten Mittelalter und der beginnenden Neuzeit.

Ausgabe: Das Habsburgische Urbar. Hrsg. v. R. Maag. Bd. II, 1: Pfand- und Revokationsrödel zu König Albrechts Urbar [. . .]. Basel 1899, 676ff. Bd. II, 2: Register, Glossar, Wertangaben, Beschreibung, Geschichte und Bedeutung des Urbars. Basel 1904. (Quellen zur Schweizer Geschichte 15,1; 15,2) – Einführend zur Textsorte: H. Quirin, Einführung in das Studium der mittelalterlichen Geschichte. 4. Aufl. Stuttgart 1985, 83ff.; A. v. Brandt, Werkzeug des Historikers [. . .]. 10. Aufl. Stuttgart [etc.] 1983, 81ff.; G. Richter, Lagerbücher- oder Urbarlehre. Hilfswissenschaftliche Grundzüge nach württembergischen Quellen. Stuttgart 1979. – Vorlage: Hs.; Staatsarchiv des Kantons Zürich; Sign.: C I, Nr. 3289, 6.

Hie ſint v'merket min' h'ren der hertʒogen von Ôſt'rich phender vnd gúlt in dem Thurgöw.

Jtem des erſten kam die Erber Anna von Radegg vnd ʒôigt einen brief / den wilent heʒog albr[echt] ſelig / wilent herman vnd Bering'n von landenb'g gegeben hat vmb iren dienſt / vnd der ſelb brieff ſagt fúnfʒig mark / dar vmb hat man in 5
v'ſetʒt . L . ſtuk an korn an abſchlag vf dem hof ʒe Celle an d' Tôſſe Datum apud wint'tur anno domini M° cc° Lxxxxij° in craſtino omnium ſanctorum. Die gúlt ſint an ſi geuallen võ erbſchaft wegen.

Jt H'man am ſtad Burg' võ Schafhufen vnd ſinen erben hat h'tʒog albrecht / vmb ſinen dienſt geben Hund't vnd ʒechen march ſilb's / wint'tur gelôtes / vnd da fúr 10
hat er in v'ſetʒt xj mark ſilb's ierlicher gúlt vff v̇nſer Burg ſtúr ʒe wint'tur an abſlag. Datum in dieſſenhofen. Anno domini M° cc° Lxxxxij° an dem Samſtag nach v̇nſ' fröwen dult ʒe herbſt.

Jt Hertʒog lúpolt ſelig / hat wilent wilhelmen võ Súnnikon vnd ſinen erben gegeben xij mark ſilb's vmb ſin dienſt vnd hat im geben xij mark ſilb's fúr ein pferit 15
vnd hat im dar vmb v'ſetʒt xxiiij ſtuk geltes / die bringēt iij̇ mark geltes an abſlag / vñ ieklich mark bringet . v . guldin. Datū ʒe Bettendorf bi hagnöw am Mentag nach dem Palmtag Anno domini M° ccc° xv°. Diſen brief hat fúrbracht H'man am Stad võ ſchafhufen.

Jt H'tʒog Ott ſelig het v'ſetʒt hanfen võ hettlingen vnd ſinen erben ſiben mark 20
geltes ʒe ſtadeln vnd ʒe Techein vnd vff dem garten ʒe Wint'tur fúr lxx mark ſilb's an abſlag Dar vff hat im aber d' ſelb hertʒog Ott geſlagen xxiij mark vnd xxiiij groſſ' phenning Datum ʒe paſſöw des erſten briefs an ſant Gôrgen abent anno domini M° ccc° xxxiiij°. ℂ Datum des abgeſlagen briefs Anno domini M° ccc° xxxvj°.   25

---

3 *Anna von Radegg*] zu diesem und anderen Namen vgl. die Fußnoten in der Ausgabe.
6 *abſchlag*] s. FWB; DRW.   **10** *gelôtes*] s. DWB; DRW.   **13** *dult*] s. DWB.

Jt h'tʒog lůpolt ſelig hat v'ſetʒt Heinrichen vő Hettlingen vnd V̊lrichen ſinem Sun
vmb iren dienſt fůnfhalbes vnd ʒwentʒig ſtuk die bringent 4 1/2 mark gelts / fůr
fůnfthalb vnd viertʒig mark ſilb's ab den vogtrechten ʒe Ottikon ʒe H'manſwile ʒe
Neſchwile vnd dʒ da hin gehȯrt Datum ʒe wint'tur nach Criſtus gebůrt drůʒechen-
30 hund't iar dar nach in dem fůnften iar. Diſen brieff hat geʒȯigt hentʒ von Hettlin-
gen.

Jt Hertʒog lůpolt ſelig het fribolten von Schafhuſen v'ſetʒt ʒechen phunt ſtebler
Zůrich' můntʒe vf d' Stůr ʒe Velthein vmb ſinen dienſt fůr . xlv . mark ſilb's an
abſlag Datum ʒe wint'tur an dem ʒwȯlften tag nach gottes gebůrt Drůʒechenhund't
35 iar dar nach in dem . xv . iar Diſen brief hat fůrbracht Hug von Hegi.

2. Protokoll einer Kirchenvisitation

Die landesherrlichen Kirchenvisitationen des 16. Jahrhunderts dienten im allgemeinen der
Förderung des protestantischen Kirchenwesens. Die jülich-clevischen Visitationen haben da-
gegen gemäßigt katholische Ziele im Sinne des Programms des Erasmus von Rotterdam und
der national-katholischen Reformpartei und stellen insofern eine gewisse Besonderheit dar
(Redlich, 1ff.). Die Protokolle solcher Visitationen entsprechen in mehrfacher Hinsicht do-
kumentarischen Zwecken. Zum einen dienten sie als eine Art Zensus (Zählung von Kirchen,
Klöstern, Vicarien; Ermittlung des Einkommens der Pfarrer; Erkundung zum Stand des
Schulwesens etc.). In erster Linie aber dienten sie der Feststellung und Dokumentation der
Qualität der Geistlichen und ihrer Befähigung zum Predigtamt. Aus Küdinghoven (bei Bonn,
zum Amt Löwenberg zählend) sind Visitationsprotokolle aus den Jahren 1550 (11. Aug.), 1566
(25. Nov.), 1578 (17. Jan.) und 1582 (20. Juli) belegt. Die Visitationen wurden durch Johann
von Brambach (Befehlshaber und Rentmeister zu Blankenberg) und Johann von Breill (ber-
gischer Landschreiber) vorgenommen.
   Ausgabe und Lit.: O. R. Redlich, Jülich-Bergische Kirchenpolitik am Ausgang des Mittelal-
ters und in der Reformationszeit. 2. Bd.: Visitationsprotokolle und Berichte. 2. Teil: Berg
(1550–1591). Bonn 1915. Nachdr. 1986 [Text: 163–165]; RGG VI, 1412f. – Vorlage: Hs.; Nord-
rhein-Westfälisches Hauptstaatsarchiv Düsseldorf; Sign.: Jülich-Berg II. Nr. 227.

⟨21ʳ⟩ Kůdenkoffen, H' Dederich Habůſch 11 annis / habet ecclesiam ex pre-
sentatione domine Abbatiſſe in Vilicke et est jnveſtitus per Archidiaconum Bon-
nenſem et canonice jntroductus /
   Irſtlich hat d' Amptmā beſcheid gefordert was orſachen halb er ſich nit lůt letʒten
5 abſcheidʒ mit ſynem Ordinario vergliche, darfůr er Burgen geſatʒt, etc. dan er wißt
ſich allenthalben ʒoerrynnern was jeme in ʒijt der erledigung jngebonden, Darůff
er geantwort, wie das er d'halb by dem Landdechant jm Capitell ʒo Syberg etliche
mall angehalten, vnd jrſtlich hett derſelb jnnen vffgelacht, das er der paſtor ſoll
vnd' ſyner handſchrift bekennen, das er důrch die predicanten ʒo Bonn verfurt

---

27 *fůnfhalbes*] ›viereinhalb‹, d. h. ›vier und vom Fünften die Hälfte‹, vgl. nhd. *anderthalb*
›eins und vom andern (zweiten) die Hälfte‹.   32 *ſtebler*] s. DWB s. v. *Stäbler* (8).   2 *Vilicke*]
Vilich (bei Bonn).   5 *abſcheidʒ*] s. DRW s. v. *Abscheid* (4), FWB (5).   6 *jngebonden*] s. Lexer
s. v. *înbinden*.   7 *Landdechant*] s. DRW s. v. *Dechant*.   7 *Syberg*] Siegburg.   8 *vffgelacht*] s.
Lexer s. v. *ûflegen*.

were, vnd alſo durch vnůerſtand gelert, vnd ſoll globen ſich hinfurtt' nach regell der 10
alter prieſt' ʒehalten etc. als ſolichs der paſtor ſich beſchwertt ʒothún, vnd gepetten
das jmen ʒoerlaſſen / So hette der Landdechant ſich bedacht, vnd nach dem Eſſen
als er vffgeſeſſen, ʒo jeme dem paſtor geſagt, er woll die ding ʒo Colln an die
geiſtliche oberigheit gelangen was jeme aldair begegnen wúrde, wolt er dem paſtor
ʒo Honff ad' ab' dem Amptman wiſſen laſſen, Folgends jm negſten Capittell ſo hett 15
er nochmalß by gerurttem dechan vmb beſcheid angehalden, darúff er jeme geantt-
wort, dweill die Viſitation in kúrtʒem ſoll geſchehen ſo ſolle er biß darʒo verwartten
vnd alſdan ſýnen beſcheid empfangen, alſo ſtund die ſache noch / Als er vmb ſyn
bekentniß leher vnd wandell gefragt, hat er geantwortt, das er Chriſtum predige vnd
ſyne Eůangelium, vnd dweill Chriſtus ſyne Apoſtell vißgeſandt in alle werelt, vnd 20
jnnen beůolhen, das Jhenig ʒo lerhen vnd ʒothún was er jnnen beůolhen, dweill nů
ſolcher beůelh jnnen mitbetrijfft, ſo hab er anders nit gelerhett, dan was Chriſtus
beůolhen vnd das wortt gottes mitbrenge /

⟨21ᵛ⟩ Soůill das Jnterim vnd myns g. h. ordnong belangend, ſie er willich ſih
derſelben gemeeß ʒohalten ſofern ſie ſich mit dem wortt gotʒ verglichen, da ſie aber 25
anders / dan das wortt gottes, viffúrt leren, kúnne er ſich darnach ſynem gewiſſen
nach nit halten, noch verbynden / Dweill er dan die beide nit ſúnderlich geleſen,
kúnne er nit wiſſen, ob ſie ſich in allen púncten mit dem wort gottʒ v'glichen ad'
nit /

Bekent das er nach jnſetʒung des hern das volck ſo wie er gelert, aúch ſúb vtraque 30
ſpecie communicirt hab /

Dúxit vxorem ſúam cúm conſenſú parentum domi ſúe preſentibus nonnullis teſti-
bus, copulatus per d. Lodwicum paſtorem in Vilicka / non preceſſerunt procla-
mationes publice in templo /

De Sacramento ſentit poſtquam hocipſum in miſſa Sacratúm fuerit, ſi reponatur 35
ſacramentum manet, ipſe etiam jnfirmis porrigit / wirt gehalten mit gelucht wie
van alders gewointlich /

Beclagt ſich der competens, das er nit mehr hab dan iiiȷ mald' korns vnd ij
aemen wan wyn weſt / Abbatiſſa habet generales decimas in drůegen vnd naſſen /

Vff ſanct Jacobs aůent vergangen vff eynem begreffenis hat der paſtor mit den 40
gepetten frúnden fleiß geſſen / als er darúff verhort, hat er ſich entſchúldigt, wie
das es allenhalben unbedechtlich ʒogegangen, dan der doder Man wer in der nacht
jlens verbleůen vnd alſo hetten ſyn fraů vnd geſynne anſtúnd dúr fleiſch geſotten,
auch ein ryntgen geſlacht, vnd darnach des morgens weren ſye ʒo jeme komen vnd
geſagt, er ſoll an die kyrch komen vnd ⟨22ʳ⟩ nach dem begreffeniß mit heim gain 45
vnd eſſen, wie er dahin khomen vnd gehort, das ſie fleißch gekocht, were er vnluſtig
worden, vnd gewilt, das es nit geſchehen / doch dweill das fleiſch geſotten vnd die
vnkoſten angelacht, vnd nichtʒ anders gekocht vúrhanden / ſo / hetten die Nachber
vnd er es mit ʒoſamen geſſen / Hett aber daſſelbig vur dem tag nit gethain noch
heyſchen thún / wúlt es aúch númen thún / mit pitt jeme ſolichs dißmalß 50
ʒúůerʒiehen /

---

15 *Honff*] Bad Honnef.   15 *Amptman*] s. DRW; HRG s. v. *Amtmann*; FWB s. v. *amptman*.
16 *gerurttem*] vgl. *(ob)gemelt, (ob)berurt, (vor)genant* usw.   24 *Jnterim*] s. RGG s. v. *Interim*.
36 *gelucht*] s. Schiller/Lübben s. v. *geluchte*.   39 *aemen*] s. FWB s. v. *ame*.   39 *wan*] s. DWB
s. v. *Wanne* (4).

Die Naeber van Kúdenckhoven, vmb gelegenheit jres paſtoirs vnd'fragt, ſagen,
das er ſich erbarlich vnd fromlich by jnnen halde, vnd ſyn mit ſyner leher woll
3ofridden, helt die Ceremonien in der kyrichen wie gewoinlich, in der predig, in der
55 miſſ vnd anderm got3dienſt, ſegenet das waſſer vnd ſalſ3, hat ein perſoin by ſich
vnd damit hat es eynen geſtalt wie er ſelbſt geſtendig / verkundigt die vier vnd
ſaſtage nach jnſet3ung d' chriſtlih kyrchen
Soúill das fleißch eſſen betrifft, ſagen, das es dem paſtoir nit vff 3olagen, dan jrer
nachber ſcholt ſey vnd hetten vff den apoſtelß aúent nit bedacht, vnd alſo vn-
60 bedechtlich gekocht, were jnnen alſamen leidt, vnd wolten es nit mehe thún /
Gein ſpynden, gein brod'ſchaften, ſond' haben ein erff Jairge3yd, wirth gehal-
den /
Zeygen aúch an das die van Vylick gemeÿnlich vff Son vnd feſtagen dahin mit
gan3en rotten komen vnd hoeren predigen, vnd alſbald die predig geendigt, laúffen
65 ſij der kyrchen viß vnd geben jrem folck einen buiſſen exempel, Bitten, damit myns
gn. heꝯ ordnong vnd beuelch gehalden, das ſolichs moge abgeſtalt werden / Will der
Amptmā verſchaffen das es ſoll verbeſſert werden /
Reliqua omnia ſalúa /

3. Christoph Schorer, Memminger Chronik

Die Memminger Chronik wurde zusammen mit einer Beschreibung der Stadt Memmingen
verfaßt von Christoph Schorer (1618–1671; Arzt und Schriftsteller). Sie umfaßt den Be-
richtszeitraum von 369–1659 und führt annalistisch aus zahlreichen Quellen geschöpfte Ereig-
nisse in Memmingen bzw. Memmingen betreffend an: Wetter, Ratsobliegenheiten, Katastro-
phen, Bauangelegenheiten, Geburten und Todesfälle etc. Ausführlich widmet sich Schorer der
Reformationszeit und dem 30jährigen Krieg (über die Belagerung der Stadt 1647 berichtet er
tagebuchartig).
Ausgabe: Faks. 1964 im Verlag für Heimatpflege. Kempten. – Lit.: F. D. Braun, Christoph
Schorer von Memmingen. Ein Beitrag zur Geschichte des deutschen Geisteslebens im
17. Jahrhundert. Hrsg. v. Verein für bayrische Kirchengeschichte [. . .] Bd. 3. Nürnberg 1926;
O. Hartig, Christoph Schorer von Memmingen und sein ›Sprachverderber‹ (1643). Vortrag
vom 5. Februar 1921. München 1922. – Vorlage: Druck; Ulm 1660 bei Balthasar Kühn; Exem-
plar der Herzog August Bibliothek Wolfenbüttel.

1472. Jn dieſem Jahr kauffte man dem jungen Hanſen Strigel (ſolte vielleicht
Stribel heiſſen) ſein Hauß ab / ſtund an S. Margrethen Capell gegen S. Antoni Ca-
pell werts / man brach es ab 3u dem Kirchhof.
Jn dieſem Jahr gewan Thoman Schút3 / ein hieſiger Burger / 3u Geggingen bey
5 Augſpurg mit der Búchs einen Becher von 18. fl. Zog darauff nach Jnßbrug 3u
einem Schieſſen / vnd gewan einen Becher von 14. fl. war das beſte.
An S. Johannis Tag erhenckte ſich Hanß Hemerlin / ein Junger Geſell von
20. Jahren / in ſeines Vaters Hauß allhier. Der hat ſich an ſeinem Tag ſchón ange-
bunden!

___

61 *ſpynden*] s. DWB s. v. *Spende*.   **61** *brod'ſchaften*] s. DRW s. v. *Bruderſchaft*.   **61** *erff
Jairge3yd*] s. Rhein. Wb. s. v. *Jahrgezeit*; hier: ›Jahresgedächtnis für einen Verstorbenen‹.

War ein wunderlicher Stern am Himmel gefehen.   10

1473. Jn diefem Jahr war der dürre Sommer / da hin vnd wieder in Teutfch- vnd
andern Låndern von der Hitʒ gantʒe Wåld angangen vnd verbronnen.

Nach dem der Stritt vnd die Vneinigkeit der Gefchlechter mit dem Rath vnd
Gemeinde lang gewåhret / vnd die Gefchlechter durch den Kåyferlichen Fifcal
Herrn Georg Ehinger / der Rechten Doctorn / 20. Artickel geklagt / deren die   15
meiften wider die Zunfftmeifter giengen / fonften fich auch befchwereten / daß fie
einen / Vlrich Freyen genandt / fampt jhrer fieben feiner Lini / in jhre
Gefellfchafft oder Zunfft nemmen / vnd alle ⟨37⟩ Gemeinfchafft mit Dantʒen vnd
Måhlern / mit jhnen haben laffen / ja einen jeden Frembden / der in die Stadt
komme / vnd keine Handtierung habe in jhre Gefellfchafft oder Zunfft auffnem-   20
men müffen / dardurch jhnen jhr alt Herkommen benommen werde. Allem
Anfehen nach håtten Sie gern gefehen / daß das Regiment geåndert / vnd die
Zunfftmeifter abgefchaffet auch die Stadt anfehenlich geftraffet wůrde. Es kam
aber endlich ein Vrtheilbrieff vom Kåyfer Friederich dem Dritten herauß / vnter
Dato Gråtʒ / den 23. Februarij 1473. daß die Stadt vnd Gemeind von der Straff /   25
darein die Gefchlechter fie bringen wollen / abfolvirt / vnd das übrige Jhrer
Mayeftåt fernern *difpofition* überlaffen werden folle. Da dann das Regiment der
Zunfftmeifter noch ferner alfo blieb biß auf Kåyfer *Carolum* V. der fie ab gethan /
wie an feinem Ort gefunden wird.

Jn dem Auguftiner Clofter allhier trug fich in diefem Jahr ein felʒam Aben- /   30
theur / ein arthiger Boß ʒu. Es war ein Prior darinnen / hieß der Stirer / hatte mehr
Luft ʒu frembden als hiefigen Mönchen: nahm derowegen nach vnd nach frembde
an / daß endlich jhrer mehr als der jenigen / welche hiefige Burgers Kinder waren.
Schickte darauf die hiefige nach vnd nach hinweg in die Frembde / biß auff einen
hieß H. Cafpar. Da nun der Prior auch hinweg ʒog / machte er einen andern ʒum   35
Prior. Da das die in der Frembde vnd fo ʒu reden im elend herumʒogen / erfuh-
ren / klagten fie es einem gelehrten Mann / Conrad Mauchen genandt / auch ei-
nem Auguftiner / der machte fich auff / vnd nahm die hier verftoffene Mönch mit
fich / als H. Hanfen Faßnacht / Ofwald Mayer / vnd Hermann Niclaus Feder-
mann / vnd die übrige / fie kamen hieher / vnd hielten fich heimblich auff. Am   40
nechften Tag nach S. Moritʒen Tag / begab es fich daß die frembde eingefchlichene
Auguftiner / außgenomen der Prior vnd noch einer in jhren Krautgarten gien-
gen / das Kraut ʒu holen. Da nun ein Karr mit Kraut kam / vnd man das Thor im
Clofter öffnete / loff H. Conrad Mauch fampt den außgeftoffnen Mönchen hin-
ein / vermachten das Thor wol / vnd wurffen den Prior vnd der bey jhme war / in   45
ein Gefångnuß / vnd lieffen niemand ein / als wer jhnen annehmlich war. Da das
die andern Mönch höreten / giengen fie darvon / vnd klagte es ʒwar einer vor
Obrigkeit / man wolte fich aber in jhren Streit nicht legen / drumb ʒug er auch
fort / vnd blieben die hiefige Mönchen darinnen vnd erwöhlten gedachten H. Mau-
chen ʒu jhrem Prior.   50

⟨38⟩ Jn diefem Jahr fturb Johannes Sick / Abt ʒu Roth / ein geborner Memmin-
ger.

---

31 *Abentheur*] s. FWB s. v. *abenteuer* (9); DWB, Neub.   31 *Boß*] s. DWB s. v. *Bosse*.

Am Freytag nach S. Mariæ Magdalenen Tag ſtarb eine Jungfraw hier bey achtʒig
Jahren alt / Leutgard Steidline genant / ſie hatte ʒwo Schweſtern / waren auch
55 Jungfrawen / bey ſechtʒig Jahren / die ſturben vor jhr; ſie hatte einen Bruder ge-
habt / bey 50. Jahr alt / ſtarb auch lediger Weiſe vor jhr / deßwegen lieſſe ſie viel
Guts hinder jhr. Weil ſie leichig ſtund / ſchuff ein Rath daß Vlrich Zehendter
Statt-Amman / Mattheus Mûller / vnd Heinrich Lôhlin / mit Caſpar Bayer dem
Bittel alles im Hauß / auffſchrieben / welche auch bey der Leich vor der Thûr
60 warteten / vnd da ſie außgetragen war / giengen ſie hinein / vnd beſchrieben alles /
wehrete drey Tag lang. Man fand 1938. baarer Gulden 201. lb. hlr. an Mûntʒ: viel
Silber-Geſchirr / Tuch Wullins vnd Leinens vnd ʒiemlich viel Spinnwerck / Garn /
Beth / vnd Haußrath / vnd alles was in ein Hauß gehôrt / ûberflûſſig. Sie verließ
auch drey Hâuſer vnd ʒwey Garten / daß alles auff 19000. fl. angeſchlagen worden:
65 38. fl. wurden Jacob Steidlin gegeben / daß er die Begrâbnus / Sibend / Dreyſſigſt /
vnd den Jahrs-Tag damit außrichten ſolle. Es melden ſich aber hernach neun vnd
viertʒig Erben in kurtʒer Zeit an / die waren theils von hier / theils auß Etſchland /
von S. Gallen / Schwitʒ /Baſel / Straßburg vnd Aichach auß Beyern. Blieb alſo
dieſes Gut ligen Jahr vnd Tag / da war ein Rechts-Tag angeſetʒet / vnd wurden alle
70 die ſich angemeldet / darʒu beſchrieben. Da ſich aber die Sach lang verʒog / vnd
viel Vnkoſten auffgieng / lieſſen der meiſte jhre *prætenſion* fallen: Hanß Steidlin
aber / vnd die Fiſcher von Memmingen / wie auch einer von Kauffbeuren / der
von Aichach vnd die Steidlin von S. Gallen hielten das Recht auß / welches drey
Jahr lang gewehret: war entlich getheidigt / daß man dem von Aichach / den
75 Fiſchern von Memmingen / vnd dem Steidlin von S. Gallen jedem 200. fl. geben
ſolle. Hanß Steidlin aber vnd der Honold von Kauffbeuren môgen das ûbrige alles
als Erben theilen / vnd alle auffgeloffene Vnkoſten beʒahlen.

1474. Setʒt ein Rath vnd Gemeind / daß hinfûr auff einer Weltlichen Hochʒeit
ein Burger oder Burgerin / ein Mañ nicht mehr geben ſolle / als drey Groſchen
80 werth / eine Fraw / Sohn oder Tochter / Knecht oder Magt / 2. Groſchen oder ſo
vil werth / welches aber gefreundt iſt das eine Ehe ſcheidet / mag geben was es will.

⟨39⟩ War an Peter vnd Pauli Tag / ein ſchrôcklicher Wind / der hin vnd wider
groſſen ſchaden gethan.

1475. War der Einlaß gebawet / vnd die Maur in der Vorſtatt biß ʒum Einlaß
85 vollendet.

War ein Reiß- oder Kriegs-Gelt angelegt / welches auch Ehalten vnd ʒwar wo-
chentlich ein genandts geben muſſten / die Dorfſchafften gabens in gleichem /
vnd wehrete 16. Wochen.

1475. In diſem Jahr ʒog der Keyſer vor Neys an den Rein / die von Memmingen
90 muſten ʒu dreyen malen / auff die 400. Mann darʒu ſchicken / ſampt Wâgen vnd
Wagenleuth. Bey dem erſten Zug war Veit von Rechberg / den die Statt beſtellte.
Bey dem andern ſein Bruder Allbrecht: Bei dem dritten Steffan Vbelhôr / vnd Peter
Reittknecht. Veit von Rechberg war Oberſter vnd Michel Huber Hauptmann ʒu

---

57 *leichig*] s. Schwäb. Wb.   **58** *Statt-Amman*] s. DRW s. v. *Amman*; HRG s. v. *Amtmann*;
FWB s. v. *amptman*.   **59** *Bittel*] s. DRW und HRG s. v. *Büttel*.   **61** *lb.*] Abkürzungszeichen
für *Pfund*.   **71** *prætenſion*] ›erhobener Anspruch‹.   **86** *Reißgelt*] s. Lexer s. v. *reise*; DWB
s. v. *Reisegeld*.   **86** *Ehalten*] s. DWB; DRW s. v. *Ehehalte*.   **87** *Dorfſchafften*] s. DRW.
89 *Neys*] Neuß.

Fuß. Es gieng grofſer koſten über die Statt / daher man vorgedachtes Raißgelt ange-
legt. Wer 20. lb. zur Steur gab / muſte wochentlich 2. lb Raißgelt geben. Wer 100. lb.   95
Steur gab / der gab Raißgelt 6. lb. 19. ß. 10. hlr. Man fand daneben (diefes wird zur
raritet aufgezeichnet) einen Burger hier / der zu der Zeit Steur gab ob 200. lb. das
macht 114. fl. 17. kr. 1. hlr.

4. Züricher Stadtbuch

Im Zürcher Stadtbuch (Ratsbuch der Zweihundert) sind – zumindest bis 1463 – wichtige
Ratsangelegenheiten ›pro memoria‹ protokollarisch niedergelegt. Vor allem handelt es sich
dabei um unerledigte Geschäfte, auf die der Rat nochmals zurückkommen mußte. Daneben
diente das Stadtbuch auch als Rechtsbuch, in dem bestimmte Kodifizierungen und Ordnungen
festgehalten wurden (Zunfterlasse, Amtseide, Ehe- und Erbrechtsangelegenheiten, Beschlüsse
zum Zivil- und Strafrecht). Verfasser ist vermutlich der Stadtschreiber Michael Strebler, gen.
Graf aus Stockach.
   Ausgabe: Zürcher Stadtbücher III. Buch IV. Ratsbuch der Zweihundert 1428-1549. In: Die
Zürcher Stadtbücher des XIV. und XV. Jahrhunderts. Bd. III. Hrsg. v. H. Nabholz. Leipzig
1906, VIff. und 1-119. – Lit. (allgemein zum Stadtbuch): K. Beyerle, Die deutschen Stadtbü-
cher. In: Deutsche Geschichtsblätter II (1910), 145-200; K. Kroeschell, Deutsche Rechtsge-
schichte 2 (1250-1650). 5. Aufl. Opladen 1983, 60-64. – Vorlage: Hs.; Staatsarchiv des Kantons
Zürich; Sign.: B II 5.

⟨40ʳ⟩   Erkantnúſ von d‘ gloggen wegen

Vff den vorgeſeiten ſant Ůlrichs tag Sind meiſter Růdolf Engelhart hans gloggner
vnd hans nůwiler für die Rätt vnd burger komen hand die gar ernſtlich gebetten,
näch dem vnd ſy vns ein gloggen gegoſſen vnd gemacht habend hören ſy wol ſagen
das die glogg nit jederman geualle Sy meinē aber es ſye gar ein gůt glogg. das ſy ſo   5
wol tůgend vnd die gloggen vff den turn läſſind ziehen / die da v‘ſůchen So ge-
trůwen ſy das ſy vns geuellig werde wer aber ſo ſy vff den turn käme das ſy vns dañ
nit geuellig ſin wölt was wir ſy denn heiſſen dar jnn wölten ſy vns gehorſam ſin
doch getrůweten ſy / wir hettend dann ob ſy ein ander gloggen machen wurden
Ettwas mittlidens mitt jnen / wan doch die glogg mit recht nieman verwerffen   10
möcht Alſo habend die burg‘ jr ernſtlich bett angeſehen vnd hand ſich bekennt / jſt
dz der Engelhart vnd ſin mitgeſellen die gloggen jn jrem Coſten vff den turn ziehen
wellent die ze beſůchen, das man jnen des wol gunne. doch alſo jſt das vns die glogg
nit geuellig wirt das ſy ſy dañ wider her ab läſſen vnd vns ein andri gůtte gloggen
machent, wer ab‘ dz vns die glogg geuellig wird vnd wir die behůbend / So wellen   15
wir jnen den Coſten, den die glogg vff ze ziehend koſtet wider geben

---

96 ß] Abkürzungszeichen für *Solidus*.   **1** *Erkantnúſ*] s. DRW s. v. *Erkenntnis*.   **15** *wird*] Hs.
wrd.   **15** *behübend*] s. Maaler 54; DWB s. v. *behaben*.

Erkantnúff d' burg' dʒ beilen vor
rätfchriben vnd v'lieren gän föllend

Vff mentag vor fant martis tag anno domini M°ccccxxx tertio jft fúr vñfer herren
20 burgermeifter beid Rätt vnd den groffen Rätt den man nempt die ʒweyhundert der
ftatt Zúrich brächt als petter buffiner von vñfer ftatt entwichen ift von geltfchuld
wegen fo er den lútten gelten folt das da etlich fo den felben petter buffiner an dem
rät vnd jm vmb geltfchuld verlorn hattend / meintend vor denen fo jm jren kernen
an die beilen hattend geben ʒe gänd, da ab' vñf' her'n bedunkt dʒ fölichs nit billich
25 wer fölten beilen alfo hinder fich geflagen werden vnd habend fich dar vff erkent
weliche jren kernen den pfifter gebent alfo das man jnen brott dar vmb geb vnd den
vff die beilen flahend das fölich beilen vor allem rätfchriben vnd verlieren gän
föllent vnd dʒ jnen öch daffelb vñfer ftatt recht keinen fchaden noch gebreften dar
an bringen fol noch mag fetʒend meinend und wellent ouch dar vff dʒ dis fúrbas
30 hin ewenklich gehalten vnd dem nächgängen werd ungeuarlich

⟨40ᵛ⟩   ### Erkantnúff der burg' als man vñferm her'n dem keifer
hilff angefeitt hätt wider den herren von meilan

Vff ʒinftag näch fant Othmars tag anno domini M°cccc°xxxiiiᵐᵒ habend fich
burg'meifter Rette vnd der groff Rätt die ʒweyhund't erkent als vñfer aller gne-
35 digofter herr der keifer aller eidgnofß botten gen bafel befent vnd denen erʒelt hätt
Sölich fchmächt als jm der herr von Meilan jn weltfchem vnd fund' in finem land
erbotten hätt / vnd fy dar vff gebetten an jr fründ ʒe bringend jm hilfflich ʒú find
das er den her'en von meilan dar vmb fträff alfo habend die botten fölichs erʒalt /
dar vff ist erkent, das wir ʒú Baden vff den tag da hin gemein' eidgnoffen botten
40 komend erʒellen föllent / das wir vñferm her'n dem keifer hilff anfagen wellind
mit vñfer ftatt paner die wellen wir mit gotʒ hilff verforgen das fin keiferlich gnäd
des nutʒ hätt vnd wir ere / doch fo wellend wir da mit an jnn begeren ob finen
gnäden das geuellig fig fo wellen wir von gemeinen eidgnoffen ein bottfchaft fenden
ʒú dem her'n von meilan vnd mit dem läffen reden wie er an vñferm gnädigē her'n
45 dem keifer gefaren hab / das er gedenk vnd fich mit jm richt deñ befchehe das nit,
wúrdint wir dañ von jm gemant / So múftind wir jm je behulffen fin wan er vñfer
ordenlicher nattúrlicher her'e fig / da mit föllen wir an jnn werben dʒ er vñs by vñf'
frigheitē läffe blibe, vnd vñs and' frigheit öch geb der wir bedurffend / vnd was dañ
and' eidgnoffen vnd vñs bedunk dʒ notdurftig fig d' eidgnoffchaft ʒe werbend ge-
50 meinlich oder funderlich / das wir fölichs näch dem beften werbind an fin keifer-
lich gnädn

---

17 *beilen*] s. DWB; Schweiz. Id. 4, 1162.   **18** *rätfchriben vnd v'lieren*] Geldfchulden.
24 *kernen an die beilen geben*] dem Bäcker Getreide liefern und dafür ein entfprechendes
Quantum Brot beziehen, vgl. Schweiz. Id. 4, 1162.   **25** *beilen hinder fich geflagen*] hier: ›das
Guthaben, das durch Kornlieferung entftanden ift, anderen Guthaben nachftellen‹.
26 *pfifter*] s. Lexer s. v. *phifter*.   **33** *ʒinftag*] s. DWB s. v. *Ziestag*.   **46** *wúrdint*] Hs. *wrdint*.

Von der fchenki wegen als man vñſ'm
her'n dem keifer tůn wil

So denn als ander her'n vnd ftett dem egenantñ vñferm gnädigen her'n dem keifer
fchenkend da haben wir vñs bekent näch dem als wir vil koften mit jm vnd finen   55
dienern gehept hand das gebůrt by viiiᶜ lb. das wir jm noch vᶜ guldin vnd einen
becher oder ein filbergefchirr d' by L od' LX guldin wert fig fchenkind vnd fin gnäd
bittind das fůr gůt ʒe habend /

⟨41ʳ⟩   Win rechnůg anno xxxiiiiᵗᵒ

It von des wins wegen der gewachffen ift vff dʒ MCCCCXXXIIII jar ift die winrechnůg   60
deffelbñ järs vor den burg'n gemacht ein eimer vm̃ xxxii ß

5. Egerer Urgichtenbuch

Urgichten sind Geständnisse, die Angeklagte auf Grund gerichtlicher Befragung oder Tortur
ablegten (vgl. DWB 11, 3, 2426). Das Egerer Urgichtenbuch »fixiert die Verhandlungen des
Egerer Halsgerichtes« aus den Jahren von 1543 bis 1579 (Skála, X) in systematischer, die
Folge von Fragen und Antworten, die angewendeten Torturen, das gesamte Verhalten des
Angeklagten genau dokumentierender Weise.
   Ausgabe: Das Egerer Urgichtenbuch (1543–1579). Hrsg. v. E. Skála. Berlin 1972. Dort eine
Darstellung der sprachlichen Gestalt des Textes, Angaben zur Geschichte und Verbreitung
ähnlicher Geständnisbücher und weiterführende Literatur. – Vorlage: Hs.; Stadtarchiv Eger.

Anno 1571 den 20. Aprilis aúß beúhelch eines Erbarn Raths haben. herr Michael
Peyer Thomas werner vnnd Chriftoff Lift Stadtfchreiber, vff die Einem Erbarn
Rathe Zúe gekhombene Articúl, den Gefangenen Chriftoff Amman, gúetlich
befprachen laffen Jn kegenwúrt Mathiafen Schmidts Gerichtfchreibers am hoff bej
Regenfpúrg vnd wolffen Leppoldingers, des Entleibten brúders vnd hat Chriftoff   5
Amman gúetlich dis aúßgefagt

Er fej vmb weinachten mit dem Georg Leppolding' Zú Paffaw aúßgetʒogen, den
Erften Tag bis gen Ofterhofen, den Andern geen Straúbing, dofelbften fej einer aús
d' Stadt Jltʒ ein fifch' wiß nit wie er heiß Jn d' herberg Zú Jnnen khomben von
dannen weren Jr fechs als fager, aúch Georg Leppoldinger Jtem d' fifch' aúch ein   10
Poth von Straúbing, wis nit wie er genant vnd Zween handt wergs gefellen als
wagner, mitt Einand' aúßgangen, hab Leppolding' ein Mit cvgl gefchoffen, Aúch der
fifch' vnd Leppolding' lang vfm Eiß vmbgangen Ehe fie den Mith cúgl gewonnen,
were er Aúch d' Poth vnd die Zween gefellen vhorengangen khúmmet fúr dem
Sperren Jn dj Stadt Regenfpúrg khomben, wohin aber d' fifcher vnd Leppolding'   15
khomben wiffe er nit, Der vifch' fo ein Cleins mennel hab ein Scheefhacken vnd

---

61 ß] Abkürzungszeichen für *Solidus*.   **4** *befprachen*] s. DWB.   **10** *fager*] der vor Gericht
Aussagende.   **14** *er*] am Rand: *fager*.   **14** *khúmmet*] s. Lexer s. v. *kûme*.   **16** *Scheefhacken*]
s. BMZ 1, 613a.

ein faúſt búchſen an der Seitten Tragen ſej Jn weiſſen ⟨81⟩ Zwilch geclaidet ge-
weſen, ein weiß Plodergeſes, vnd ein ſchwartʒen glatten viltʒhúet vfgehabt, ſein
viſchers freúndt wonete Zú Paſſaú Jn dꞌ Jlcesſtadt, wiſſe kein Zúnennen, Jtem Er
20 ſager wẻre vf den morgen ein gantʒen Tag by ſeiner Mútter Brúdꞌ Leonhardten Vogl
Zú Regenſpúrg Plieben, Jtem Leppoldingꞌ hab Jme Amman ſein Púchſen Zú Paſſaú
Zú khaúffen geben vmb .7. f. hab Jr Zwúe gehabt, Er aber habe dj púchſen nit Zalt
Das Gröhn Röcklein ſo ſager Antrage habe Jme des Entleibten brúdꞌ Jobſt Zú
Paſſaẃ geben Jtem Das Ferenetl hab er bej dem Entleibten nit geſehen Den Ring ſo
25 dꞌ Entleibt an der handt getragen, hab er Zúúor ſeiner Praúth Jn der Cúntʒl múhl
ein Meilwegs von Paſſaẃ geben ſej eines Múllners dochtꞌ Denn Articúl das er Jme
den Abſchiedt ſelbſt geſchrieben haben ſolt vorneint er, ſagt ſeines Jegers Júng hab
Jm denſelben geſchrieben, der het aúch das Petʒſchiet vf ein Stecken geſchnitten.
dan ſein Jeger fúhre ein ſolch Petʒſchaft, die Entfrembdúng dꞌ Cleidꞌ Jn dieſem
30 Articúl begriffen geſtehet er, vnd ſej Jme das Landt Jn Peyern Núhr ein Zeit lang
vorwieſen. Die Löchꞌ an ſeinem grúnen leib Rockh als das förder habe Jme des
Rendtmeiſters Sohn mit einem meſſer geriſſen, das hintter loch were gebrent, het er
am offen Zú waldtſaſſen gebrent, Jtem fúnf meill von Regenſpúrg zú Motʒingen
hab dꞌ entleibt frúe die Eindten geſchoſſen, weren er vnd dj handtwergs geſellen
35 gemainh vor ahn gangen vnd noch kegen Regenſpúrg khomben Jtem hab vff den
Morgen Jn Regenſpúrg nit nach ſeinem geſellen dem Leppeldingꞌ befragt Nach
ſolchem, hat man den Matheſen Schmidt Gerichtſchreiber vnd wolffen Leppelding-
ern Entweichen laſſen vnd dem gefangenem Amman ferner gúetlich Zúgeſpro-
chen, die Jndicia ſo vorhanden Zúgemúth gefúret vnd ſein gewiſſen Alſo gerúret,
40 das er gebethen man wolle Jme dieſen Tag bis vff den morgen bedenck Zeit Zú-
laſſen, dan er ſej ſeer ſchwach, ſo wolle er vf den volgenden mörgen Richtige
Antworth geben vnd ſich aller handlúng Erclern mit fernner Bitt Jme ein Prieſterr
Zúúergonnen vnd ſich mitt gott Zúúorſohnen, Solchs Jſt Jme Nachgelaſſen.

⟨82⟩ Anno 1571 ten den .21. Aprilis Haben Vorgedachte herrn, den gefangenen
45 Chriſtoff Amman, ſo geſtern das hochwirdig Sacrament Empfangen, wider gútlich
beſpracht, der Bekhent Ja er hab den Leppoldingꞌ Erſchoſſen, darbej ſej Ein fiſcher
geweſt, wiß nit wie er heiſſe die von Paſſaẃ Kenten Jn woll, Leppoldingꞌ Jmē
Zúúorr wöllen ein Maúhldaſchen geben, nach ſolchenn der Leppeldingꞌ Stettigs
vorahn gangen, het er ſager denſelben dúrch den Leib geſchoſſen, vnd viſcher Jne
50 den Entleibten mit der Scheefhacken dúrch den Kopf gehaúen Jtem Sej nit weit von
Regenſpúrgk geſcheen, hett wollen baldt nacht werden. Sager het dem Entleibten
das weidtmeſſer den Rockh vnd die Púchſen ſo er Jme Zallen ſollen genohmen, der
viſchꞌ hab Jne hernach vollendt beraúbt, wiſſe nit was er Jme genohmen, dan Sager
daúon gelaúffen ſich beſorget es mochten leúth khomben, ſej dj gantʒe nacht

---

18 Plodergeſes] vgl. Lexer s. v. plôdertasche; DWB s. v. Ploder-hose.   **24** Ferenetl] Dim. zu
nhd. Vorhemd (Skala, 142).   **28** Petʒſchiet] s. Lexer s. v. petschat.   **32** geriſſen] am Rand:
darumb das er jme nit beſcheidt het Thun wöllen.   **39** vorhanden] am Rand: ſonderlich die
Löcher am LeipRockh hintten Am Rechten SchulterPlath vnd forn ann dꞌ Wangen vndPruſt.
42 Antworth] s. DRW.   **46** den] am Rand: Georgen.   **47** die] am Rand: Andern viſchꞌ.
47 woll] am Rand: Die vrſach darumb ſagꞌ jne Leppeldingern Erſchoſſen ſej dies, das.
48 Maúhldaſchen] vgl. Lexer s. v. múl-streich; s. Schmeller, Bayer. Wb. 1, 627; DWB 6, 1809.

khainner .1. meill gangen, Schier Jm fchnee verdorben, Jtem wiße nit wer den Ent- 55
leibten von der Paan gefchleipft vnd mitt Schnee Zúgedeckt Jtem wiffe aúch nit wo
d' Petȝfchier Ring hin khomben, dan er habe domals kein Ring bej gefehen, Jtem
Ahnfangs wie er mit dem Leppoldinger Aúßtȝogen hab nit Jn willen gehabt, fo hab
Jme aúch der Entleibte vertraúet, das er woll gewúft das er khein geldt bej Jme
gehabt, Alleine da er Jme dj Maúell dafchen geben wöllen, hett der vifch' gefagt 60
wen er mirs Thet, wolt Jch Jne vf dj haúdt fchieffen, daraúf habe Sager Zú Negft bej
Rein haúffen dúrch den leib gefchoffen vnd vifch' denfelben dúrch den kopff ge-
haúen, Jtem d' entleibte hett kein kúrtȝe Púchfen bej fich gehabt, Könne aúch nit
wiffen, weilln er daúon gelaúffen, was Jme d' vifch' genomben, fej Aber gúth Zú
Achten. das derfelb dj Lange Púchfen vnd was er gehabt genohmen haben múffe, 65
Jtem AlfPalden er daúon gelaúffen vnd fie beede als fager vnd fifch' von Einand'
khomben, het er Jne fifchern feindt Nit mehr gefehen

⟨83⟩ Jtem Wiffe nit ob d' fifch' Jndert Zúhaúß feffig aúch weib vnd kind' od' nitt
haben möcht, allein Zú Jltȝ fej er geweft do hab d' vifch' .3. mahl vbergefúret,
weren fie fchieffen gangen fich Probirt vnd d' Leppelding' Zú feiner Praúth gangen 70
Jtem Er Habe fein lebenlang kheim folche Thadt Zúúor Jm willen gehabt vielwe-
niger gethan. Aúch feindt herr nit, Weren Zween Júnger Schútȝen geweft, Als fie
vber Zwej húndert Meill Zúfam khomben hetten mögen, die Alfo gewieß aús freyer
faúft Zúfchieffen, hab feindt diefer Zeit nit frölich fein kennen, Berúhet Endtlich
vff dj Ermahnúng, das Er vnd vifcher diefe Thadt begangen vnd fonft Niemandt 75
Rath od' Thadt daran habe, vnd das er Jme dem Entleibten nichts genohmen, dan dj
Lange Púchfen das weidtmeffer vnd Röcklin, Das Andere múffe Jme d' vifcher
Abgeraúbet haben, daraúf wolle er gerne fterben, hab fich aúch mit Gott vorfohnet
Jtem den vifch' wiffe er Anderft nit Zú Nennen dan hans vifch' aús der Stadt Jltȝ
hab Jne nitt mehr als das er Jne die drej mahl vbergefúrth vnd die Reiß mit Jme 80
vnd dem Leppolding' getȝogen, gefehen vnd fej vifch' ein kúrtȝe Perfon, hab ein
Schwartȝ Pertlein, die Andern Scheefleúth wúrden Jn gar wol kennen, Jtem wie er
Jn gefchoffen, hab er Jn ferner nit Angerúrth, dan der vifcher habe den Entleibten
nach dem Schúeß mit d' Scheefhacken dúrch den Kopf gehaúen vnd mit einem
Proth meffer dúrch den halsgeftochen. 85

⟨84⟩ Anno dominj 1571. den 27. Aprilis haben Aúß beúhelch eines Erbern Raths
herr Adam Keßler herr hanß Zeerer beede des Raths aúch Stadtfchreiber vnd wolff
maltȝ Stadt Richter, den Chriftoff Amman Peinlich befprechen laffen,
Daraúf fagt Chriftoff Amman, Er fej noch geftendig vnd Bekhentlich Das er an
dem Georgen Leppolding' die mordt Thadt begangen, fej an Einem freitag Zú 90
Abents gefcheen Zú weichs bej RegensPúrg, vnd hette Jme der Entleibet nit mehr
vrlach geben dan das Er fúr einer Stúnd gefaget Er wolt Jnn ein Maúldafchen

---

55 *verdorben*] am Rand: *vnd volgenden Tag bis kegen fchwandorff gangen.* **57** *bej*] am Rand:
dem Entleibten. **58** *hab*] am Rand: *Er diefe Thadt.* **62** *haúffen*] am Rand: *den Entleibten.*
69 *vifch'*] am Rand: *jne Sagern vnd den Entleibten.* **72** *nit*] am Rand: *jtem der Entleibt vnd*
Sager. **77** *Púchfen*] am Rand: *So er jme verkaufen wollen, vnd.* **77** *Röcklin*] am Rand:
darin Er jne erfchoffen. **79** *Jltȝ*] am Rand: *den fein Zu nahme fej jme vnbekant vnd vn*
wiffendt. **86** *Raths*] am Rand: *d' Stadt Egerr.* **88** *den*] am Rand: *gefangenen.* **89** *er*] am
Rand: *vnd der hanß vifcher.* **91** *weichs*] Weichs.

geben, d' hans fiſch' geſagt wen er Jms Thedt wolt er Jn vf dj haút Schieſſen, das
hette So het hans fiſch' dem Entleibten alſpalden aúch mit d' Schief hakhen
95 .3. mahl dúrch den Kopf gehaúen vnd mit dem Prothmeſſer dúrch den hals geſto-
chen, das weidt meſſer weidt wetʒker vnd Rock het Sager, dan die And' Púchſen het
hans fiſcher genohmen Aúch Jme die hoſen vnd Strúmpf Aúſtʒogen das hab er
geſehen, Jtem der viſch' hab den Todten von d' Paan geſchleipfft, das habe er
geſehen, weren darnach vber dj weinperg hinaús gelaúffen ein Jed' vf ein Seidt ortt,
100 were ſag' Jm Schnee baldt verdorben het offt willens gehabt ſich ſelbs Zú
erſchieſſen, Zú Bamberg hab Er dem Jeger 1 leidt húndt Empfúrdt Jtem Der Jhm dj
Thadt vorpringen helffen heiſſe hans viſch' wiſſe den Zúnahmen nit, des Entleibten
brúd' Kennen Jn ſelbs woll, Jtem der Entleibt hab kein geldt bej Jme gehabt

⟨85⟩ Jtem Sag' habe dieſe Thadt Nit leng' dan dieſen Tag Jnn Sin gehabt Sej Zúúor
105 nit gemertert ſond' Zú Kelheim Leer aúfgetʒogen worden was er doſelbſten des
Leidthunds des Jegers Cleidúng aúch des Abſchiedts vnd falſchen petʒſchaft halben
bekhant bekhenne er noch, ſein heer hab Lúdbich Beerl geheiſſen deſſelben ſeins
herrn ſchreiber habe den Abſchiedt geſchriben vnd das Petʒſchaft vf ein Stekhen
geſchnitten vnd Aúfgedrúkt wie ſchreiber ſelbs ſoll Zú Jm ſager geſagt haben Jtem
110 Er habe woll gehört d' fiſcher habe weib vnd Kindt in der Jltʒs Stadt er Kenne Sie
Aber nit, Jtem Er Habe den fiſch' Seindt dieſer Thadt mit Aúgen Nimmer geſehen
Jtem Den Petʒſchir Ring habe Sager dem Entleibten von d' faúſt genohmen [. . .].
Jtem Er habe ferner nichts gethan, wolts ſonſten ſo woll als das Andre ſagen, dan
was wolt er ſich Zeihen das er wolt lang Prengen. Es húlf Jn doch nichts Er wiſſe
115 doch woll das er Sterben Muſſe, Er ſei d' Thadt geſtendig Bitte vmb gnadt. Er hab
ſich mit Gott vorſehnet, vnd wolle gerne ſterben als ein fromber Chriſt

⟨86⟩ Chriſtoff Amman Jſt vf ſein gúetlich vnd Peinlich bekhentnús wegen ſeiner
Mordt Thadt ſo er an Georgen Leppeldingern vnweit von Regenſpúrgk begangen
vnd Jnen beraúbet, Erſtlichen Jn Anſehúng ſeiner Júgent vnd damit er auch nit Jn
120 Vortʒweifflúng fallen mög Aúff fúrbitt, Erſtlich mitt dem Schwerdt gericht vnnd als
dan vfs Rath geleget worden Actúm den .4. May Anno 1571

6. Albrecht Dürer, Familienchronik

Der hier gebotene Text entstammt einer Abschrift (2. Hälfte des 17. Jahrhunderts) vermutlich
einer von dem Dürerforscher Johann Hauer (1586–1660) angefertigten Abschrift des von Al-
brecht Dürer (1471–1528) 1524 geschriebenen, nicht erhaltenen Originals. Dieses geht seiner-
seits auf Aufzeichnungen Albrecht Dürers des Älteren (1427–1502) zurück. Es dokumentiert
wichtige Familienereignisse, vor allem Geburt und Tod, in der Generation von Dürers Vater.
Als Rezipienten sind zunächst die der Bedeutung ihrer eigenen Familie bewußten Nachkom-
men Dürers, im weiteren Sinne alle an der Geschichte dieser Familie Interessierten anzuse-
hen.

---

94 *hette*] am Rand: *Sager Chriſtoff Amman, wie ſie mitt Einand' vnd der Entleibte Georg
Leppeldingerr vhoren gangen gethan vnd jne Leppeldingern durch die leib geſchoſſenn, welches
er doch Zuuor Nie jn willens gehabt.* **96** *wetʒker*] s. Lexer s. v. *wetzger*; Schwäb. Wb. s. v.
Wätschger. **96** *Rock*] am Rand: *vnd dj Lange Puchſen ſo er bej handen.* **118** *er*] am
Rand:*Neben hanſen viſch' aus der Jltʒ Stadt.* **119** *vnd*] am Rand: *ſchwacheit.*

Ausgabe: Dürer. Schriftlicher Nachlaß. Hrsg. v. H. Rupprich. 1. Bd. Berlin 1956, 27-34. –
Lit.: H. Rupprich, Die deutsche Literatur vom späten Mittelalter bis zum Barock. 1. Tl. [. . .].
München 1970, 683-690 [Literaturangaben: S. 797]; ADB 5, 475-485; NDB 4, 164-169. – Vor-
lage: Hs.; Stadtbibliothek Nürnberg; Sign.: Will III, 915b (50-53).

A° 1524. nach Weihnachten, in Nürnberg,
Ich Albrecht Dürrer, der Jünger, hab ʒůſaṁen tragen, aůs meines Vatters ſchrifften,
von wannen er geweſen ſej, wie er herkůmen ůnd blieben, ůnd geendet Seeliglich
Gott ſei ůns ůnd jhm genädig. Amen.

a° 1524.   5

Albrecht Dürrer der Elter, iſt aůß ſeim geſchlecht geboren im Königreich ʒů Hůn-
gern, nit ferr von einen kleinen Stättlein genant, Jůla, achtmeil Wegs weit ůnter
Wardein, aůß ein Dörfflein ʒů negſt darbej gelegen, mit namen Eÿtas, ůnd ſein
geſchlecht haben ſich genehrt der Ochſen ůnd Pferdt, aber meines vatters Vatter iſt
genant geweſt, Anthoni Dürrer, iſt knaben weiß in daß obgedachte Stättlein kům- 10
men, ʒů einem Goltſchmit ůnd hat daß Handwerckh bei jhm gelernet, darnach hat
er ſich verheůrath mit einer Jůngfraůen mit namen Eliſabetha, mit der hat er ein
Tochter Catharina, ůnd drei Söhn geboren, den Erſten Sohn Albrecht Dürrer ge-
nannt, der iſt mein lieber Vatter geweſt, der iſt aůch ein goltſchmidt worden, ein
kůnſtlicher rainer mann, den andern Sohn hat er Laßlen genant, der war ein ʒaů- 15
macher, von dem iſt geboren mein Vetter Niclas Dürrer der ʒů Cölln ſicʒt, den man
nent Niclas Ůnger, der iſt aůch ein goltſchmidt, ůnd hat daß Handtwerckh hier ʒů
Nürmberg bej meinem vater gelernet, den dritten Sohn hat er Johannes genant, den
hat er Stůdieren laſen, derſelb iſt darnach ʒů Wardein pfarrer worden, ob 30 jar
lang blieben, darnach iſt Albrecht Dürrer mein lieber Vater in teůtſchland kom- 20
men, lang in Niederland geweſt, bej den großen kůnſtern ůnd auf die lecʒt her gen
Nürmberg koṁen, alß man gecʒehlt hat, nach Chriſti gebůrth 1455 Jar, an St. Loÿen
tag, ůnd aůf denſelben tag, hate Philipp Birkamer Hochʒeit aůf der Veſten, ůnd war
ein großer tancʒ ůnter der großen Linden, darnach hat mein lieber Vatter Albrecht
Dürrer, dem alten Jeronimůs Haller, der mein Anherr geweſſen iſt, gedient eine 25
lange ʒeit, biß man nach Chriſti gebůrth gecʒehlt hat 1467 Jar, da hat jhm mein
Anherr ſeine Tochter geben, ein hübſche gerůdc Jůngfraů Barbara genant, 15 Jar
alt, ůnd hat mit Jhr Hochʒeit gehabt, acht tag vor Vitj, aůch iſt ʒů wiſſen, daß mein
anfraů, meiner můtter, můtter iſt deß Öllingers tochter von Weiſſenburg geweſt, hat
gehaiſſen Kůnigůnd, ůnd mein lieber Vater, hat mit ſeinen gemahl meiner lieben 30
můtter, dieſe nachfolgende kinder geʒeůgt, daß ſecʒe ich, wie Er daß in ſeim buch
aůf geſchrieben hat, von Wort ʒů Wort:

1.

Jtem nach Chriſti gebůrth 1468 Jar, an St. Margarethen Abendt in der Sechſten
ſtůndt deß Tags, gebahr mir mein Haůsfraů Barbara, mein Erſte Tochter, ward 35

---

8 *Jůla, Wardain, Eÿtas*] vgl. zu den Namen die Anmerkungen in der Ausgabe, S. 31-34.
15 *ʒaůmacher*] vgl. Lexer s. v. *zouwen*; DWB s. v. *zauen, Zauer*. Die Hss. B, ß schreiben
zaummacher ›Sattler‹.

mein gevatter die alt margareth von Weiſſenburg, únd nannt mirs kind Barbara, nach ſeiner mútter.

2.

Jtem nach Chriſti gebúrth 1470 Jahr, an St. marina tag, in der faſten, ʒwo ſtúndt vor
40 tags, gebar mir mein Haúsfraú Barbara, mein ander kindt, ein Sohn, den húb aúß der Taúff Fritʒ Roth von Bajreúth, únd nant mein Sohn Johannes.

3.

Jtem nach Chriſti gebúrth 1471 Jar, in der Sechſten ſtundt, an St. Prúdentien tag, an einen Erichtag, in der Creucʒwochen, gebar mir mein Haúsfraw Barbara, mein
45 andern Sohn, ʒú dem war gevater Anthonj Kobúrger, únd nannt Jhme Albrecht nach mir.

4.

Jtem nach Chriſti gebúrth 1472 Jar, in der driten ſtúndt, an St. Felixentag, gebahr mir mein Haúsfraw Barbara, mein viert kind, darcʒú ward gevatter Sebalt Hölcʒle,
50 únd nant mein Sohn Sebalt, nach ihm.

5.

Jtem nach Chriſti gebúrth 1473 jar, an St. Rúprechtstag, in der Sechſten Stúnd, gebar mir mein Haúsfraw Barbara, mein fünfft kindt, ʒú dem ward gevater Hans Schreiner, beim Laúferthor, únd nannt mein Sohn Jeronimús, nach meinen
55 Schwehr.

6.

Jtem 1474 Jar, nach Chriſti gebúrt an St. Domitcʒ tag, in der andern ſtúnd, gebar mir mein Hausfraw Barbara, mein Sechſt kind, darʒu ward gevatter úlrich marckh, goltſchmit, únd nannt mein Sohn Anthoni.

60   7.

Jtem nach Chriſti Gebúrt 1476 jar, in der Erſten ſtúndt, an St. Sebaſtiantag, bracht mir mein Haúsfraú, mein Siebent kind, darcʒú ward gevater Jungfraw Agnes Baÿ-
⟨52⟩rin, únd nannt mein tochter Agnes.

8.

65 Jtem darnach über ein ſtúnt gebar mir mein Haúsfraw noch ein tochter, in großen ſchmertʒen, únd das kindt ward jagtaúfft únd genant Margaretha. [. . .]

18.

Jtem nach Chriſti gebúrth 1492 Jar, an St. Ciriacustag, ʒwo ſtúnd vor Nachts, gebahr mir mein Haúsfraw, daß achtcʒehend kindt, únd war gevatter Hanns Carl von
70 Ochſenfúrt, únd nannt mir mein Sohn auch Carl.

---

44 *Erichtag*] s. Lexer s. v. *ërtac*; Kluge, Etym. Wb. s. v. *Dienstag*.   **52** nach *jar* wird in der Hs. *nach Chriſti gebúrt* wiederholt.   **55** *Schwehr*] s. Lexer s. v. *swëher*; Debus, Die dt. Bezeich-nungen der Heiratsverwandschaft. 1958.   **66** *jagtaúfft*] s. Lexer s. v. *gâch-toufen*.

Nún ſind dieſe meine Geſchwiſtrigt, meines Lieben Vatters Kinder alle geſtorben, etliche in der Júgend, die andern ſo Sie erwachſen, allein leben wir drej Bruder noch, ſo lang gott will, nemblich jch Albrecht, únd mein Brúder Endres, deßgleichen mein brúder Hanns, der 3te deß nahmens, meines Vatters Kinder.

Jtem dieſer obgemelt Albrecht Dürrer der Elter, hat ſein Leben mit großer mühe 75 únd ſchwerer harter Arbeit ȝúgebracht, únd von nichten anders nahrúng gehabt, dann was er vor ſich, ſein Weib únd Kind, mit ſeiner Handt gewúnnen hat, darúmb hat er gar wenig gehabt, er hat aúch mancherlej Betrúbúng, anfechtúng únd widerwertigkeit gehabt, Er hat aúch von meñiglich, die Jhn gekant haben, ein gút lob gehabt, dan er hielt ein Erbar Chriſtlich Leben, ein gedúltig Mann, únd Sanfftmü- 80 tig, gegen iederman friedſam, únd er waß faſt danckhbar gegen Gott, er hat ſich aúch nicht viel geſellſchafft únd weltlicher freudt gebraúcht, er war auch weniger Wort, únd ward ein gottsfürchtig Mann.

Dieſer mein lieber Vatter hat großen fleiß auf ſeine Kinder, die aúf die Ehr Gottes ȝú ⟨53⟩ ȝiehen, dann ſein höchſt begehren war, daß er ſeine kinder mit ȝucht woll 85 aúfbrechte, damit Sie vor Gott únd den menſchen angenehm würden, darúmb war ſein täglich ſprach ȝú úns, daß wir Gott lieb ſolten haben, únd treúlich gegen únſern nechſten handeln, únd ſonderlich hate mein Vater an mir ein gefallen, da er ſahe daß ich fleißig in der úbúng ȝú lernen was, darúmb ließ mich mein Vater in die Schúll gehen, únd da ich ſchreiben únd leſſen gelernet, namb er mich wider aúß der 90 Schúll, únd lernet mich das goltſchmid Handtwerckh, únd da ich nún ſeúberlich arbeiten kúnd, trúg mich mein lúſt mehr ȝú der mallerei, dan ȝúm goltſchmidwerckh.

7. Josua Maaler, Die Teütsch spraach

J. Maalers (1529–1599) Wörterbuch *Die Teütsch spraach. Alle wȯrter / namen / vñ arten zȗ reden in Hochteütscher spraach / dem ABC nach ordenlich gestellt / vnnd mit gȗtem Latein gantz fleissig vnnd eigentlich vertolmetscht* [...] basiert auf einer Umkehrung des 1556 erschienenen *Dictionarium Latinogermanicum* von Johannes Frisius, des sog. *Großen Fries*. Angeregt von Christoph Froschauer dem Älteren (um 1490–1564) und Conrad Geßner (1516–1565) steht es im Zusammenhang mit den sprachnationalen Bemühungen der Züricher Humanisten um die Hebung der Wertschätzung der deutschen Sprache. Es ist das erste umfangreiche Wörterbuch (536 Blätter), das vom Deutschen ausgeht, neben den lateinischen auch längere deutsche Bedeutungserläuterungen, Beispielsyntagmen und Sprichwörter enthält und somit das Wortinventar des Deutschen sowie seine semantische, syntaktische und pragmatische Verwendung breit dokumentiert. Das genaue Verhältnis der Berücksichtigung von regionalem (Schweizer) und überregionalem Wortschatz und eine fundierte Geschichte der Wirkung des nur einmal aufgelegten Wörterbuches sind noch Aufgabe der Forschung.

Ausgabe: Josua Maaler. Die Teütsch spraach. Dictionarium Germanicolatinum novum. Mit einer Einführung von G. de Smet. Hildesheim/New York 1971. - Lit.: Vgl. die Einführung von G. de Smet. Ferner: F. Claes, Bibligraphisches Verzeichnis der deutschen Vokabulare und Wörterbücher, gedruckt bis 1600. Hildesheim/New York 1977; P. Leemann-Van Elck, Die Offizin Froschauer. Zürichs berühmte Druckerei im 16. Jahrhundert. Zürich/Leipzig 1940; La

---

71 *Geſchwiſtrigt*] s. DWB s. v. *Geschwister*; Schmeller, Bayer. Wb. 2, 651.

lexicographie au Moyen Age. Coordonné par C. Buridant. Lille 1986; O. Reichmann, Zur
Lexikographie des Frühneuhochdeutschen und zum ›Frühneuhochdeutschen Wörterbuch‹.
In: Frühneuhochdeutsch. Zum Stand der sprachwissenschaftlichen Erforschung. Hrsg. v.
W. Besch/K. -P. Wegera. Berlin 1987 (ZfdPh Sonderheft 106), 178–226 [dort kurze Bibliogra-
phie]. – Vorlage: Druck; Zürich 1561 bei Christoph Froschauer; Faks. der Ausgabe G. de Smet.

A N Z

Anzünden / Verbrennen / Opfferen.
   Adolere, Accendere, Incendere.
Anzünden / Ablöſchen. *Contraria.*
5   Etwas wolgeſchmacks Anzündē. *Thu-*
     ra & odores incendere.
   ¶ Einen krieg Antzünden vnnd für-
     deren. *Accendere certamina.*
   Feyndſchafft erſt Anzünden / oder er-
10   neüweren / erwecken. *Offenſiones*
     accendere. Tacitus.
   Anzündt. *Incenſus, Accenſus. Plaut.* (der
     die.)
   Anzündt werden. *Adoleri.*
15 Anzündung. (die) *Incenſio.*

A P

Apffelgrauw / wie etliche roſſʒ ſind. *Scu-*
   tulatus color.
Weyß Aphrodillen. *Albucū.* Ein kraut.
20 Apoſtem / Geſchwår. *Apoſtema.* (das)
Apoſtützler. (der) *Superſtitioſus.*
Apoſtützlerey (die) Såch Aberglaub.
Apoſtützleriſch. *Superſtitioſe.*
Apoteck. (die) *Myropolium, Pharmaco-*
25   *polium.*
Apotecker (der) Ein bereiter oder
   ʒårüſter d' artʒney. *Medicamenta-*
   rius, Aromatarius, Pharmacopola.
Appellatʒ (die) Jſt ein berüffung von ei-
30   nem vermeinten beſchwårlichen
     vrteil deß anderen richters / ʒů
     vnd an den oberen richter. *Ap-*
     pellatio, Prouocatio.
Appellatʒ brieff (der) *Dimiſſoriæ literæ.*
35 Appellieren / Einen anderen richter be-
     rüffen vnnd begåren von einem
     vermeinten beſchwårlichen vrteil
     deß anderen richters / ʒů vnnd an
     den anderen richter. *Appellare,*

Prouocare.   40
Einer der da appelliert vnnd ein ander
   recht anrůfft / Der ein handel
   ʒeücht von einer oberkeit ʒů der
   anderen. *Appellator.*
So man von einem vrteil oder   45
   rechtſſpruch Appelliert. *Attentatur*
   ſententia.
Appetit / Luſt oder begird ʒeeſſen. *Ore-*
   xis.
Der Aprell. *Aprilis.*   50
Aprellen blůmen, *Batrachium.*

A R

Ar / Ein fluß im Schwytʒerland. *Aruſa.*
Arbeit. (die) *Labor, Opera.*
   Eyngelegte Arbeit von mancherley   55
   ſtücklinen vnd farben. *Coroſtro-*
   tum.
   Liederliche / hinlåſige / ſorgloſe Ar-
   beit. *Cura carens opera.*
   Selbs willige Arbeit / die on wider-   60
   gåltung geſchicht. *Opera gratuita.*
   Verlorne vnnd vmb ſunſt genomne
   arbeit. *Capti conatus fruſtra.*
   Alle Arbeit verlieren. *Ludere operam,*
   Surdo cātare, Operam conterere, 65
   ſiue perdere, Fruſtrari laborem,
   Oleum & operam perdere.
   Arbeit vnd můy gůt ʒůſamen ʒelegen.
   Diuitiarum certamina.
   Arbeit auff ſich laden / Ein Arbejt 70
   ʒehanden nemmen. *Suſcipere la-*
   borē, Sumere operam, Labores
   ſubire, Laborare, Laborem capere,
   ſumere.
   Arbeit an ein ding anlegen. *Operā po-* 75
   nere in re aliqua, Elaborare in ali-
   quid.
Des gemůts Arbeit vnd handlung.

Men⟨29⟩tis actio atque agitatio.

80 Es ift alle Arbeit verloren vnd vmb
funft. *Effufus labor omnis.*
Es was kaum der Arbeit wårt. *Vix
operæpretium erat.*
Jn einer Arbeit / Eins mals. *Eadem*
85 *opera, Tenore uno, Vna opera, Vno
cōtextu.*
Jn der Arbeit feyn / Arbeiten. *Effe in
labore.*
Jch mach arbeit nach dem vnd man
90 mirs beʒahlt. *Pro precio facio ut
opera appareat.*
Jch wil mein Arbeit nit fparen. *Nō
parcam operæ.*
Mit groffer Arbeit gemacht. *Ope-*
95 *rofus.*
On mǔy vnd Arbeit. *Sine labore.*
Sein Arbeit wol anlegen / oder wol ʒǔ
eeren ʒiehen. *Bene ponere operam.*
Sich der Arbeit duren laffen. *Parcere*
100 *labori.*
Arbeiten / Arbeit haben. *Laborare,
Opus facere, Moliri, Operari.*
Einem anderen Arbeiten / Vmb einfi
anderen nutʒes willen arbeit ha-
105 ben. *Ponere operam alicui.*
Eim ʒe Arbeiten gåben / Arbeit auf-
legen. *Imponere laborem.*
Für den gemeinen nutʒ Arbeiten.
Operam Reipub. tribuere.
110 Sich eins dings Arbeiten. *Laborem ca-
pere.*
⟨ Sich Arbeiten / Mit allem vermü-
gen helffen / allen fleyß ankee-
ren / Einē ding obligen. *Nauare.*
115 Sich in kriegifchen fachen wol Arbei-
ten. *Operam in re militari præftare.*
Vmb funft vnnd vergåbens Arbei-
ten / alle arbeit verlieren. *Venari
apros in mari. PROV. Inanem ope-*
120 *ram fumere.*
Arbeitende. *Laborans.*
Arbeiter. (der) *Agricola, Operarius.*
Arbeiter im wachß. *Apis opifices.*

Gǔter Arbeiter oder werckmañ. *Agri-
cola affiduus. Laboriofus.* 125
Emfige Arbeiterin. (die) *Cultrix.*
Einer der über die maß Arbeitfålig ift.
Aerumnofus, Aerumnofiffimus.
Einen Arbeitfålig machen. *Afficere
calamitate.* 130
Arbeitfåligkeit. *Aerumnæ, Calamitas.*
Sich von ʒweyen Arbeitfåligkeiten
mit einer arbeit entledigen / als ein
frauw einer geburt ʒwey kinder ge-
birt. *Exoluere ærumnas duas uno* 135
labore.
Arbeitfam / vnuerdroffen / Der von ar-
beit nit mǔd wirt. *Inuictus à labo-
re, Durus, Laboriofus.*
Arbeitfam vych / das man ʒǔ wer- 140
cken vnd ʒǔ arbeit braucht. *Pecus
operariǔ.*
Arbeitfam werck / Mǔyfålig vnnd
fchwår / das vil arbeit braucht. *La-
boriofum opus.* 145
Arbeitfamlich / Mit groffer arbeit.
Laboriofè.
Arben. *Arbor fœlix.* Ein ftettle am Bo-
denfee.
Ardennerwald begreyfft die Eyffel. 150
Arduenna.
Arg /Bôß. *Peruerfus, a, um.* (der/die/
das)
Allerley Args vnnd bôfes wider einen
reden. *Conferre omnia maledicta in* 155
aliquem.
Arglift (der) Betrug / Bôfe gefchwindig-
keit. *Subtela, Ars, Artificiǔ, Calli-
ditas, Dolus, Fallacia, Panurgia,
Ars, Pelafga, Stropha, Techna, Do-* 160
lus malus.
Argliftig / gfchwind / gfchyd / voll
befchiffen / vnd betrug. *Captiofus,
Vafer, Fraudulentus, Verfipellis.*
Argliftigkeit. *Aftutia.* 165
Argliftigklich / gfcheydigklich / mit
befchiß. *Captiofè, Vafrè.*

8. Glossar zu Otfrid von Weißenburg

Das hier auszugsweise wiedergegebene Glossar zu Otfrids Evangelienbuch (zwischen 863 und 871) entstammt dem *Otfridi Evangeliorum liber: ueterum Germanorum grammaticae, poesos, theologiae, praeclarum monimentum. Euangelien Buch / in altfrenckischen reimen / durch Otfriden von Weissenburg / Münch zu S. Gallen / vor Sibenhundert jaren beschriben: Jetz aber mit gunst deß gestrengē ehrenuesten herrn Adolphen Herman Riedesel / Erbmarschalk zu Hessen / der alten Teutschen spraach vnd gottsforcht zuerlernē / in truck verfertiget. Basileae M.D.L.XXI.* Der Band enthält ein Vorwort von Matthias Flacius (Illyricus, 1520-1575), dem strengen Vertreter Lutherischer Rechtfertigungslehre, dem Anreger der am Gedanken des Abfalls der römischen Kirche von der reinen Lehre orientierten sog. *Magdeburger Centurien* (Basel 1559-1574) und Verfasser des *Catalogus testium veritatis* (Basel 1556). Obwohl das Vorwort die hinter dem Glossar stehende Intention nicht angibt, wird man es als Hilfsmittel für das Verständnis der die Glaubensgeschichte dokumentierenden Publikationstätigkeit des Flacius zu verstehen haben.

Ausgabe: bisher keine. – Lit.: Lex. für Theol. und Kirche 4, 161-162; Theol. Realenz. 11, 206-214; W. Preger, Matthias Flacius Illyricus und seine Zeit. 2. Bde. Erlangen 1859/1861; L. Haikola, Gesetz und Evangelium bei Matthias Flacius Illyricus. Eine Untersuchung zur lutherischen Theologie vor der Konkordienformel. Lund 1952. – Vorlage: Druck; Basel 1571; Exemplar der Universitätsbibliothek Heidelberg.

Erklerung der alten Teutſchen worten.

A

AKus / *id eſt*, axt / agſt.
5   Abuh / vnrecht / abfal / verach-
tung.
Arunti / bottſchafft / beuelh.
Ambaht / ampt.
Arabeiton / arbeiten.
10 Agaleize / vnableſsig / fleiſsig / ſtets.
Anguſti / angſt.
Anarati / vnradt / verretherey.
Arunti / erndt.
Auur & afar / aber.
15 Armalichun / ermlichen.
Annuzzi / angeſicht / antlitz.
Aſgu / eſchen.

B

BAlo / *id eſt*, vbel / vnding / verre-
20   therey.

Beldida / kůnheit / muth.
Bidolben / vergraben.
Bi thiu / bei diſem / darzu.
Bi noti / im fußſtapffen / ietz.
Berathera / heiteren / hellen.   25
Biknat / erkant / bekant.
Blida / freud / frŏlich.
Blidtun / erfrewrendt.
Blidlicho / frŏlichen.
Birut / werdent.   30
Birun / werent.
Biſouffit / erſeufft / ertrenckt.
Bilgiß / ſtreitiſt oder bergiſt.
Brutti / erſchrick / entſetze.
Bitun / beiten / verziehen.   35
Bizeine / bezeichne / bedeuthe.
Bilidi / bild / gleichnuß.
Bilidet / einbildet / nachuolget.
Bilido / volg.
Bi vnſih / für vns.   40
Bi ſih / für ſich.
Bruſti / gebreſthe / manglete.

4f. Zu den Lemmaansätzen vgl. die Wörterbücher zum Althochdeutschen; z. B. R. Schütz-eichel, Althochdeutsches Wörterbuch. 3. Aufl. Tübingen 1981.

Burgi / ſtatt.

Buit / gebeuth / herſchet.

45 Bue / bauw.

C

CHunheit / *id eſt*, kûnheit / dapfer-
keit.

D

50 DAga / *id eſt*, tage.
Dagamûß / imbis / mittagmal.

Dati / that.

Datun / thetent.

Due / thuo.

55 Dilont / thilgent.

Duron / thüren / thor.

Duriwart / thürhieter / thorwart.

Drut / draut / werd / trewer diener.

Druthin / Gott / der draut herr / der
60   trew Gott / außerwolt.

Difge / tüſch.

Dreſo / reichthumb / ſchatʒ.

Dunichun / rock / tunica.

E

EJnoti / *id eſt*, ein ôde.   65
Eigun / heyend / habend.

Eigat / habet / hatt / heye.

Emmiʒigen / empſigklich.

Endidage / Jüngſtage.

Ebonon / ebnen / vergleichen.   70

Euuon / ewigkeit.

Euuarto / prieſter / eowart.

Eiſcon & Eiskon / heiſchen / begeren.

Ekord / erkoren.

Enſti / gunſt / gnad.   75

Enti / ende.

Egislichun / heßlichen / leidigen.

Eteslicha / etliche.

---

58 *draut*] hier (von ahd. *druhtîn* herkommend) wohl volksetymologische Anlehnung an ahd.
trût.

IV. Belehrende Texte

Als belehrend sollen diejenigen Texte verstanden werden, deren Auftraggeber/Autoren/Schreiber/Drucker den meist als sehr breit unterstellten Kreis der anvisierten Rezipienten auf allgemein anerkannte oder auf geforderte ethische, darunter besonders oft auf religiöse und gesellschaftliche Inhalts- und damit Verhaltensnormen auszurichten versuchen. Belehrende Texte können je nach der (meist impliziten) Gebrauchsempfehlung, die mit der Lehre gegeben wird, in die Nähe sozial-bindender, erbauender, informierender, belehrender und – bei Verbindung von prodesse und delectare – auch in die Nähe unterhaltender Texte rücken. Der Lehrinhalt wird in der Regel direkt ausgesprochen, er kann aber auch ex negativo entwickelt werden, und er kann sich in unterschiedlichen Stufen der Indirektheit aus der Argumentation ergeben.

Die belehrenden Texte des Frühneuhochdeutschen schließen an die didaktische Literatur des Hoch- und des beginnenden Spätmittelalters an; ihr Inhalt ist infolge der Infragestellung des mittelalterlichen Normensystems spätestens seit dem 14. Jahrhundert aber reicher gefächert. Als Träger belehrender Texte kommt neben der Kirche und den Konfessionen vor allem das Stadtbürgertum in Betracht.

Kennzeichen dieser Textgruppe sind: Bilder, Vergleiche, ironische und satirische Elemente, Sentenzen, Zitate, Antithesen, ein ausgeprägter Wertwortschatz, kurze bis mittellange Aussagesätze in meist präsentischer Form, seit dem 14. Jahrhundert überwiegend Prosa.

1. Johannes Rothe, Ritterspiegel

Die von K. Bartsch als *Ritterspiegel* titulierte - im Original titellose - »Sittenlehre des Ritter-
tums« (Boesch 1977, 73) formuliert Ansprüche an diesen Stand aus der Sicht eines bürgerli-
chen Theologen (und damit Städters). Die Intention ist, »das ethische Bewußtsein zu stärken
und ihm durch Belehrung und Mahnung ein weltanschauliches Fundament zu geben« (Neu-
mann 1936, VIII). Verfasser des wohl zwischen 1410 und 1420 entstandenen Werkes ist Jo-
hannes Rothe (1360/62-1434; Stadtschreiber in Eisenach, Priester, Domherr, später Kanoni-
kus und Kaplan der Landgräfin Anna). Als Entstehungszeit des einzig bekannten Exemplars
wird die Mitte des 15. Jahrhunderts angesehen, als Entstehungsraum Thüringen (möglicher-
weise Eisenach).
 Ausgabe: Johannes Rothe, Der Ritterspiegel. Hrsg. v. H. Neumann. Halle 1936. - Literatur:
F. Bech, Über Johannes Rothe. In: Germania 6 (1861), 45-80; J. Petersen, Das Rittertum in
der Darstellung des Johannes Rothe. Straßburg 1909; K. Zander, Johannes Rothe, sein Leben
und seine Werke. Diss. [ungedr.] Halle 1921; G. S.Williams, Adelsdarstellung und adliges
Selbstverständnis im Spätmittelalter: Politische und soziale Reflexionen in den Werken J. Ro-
thes und U. Füetrers. In: Legitimationskrisen des deutschen Adels 1200-1900. Hrsg. v.
P. U. Hohendahl/P. M. Lützeler, Stuttgart 1979, 45-60. Allgemein s. B. Boesch, Lehrhafte
Dichtung. Lehre in der Dichtung und Lehrdichtung im deutschen Mittelalter. Berlin 1977. -
Vorlage: Hs.; Landesbibliothek und Murhardsche Bibliothek Kassel; Sign.: Ms. poet. 4° et
roman. 8.

Z cu der rittefchaft gehorin
  fibin erliche bifundirn vorteil
Dy den rittern vō rechte gebörin
Di wel ich uch bedutin eȳ teil
5 · Daȝ erfte ift daȝ man en daȝ fwert
Cȝu teilit mit eyme flage
Daȝ tud eyn ritter der deȝ ift wert
Vnd heißit en nicht vorȝcage
· So feynit man eȝ eme darnach
10 Jft her eyn gudir criftin man
Vnd ift eme ȝcugotis dinfte gach
fo nēmit her fich deȝ gerne an
· Vnd enphed fin fwert mit ỹnikeid
Von eynes priftirs handin
15 Vnd werdit eȝ alfo nicht v̄megeleid
Her tregit eȝ ȝcwar mit fchandin
· Wan her darmede von rechte
Vor di heiligin criftinheid fal
Gothe ȝcu erin alleȝcid vechte
20 Vnd vor wetwē vnd weifī obiral
· Darūme nēmit her in di hant
Daȝ gehilȝce deme cruȝce glich
Daȝ eme darmede werde bekant

Daȝ her fal opphirn dorch criftū fich
Eȝ fprichit fente auguftin   24
Jn deme buche vō der gotis ftad
· ⟨22ʳ⟩ God gebit gnade den rittern fin
Di en forchtin in allir tad
· Daȝ fi mit erin togītlichī fȳnen
Jn kunheid mit deme rechtin   30
Vnd ī demud di ftrite mogī gewīnen
Vnd mēlichin ouch gefechtin
· Jn demud had her gefprochin
Wan wo man ftritit hochfertelichin
Do ift deȝ fegis vil dicke gebrochin   35
Der kamph der tud deȝ felbin glichī
· Jn der richter buche ftet gefchrebin
Daȝ di vō gaba ȝcu eynē geȝcitin
folche boßheit hattī getrebin
Mit eyner frowī eynes fromē leuitin   40
· Daȝ di ifrahelifchin woldin rechc
Vnd den von gabaa daȝ nemē ab
Vnd begundī god darūme befpreche
Der en di loube obir fy gab
· Noch glichewol fy den ftrid vorlorin   45
Den fi god ȝcwer geheißin hatte

---

9 feynit] s. Lexer s. v. *seinen/ségenen*.   38 *gaba*] Gibea (s. Richter 20).

Er hochfard wart alſo groʒ irkorin
Daʒ eʒ en an der wīnūge ſchatte
· Do flehetin ſi gote in großīr demud
50 Vnd begundin ſich befīnen
Darnach wart er ſtritin gud
god der lieʒ ſy do gewīnen.
· ⟨22ᵛ⟩ Darū ab nu eyn große ſchar
Wedir uch der fiende ſtritin
55 Vnd hochfertlichin kōmen dar
Vnd uch freuelich ane rytin
· Vnd er geſchrei machin groʒ
Vf daʒ ſy uch irſchreckin
God machit uch allir ſorgī loʒ
60 ſin gnade kan uch bedeckin
· Jſt uwir herʒce ʒcu gote gekart
Vnd fehit deʒ ſwertis gehilʒce an
Jr werdit daʒ obirwindin gelart
Wan eʒ daʒ cruʒce bedutin kan
65 · Von deme hīmel kōmit der ſtrit
Mit ſime obirwīdin vnd angeſegī
God vorleßit di ſinē ʒcu keyner ʒcid
Di mit rechte habin gekregin
· Vnd nicht tribin hoen mud
Vnd laßin ſich uf er ſterke
70 Den geſchit darvone alliʒ gud
Daʒ ſal man darane merke
· Goliam den großīn ſtarkin man
Mit ſime harnaſche vnd ſtangin
75 Den eyn heer nicht torſte beſtan
Cʒu deme quam dauid gegāgin
· Mit eyner ſlēkirn vnd ſime ſteckin
⟨23ʳ⟩ Vnd warf en tod mit eyme ſteyne
Do her eme ſach di ſternē bleckin
80 Dit ted her vnd waʒ noch kleyne
· Vnd brachte di heidin alle ʒcuflucht
Di mit heere do lagin ʒcufelde
Si filin in eyne vorʒcagete ſucht
Vnd rumetin er geʒcelde
85 · Deʒ ſelbin glichin ted joſue
Der di reſin darnedir ſlug
Vnd ouch judas genāt machabe
Di god ʒcu ſtritin machte klug
· Deße dri ritter itʒcūt genant

ſint vndir den judin di beſtin   9⟨0⟩
Si habī gewūnen luthe vnd lant
Vnd ſtarke gemurete feſtin
· O werdir ritter ſich dit nu an
Haſtu y ʒcu keynen ſtundin
Gefochtin adir hartī ſtrid getan   9⟨5⟩
Vnd haſt nicht obirwūdin
· Daʒ had gehindirt din hochfard
adir di freuele v̄rechte ſache
Vnd haſt dich kegin gote nicht bewart
Der dich ſtarg kunde gemache   100
· Wer ſich uf ſine jogunt vnd ſterke
Vnd harnaſch alʒcuſere wigit
An deme ſal man daʒ wole merke
⟨23ᵛ⟩ Daʒ her ebinturlichin krigit
· Vnd were ouch daʒ criſtus lare   105
Di ſtrite vnd vechtin hette vorbothī
ſo hette her nicht alſo uffinbare
Geſagit den rittern di en bothin
· Daʒ her en gebe ſinen rad
Wi ſi ouch daʒ ewigc lebin   110
Soldin vordinen mir ere tad
Der rad wart en alſo gegebin
· Si ſoldin nymādin vorterbin
Der en nicht obilʒ hette getan
An libe an gute adir an erbin   115
Her were dāne eyn vngloubigir man
· Si ſoldin en laßin gnugin
an erin ʒcinſin vnd gefellin
Vnd frede den armen luthī fugin
Vnd keyne gewalt obir ſi ſtellin   120
· Dy arme luthe nicht beroubin
Noch worgin adir beſchatʒcin
Di do hettin den criſtin gloubin
Vnd mit wuchere ʒcu en kratʒcin
· Si ſoldin nemen erin ſold   125
Vnd mit den forſtin rithin
Den rechtin ſachin weſin holt
Vnd uf daʒ ſelbe ouch ſtritin
· Hirīne vorbutit criſtus nicht   [ben
⟨24ʳ⟩ Daʒ man di ſwert nicht beder-   130
Man ſulle nymandin alſo her ſpricht
Cʒu vnrechte vorterben

---

68 *gekregin*] s. Lexer s. v. *krîgen*; zum Stammvokal s. Grammatik des Frnhd. IV § 88.4.
77 *ſlēkirn*] s. Lexer s. v. *slinger*. **87** *machabe*] Judas Maccabäus. **118** *gefellin*] s. Lexer s. v.
gevelle.

· Deme ritter gebit man ouch daʒ ſwert
   Daʒ her ſulle ſturen boſin ſundin
135 Wo her kan deʒ iſt her wol wert
   Vndir den fiendin adir den frundin
· Biſtu nu eyn fromer criſtin man
   ſpricht ouch ſente auguſtin
   So nem dich criſtlichir werke an
140 Vnd laʒ den falſchin namen lin
· Waʒ fromit eʒ daʒ mā dich nēnit
   Eynen rechtin fromen criſtin
   Wan man din lebin irkēnit
   Mit ſuntlichin böſin liſtin
145 · Luſtit dich ʒcuhabin den criſtin namen
   ſo ſich ebin ane din ſwert   [mē
   Vnd hab kegī gudin w'kin nicht ſcha-
   ſo biſtu kegin gote eȳ ritter wert
· Daʒ ſwert werdit eyme ritter gegebin
150 alſo ſpricht meiſtir caſſiodorus
   Daʒ her darnoch ſure ſin lebin
   Vnd eʒ nicht trage v̄meſus
· Eyn iūgir ritter der ſal gerne
   Cʒu deme ſchēphe rithin
155 Vnd ſal mit ſime ſwerte lerne
   ⟨24ᵛ⟩ Beide vechtin vnd ouch ſtritin

· Jſt daʒ man dit vor obirſpelit
   Wā man eʒ dan ʒcu nod ſal han
   Vnd ſich mit deme vechtin quelit
   ſo werdit eʒ vnendelich getan   160
· Di wile daʒ man mußig gehit
   ſo lerne man der ubūge gnug
   Beitit mā biʒ ſin nod geſchehit
   ſo kan man ſin obil werdin klug
· Wi kan eyn vnvorſuchtir man   165
   Der glich iſt eyme iūgin welffe
   Vnd der wiſe darʒcu nicht kan
   Mit dem ſwerte ſich behelffe
· Di aldin ritter ſullin en lerin
   Di do ſint der liſte vol   170
   Wan ſich deʒ jūgin iar gemerin
   Daʒ her ſich kūne behelffin wol
· Nu ſich abir daʒ gehilʒce an
   Daʒ du heldiſt in diner hant
   Vnd lerne gotis forchte han   175
   Daʒ cruʒce machit dir daʒ bekant
· alſocius der meiſtir dich daʒ lerit
   Jn allin dingin di du antribiſt
   Wiltu dāne blibin vnbeſwerit
   Daʒ du daʒ cruʒce vor dich ſchribiſt   180

2. Reformatio Sigismundi

Die *Reformatio Sigismundi* wurde im Jahre 1439 von einem unbekannten Verfasser, wahr-
scheinlich einem der auf dem Basler Konzil (1431-1437) anwesenden Kanzleibeamten, ver-
faßt. Sie besteht »aus einer Vorrede, aus der geistlichen Reformation, aus der weltlichen Re-
formation und aus einer Erzählung Kaiser Siegmunds von einer ihm gewordenen Offenba-
rung« (Koller, 4). Die Intention ihres Verfassers wird insgesamt als Belehrung zu bestimmen
sein, insofern nämlich eine auf Thomas von Aquin beruhende Analyse der Verfassungsmiß-
stände der Zeit gegeben und daraus resultierende Empfehlungen für ihre Behebung vorge-
tragen werden. Der Text zeugt außerdem aber von der Absicht sozial-rechtlicher Bindung aller
Stände, auch und gerade des niederen Adels und des Bürgertums, sowie von utopisch-agitati-
ver Intention. Seine ungebrochene Rezeption vorwiegend bis in die Luther-Zeit erhellt aus der
Tatsache, daß 16 Handschriften (in 3 Hauptfassungen) und zwischen 1476 und 1720 13 ver-
schiedene Drucke vorliegen.
   Ausgabe: H. Koller (Hrsg.), Reformation Kaiser Siegmunds. Stuttgart 1964 [dort ein Ver-
zeichnis früherer Ausgaben und ein ausführliches Literaturverzeichnis]. – Lit. zur textge-
schichtlichen Einordnung: H. Fischer, Sozialutopien. In: W. Frey u. a., Einführung in die deut-
sche Literatur des 12. bis 16. Jahrhunderts. Bd. 3. Opladen 1981, 259-287. Zur Rolle im Zu-

---

150 *caſſiodorus*] Flavius Magnus Aurelius Cassiodor (ca. 490-583).   **154** *ſchēphe*] s. Lexer
s. v. *schimph.*

sammenhang mit den Reichsreformbestrebungen des 15. Jahrhunderts vgl.: K. Kroeschell, Deutsche Rechtsgeschichte 2 (1250–1650). 5. Aufl. Opladen 1983, 232–244; Gebhardt 1, 657–662 [mit Literatur]. – Vorlage: Hs. N (3. Viertel des 15. Jhs.); Nationale Forschungs- und Gedenkstätten Weimar; Sign.: Ms. fol. 73.

Ordenũg eins weltlichē ſtats

A ls man nü ʒũ dem aller kurtʒſten den geiſtlichñ ſtatñ verordent hat So ſol mã auch ʒum kurtʒſten den weltlichñ ſtattñ verorden vnd verwandeln Deß erſten ſol man ein orden vnnſerñ herñ den keyſer oder konig Ob kein keyſer wer was ſol
5 man an im verorden Es wayß manig her' woll geyſtlich vnd weltlich wye ſich vnnſer her keyſer Sigmundt beclagt hat von den kurfurſten das ſye dem heyligen reich abgeʒogen haben ſloß vnd ʒ̃lle daʒ das reich ſwach iſt worden Das machet auch daʒ dye konig verſetʒt haben vnd böß freyheyt gegebñ das ſye vom reich ytʒundt haben daʒ ſy es bereyttñ mogen Man ſoll pey keyſerlicher vermanũg alles reich billich dar
10 ʒu thun ⟨47ᵛᵃ⟩ wo ſich das findet Es ſey an den kurfurſten oder anderſwo was ʒũ dem reich gehort oder gehort hat daʒ man daʒ ʒũ dem reich erforder vnd ʒihe das iſt man verbunden im rechten was mag ytʒundt ein konig geſchicken er mag nit krieg geſtillen Man iſt nit gehorſam als man ſein ſolt So dañ alle reichſtet ſehen das ſy nit herren haben So ſehen ſy yr ſachen an damit ſo krencket das reich yñer dare Es iſt
15 ſchier darʒu komen das man keins kunigs begert Man macht freyheyt dye nyemant ʒu machen hat on ein haupt des reichs dye weyl dye katʒ ſlefft ſo regiren dye meuße O edels reich von deinē adel ſo ſein alle reichſtet geadelt Jr werden reichſtet bekennet yr ewr' werden hohen eren vnd wirdigkeyt ich gedecht das reich ʒũ offenne Es ſol einer der ʒũ einem konig erwelt ſolt werden gelert ſein Er ſolt von recht ein
20 doctor legum ſein vnd Juris paritus wañ er iſt einer dem dye geſetʒ vnd recht weltlicher ʒimlicher ordenũg enpholhen ſein von dem rechtñ ⟨47ᵛᵇ⟩ vicarien criſti einē babſt Er ſol auch auff den ſtat komen keyſerlicher wirdigkeyt geweyheyt ʒũ dem mynſten ʒu dem ewangelio Ob er doch prieſter geweyhet wer ye beſſer Nemet war Melchiſedech wart konig ʒu Jheruſalem geſetʒt vnd geſalbet vnd was prieſter
25 der gots oppher hielt in prot vnd wein Sacramentlich Es was got lieb er bauet dye groſſen ſtat Salem dye nant er alſo er teylt den namen Jheruſalem vnd nant ſye ſalem Do tet Jm got vil kunt Jm wart von got gekondet vnd ʒu wiſſen gethon das regiren Jn ordenũg deß himels Jerachien das alweg vor funfftʒig Jaren ʒũ funffʒig Jaren einen newen anfang hetten Jn yrem regiren vnd ordenũg als ſy von erſt ſchuff
30 got das wart im darvmb kunt vnd wiſſen als alle geſchopphe Jm himel eine anfang haben ʒũ einer newũg Alſo gab got dem konig ʒu ein' merkunde daʒ got dye ſelbie merkunde gehabt will han vff ertrich das vff dem funffʒigſtem Jare ⟨48ʳᵃ⟩ alle dinck ſich auch neweten auff dem ertrich als in dem himel vnd ordinirt der hochwirdige konig vnd prieſter melchiſedech wañ das funffʒig Jar keme das ſich alle ding newe
35 machen Des erſtē der menſch ſolt ſich reinigen von allen ſunden das er eytel new

2 ſtatñ] vgl. P.-L. Weinacht, *Staat* [. . .]. Berlin 1968.   7 *abgeʒogen*] s. FWB s. v. *abziehen* (20).
22 *geweyheyt*] vgl. Lexer s. v. *gewîhen*.   24 *Melchiſedech*] s. Lex. für Theol. u. Kirche 7, 252.

werde als er geporenn vnd geſchaffen wart das noch iſt vnd dye heylig criſtenheit
ergriffen hat von got vnd von den heyligen Concilio geordent iſt ʒu halten vnd hat
den namen das funffʒig Jare das Jubel Jar Jn dem Jar der menſch hat applaß aller
ſunde von pein vnd vo ſchulden vnd machet ſich der menſch eytel new Das L. iſt
ÿtʒundt geweſt ʒu Baſel Jn dem Concilio da wolt der babſt das Jubel Jar bey Jm   40
halten vnd dye Romfart han das verbot das Concilg vnbillich wañ ein Concilg do
weil es wert ſo iſt es gantʒ dye criſtelich gewalt vnd beʒeichent dye heiligen kyrchñ
als ſye brieff auß geſchickt habñ applas der ſunde von pein vnd ⟨48ʳᵇ⟩ ſchülde als
ÿederman wol weÿß ſye ſein gotlich vnd gerecht vnd woll gewert geweſen dye manig
menſch verſmecht hat Es ſein geiſtlich oder weltlich dye in vnnſerm̃ heÿl vnd in got   45
geſundet haben Es werd dañ ſwerlich gebüffet ſo ſein ſye verdampt das vnns got ſo
troſtlich gegeben hat das verſmehen wir Jn dem ſelben Jar ſetʒet melchiſedech das
alle thur vnd gefenckknuß offen ſteen ſolten wer gefangen wer kein ſchulde auß-
genomen dye gingen auß vnd wurden ledig wen dye ʒeÿt begriff in der gefenckknüße
Es ſoltñ dañ alle krieg in friden ſten vnd beleÿben Es ſollen auch alle ʒorne in einer   50
rechten vereÿnüg ſten nichts ſol befloſſen ſten Es ſol in allem glücke vnd heÿl ſten
Alſo hat dye heÿlig criſtenheÿt alles beveſtiget vnd beſtetiget Nun ſehe man wÿe
man es halt Got hat vnns gegont vnd gethan wir ſlahñ eß leichtiglichen ab Hirvmb
laſſent vns ſuchen vnnſer heÿl wir ſteen nit wir wollen es ʒü recht ⟨48ᵛᵃ⟩ bringen das
es beſtee als es got gemeint mit vnns achte nÿeman dete dye ſich ſperrenn wolten   55
Sÿe haben kein krafft Jtem ein keyſer oder konig ſoll ſcharpff in ſeinē reichſen ſein
Scharpff vnd ſtroffen vnd nÿder ʒü trucken was Jm weltlichē ſtatem ſich wider wolt
der gerechtigkeÿt Milt ſol er ſein hin ʒü leÿhen vnd befehen deß reiches nutʒ vnd
geben wem ʒü geben iſt dye ſich geben in den dinſt williglich dye ſollen woll be-
gabet werden vnd ÿr nam geoffent vnd geadelt werden woll iſt er edel der leÿbe vnd   60
gut ſtrecket ʒü einer rechten ordenüg Es iſt dye ritterſchafft vnd dye reichſtet ſun-
derlich hie ʒü u'bunden als ich euch ſage

3. Erasmus Alberus, Das Buch von der Tugent und Weisheit

Die Fabelsammlung erschien in der vollständigen Fassung unter dem Titel *Das buch von der
Tugent vnd Weißheit / nemlich / Neunvndviertzig Fabeln / der mehrer theil auß Esopo gezo-
gen / vnnd mit guten Rheimen verkleret / Durch Erasmum Alberum / Allen stenden nützlich
zulesen* zuerst 1550 in Frankfurt am Main bei Peter Braubach. Der überzeugte Lutheraner
Erasmus Alberus (ca. 1500-1553) war Prediger in Sprendlingen, Hofprediger in Berlin, Ober-
pfarrer in Brandenburg, Staden und Babenhausen und schließlich Generalsuperintendent in
Neubrandenburg. Mit Hilfe seiner Fabeln vermittelt er moralische Lehren ›schimpffs weiß
und lachend munds‹ (IX). Die ausgewählte Fabel enthält eine Ständelehre.
Ausgabe: Die Fabeln des Erasmus Alberus. Abdruck der Ausgabe von 1550 mit den Ab-
weichungen der ursprünglichen Fassung. Hrsg. v. W. Braune. Halle 1892. - Lit.: F. Schnorr
von Carolsfeld, Erasmus Alberus. Ein biographischer Beitrag zur Geschichte der Reforma-
tionszeit. Dresden 1893; R. van der Meulen, The Fables of Erasmus Alberus. Diss. Univ. of
Michigan 1972; P. Hasubek, Grenzfall der Fabel? Fiktion und Wirklichkeit in den Fabeln des

---

56 *reichſen*] s. Lexer s. v. *rîchesen*.

Erasmus Alberus. In: Ders. (Hrsg.), Die Fabel. Theorie, Geschichte und Rezeption einer Gattung. Berlin 1982, 43–58; W. Röcke, Tierdichtung im 16. Jahrhundert. Luthers Fabeln aus dem Esopo und Erasmus Alberus' Buch von der Tugend und Weißheit. In: W. Frey u. a., Einführung in die deutsche Literatur des 12.–16. Jahrhunderts. Bd. 3. Opladen 1981, 165–189. Zur Fabel: Reallexikon 1, 433–441; E. Leibfried, Fabel. 4. Aufl. Stuttgart 1982; R. Dithmar, Die Fabel. Geschichte, Struktur, Didaktik. Paderborn. 3. Aufl. 1974; K. Grubmüller, Meister Esopus. Untersuchungen zu Geschichte und Funktion der Fabel im Mittelalter. Zürich/München 1977. – Vorlage: Druck; Frankfurt 1550 bei Peter Braubach; Exemplar der Universitätsbibliothek Gießen.

Von den Eſeln / vnd reiſigen Pferden.

Die 47. Fabel.

EJn Eſel zu dem andern ſagt /
5 Wir Eſel ſeind doch wol geplagt /
Vnd ſehr gemartert tag vnd nacht /
Vnd werden noch darzu veracht /
Wann wir ſchon han das beſt gethan /
So vexiert vns doch jeder man.
10   Ein junger Eſel ſagt dabey /
Jch halt nicht / das auff erden ſey
Ein Thier / das ſo werdt geplagt.
   Darauff ein ander Eſel ſagt /
Der hieß mit namen Schneckenart /
15 Wir armen Eſel ſind ſo hart
Von vnſern herrn geplagt / Jch acht /
Das vns der Teuffel hab gemacht.
   Zuletzt ein alter Eſel ſprach /
Jr lieben brůder / thut gemach /
20 All ewer klagens iſt verlorn /
Wir ſind in ſolchen ſtandt geborn /
Vnd ſolln alſo werden beſchwert /
Der liebe Gott hats vns beſchert /
Gott hat den Thieren alleſampt
25 Eim jeglichen ein eigen ampt
Befohln / vnd auff gelegt / als Er
Jm anfang Himel / Erden / Mer /
Vnd alle ding nach ſeinem rhat /
Geſchaffen / vnd verordnet hat /
30 Demnach wenn man den acker ehrt /
So dient darzu beid Ochß vnd Pferdt /

Ja wann die Ochſſen haben ſchon
Das beſt gethan / iſt das jhr lohn /
Das ſie der Metzeler hinricht /
Das thut man vns dennoch ja nicht /   35
⟨235⟩ Wir thun nichts mehr / dann
                          tragen ſeck /
So macht man von den Såwen ſpeck /
Von jhn nimpt man der bůrſten viel /
Wann man auffs lauſicht jagwerck   40
                              will /
Gleich wie ein Steůber hat den brauch /
Das er die Haſen auß dem ſtrauch
Aufftreibt / alſo treiben gewalt
Die bůrſten in dem lauſer walt.   45
   Jtem die Katz hat mit der mauß
Jhr jagwerck / vnd helt rein das hauß.
So muß der Hundt das hauß verwarn /
Vnd treibt die Haſen in das garn /
Vnd muß darzu den Wölffen wehrn /   50
Alſo muß ſich der Hund ernehrn.
   So laſſen ſich die Schaf beſchern /
Jhr wollen kan man nicht empern /
Darzu gut milch vnd kåß ſie geben /
Vnd Pergamen nach jhrem leben /   55
Sie geben auch gut Seytenſpiel /
Des wir Eſel verſtehn nicht viel.
Das Håmelfleiſch jßt man darzu.
Deſſelben gleichen gibt die Khu
Milch / kåß / vnd butter / vnd   60
                          noch viel /
Das ich jetzt nicht erzelen will.
   Die Vögel můſſen auch jhr leben
Darſtrecken / vnd gut braten geben.

---

42 *Steůber*] s. Lexer s. v. *stöuber.*   55 *Pergamen*] Pergament wird aus Schafshaut hergestellt.
56 M.: *Aſinus ad Lyram.*

65 Von Gånſen kommen ſanffte bett /
Sie geben auch gut bratenfett /
Die federwiſch die nůtzt man auch /
Vnd ſind bein ſchreibern ſtets
im brauch /
70 So muß der Han ein wechter ſein /
Biß man jhn ſteckt in ſpiß hinein.
⟨236⟩ Jn ſumma / ich ſouiel befind /
Das alle Thier dienſtbar ſind /
Das reyſig Pferdt iſt auch geplagt /
75 Vnd offt im krieg ſein leben wagt /
Das wir mit ſecken ſind beſchwert /
Das iſt vns auch von Gott beſchert /
Drumb ſolt jhr euch ergeben drein /
Vnd gern damit zu frieden ſein /
80 Vnd ſollen vns des nicht beſchwern /
Vnd vnſer ampt außrichten gern.
Ein Eſel / der hieß Gehgemach /
Zu dieſem alten Eſel ſprach /
Ja lieber alter / du weiſt vill /
85 Ein anders ich dir ſagen will /
Es dunckt mich nicht / das ſolchs
ſey recht /
Das einr Herr iſt / der ander Knecht /
Das einr iſt arm / der ander reich /
90 Gott hett vns auch wol alle gleich
Gemacht / da er am machen war /
Wir Eſel werden jmmerdar
Fůr andern Thiern hart beſchwert /
Das reyſig Pferdt ſich beſſer nert /
95 Vnd trabt einher mit groſſem pracht /
Gott hett vns wol all gleich gemacht /
Wie wirdts freilich dem Hengſt ſo
ſchwer /
Wann er ſo prechtig trabt daher /
00 Gott hat die ſach nicht recht bedacht /
Er hets ſonſt nicht alſo gemacht.
Der alt ſprach / welcher iſt zu weiß /
Der ſeh das er ſich nicht beſcheiß
Jn ſeiner hohen weiſheit gar / [dar /
05 Machts Gott nicht recht / ſo tret du
⟨237⟩ Vnd mach es beſſer / treffs auch
fein /

So wirſtu Gottes meiſter ſein /
Vnd wirdt den Eſel jederman
Fůr ſeinen herrn Gott beten an. 110
Nun ſolt jhr weiter hören mich /
Nicht lang darnoch begab es ſich /
Das Keiſerliche Mayeſtat
Außgehn ließ ein ernſtlich Mandat /
Nach dem Magog der groß Tyrann / 115
Mit drey mal hunderttauſent mann /
Gegen Germaniam daher
Mit eil zőg / vnd ſein meinung wer /
Nicht ab zuziehen / biß Tůrckey
Vnd Teutſchlandt eines Herren ſey / 120
Kurtzumb / er wőll nicht ziehen ab /
Biß er ſolchs außgerichtet hab /
Derhalben ſey jhr ernſt gebot /
Das man in ſolcher groſſen not /
All reyſig pferdt ſolt auß dem land / 125
So jhrer Mayeſtat verwand /
Bringen fůr Wien von ſtunden an /
All reyſig Pferdt die muſten dran /
Vnd im krieg leib vnd leben wagen /
Ein jedes muſt ein Reuter tragen. 130
Als ſolchs der Eſel ſchar vernam /
Jhe einer zu dem andern kam /
Vnd ſprach / du lieber Bruder mein /
Wir ſolten billich danckbar ſein
Dem lieben Gott / der vns ſolch glůck 135
Beſcheret hat / das vnſer růck
Mit keinem Reuter wirdt beſchwert.
O Gott / laß vns nur nichts mehr
klagen /
⟨238⟩ Vnd vnſern Můllern willig tragen 140
Die ſeck zur Můln / vnd wider drauß /
Eim jeglichen biß in ſein hauß /
Da fiengen ſie auff einem plan
Bey Arnesburg zu hupffen an /
Vnd hielten einen ſingentantz / 145
Ein jeder trug ein diſtelkrantz /
Der Eſel liedt das laut alſo /
Wir Eſel ſind ſo mechtig fro /
Das wir nicht dőrffen ziehen auß /
Vnd haben gut gemach zuhauß / 150

---

114 *Mandat*] ſ. HRG.   115 *Magog*] ſ. Lex. für Theol. u. Kirche.   144 *Arnesburg*] Kloſter
Arnsburg (zwiſchen Butzbach und Lich gelegen).   148 M.: *O fortunatos nimium ſua ſi bona
norint Agricolas.*

Kein Efel nimmermehr nichts klag /
Wir Efel han die befte tag /
Des fingen wir vnd dantzen fehr /
Seck tragen / das ift vns ein ehr.
155 Sie fungen alfo mechtig fterck /
Das man es hort zu Fridenberck.
Vt / vt / Sol / fol / mi / war der thon /
Es fey jetzundt genug dauon.

(Morale.

160 Fein ordentlich hat Gott die Welt /
Mit dreien ftenden wol beftelt /
Wann die fich nur wůften zuhalten /
So ließ Gott jmmerdar hin walten /
Ein ftandt muß leern / der ander
165   neern /
Der dritt muß bôfen buben weern.
Der erft ftandt heift die Priefterfchafft /
Der ander heift die Bawerfchafft /
Der dritt / das ift die Oberkeit /
170 Ein jeder ftandt hat fein befcheit /
Der erft ward eingefetzt von Gott /
Als er im anfang fein gebott /
⟨239⟩ Dem Adam gab / bey dem er nicht
Bleib / vnd hats vbel außgericht /
175 Da jhn der Teuffel hatt verfurt /
Ward jhm verkůndt von Chrift geburt /
Dadurch vons Teuffels wůterey /
Wir armen folten werden frey.
Die alten Våtter haben fich
180 Jn diefem lerampt fleiffiglich
Geůbt / vnd wer dem felben nicht
Gehorchet / der ift fchon gericht /

Das fey genug vom ampt der ler.
  Das Nehrampt aber kompt daher /
Als Adam nach der miffethat /   185
Jm Paradeiß kein bleibend ftat
Kundt lenger haben / fieng er an /
Vnd ward ein frommer Bawersman /
Das ampt der Oberkeit anfieng /
Als Cayn einen mordt begieng.   190
  Wer nun im lerampt ift / der fey
Getrew vnd frumb vnd bleib dabey.
Der Bawer oder Handtwercksman
Jn feim ftandt Gott wol dienen kan /
Er fey nur redlich / vnd dabey   195
Seins ftands nicht vberdrůffig fey /
So will der Oberkeit gebůrn /
Das fie fich niemandt laß verfůrn /
Als ob jhr alle bůberey
Jn jhrem ampt erleubet fey /   200
Sonder viel mehr / nach Paulus leer /
Die frommen heg / den bôfen wer /
Es fey keinr alfo vnuerfchampt /
Das einr dem andern greiff inns ampt /
⟨240⟩ Kein ftandt den andern nicht   205
                              veracht /
Gott hat fie alle drey gemacht /
Wann wir lebten auff folche weiß /
Wir wern hie wie im Paradeiß /
Es will kein gut thun hie auff erden / 210
Nach diefer Welt wirdts beffer werden.

  **(Hieher gehôrt auch das Morale der
achten Fabeln / der 30. vnd 31. 47. etc.**

4. Minneburg

Die Minneallegorie mit dem Kernftück eines ausführlichen Lehrgefprächs zwifchen Meifter
Neptanaus und dem Minnekind ftellt nach I. Glier eine der umfangreichften und kompli-
zierteften deutfchen Minnelehren des Spätmittelalters dar, in der ›Minne‹ primär als »ver-
nunfticlich, Wirklich wirkungen dez willen« (Vers 629ff.) aufgefaßt wird. Der anonyme Ver-
faffer wird (aufgrund fprachlicher Merkmale) im Oftfränkifchen (Biftum Würzburg) lokali-

---

156 *Fridenberck*] Friedberg (Taunus).   **162** M.: *Id est, daret fucceffum.*   **167** M.: *Die welt ift
in drey ftende getheilt / Prifterfchaft / Bawerfchafft / vnnd Herrfchafft / oder ritterfchaft.*

siert und das Werk ins 2. Viertel des 14. Jahrhunderts datiert; die hier zugrundegelegte Handschrift (P) entstand um 1400. Neben einer längeren und einer kürzeren Reimfassung ist auch eine Prosaversion überliefert (Pyritz, XIff).

Ausgabe: Die Minneburg [...]. Hrsg. v. H. Pyritz. Berlin (Ost) 1950. – Lit.: G. Ehrismann, Untersuchungen über das mhd. Gedicht von der Minneburg. In: Beiträge 22 (1897), 257–341; H. Kreiselmeier, Der Sturm der Minne auf die Burg. Meisenheim am Glan 1957; W. Blank, Die deutsche Minneallegorie. Gestaltung und Funktion einer spätmittelalterlichen Dichtungsform. Stuttgart 1970; I. Glier, Artes armandi. Untersuchung zur Geschichte, Überlieferung und Typologie der deutschen Minnereden. München 1971. – Vorlage: Hs. (P); Universitätsbibliothek Heidelberg; Sign.: cpg 455.

Dy cluge wip vnd hubſchē knabē
Welhes die mynne lieb wil haben
Daʒ leſe ditʒ buchlin dicke
Sin wunderliche ricke
5 Sin frage ſin entwurt die eʒ hat
Zum erſten nieman reht verſtat
Daʒ er geſagen da von mŭg
Ditʒ bŭchlin ſagt an alle trug
⟨102ᵛ⟩ Vnd auch an triegens mit wiſt
10 Waʒ minne ſy oder waʒ ſie iſt
Oder wie ſie ʒu dem menſchen kvmt
Oder wie ſie ſchadet oder frumt
Oder waʒ ſie werket oder wirket
Wie ſie ſich in vernunft v'ʒirket
15 Vnd wo von ſie erblindet
Syt minne nu vber windet
Alle menſchliche ſynne
Alſo hat auch mich die mynne
Gentʒlichen vber wunden
20 Sich fugt ʒu einen ſtunden
Daʒ die ſchonſte frawe reine
Durch min' ſynne venſter ſchein
Jn myn v'nunft ſo gentʒlich gar
Deʒ wart der wille min gewar
25 Vnd wart die ſelben frawen
So lang ane ſchawen
Daʒ ſie mir alſo wol geuiel
Daʒ groſʒe mynne dar vʒ wiel
Vnd daʒ auch vſſ der ſelben vart
30 ⟨103ʳ⟩ Jr mynne in mich geborn wart
Von irem wol geuallen
Da von ſo wil ich mit ir ſchallen
Fur war ſunder triegel

Jr wirde luchtet als ein ſpiegel
Auch iſt ir varb erglentʒet ſa 35
Reht als ſie ſy fraw elena
Geborn vʒ der ſelben ſtam
Jr brenende varb ʒwor ye glam
Als in fŭr ein durres laub
Vnd als enbrant ſy ein ſchaub 40
By einer nehte vinſter
Jr varbe die iſt niht dinſter
Sie glentʒet ſam ein wiſſer ſne
Nyͦmer wird ich der ſyͤne ſo ſpehe
Daʒ ich vollobe der ſuſʒen frucht 45
Jr lip ir wandel vnd ir ʒucht
Vnd alleʒ ir geleſſe
Jch wurde in der keln reſʒe
Solt ich ir eren bluendes ʒwye
Vnd auch ſie ʒart min ſuſʒ amye 50
Mit worten volle bryſen
⟨103ᵛ⟩ Die ſelben ʒarten kurtyſen
Will ich von hertʒen mynnē
Wann ich kan nihtes begynnen
Jch rite Jch ge Jch lig ich ſte 55
Sie woͤn mir in dem ſynne me
Dann mir vor fraw ye getet
Jch gedenk an ſie frŭ vnd ſpet
Mit ir leg ich mich ſloffen nider
Wann ich dann aber vff ſol wider 60
Sten ʒuhant ichs vinde
Jn ſloff ich niht erwinde
Sie lig in mines hertʒen gir
Mit trewmē truwenn vil von ir
Von wunderlicher geſchichte 65
Ditʒ buchlich ich dichte

---

47 geleſſe] s. Lexer s. v. gelæze. 48 reſʒe] s. Lexer s. v. ræze. 58 vnd] Hs. vnd vnd.

Durch fie vnd wil eʒ gern tů

Der materig wil ich griffen ʒů

Da ich fie vor gelafʒen han

70 Vnd wil fie wider heben an

D aʒ kint daʒ fragt balde dar nach
    Wyflich den meift‘ vnd fprach

Sag lieber frunt mir vʒ erlefen

⟨104ʳ⟩ Wo ist min wonē vnd min wefen

75 Jch han vil lute horen gefagt

Der munt von irem lieb fo clagt

Jch mynne mit lieb mit he‘tʒen die

Vnd wolt doch mich gemynnen nie

Nu fag mir funder fchertʒen

80 Won ich in lybe oder in hertʒen

D er meift‘ fprach nein ficherlich
    Sag ich dir daʒ fo betrug ich dich

Jch han dir vor gefaget eben

Wie daʒ du mugeft ymͤer leben

85 Wer dann din leben in hertʒ̃n in liben

So mochftu niht ewig blyben

Din edel wefen daʒ ift gantʒ

Mit vernůft in der fele glantʒ

Lyb vnd hertʒ daʒ mynnet niht

90 Eʒ ift ein fleifch als man wol fiecht

Vnd hat vernuft nindert kein

Eʒ minnet nůr die fele rein

Davon wonftu mit gantʒ‘ ʒvnft

Jn der fele mit vernvnft

95 ⟨104ᵛ⟩ Wo ich die fele tů furbaʒ nemen

Da by fol man dich mynne erkennen

Die fele mynnet alle dink

Minne vnd fele vmb vecht ein Rink

D o fprach daʒ kint bewife mich
100   Diner frag deʒ bit ich dich

An mir ich grofʒ wunder merke

War vmb wachs ich fo fer an fterke

Vnd nim fo rehte fwinde abe

An minē geʃichte daʒ ich habe

105 D er meifter fprach mit fynne
    Jch fage dirs liebe mynne

Min kvnft deʒ wol enphindet

Du bift ein dink daʒ vberwindet

Alle dink gar krefticlich

Wann eʒ mag vernůnfticlich   110

Kein dink gefchehen

Dann von dir ein

Du haft auch by dir armut kein

Vnd alle ding in armůt ift

Wa du niht in den dingen bift   120

Minne du enfurchteft kein gefchicht

Minne du enmiffetruweft niht

⟨105ʳ⟩ Minne du haft vnftetikeit

Minne du bift an kunter feit

Daʒ getruwefte dink vff erden   125

Minne du haft dinen werden

Frunt als dich felber liep

Du ftileft leit reht fam ein diep

Minne din gemintʒ verfmehftu niht

Minne du liebeft alle gefchicht   130

Die vʒ gut fin geflofʒen

Minne du bift auch vnuerdrofʒen

Vnd alle dink die fin ane dich

Minne gar verdroffenlich

Jn den du niht enringeft   135

Minne alle dink du twingeft

So mag kein dink betwingē dich

Eʒ fy dann din gelich

Der da heifʒet wider mynne

Doch bruf ich in dem fynne   140

Daʒ er dich dannoch twinget niht

Er macht an dir wol die gefchicht

Daʒ du in wider mynnen

Liep haben wilt in fynnen

Vnd dich ʒu im geneheft   145

⟨105ᵛ⟩ Minne wenn du an geueheft

So biftu krank vnd fieheft wol

Waʒ dir wol oder vbel fol

Geuallen in der vernunfte din

So mag auch licht ein dink gefin   150

Daʒ dich dann ablafʒen tůt

So du aber wirft ftark vnd frůt

Volwachfen in der vernunfte rink

So vber fiheftu alle dink

Aller gebreften gunterfeit   155

Dunken dich volkvmenheit

Wʒ dinē gemynten vbel an

---

124 *kunter feit*] s. Lexer s. v. *kunterfeit*. **155** *gunterfeit*] s. Lexer s. v. *kunterfeit*.

Stet daʒ dunket dich wol getan

Daʒ machet mvnne din groſʒe truwe

60 So du in diner erſten nuwe

Zum aller erſten an vahend biſt

Vnd ſo du dannoch wol geſihſt

So wiltu haben clugheit

Houieren ʒucht geſugheit

Vnd waʒ da ſuberlich iſt   165

Wenn aber du gewahſen biſt

So erblindeſtu an dinem geſichte

⟨106ʳ⟩ Vnd ahteſt ſin dann alleʒ niht

5. Albrecht von Eyb, Ehebüchlein

Der Traktat *Ob einem māne sev zunemē ein eelichs weyb oder nicht* ist an den Rat der Stadt
Nürnberg gerichtet ›zu lob vnd ere vnd sterckung irer polliceÿ vnd regimentz‹. Verfasser der
humanistisch geprägten Ehelehre ist der juristisch gebildete Patrizier, Domherr in Bamberg,
Würzburg und Eichstätt, Albrecht von Eyb (1420–1475), der daneben u. a. mehrere Rechts-
gutachten in Ehefragen und – doch dies ist nicht gesichert – die Flugschrift *Von dem Eelichen
stadt* abgefaßt hat. Überliefert sind von dem 1472 erstmalig in Nürnberg gedruckten Werk 12
verschiedene Drucke (zwischen 1472 und 1540) und 7 Handschriften (mit einer Ausnahme
Abschriften von Drucken). Der hier wiedergegebene Text, die Übersetzung einer Renaissan-
ce-Novelle, dient der Veranschaulichung von Eybs Lehre.
    Ausgabe: M. Herrmann, Deutsche Schriften des Albrecht von Eyb. 1. Bd.: Das Ehebüchlein.
Berlin 1890. Faks. Hrsg. v. E. Geck [...]. Wiesbaden 1966; Albrecht von Eyb, Ob einem manne
sey zunemen ein eelichs weyb oder nicht. Mit einer Einführung zum Neudruck von H. Wei-
nacht. Darmstadt 1982. – Übertragung: Albrecht von Eyb, Ehebüchlein [...]. Hrsg. v. K. Mül-
ler. Leipzig 1986. – Lit.: M. Herrmann, Albrecht von Eyb und die Frühzeit des deutschen
Humanismus. Berlin 1893; J. A. Hiller, Albrecht von Eyb. Medieval moralist. Diss. Washing-
ton D.C. 1939 (Neudr. 1970); H.-O. Burger, Renaissance – Humanismus – Reformation. Deut-
sche Literatur im europäischen Kontext. Bad Homburg/Berlin/Zürich 1969; R. Koebner, Die
Eheauffassung des ausgehenden deutschen Mittelalters. Diss. Breslau 1911. Teildruck in: Ar-
chiv für Kulturgeschichte 9 (1911/12), 136–198 und 279–318; M. Dallapiazza, minne, hûsêre
und das ehlich leben. Zur Konstitution bürgerlicher Lebensmuster in spätmittelalterlichen
und frühhumanistischen Didaktiken. Frankfurt/Bern 1981; Verfasserlexikon 1, 180–186. –
Vorlage: Druck: Nürnberg 1472 bei Anton Koberger; Faks. der Ausgabe Weinacht.

⟪ Das man frawen vnd iunckfrawen ʒu rechter ʒeit menner geben ſoll

Ejn hübſche hiſtori die Boccacius geſchriben hat gibt ʒuuerſtien das man frawen
vnd Junckfrawen ʒu rechter ʒeit menner geben ſoll Ec das ſie durch blödigkeit
des fleyſchs vnd leichtuertigkeit des gemütes ʒu valle vnd ſchandñ kumen mügen
dieſelbñ hiſtori will ich hiemit begreiffen vnd ſetʒen in kürtʒe ſo es geſein mag vnd   5
lawtet alſo Es iſt geweſt ein fürſte vnd herr genant Tancredus der hett ein einige
tochter Sigiſmunda genant die im auß der maßen lieb was vnd wiewol vil fürſten
vnd herren ſie begerten ʒu der ee mocht ſich der vater der tochter nit erwegen vnd
behielt ſie beÿ im über die rechten iar ⟨30ʳ⟩ das ſie pillich ein man genumen ſolt
haben Doch über lange ʒeit gab er der tochter einen man eines hertʒogen ſon der in   10
wenig iaren mit tod abging vnd kam Sigiſmunda wider ʒu irem vater ein wittbe der
wollt ſie nit võ im laßñ aus lieb vnd luſt der tochtʻ noch gedenckñ ir einen andern
man ʒugeben Die tochtʻ Sigiſmunda was võ leib vnd geſtalt gantʒ hübſch vnd größer
ſÿnnē vnd vernüfftig gedacht vnd nam ir für wie ſie in ſtille vnd geheim möcht habē

15 ein liebhaber vnd pulē auß manchñ edeln vnd vnedeln als an der fůrſten hŏfen
gefunden werden Als ſie het vermerckt ir aller weſen ſitten vnd geſtalt ward ir
wolgefallen ein hübſcher Jůngling der da was einer nẏdern geburt aber von guten
ſitten vnd eines edeln hohen gemůts des namen was Gwiſcardus denſelben iůngling
ward Sigiſmunda offt lieplich anſehen vnd in von tag ʒu tagē ẏe mere beweren vnd
20 lieb haben. deßgleichen der iůngling als er vername die lieb vnd willen der frawen
wart widerumb in der lieb der frawen entʒůndet vnd gedacht tag vnd nacht wie er ir
mŏcht wolgefallen vnd gedienen Sigiſmůda ward dem iůngling ein brieff ſchreibñ
vnd iren willen ʒu erkennen geben vnd vndterweiſen wie er ſich halten ſolt. denſel-
ben brieff beſchloß ſie in ein holes rore gab im das rore in ſchẏmpffweis vnd ſprach.
25 diſes rore ſoltu meiner meyd geben das ſie damit das feůr můg aufplaſen vnd er-
quicken Gwiſcardus der Jůngling name ʒu im das rore ging ʒu hawſe ŏffnet es vnd
ſande darinnen den brieff den laſe er vnd erlernet den willen der frawñ wie er ʒu ir
kumen ſolt durch ein hŏlen die do was heimlich vnd v'porgen vnd ging durch den
berg biß ʒu der kamern darinnen lage die fraw was oben mit dŏrnen verwachſen
30 vnd in der kamern mit thůre vnd rigeln vermacht Als ⟨30ᵛ⟩ nun der Jůngling durch
den brieff die gelegenheit der hŏle vnd des lochs erlernet het ging er beẏ nacht ʒu
dem loche nam mit im ein ſeẏle daran gemacht waren knoden het ſich mit leder
vmbgeben das in die dŏrnen nit beſchedigten vnd ließ ſich abe in das loch das ward
im von der frawñ des morgens als die meid aufgeſtandñ warñ vnd die frawe lenger
35 wolt ſchlaffen geŏffnet vnd kam alſo der iůngling in die kamern der ward mit
vmbgebenden armen der frawen gar lieplich enpfangen vnd lebten in großen freů-
den vnd wolluſt. ging darnach wider in das loch das beſchloß die fraw ſtund auff
vnd ging herfůr Als ſollichs von in beẏden ʒu merern male geůbet ward het Tan-
credus der vater in gewonheit das er ʒu ʒeitten ging allein in die kamern ʒu der
40 tochter mit ir redt vnd frŏlich was Als eins mals vmb mittentag der vater kam in die
kamern vnd die tochter mit den meidñ in garten gangen was durch wolluſt
ʒuſuchen vnd die venſter der kamern ʒugethan waren legt ſich der vater beẏ dem
pette auff ein pfůlben vnd enſchlieffe Do kam die tochter gegangen auß dem garten
die do Gwiſcardů auff die ſelbig ʒeit het kumen heißñ ŏffnet das loch vnd ließ in
45 hinein do legten ſie ſich beẏde an das pette waren frŏlich vnd ſpilten nach irer
gewonhit Der vater erwachet ſahe vnd empfande alle ding die ſie beẏde begunden
vnd theten ſchweẏg ſtille als ein weiſer man damit er ſollich übel mit rat vnd
vernufft mŏcht geſtraffen Nach vil freůden vnd wolluſt gieng Gwiſcardus in das
loch vnd beleẏb dorinnen biß in die nacht Sigiſmunda beſchloß das loch vnd ging
50 herfůr Tancredus ging auch in ſein kamern mit großen angſten vnd ſchmertʒen vnd
ließ behůten das loch Da ward Gwiſcardus gefanngen vnd alſo in dem leder damit
er was bedecket fůr Tancre⟨31ʳ⟩dum gefůrt Als in anſach Tancredus ſprach er ʒu im
Gwiſcarde ich hett nit getrawt durch mein gůttigkeit vnd lieb die ich dir erʒeigt hab
das du an mir vnd meiner tocht' ſo übel hetteſt gethan als ich mit meinen augen hab
55 geſehen. antwurt Gwiſcardus Herr der fůrſt der gewalt der lieb iſt grŏßer dann dein
oder mein gewalt mügen ſein Des morgens vmb mittentag ging der vat' ʒu der
tochter nach ſeiner gewonheit die het noch kein wißñ das Gwiſcardus gefanngen
was vnd mit weinenden augen ſprach er ʒu ir Sigiſmunda mein libe tocht' dein
erberkeit vnd tugendt hab ich alſo bekant das mir nie in mein gemůte kumē iſt das
60 du gedacht ſoltſt habñ damit dein keůſcheit ϑſert mŏcht ſein als du mit Gwiſcardo

60 ϑſert] s. Lexer s. v. *ûzern.*

haft gethan vnd ich mit mein augen hab gefehen darumb die kurtʒ ʒeit die ich nach
meinem alter ʒuleben han will ich in trawren vnd iamer v'ʒeren fo ich bedenck das
übel das du haft volbracht vnd wolt got fo es ẏe gefchehen ift du hetft dir für-
genumen ein edeln der dir wol geʒẏmet het als du dir haft außerwelt Gwifcardū der
von nẏdern fchlechten leüten geborē vnd vō vnns auß barmhertʒigkeit erʒogen ift   65
den hab ich dife nacht fahen laßñ vnd fürgenumē wie ichs mit im will hādeln Aber
wie ich mit dir foll leben bin ich noch vngewife vnd vnberaten die groß liebe die ich
ʒu dir als ein vater hab ermanet mich dir follich miffetat ʒu begebñ vnd das groß
übel das du haft begangen vnd mein ʒorn vnd vngenad reitʒen mich ftraff vnd pein
von dir ʒunemen vnd ee ich ettwas in difen dingen fürnẏme ʒuthun will ich dein   70
antwurt vernemen vnd hören Sigifmunda als fie vername das Gwifcardus gefann-
gen vnd ir beẏder lieb geöffnet was do ward ir hertʒ mit wee vnd fchmertʒen be-
laden vnd mocht fich kawm enthabē vor weinen vnd ⟨31ᵛ⟩ fchreẏē doch überwand
ir großmechtigkeit die weiplich fchwacheit vnd gab antwurt dem vater mit ftetem
angeficht vnd auffgehabner ftirn vnd gedacht mit Gwifcardo ʒufterben vnd wolt   75
weder gnad pitten noch den ʒorn des vaters fenfftigen funder mit ftarckem veften
mut als eine die do verfchmecht das leben fprach fie vnd redet alfo Tancrede lieber
vater ich mag nit gelawgen des du mich befchuldigft doch will ich mich mit guten
vrfachen verantwurten Jch bekenn das ich hab lieb gehabt Gwifcardum vnd will ine
die weill ich lebe das do kurtʒ fein wirdet liebhaben vnd wer müglich nach dem tode 80
lieb ʒuhaben ich wolt es thūn vnd hat mich nit allein weiplich begire ʒu feiner lieb
gereitʒt funder auch dein fchulde vnd verfaumnuß das du mir kein eelichen man
geben haft Du folt pillich gedacht haben als du vō fleifch geborn pift das du dein
tochter auch von fleifch vnd nit auß fteinen oder eyfen hetft geporen. follt auch
pillich bedacht haben wie wol du pift in dem alter wie groß vnd ftarck der gewalt   85
der natur ift in der iugent vnd was müffig gien vnd wolluft in mānen vnd frawē
thūn vnd fchaffen Jch bin ein fraw vō dir geborn iunck vnd voller begire hab vor
ein man gehabt vnd enpfundñ der wolluft follich anfechtigung haben mich tag vnd
nacht bewegt geprennet vnd überwunden. bin dabeẏ fleẏßig geweft das dir vnd mir
nit fchande vnd fchmehe darauß möchten erwachfen Vnd als du mir fürhelteft wie   90
Gwifcardus nit edel geboren feẏ ift nit fein fchulde fund' des glückes wir habñ alle
von eim menfchñ Adam ein vrfprung. allein die tugent hat vns vnderfchaidlich
gemacht vnd wirt der edel geheißen des tugenthafftige werck werdñ gefehen Nu
haftu mir gwifcardi lebñ fiten vnd tugenden über ander edelleüte deines hofs gefagt
⟨32ʳ⟩ vnd gelobet dadurch du in felbft für edel feiner tugenthalben haft gehalten   95
Vnd als du ʒületzten haft gefagt du feẏft in ʒweẏfel wie du es mit mir wölleft halten
ich pitt dich leg hin follichen ʒweẏfel piftu in willen Gwifcardū ʒupeinigen vnd
töten diefelben pein vnd tod will ich nit fürchten noch dich dafür pitten vnd fage
dir auch was du mit Gwifcardo begẏnnen wirft ob du daffelb nit mit mir volbringeft
fo müßen doch mein eigen hende an mir fchuldig werden mit difen worten fieng an   100
Tancredus der vater ʒubeinen vnd ging vō dannen Do fprach ʒu im Sigifmunda die
tochter Nu gee hin vnd vergeüß die ʒeher fam die frawē vnd mit einem fchlage töte
gwifcardum vnd mich fo wir das verdient haben vnd wirdig fein Tancredus enpfan-

---

74 *großmechtigkeit*] s. DWB.   **101** *ʒubeinen*] zu *weinen*.

de die großmütigkeit der tochter vnd gedacht nit das ſie thun wurde als die wortte
105 von ir gelawtet heten vnd was nit in willen die tocht' ʒuſtraffen ſund' allein
Gwiſcardum ʒutöten dadurch die lieb der tocht' gen Gwiſcardo wurd genumen vnd
hieß das man Gwiſcardum beẏ nacht mit einer hantʒwehelen ſolt erwürgen vnd
erſtecken aus im nemen das hertʒe vnd im ʒubringen Do ſollichs alſo geſchach
name Tancredus das hertʒe legt es auff ein guldein ſchalen vnd ließ es bringen der
110 tochter mit diſen wortten ʒuſprechen Dein vatter hat dir geſchickt diſe gabe die du
lieb gehabt haſt vnd will dich damit tröſten als du ʒu merern male dar durch getröſt
wordñ piſt Sigiſmũda die was in veſtem willñ als der vater võ ir gangen was ſich
ſelbs ʒutöten ſo Gwiſcardus wurd getötet vnd name der vergifftig kreütter vnd
wurtʒeln prennet vnd diſtillirt dieſelben domit ſie ir den tod thun möcht ſo
115 Gwiſcardus als ſie beſorget den tod genumen het. Als nun Sigiſmunda die ſchalen
mit dem hertʒen het empfangen die do was be⟨32ᵛ⟩deckt thet ſie die auff vnd fande
dorinnē ligen das hertʒe ſo bald ſie das anſahe gedacht ſie wie es wer das hertʒe
Gwiſcardi Do ſprach ſie ʒu dem diener der das gebracht het alſo Das hertʒe iſt wol
wirdig eines gulden grabes als du mir es in einer gulden ſchalen haſt gebracht vnd in
120 dem hat mein vater recht gethan. mit diſen wortten name ſie das hertʒe küßet es
vnd ſprach Mein vater hat mich allʒeitt lieb gehabt biß auff diſe letʒte ʒeitt meins
lebens dem ſoltu groß danck ſagen diſer gabe die er mir hat geſchickt vnd ſahe
damit an das hertʒe das ſie hielt in iren henden vnd ſprach O du aller frölichſte
herberg meiner begire vnd freüden. vnſelig müß der ſein der geſchafft hat das ich
125 dich mit augen ſoll ſehen es wer genug geweſen das ich dich mit meinē gemüte
geſehen het du haſt volbracht die ʒeit deins lebens die dir das glücke hat auffgeſatʒt
vnd haſt gehabt ein guldēs grab des du wol wirdig biſt geweſt vnd hat dir nichts
gemangelt dann meiner ʒeher das dir dieſelbē mügen wid'faren hat got meinē vat' in
ſẏn geben das er dich ʒu mir geſchickt hat dieſelben mein ʒeher will ich dir beʒalen
130 wiewol ich mir het fürgenumen mit drucken augen ʒu ſterben vnd will darnach
begẏnnen damit mein ſele mit deiner werde geſellet vnd begraben. wie möcht ich
ein frölichern vnd ſichern weggeſellen haben an dieſelben ende dann dich Jch laß
mich beduncken das dein gemüte vnd begire hie gegēwürtig ſein vnd ſein noch mit
meiner lieb vmbgebñ wartten mein vnd wollen nit an mich abſcheiden. mit diſen
135 wortten naẏget ſich nẏder Sigiſmunda auff die ſchalen darinnen das hertʒ lag on
alles ſchreẏen als den frawen gewonheit iſt vnd vergoße das waſſer irer augen ſam
auß einem fließendē prunnen vnd ward vnʒellich küßen das tod hertʒe gwiſcardi
vnd mit ⟨33ʳ⟩ armen vmbfahen das ſahen die maid die do gegenwertig waren weſten
nit was das bedeütet vnd auß erbarmung der frawen warden ſie betrübet vnd fingen
140 an ʒu weinen fragtē die vrſach des ſchnellen ſchmertʒen vnd bekümernüß vnd
wardē ſie tröſten ſouil ſie mochten Als nũ Sigiſmunda genug geweinet het hube ſie
auff ir geſichte drucknet die augen vnd ſprach O du aller liebſtes hertʒ mein ich hab
ob dir volbracht mein ampt des wainens vnd iſt nit anders vorhandñ dann das ich
dir nachuolge als mein geferten vnd beleẏter name damit das töttlich v'gifftig ge-
145 tranck vnerſchrockenlich vnd tranck das auß ging in die kamern legt ſich auff das
pette vnd ſetʒet die ſchalen mit dē totē hertʒe auff ir hertʒe vnd was warttē des todes

---

105 *nit in*] Dr. *ni int.* **107** *hantʒweheln*] s. Lexer s. v. *hant-twehele.*

die maide vnd frawen die gegenwerttig warn weſten nit was Sigiſmunda het getrun-
cken ſchickten allʒehant ʒu dem vatter vnd theten im kunt das trawrn vnd weſen
der tocht' do erſchrack der vater vnd beſorgt ob ir die tochter den tod het gethan
vnd kam ʒu ir in die kamern Do lag Sigiſmūda in todes nȯtten vnd mocht ir nẏe- 150
mandts gehelffen die beclaget der vat' mit großē weinē vnd ſchreẏen Alſo ſprach
Sigiſmūda ʒu im lieber vatter behalt dein weinen vnd clagen ʒu andern dingen die
on deinen willen vnd begeren geſchehen. diſe dinck haſtu gewȯlt vnd begeret du ſolt
nit wainen vō meinen wegen ich begere des nit vnd will es nit habñ doch haſtu ẏe
lieb ʒu mir gehabt pite ich dich vnd begere das du mir die letʒten lieb erʒaigeſt vnd 155
wȯlleſt meinen vnd Gwiſcardi leichnam ʒuſamen in ein grab legen vnd beſchließen
ſo du nit haſt gewȯllet das ich heimlich vnd v'porgen mit im hab mūgen leben das
ich doch tode offenlich beẏ im werde begraben. der vater aus großem ſchmertʒen
ſchwaig ſtille vnd mocht nit gereden. Si⟨33ᵛ⟩giſmunda als ſie enpfande das ende ires
lebens do drucket ſie das hertʒ Gwiſcardi an ir hertʒe vnd mit ʒuthunden augen 160
geſegnet ſie die leūte vnd verſchide vnd warden Gwiſcardus vnd Sigiſmunda in ein
grab gelegt als ſie het gebetten. Aus diſer hiſtorien iſt abʒunemen das ſich ſollicher
Jamerlicher ſchwerer vale nit het begeben ſo Tancredus ſeiner tochter Sigiſmunde
ʒu rechter ʒeit ein man geben het:·

6. Michel Beheim, Ain straff von der manhait *und* Ain ler der manhait

Michel Beheim (1416/21-1474/78), zunächst Weber, danach lohnabhängiger Berufsdichter
und Sänger in stets wechselnden Dienstverhältnissen an nord- und mitteleuropäischen Höfen,
schrieb 452 Lieder und 3 Reimchroniken. Er steht in der Tradition Heinrichs von Mügeln und
Muskatblüts und gilt insbesondere mit seiner Musik als einer der Wegbereiter des Meister-
sangs. Die hier wiedergegebenen beiden Texte gehören zur Gruppe seiner Lieder zu allge-
meinen Fragen der Moral und Ethik.
    Ausgabe: Die Gedichte des Michel Beheim. Nach der Heidelberger Hs. cpg 334 [. . .] hrsg. v.
H. Gille/I. Spriewald. 3 Bde. Berlin 1968-1977. [Nr. 397; 398]. – Lit.: H. Gille. Die historischen
und politischen Gedichte Michel Beheims. Berlin 1910; Ders., Die handschriftliche Überlie-
ferung der Gedichte Michel Beheims. In: Beiträge (H) 79 (1957), 234-301 und 491; U. Müller,
Beobachtungen und Überlegungen über den Zusammenhang von Stand, Werk, Publikum und
Überlieferung mittelhochdeutscher Dichter. Oswald von Wolkenstein und Michael Beheim –
ein Vergleich. In: Oswald von Wolkenstein. Beiträge der philologisch-musikwissenschaftlichen
Tagung in Neustift bei Brixen 1973. Hrsg. v. E. Kühebacher. Innsbruck 1974, 167-181; B.
Wachinger, Michel Beheim. Prosabuchquellen, Liedvortrag, Buchüberlieferung. In: Poesie
und Gebrauchsliteratur im deutschen Mittelalter [. . .]. Hrsg. v. V. Honemann [u. a.]. Tübingen
1979, 37-75; W. C. McDonald, Whose Bread I Eat. The Song-Poetry of Michel Beheim. Göp-
pingen 1981; Verfasserlexikon 1. 672-680; ADB 2. 280-281; NDB 2. 6-7. – Vorlage: Hs. C
(entstanden um 1474); Universitätsbibliothek Heidelberg; Sign.: cpg 334.

---

159 *Sigiſmunda*] Dr. *Sigiſmuna.*

ain ſtraff uõ d' manhait

Ach ſtarke manhait wie piſtu dich hie / ſo iemerlichen ſwichen / krafft macht
uñ ach dein ſterke dy / iſt dir gar uaſt entwichen / dein hercʒ iſt tat / ſcham
rat / muſtu dich laſſen ſchawen / ach mannes mut wie haſtu dich uerwent / an
5 allen deinen arten / unſtetikait hat dich geplent / mit we'ken uñ ach worten / piſtu
gekrenkt / u'wenkt / unſteter wann die frawen Manhait / iſt ſer ʒ'ſtrait / an eren
gar verſchnait / in der paſſhait ⟨392ᵛᵇ⟩ gar unuerʒait / wann ſchand und laſter würt
uon in gebrait / ſie halten nümmen ſtetikait / in frid od' gelait / ſie prechen pait /
treu ait / ir er iſt gar u'hawen

10 Weiſſhait vnd kunſt lait mannen nurñen jnn / wann ſy des nichten treiben / uon in
ſicht man uil mer unſynn / uñ torhait wann uõ weiben mit haffart ſÿ / nun hie / uil
upikait pegynnē / auch darff ſich kainer an den and'en lan wā ſy ainand' meiden /
ir ainer lacht den and'en an / uñ macht er im v'ſchneiden / leib gut und er / daʒ
wer / alles / noch ſeinen ſynnen Jn ʒorn / ſein ſy u'worn / ʒu gleicher weiſſ als
15 torn / die ſynn un wicʒ haben u'larn / das leiden gotes wurt uõ in verſwarn / mit
geitikait ſeī ſy u'warn / wann ſy de' uartail uarn / da uon nit karn / auff harn / wie
vil ſy gucʒ gewiñen

Mit fraſſhait ſie ach uberladen ſind / ſy ligen pei ⟨393ʳᵃ⟩ dem luder / und achten
weder weib nach kind / u'ʒert ir ainr ain fuder / Er fragt nit wie / ob ſy / das prot
20 dahaimen haben / Sy treiben ach unkeuſchikait da pei / mit ſwachen leichten fra-
wē / mit upikait uñ pube'ei / ſein ſie ſich gar ſer ve'hawen / ſie gen ſpancirn /
hauirn / recht als die iungen knaben / paſweg / ſtraſſen vnd ſteg / die ſein in gar
gelag / Sie uolgē des teufels geieg / pis daʒ er ſy furet an ſein geheg / nach frumikait
und rechter pfleg / haben ſy lücʒel freg / ſie ſein gar treg / da geg / manhait wil
25 uaſt v'tăbē

ain ler der manhait

Ach werde manhait lab ſei dir geſait / du fureſt hachen preiſe / wo du pehelteſt
wirdikait / nach ordenliche' weiſe / ſo mag dein wird / und ʒird / kain ʒung
nit auſſ gerichten wiltu pehalten ⟨393ʳᵇ⟩ manhait wird und er / nach rechter mannes
30 kreffte / ſo uolg du hie der meinen ler / und wart auff aller ſcheffte waʒ dir dein
ſynn pegynn / daʒ du d' er mit nichten / uer geſt / uñ die auſſ meſt / daʒ dir der
icht gebreſt / nun wart daʒ du mit ern peſteſt / und ſeiſt als uor die alten ſein
geweſt / daʒ wenkeliſche' mut nit reſt / in deines hercʒen neſt / pleib ſtet und ueſt /
das peſt / hab du in deinen pflichten

---

3 *tat*] Schreibwechsel *o/a*, auch ff.   4 *uerwent*] s. Lexer s. v. *verwenden*.   6 *u'wenkt*] s. Lexer
s. v. *verwenken*.   12 *meiden*] besser *neiden*.   23 *gelag*] s. Lexer s. v. *gelege*.   23 *geieg*] s.
Lexer s. v. *gejegede*.   25 *v'tăbē*] s. Lexer s. v. *verteben*.   30 *ſcheffte*] s. Lexer s. v. *schaft*.

Und deinē warten ſaltu geben krafft / daȝ du dein er icht krenkeſt / in deinen 35
ſachen pis warhafft vnd wart daȝ du nit wenkeſt / hüt dich nit leug / nachtreug /
alȝ uerr du es uer machte / halt treu und ait wie es darnach er gät / laſſ dir dein er
pehagen ab dir daȝ ȝeitlich gut ab ſtät / da'vmb darfftu nit klagen / wann dein
armut / wurt gut gots ⟨393ᵛᵃ⟩ prat kumpt ub' nachte Halt dich / temutiglich / in
hafart niemē ſwich / mach frid und ſun und über ſich / in neid und haſſ tu niemen 40
hinder ſtich / in deinem ȝorn du ach nit rich / kain paſ wart du nit ſprich / geduld
rat ich / merk mich / vnd hab gar eben achte /

Pis milt vnd tugenthafft mit deiner hab und tail die armen leiten / nym niement
nicht mit unrecht ab / hut dich ȝu allen ȝeiten / uor ſullerei / da pei / laſſ dich den
wein nit ȝwingen Jſt anders ſach das du deiñ mannes leib / und manhait nit wilt 45
ſchenden / unkeüſchikait vñ ualſche weib / die laſſ dich ach nit plendē / petoren
hie / wann ſie / manchē ȝu ſchanden pringen / Das klait / der upikait / du von dir
raiſſ und ſchnait / waȝ ſich ȝu guten dingē trait / da ſoltu alle ȝeit nun ſein perait /
⟨393ᵛᵇ⟩ und wa man gotes dienſt peiait / uon jm ſinget vnd ſait / uon der guthait /
nit ſchait / ſo mag dir wal gelingen /   50

7. Johannes von Tepl, Der Ackermann aus Böhmen

Johannes von Tepl (um 1350-1414/15) war bereits vor 1378 Notar der Stadt Saaz und Rektor
der dortigen Lateinschule, seit 1411 Stadtschreiber der Prager Neustadt. Sein in 16 teils frag-
mentarischen Handschriften und 17 Drucken vor allem im oberdeutschen Raum überliefertes
Streitgespräch des Ackermanns mit dem Tod gilt als herausragende Leistung der in der Tra-
dition der Hofkultur Karls IV. (1347-1378 König von Böhmen) entstandenen böhmischen
Kunstprosa. Unter der Voraussetzung, daß die »spiegelbildliche Symmetrie des Gesprächsver-
laufs« (Hahn 1984, 67) zwischen Tod und Ackermann in dem Sinne aussagehaltig ist, daß dem
Tod weiterhin die Macht zuerkannt wird, Leben abzuberufen, und dem Ackermann die An-
erkennung Gottes dafür zuteil wird, mit seiner Klage Wert und Würde des Menschen geprie-
sen zu haben, kann die Dichtung als belehrend verstanden werden. Sie ist dann verbindliche
Aussage des Dichters zum Verhältnis von Leben und Tod. Das hier ausgewählte Textstück
enthält mit der Antwort des Anklägers deutliche Anklänge an das Programm der Minnelyrik
des Hochmittelalters.
Ausgaben und Faksimiles: Seit 1917 neun selbständige kritische Ausgaben und mehrere
Faksimiles (zu beiden: Hahn 1984, 123-124); heute allgemein anerkannt: G. Jungbluth
(Hrsg.), Johannes von Saaz. Der Ackermann aus Böhmen. Bd. 1: Heidelberg 1969, Bd. 2: Kom-
mentar [...]. 1983. - Übersetzungen: Vgl. das Verzeichnis bei Hahn 1984, 123-124. - Lit.:
E. Schwarz (Hrsg.), Der Ackermann aus Böhmen des Johannes von Tepl und seine Zeit. Darm-
stadt 1968; A. Hrubý, Der ›Ackermann‹ und seine Vorlage. München 1971; R. Natt, Der ›ak-
kerman aus Böhmen‹ des Johannes von Tepl. Ein Beitrag zur Interpretation. Göppingen 1977;
R. R. Anderson/J. C. Thomas, Index verborum zum Ackermann aus Böhmen. [...]. 2 Bde.
Amsterdam 1973, 1974; G. Hahn, Der Ackermann aus Böhmen des Johannes von Tepl. Darm-
stadt 1984; Verfasserlexikon 4, 763-774. - Vorlage: Hs. H. (um 1465, am ehesten ostmittel-
deutsch); Bayerische Staatsbibliothek München; Sign.: Cgm 579.

---

35 *icht*] Hs. *icht icht.*   **39** *prat*] Hs. *prrat*; s. DWB s. v. *Brat.*   **47** *der upikait*] Hs. *der upikait*
de upikait.

Antwurt des todes das xxviij capitel

L Oben on ende schennden on ʒil was sie füruassen pflegen ettlich lewte Bey
loben vnd bey schenden sol fug vnd masse sein ob man ir eins bedürffe das man
des stat haben müge du lobest sunder massen eelichs leben yedoch so wellen wir dir
5 sagen von elichem leben vngerü't all rein frauen Als bald ein man ein weyb ge-
nymbt also bald wirt er selbander in vnser geuencknüß ʒu hant hat er einen hantslag
einen anhang einen hantsliten / ein joch / ein bürde / einen sweren last ein segtew-
fel / ein teglich rostfeylen der er mit recht nit enbern mag die weil wir mit jm nit
thuen vnser genad Ein beweibter man hat doner schaur fügs vnd slangen alle tag in
10 seinem hawß Ein weib stellet alletag darnach das sie man werde / ʒeuchet er auff so
ʒeuchet sie nider wil er so / So wil sie süst wil er dohin / So wil sie dorthin / Solichs
spils wirt er sat vn siglos alletag / Triegen / listen / smeicken / liebkosen / wider
jurren / lachen / weinen / ⟨51ʳᵇ⟩ spinnen / kan sie wol in einem augenplick ange-
boren ist es sie / Siech ʒu Arybeit gesunt ʒu wollust dorcʒu ʒam vnd wilde ist sie
15 wenn sie des bedorff / vmb werwortt ʒu vinden bedarff sie keins Ratmans Gebotene
ding nicht thuen verbotene ding fleisset sie sich vil des ist ir ʒu wenig des ist ir
ʒuuil / nw ist es ʒu fru dann ist es ʒu spot Also wirt es alles gestroft wirt dann ichts
von ir gelobt das müß mit schaden in einem drechsel stul gedreet werdn Dannoch
wirt das leben dick mit gespötte gemischet Ein man der in der ee lebet kan kein
20 mittel auff jm haben Jst er ʒu gütig / ist er ʒu scharff an in beyden wirt er mit
schaden gestroft Er sey nu halb gütig oder scharff Dannoch ist do kein mittel Sched-
lich oder strefflich wirt es hie Alltag new anmutüg oder keysen Alle wochen fremd
auff sacʒung oder mürmeln Alle monat newen vnlustigen vnslot oder grawen Alle
jar newes kleyden oder teglichs stroffen müß ein yeglicher bebeiter man haben er
25 gewinne es wo er well Der nacht gebrechen sey aller geswigen von alltters wegen
schamen wir vns Schonten wir nicht der biderwen frawen / von ⟨51ᵛᵃ⟩ den vnbi-
derwen könden wir vil mer singen vnd sagen wisse was du lobest du konnest nit golt
bei pley

⟨ Antwurt des anclagers das xxix capitel

30 F Rauen Schennter müssen geschant sein sprechen der weisheyt meist' wie
geschiht uch dann her tode / ewr vnuernünstig frawen schennden wie wol es mit
frawen vrlaub ist Doch so ist es uch werlich schentlich vnd den frawen schemlich Jn
mangen weysen meisters geschrifften vindet man das an frawen stëwre nyemant mag
mit selden gestewret werden wann weibes vnd kinder hab ist nit das mynst teyl der

---

1 Vgl. generell den Kommentar bei Jungbluth 2, 193–203.   6 *hantslag*] s. DRW; hier: ›Fessel,
Bürde‹.   8 *rostfevlen*] Roßfeile (rauhe Feile zum Glätten der Pferdehufe).   12 *smeicken*] zu
-ck- statt -ch- vgl. DWB s. v. *schleichen*.   12 *wider jurren*] vgl. Lexer s. v. *gurren*.
22 *anmutüg*] s. DWB; FWB.   23 *auff sacʒung*] s. Lexer s. v. *ûfsatzunge*.   24 *bebeiter*] vgl.
Z. 9: *beweibter*.   27 *konnest*] ›verbindest‹; vgl. DWB s. v. *kone*.

jrdyſchen ſelden mit ſolicher warheit hat den tröſtlichen Boecium hin gelegt phi- 35
loʒophia die weyſe maiſterinn Ein yeglich ebentewrlich vnd ſynnig man iſt mir des
gecʒeug das kein mannes ʒucht mag weſen ſie ſey dann mit frawen ʒucht gemeiſtert
Es ſag wer es wölle Ein ʒuchtigs ſchöns keüſch vnd an eren vnuerrücktes weib iſt
vor aller jrdiſcher augen weyde So menlichñ man geſahe ich nye der recht mütig
würde er würde dann mit frawen tröſt geſtewret wo der guten ſamnung iſt do ſihet 40
man es ⟨51ᵛᵇ⟩ alletag auff allen planen auff allen höfen Jn allen turneyen Jn allen
herferten thuen die frawen ye das peſte wer in frauen dinſt iſt der müß ſich aller
miſſetat ſchamen Recht ʒucht vnd ere lernen die werden frawen jn jrer ſchul
jrdiſcher frewden ſindt gewaltig die frawen die ſchaffen das yn ʒu eren geſchiht alle
hubſcheit vnd kürcʒweyl auff erden Einer reinen frawen finger droen ſtroffet vnd 45
ʒuchtig für alle woffen eynē frumen man an liebkoſen Mit kurcʒer rede aller werlt
auff enthaltung vechtung vnd merung ſind die werden frawen / yedoch bey gold
pley / bey weyß rot / bey allerley beyſleg / vnd bey weyb vnweyb müſſen weſen /
dannoch die guten ſöllen der böſen nit entgelten / das gelawb haubtman von kriege

8. Sebastian Brant. Das Narrenschiff

Das »vff die Vaſenaht« 1494 in Basel bei Bergmann von Olpe erſchienene *Narren Schyff* stellt
einen ersten Höhepunkt der Narrenliteratur dar. Sebastian Brant (1458-1521; Professor beider
Rechte in Basel, später Stadtschreiber und Kanzler in Straßburg) geißelt in 112 unverbunde-
nen Kapiteln mit Hilfe der Satire neben den Sünden seiner Zeitgenossen auch deren Torhei-
ten, und zwar »Zů nutz vnd heylſamer ler / vermanung vnd ervolgung der wyßheit / ver-
nunfft vnd gůter sytten« (vorred). Dabei tritt das unterhaltende Element stark hervor. Das
Werk hat eine außerordentlich breite Rezeption erfahren; Manger (66ff.) verzeichnet rund
120 deutsch- und fremdsprachige Ausgaben bis in die Gegenwart.
    Ausgaben: Faks. der Erstausgabe von 1494. Mit einem Nachwort von F. Schultz. Straßburg
1913; Das Narrenschiff. Hrsg. v. F. Zarncke. [Nachdr. der Ausgabe Leipzig 1854]. Darmstadt
1964; Sebastian Brant, Das Narrenschiff. Nach der Erstausgabe (Basel 1494) [...]. Hrsg. v.
M. Lemmer. 3. Aufl. Tübingen 1986; Sebastian Brants Narrenschiff, übertragen von H. A.
Junghans [...] neu hrsg. v. H.-J. Mähl. Stuttgart 1964. - Lit.: U. Gaier, Studien zu Sebastian
Brants ›Narrenschiff‹. Tübingen 1966; K. Manger, Das ›Narrenschiff‹. Entstehung, Wirkung
und Deutung. Darmstadt 1983; Verfasserlexikon 1, 992-1006; R. Kemper, Dan nyeman ist
dem nütz gebriſt. Zur Weisheitslehre im Narrenschiff. In: Fifteenth-Century Studies 7 (1983),
203-220; Ch. Bohnert, Sebastian Brants Narrenschiff. Satire und Wirklichkeit an der Schwelle
zur Neuzeit. In: Daphnis 14 (1985), 615-645; G. Schweppenhäuser, Narrenschelte und Pathos
der Vernunft. Zum Narrenmotiv bei Sebastian Brant und Erasmus von Rotterdam. In: Neo-
philologus 71 (1987), 559-574. - Zur Narrenliteratur: B. Könneker, Wesen und Wandlung der
Narrenidee im Zeitalter des Humanismus. Brant - Murner - Erasmus. Wiesbaden 1966;
D. Kartschoke, Narrendichtung. In: W. Frey u. a., Einführung in die deutsche Literatur des 12.
bis 16. Jahrhunderts. Bd. 3. Opladen 1981, 139-164; Reallexikon 2, 592-598. - Vorlage: Druck;
Basel 1494 bei Bergmann von Olpe; Exemplar der Bayerischen Staatsbibliothek München.

---

36 *ebentewrlich*] vgl. FWB s. v. *abenteuerlich* (1).   **39** *mütig*] vgl. Lexer s. v. *muot*.
45 *hubſcheit*] s. Lexer s. v. *hóveſcheit*.   **47** *auff enthaltung*] s. Lexer s. v. *ûfenthaltung*.
48 *beyſleg*] s. G. E. Lessing, Sämtl. Werke, hrsg. von K. Lachmann/F. Muncker 7, 362.

Den vordantʒ hat man mir gelan
Danñ jch on nutʒ vil bůcher han
Die jch nit lyß / vnd nyt verſtan

Worvmb wolt ich brechen myn ſynn
Vnd mit der ler mich bkümbren faſt   25
Wer vil ſtudiert / würt ein fantaſt
Jch mag doch ſunſt wol ſin eyn here
Vnd lonen eym der für mich ler
Ob ich ſchon hab eyn groben ſynn
Doch ſo ich by gelerten bin   30
So kan ich jta ſprechen jo
Des tütſchen orden bin ich fro
Danñ jch gar wenig kan latin
Jch weyß das vinũ heyſſet win
Gucklus ein gouch / ſtultus eyn dor   35
Vnd das ich heyß domne doctor
Die oren ſint verborgen mir
Man ſåh ſunſt bald eins mullers thier

Wer nit die rechte kunſt ſtudiert
Der ſelb jm wol die ſchellen růrt   40
Vnd wurt am narren ſeyl gefůrt

Von vnnutʒē buchern

5 Das jch ſytʒ vornan jn dem ſchyff
Das hat worlich eyn ſundren gryff
On vrſach iſt das nit gethan
Vff myn libry ich mych verlan ⟨a vᵛ⟩
Von bůchern hab ich groſſen hort
10 Verſtand doch drynn gar wenig wort
Vnd halt ſie dennacht jn den eren
Das ich jnn wil der fliegen weren
Wo man von künſten reden důt
Sprich ich / do heym hab jchs faſt gůt
15 Do mit loß ich benůgen mich
Das ich vil bůcher vor mir ſych /
Der künig Ptolomeus bſtelt
Das er all bůcher het der welt
Vnd hyelt das für eyn groſſen ſchatʒ
20 Doch hat er nit das recht geſatʒ
Noch kund dar vß berichten ſich
Jch hab vil bůcher ouch des glich
Vnd lyſ doch gantʒ wenig dar jnn

von vnnutʒē ſtudieren

Der ſtudentten ich ouch nit für
Sie hant die kappen vor ʒů ſtür

---

6 gryſſ] s. DWB s. v. Griſſ, 294ff.
(† 246 n. Chr.).

17 Ptolomeus] König Ptolemäus II. Philadelphus

45 Wann fie alleyn die ftreiffen an
Der ʒippfel mag wol naher gan ⟨e iiijʳ⟩
Dann fo fie foltten vaft ftudieren
So gont fie lieber bůbelieren
Die jugent acht all kunft gar kleyn
50 Sie lerent lieber yetʒ alleyn
Was vnnütʒ vnd nit frůchtbar ift
Das felb den meyftern ouch gebrüft
Das fie der rehten kunft nit achten
Vnnütʒ gefchwetʒ alleyn betrachten
55 Ob es well tag fyn / oder nacht
Ob hab eyn menfch / eyn efel gmacht
Ob Sortes oder Plato louff
Sollch ler ift yetʒ der fchůlen kouff /
Syndt das nit narren vnd gantʒ dumb
60 Die tag vnd nacht gant do mit vmb
Vnd krütʒigen fich vnd ander lüt

Keyn beffere kunft achten fie nüt
Dar vmb Origenes / von jñ
Spricht / das es fint die frőfch gefyn
Vnd die hundsmucken die do hant   65
Gedurechtet Egypten landt /
Do mit fo gat die jugent hyen
So fint wir ʒů Lyps / Erfordt / Wyen
Zů Heidelberg / Mentʒ / Bafel /
                                   gftanden 70
Kumen ʒů letſt doch heym mit
                                   fchanden
Das gelt das ift verʒeret do
Der truckery fint wir dann fro
Vnd das man lert vfftragen wyn   75
Dar vß wurt dann eyn henfelyn
So ift das gelt geleit wol an
Studenten kapp will fchellen han.

9. Matthäus Friederich, Wider den Saufteufel

Die Schrift *Wider den Sauffteuffel* [...] ist das erste Teufelbuch in Prosa und das Werk, mit dem die Teufelliteratur – eine insbesondere unter protestantischen Geistlichen in Anlehnung an Luthers Teufellehre beliebte Form der Belehrung – in größerem Maße einsetzt. Matthäus Friederich (gest. 1559; Oberpfarrer in Schönberg) richtet sich gegen den nach einer Auslegung des 101. Psalms durch Luther besonderen Teufel der Deutschen: »Also hat Deutschland vor andern Lendern sonderlich je vnd je den Sauffteuffel gehabt.« (Aijʳ). Der 1552 in Leipzig bei Georg Hantzsch erschienenen Ausgabe folgen bis 1567 weitere 11; 1569 nimmt Sigmund Feyerabend das Werk in sein berühmtes *Theatrum Diabolorum* auf.
    Ausgabe: R. Stambaugh, Teufelbücher in Auswahl. Bd. 5. Berlin/New York 1980. – Lit.: Reallexikon 4, 367–403; B. Ohse, Die Teufelliteratur zwischen Brant und Luther. Diss. Berlin 1961; M. Osborn, Die Teufelliteratur des XVI. Jahrhunderts. Berlin 1893 [Nachdr. Hildesheim 1965]; K. L. Roos, The Devil in 16th Century German Literature: The Teufelbücher. Frankfurt/Bern 1972; H. Walz, Deutsche Literatur der Reformationszeit. Eine Einführung. Darmstadt 1988, 152–160. – Vorlage: Druck; Leipzig 1552 bei Georg Hantzsch; Exemplar der Universitätsbibliothek Göttingen.

Etliche wichtige vrfachen /

Warumb alle Menfchen fich vorm Sauffen hůten follen.

Die Erfte vrfache.

Die erfte vrfache ift / das das Sauffen von Gott in feim Wort verboten ift.
    Sauffen aber heifft (wie es alle vernůnfftige Menfchen verftehen) wenn man 5 mehr in Leib geufft / denn die notturfft foddert / Es gefchehe nun / auff wafferley

---

48 *bůbelieren*] s. DWB s. v. bubelieren.   **57** *Sortes*] Sokrates.   **65** *hundsmucken*] s. DWB s. v. *Hundsmücke*.   **66** *Gedurechtet*] s. Lexer s. v. *durch-æhten*.   **68** *Lyps*] Leipzig.

weiſe / oder vmb waſſerley vrſachen willen es geſchehe / man thue es gleich aus
eignem vornemen / aus gewonheit / oder jemand ʒugefallen / ſo heiſſts doch alles
geſoffen. Gleich wie Freſſen / heiſſt / wenn man mehr ſpeiſe in Leib ſtecket / denn
10 die notturfft foddert. Denn eſſen vnd trincken iſt vns von Gott darumb gegeben /
das wir den Hunger vnnd Durſt damit vertreiben / vnd den Leib damit erhalten
ſollen / Was nun darüber geſchicht / das heiſſt alles gefreſſen vnnd geſoffen / vnnd
iſt ein miſsbrauch der Creaturn Gottes / da hilfft keine entſchüldigung fur.

Das es aber von Gott in ſeim Wort verboten ſev / iſt offenbar / Denn Epheſ. 5.
15 ſaget Gott der ⟨Aiiijᵛ⟩ heilige Geiſt / durch S. Paulum / auffs deutlichſt alſo / No-
lite inebriari uino, Sauffet euch nicht vol Weins / daraus ein vnordig weſen folget.

Jn ſprüchen Salomonis 23. Cap. Sey nicht vnter den Seuffern vnd Schlemmern.

Luc. 21. ſpricht Chriſtus auch / Hütet euch / das ewer hertʒen nicht beſchweret
werden mit Freſſen vnd Sauffen.
20   Das ſind ja deutliche befelh Gottes / darinnen er allen Menſchen das Sauffen
verbeut.

Nu ſolt es ja billich ſein / dʒ wir alle Gott hier innen gehorſam leiſten / weil es
ſein wille vnd gebot iſt / das wir vns furm Sauffen hüten ſollen / Vnd wenn wir
gleich kein ander vrſache hetten / vns dafür ʒu hüten / ſo ſolt vns doch billich diſs
25 allein vrſach gnug ſein / das es Gott verbotē hat.

Denn dencke jm doch nach. Wer iſt Gott? Vnd wer ſind wir? Jſt er nicht der
Schöpffer aller Creaturn / der HErr Himels vnd der Erden / vor dem ſich alles
bücken vnnd biegen muſs / vor welchem auch die Teuffel aus der Hellen ʒittern /
vnnd ſich fürchten / Der weit weit vber alles iſt / vnd alles in ſeiner hand hat?
30   Wer ſind wir aber? Sind wir nicht ſeine armen Elenden Creaturn von jm geſchaf-
fen / bisher von jm erneret vnd erhalten / von jm durch ſeinen einigen Son er-
löſet / vnd thewr erkaufft / die wir on jn nicht ein Augenblick odem holen vnnd
leben können?

⟨Bjʳ⟩ Solte es nun nicht billich ſein / jm als vnſerm Schöpffer / Erlöſer / HErrn
35 vnd Vatern gehorſam ʒu ſein / da er gebeut vnnd ſpricht / Sauffet euch nicht voll?
Das mus je alle vernunfft bekennen vnd ſagen / das es billich ſey.

Wir armen / Elenden / ſterblichen Madſecke / die wir gegen Gott nicht wol
einer fliegen / oder Eymſen ʒuuergleichen ſein / Wollē das alles was wir ſagen /
von jederman geehrt / angenomen / gegleubet / gefürcht vnd gehalten werden ſol /
40 Wir wollen ſchlecht / das alles was wir vnſern vnterthanen / geſinden vnnd kin-
dern ſagen / das ſol ſtracks / on alle einrede (wie denn billich) gehalten werden /
Wo nicht / ſo ſtehet kein ſtecken recht / wir können auch Gottes wort / wie es denn
auch billich) daʒu einfüren.

Solte nun nicht viel billicher / Gottes gebot / von vns armen Menſchen ange-
45 nomē / geehrt / gefürcht / vnd gehalten werden? Solten wir armen Menſchen nicht
billich / wenn wir höreten / was Gott vnſer aller HERR von vns haben wolte /
vnſer hütlin abthun / vnd bald drauff ſagen / oder gedencken / Ja lieber HErr / das
wil ich gern thū / hilff mir nur durch deinen heiligen Geiſt daʒu / Jch thue es
billich / deñ du biſt mein Schöpffer / Jch bin dein arme Creatur / Du biſt mein

---

38 *Eymſen*] s. K. Müller-Fraureuth, Wörterbuch der oberſächsischen und erzgebirgischen
Mundarten, Dresden 1911–1914 [Neudr. Leipzig 1968], s. v. *Ameise*.

HErr / Jch dein vnwirdiger diener / Du bift mein Vater / Jch dein armes Kind / bis 50
mir allein gnedig / vmb deins lieben Sons Jhefu Chrifti willen / Amen.

⟨Bjᵛ⟩ Ach / wie wollē doch nur immermehr die Oberherrn / Eltern / Hausherrn
vnd hausfrawen / am Jüngften gerichte beftehen? Das fie (wie billich) von jren
vnterthanen / Kindern vnnd gefinden den gehorfam ftracks gefoddert haben /
vnnd find daneben felbs Gott jrem HErrn fo vngehorfam gewefen / haben fein 55
gebot nicht geachtet / vn mit füffen getretten / Gleich als wer Gott ein halber
Narr / des gebot nicht zu hoch zu achten fey / als jres. Wie wollen fie doch im-
mermehr beftehen?

Derhalben wil ich jederman hiemit auffs treulichft gewarnet vnnd gebeten ha-
ben / Weil Gott das Sauffen verboten hat / das ers Gott zu ehren vnd zu gefallen 60
vnterlaffen wölle.

Die Ander vrfache.

Die Ander vrfache / darumb alle Menfchen das Sauffen meiden follen / ift / das
Gott drewet die Seuffer hie zeitlich vnnd dort ewiglich zu ftraffen.

Denn im Jefaia am 5. Cap. drewet Gott alfo / vnd fpricht / Wehe denen / die des 65
morgens früe auff find / des Sauffens fich zu vleifsigē / vn fitzen bis in die nacht /
das fie der Wein erhitzigt / vnnd haben harpffen / pfalter / paucken / pfeiffen /
vnnd Wein in jrem wolleben / etc.

Folget von der ftraffe.

Darumb fpricht er / wird mein Volck müffen weggefůrt werden vnuerfehens / 70
vnd werden fei⟨Bijʳ⟩ne herrlichen hunger leiden / vnd fein pöbel durft leiden. Das
ift / Gott wil Seufferey / mit krieg / hunger vn durft ftraffen. Solchs mercke wol.
Das fol die zeitliche ftraffe fein /Folget nun auch die ewige. Deñ fo fpricht er
weiter / Daher hat die helle die Seele weit auffgefperret / vn den rachen auff ge-
than / on alle maffe / das hinunter faren / beide jre herrlichen vñ pöbel / beide jre 75
reichen vnd frölichen. Das ift / Gott wil Seufferey mit der hellen vnd ewigem feur
ftraffen. Das mercke auch / vnnd vergifs es nicht.

Jn diefem fünfften Cap. fpricht er hernacher abermals / Wehe denen / fo Helden
find Wein zu fauffen / vnnd Krieger in füllerey. Diefer Spruch reimet fich fehr wol
auff vnfer zeit / da ein jeglicher feine Manheit mit Sauffē beweifen / Ritter wer- 80
den / vnnd das feld behalten wil / da ein jeglicher für dem andern im fauffen
gelobet werden wil.

Wie gefelt aber folches vnferm HErrn Gotte? Es gefelt jm alfo / das er alhie
wehe vnnd ach vber folche fchreiet. Du muft aber wiffen / wo Gott wehe vber die
fünden fpricht / das er nicht nur ein zeitliches wehe / da einem hie zeitlich etwas 85
wehe thū folle / meinet / fondern beides / das zeitliche vnd ewige wehe / das ewi-
ge / vnbegreiffliche / vnausforfchliche hertzleid. Solchs drewet Gott alhie den Seuf-
fern / ein folchs Benedicite gehört vber folch fauffen / vnd kein anders / da behüt
vns Gott fůr / Amen.

⟨Bijᵛ⟩ Jnn der erften Epiftel zun Corinthern am 6. Cap. faget Gott durch S. Pau- 90
lum / Lafft euch nicht verfüren / weder die Hurer / noch die Abgöttifchen / noch
die Ehebrecher / noch die Weichlingen / noch die Knabenfchender / noch die Die-
be / noch die Geitzigen / noch die Trunckenbold / noch die Lefterer / noch die

Reuber / werden das Reich Gottes ererben. Das ist je deudtlich geredt / das kein
95 Trunckenbold / das Reich Gottes ererben / das ist / ins Himelreich / ins ewige
leben / komen werde.

Zun Galat. am 5. Cap. Offenbar sind die werck des fleisches / als da sind /
Ehebruch / Hurerey / etc. Sauffen / Fressen / vnd dergleichen / Von welchen ich
euch hab zuuor gesagt / vnnd sage noch zuuor / das die solches thun / werden das
100 Reich Gottes nicht erben.

Also sihestu nun / wie Gott das Sauffen nicht allein verbeut / sondern auch
darneben drewet / solchs hie zeitlich vnd dort ewiglich zu straffen.

Hierzu nim nun auch die drewwort im andern Buch Mosi / am 20. Da Gott daher
donnert vnd spricht / Jch der HErr dein Gott / bin ein eiueriger Gott / der vber
105 die / so mich hassen / die sünde der Väter heimsücht an den Kindern / bis ins dritte
vnnd vierde glied. Sihe da / Alhie drewet Gott das Sauffen vnnd ander sünde /
nicht allein an dir / sondern auch an deinen Kindern vnd Kindskindern / bis ins
dritte vnd vierde glied zu ⟨Biiᵛ⟩ straffen. Wiltu nun dich deiner selbs nicht erbar-
men / so las dich doch deine arme Kinder vnnd Kindskinder erbarmen / vñ las das
110 Sauffen vnterwegen / Wo nicht / so versihe dich künlich des / was dir von Gott
gedrewet wird / Deñ Gott wird deinet halben nicht zum Lügner werden.

Also folget nun / das alle Menschen bey vermeidung zeitlicher vnd ewiger straf-
fe / bey verlust leibs vnnd seel / bey verlust ewiger seligkeit / sich vorm Sauffen zu
hüten schüldig sein.

115   Die Dritte vrsache.

Die dritte vrsache ist / das wir keine stunde noch augenblick vorm Tod sicher
sein.

Denn das ist ja gewis / das vnser keiner gewis ist / wenn / wie vnnd wo er sterben
sol. Vnser keiner weis / ob er heute oder morgen / diese stunde / oder diesen au-
120 gēblick vom tode vberfallen möcht werden. Vnser keiner kan mit warheit sagen /
Jch weis es vor war / das ich heute oder diese stunde vberleben werde. Der Tod
schleicht vns allezeit / vñ an allē enden auff der ferschen nach / Wie auch das
gemeine sprichwort lautet / Es ist nichts gewissers / denn der Tod / Aber nichts
vngewissers / denn die stunde des todes. Darumb warnet vns auch Christus vnser
125 lieber HErr / vnnd spricht / Seid wacker allezeit / vnd betet / deñ jr wisset weder
tag noch stunde / etc.

Wenn du nun truncken werest / vnnd würdest ⟨Biijᵛ⟩ vom Tode vberraffelt /
kanstu wol gedencken / wie dirs gehen / vnd wo du hinfaren würdest. Denn du hast
gehört / das kein Trunckenbold (wie S. Paulus saget) werde ins Himelreich komen.
130 Wo werden sie denn hinkomen? Nirgendt hin / denn ins ewige hellische fewr. Jn
solches bad / gehörn solche few. Dem Teufel haben sie gedienet / vnnd jm zuge-
fallen sich volgesoffen / der wird auch jnen endlich lohnen.

Du möchst aber vielleicht gedencken / du woltest Gott in der vollen weise vmb
vergebung bitten / vnnd hoffen / er werde dir gnedig sein. Antwort? Ja / wenn du
135 nur auch als denn von hertzen köntest beten / vnd hoffen. Wie aber wenn du dich
nicht besinnen köntest? Oder / wenn du dich gleich besünnest / wie wenns nicht
von hertzen / mit ernster andacht gehen könte? Wie wenn dir der Teuffel wi-

derstehen wûrde (wie ers on ʒweiffel thun / vnd fein beftes erfehen wûrde) vñ dir deine fûnde vorhielte / dich alfo engftete / das du dich gegen jm mit Gottes Wort vnd gebete weren folteft? wo wolteftu als denn bleiben? was wolteftu machen? Ein 140 nûchtern Menfch hat alda gnug ʒu fchaffen / der bey guter vernunfft ift / Gefchweig denn ein Trunckener.

Ja hôre / wie wenn du plôtʒlich vmbkemeft / vnd Gott / des wort vñ gebot du verachtet haft / dem Teufel dem du gedienet / vber dich verhinge / das er dich im fchlaff erwûrgete / dich erfti⟨Biiijʳ⟩ckte / oder dir den hals breche / wie newlich 145 den fûnffen in der Schlefing / Oder fchûrte ʒu / das du in trunckner weife plôtʒlich erftochen / oder erhawen wûrdeft / oder dich etwa ʒu tod fieleft / wie folche felle fich offte ʒutragen / vnd erfaren werden.

Darumb warnet vns Sanct Peter nicht vmb fonft / in der erftē Epiftel am 5. Cap. da er fpricht / Seid nûchtern vnd wachet / denn ewer Widerfacher der Teufel gehet 150 vmbher / wie ein brôllender Lewe / vnd fucht / welchen er verfchlinge.

So folget nun hieraus auch / dʒ fich alle Menfchen billich folcher groffen fahr halben / jnē felbs ʒum beften / vorm Sauffen hûten follen / weil wir keine ftunde noch augēblick vorm Tode ficher fein / vnd wol bedûrffen / das wir immertʒu nûchtern erfunden werden. Vnnd folte ein jeglicher Menfch alleʒeit fein rechnung 155 alfo machen / vnd gedenckē / Wie wenn du heute diefen tag / oder heinte diefe nacht / oder diefe ftunde fterben folteft / Wûrdeftu auch alfo vnnd alfo thun? Wûrdeftu auch dich vol fauffen / vnnd fo freuentlich wider Gott handeln?

10. Historia von D. Johann Fausten

Das Volksbuch von Dr. Faust, zwischen 1587 und 1599 in 22 selbständigen Auflagen erschienen, 1588 ins Englische, 1592 ins Niederländische und 1598 ins Französische übersetzt, verbindet die Tradition der Literatur der Artes magicae mit der nachreformatorischen Teufelliteratur sowie den Anekdoten um die etwa 1480 in Knittlingen (bei Maulbronn) geborene, 1540/41 in Staufen gestorbene historische Persönlichkeit Johann oder Georg Faust zu einer Abschreckungslegende mit folgender Lehre: Auf das Übernatürliche gerichteter Erkenntnisdrang (*speculieren*) und seine Begleiterscheinungen wie hemmungslose Machtgier und sinnlicher Genuß entspringen nicht ausschließlich »deß Teuffels Neid / Betrug vnnd Grausamkeit gegen dem menschlichen Geschlecht«, sondern auch der »Sicherheit / Vermessenheit vnd [dem] fürwitz« (S. III) des Menschen; das führt zum Bündnis mit dem Teufel, zur Abkehr von Gott und zum Verderben des Menschen. Es stellt sich die Frage, ob sich diese Lehrintention des unbekannten, wahrscheinlich streng lutherischen Autors nicht dadurch in ihr Gegenteil verkehrt, daß der Leser durch die Möglichkeiten der Zauberei fasziniert wird und die Darstellung als unterhaltend rezipiert.

Ausgaben: Historia von D. Johann Fausten. Hrsg. und eingel. v. H. Henning. Halle 1963; Historia von D. Johann Fausten [. . .]. Hrsg. v. R. Benz. Stuttgart 1972. – Lit.: A. Tille, Die Faustsplitter in der Literatur des sechzehnten bis achtzehnten Jahrhunderts nach den ältesten Quellen. Berlin 1900; H. Henning, Faust in fünf Jahrhunderten. Ein Überblick zur Geschichte des Faust-Stoffes vom 16. Jahrhundert bis zur Gegenwart. Halle 1963; Ders., Faust-Bibliographie. Teil I: Das Faust-Thema vom 16. Jahrhundert bis 1790. Berlin/Weimar 1966; Ders., Das

---

156 *heinte*] s. DWB s. v. *heint*; Lexer s. v. *hînaht*.

Faust-Buch von 1587. Seine Entstehung, seine Quellen, seine Wirkung. In: Weimarer Beiträge 6 (1960), 26–57; E. Midell (Hrsg.), Faust. Eine Anthologie. 2 Bde. Frankfurt 1975; B. Könneker, Faust-Konzeption und Teufelspakt im Volksbuch von 1587. In: Festschrift für G. Weber. Hrsg. v. H. O. Burger/K. von See. Bad Homburg/Berlin/Zürich 1967, 159–213; H. Opitz, Die Historia von D. Johann Fausten von 1587. In: W. Frey u. a., Einführung in die deutsche Literatur des 12. bis 16. Jahrhunderts. Bd. 3. Opladen 1981, 236–258. – Vorlage: *Historia Von D. Johañ Fausten / dem weitbeschreyten Zauberer vnd Schwartzkůnstler* [...] */ allen hochtragenden / fůrwitzigen vnnd Gottlosen Menschen zum schrecklichen Beyspiel / abschewlichem Exempel / vnnd trewhertziger Warnung* [...]. *Gedruckt zu Franckfurt am Mayn / durch Johann Spies. M.D.LXXXVII*: Exemplar der Stadtbibliothek Ulm.

Die andere Diſputation Fauſti mit dem Geiſt /

ſo Mephoſtophiles. genennet wirdt.

ABendts oder vm̄ Veſperʒeit / ʒwiſchen drey vñ vier Vhren / erſchien der fliegende Geiſt dem Fauſto wider / der erbote ſich jhm in allem vnterthånig vnd
5 gehorſam ʒu ſein / dieweil jhm von ſeinem Oberſten Gewalt gegeben war / vnnd
ſagt ʒu D. Fauſto: Die antwort bring ich dir / vnnd antwort muſtu mir geben. Doch
will ich ʒuuor hören / was dein beger ſey / dieweil du mir aufferleget haſt / auff
dieſe ʒeit ʒu erſcheinen. Dem gab D. Fauſtus antwort / jedoch ʒweiffelhafftig vnd
ſeiner Seelen ſchådlich / denn ſein Datum ſtunde anders nit / dann das er kein
10 Menſch möchte ſein / ſondern ein Leibhafftiger Teuffel / oder ein Glied darvon /
vnd begert vom Geiſt wie folgt:
    ⟨16⟩ Erſtlich / daß er auch ein Geſchickligkeit / Form vnnd Geſtalt eines Geiſtes
möchte an ſich haben vnd bekommen.
    Zum andern / daß der Geiſt alles das thun ſolte / was er begert / vnnd von jhm
15 haben wolt.
    Zum dritten / daß er jm gefliſſen / vnderthånig vnd gehorſam ſein wolte / als
ein Diener.
    Zum vierdten / daß er ſich alle ʒeit / ſo offt er jn forderte vnd beruffte / in
ſeinem Hauß ſolte finden laſſen.
20   Zum fünfften / daß er in ſeinem Hauſe wölle vnſichtbar regiern / vnd ſich
ſonſten von niemandt / als von jm ſehen laſſen / es were denn ſein will vnnd
geheiß.
    Vnd letʒlich / daß er jhm / ſo offt er jhn forderte / vnnd in der geſtalt / wie er
jhm aufferlegen wůrde / erſcheinen ſolt.
25   Auff dieſe ſechs Puncten antwort der Geiſt dem Fauſto / daß er jhm in allem
wolt willfahren vñ gehorſamen / ſo ferrn daß er jm dagegen auch etlich fürgehaltene Artickel wölle leiſten / vñ wo er ſolches ⟨17⟩ thue / ſoll es weiter kein noht
haben / vnd ſeind diß darunter deß Geiſtes etliche Artickel geweſen:
    Erſtlich / daß er / Fauſtus / verſpreche vnd ſchwere / daß er ſein / deß Geiſtes /
30 eigen ſein wolte.
    Zum andern / daß er ſolches ʒu mehrer bekrefftigung / mit ſeinem eigē Blut
wölle beʒeugen / vnnd ſich darmit alſo gegen jhm verſchreiben.

---

12 M.: *D. Fauſti begeren an den Geiſt.*   **29** M.: *Deß Teuffels begeren an D. Fauſtum.*

Zum dritten / daß er allen Chriſtgleubigen Menſchen wólle feind ſein.

Zum vierdten / daß er den Chriſtlichen Glauben wólle verleugnen.

Zum fünfften / daß er ſich nicht wólle verführen laſſen / ſo jhne etliche wóllen 35
bekehren.

Hingegen wólle der Geiſt jme / Fauſto / etliche Jahr zum ziel ſetzen / wañ ſolche verloffen / ſoll er von jme geholt werden / vnd ſo er ſolche Puncten halten
würde / ſoll er alles das haben / was ſein Hertz gelüſte vnd begerte / vnnd ſoll er als
baldt ſpüren / daß er eines Geiſtes geſtallt vnd ⟨18⟩ weiſe haben würde. D. Fauſtus 40
war in ſeinem Stoltz vnnd Hochmut ſo verwegen / ob er ſich gleich ein weil beſunne / daß er doch ſeiner Seelen ſeligkeit nicht bedencken wolte / ſondern dem böſen
Geiſt ſolches darſchluge / vnnd alle Artickel zuhalten verhieſſe. Er meynet der
Teuffel wer nit ſo ſchwartz / als man jhn mahlet / noch die Hell ſo heiß / wie
mann davon ſagte / etc.   45

Das tritte *colloquium* D. Fauſti

mit dem Geiſt von ſeiner Promiſsion.

N̄Ach dem D. Fauſtus diſe Promiſſion gethan / forderte er deß andern tags zu
Morgen früe den Geiſt / dem aufferlegte er / daß / ſo offt er jhn forderte / er
jm in geſtalt vnnd Kleidung eines Franciſcaner Münchs / mit einem Glöcklin 50
erſcheinen ſolte / vnd zuvor etliche Zeichen ge⟨19⟩ben / damit er am Geläut könnte wiſſen / wenn er daher komme. Fragte den Geiſt darauff / wie ſein Name / vnnd
wie er genennet werde? Antwortet der Geiſt / er hieß *Mephoſtophiles*. Eben in
dieſer Stundt ſellt dieſer Gottloß Mann von ſeinem Gott vnd Schöpffer ab / der jhn
erſchaffen hatt / ja er wirdt ein glied deß leydigen Teuffels / vnnd iſt dieſer abfall 55
nichts anders / dann ſein ſtoltzer Hochmuht / Verzweifflung / Verwegung / vñ
Vermeſſenheit / wie den Rieſen war / davon die Poeten dichten / daß ſie die Berg
zuſammen tragen vñ wider Gott kriegen wolten / ja wie dem böſen Engel / der ſich
wider Gott ſetzte / darumb er von wegen ſeiner Hoffahrt vñ Vbermuht von Gott
verſtoſſen wurde. Alſo wer hoch ſteygen wil / der fellet auch hoch herab.   60

Nach dieſem richtet D. Fauſtus / auß groſſer ſeiner Verwegung vñ Vermeſſenheit / dē böſen Geiſt ſein Jnſtrument / Recognition / brieffliche vrkund vnd be
⟨20⟩kanntnuß auff / dieſes war ein grewlich vnnd erſchrecklich werck / vnnd iſt
ſolche Obligation / nach ſeinem elenden Abſchied / in ſeiner Behauſung gefundē
worden. Solches will ich zur warnung vnnd exempel aller froēen Chriſten mel 65
den / damit ſie dem Teuffel nicht ſtatt geben / vnd ſich an Leib vnnd Seel mögen
verkürtzen / wie dann D. Fauſtus baldt hernach ſeinen armen Famulum vñ Diener auch mit dieſem Teuffeliſchen werck verführt hat. Als dieſe beyde Partheyen
ſich miteinander verbunden / name D. Fauſtus ein ſpitzig Meſſer / ſticht jhme ein
Ader in der lincken Hand auff / vnnd ſagt man warhafftig / daß inn ſolcher Hand 70
ein gegrabne vnd blutige Schrifft geſehen worden / *O Homo fuge*: das iſt: O
Menſch fleuhe vor jme vnd thue recht / etc. ⟨21⟩

---

63 M.: *D. Fauſt verſchreibt ſich gegen dē Teufel.*

D. Fauſtus lắßt jhm das Blut herauß in einen Tiegel /

ſetʒt es auff warme Kolen / vnd ſchreibt / wie hernach folgt.

75 JCh Johañes Fauſtus D. bekenne mit meiner eigen Handt offentlich / ʒu einer
beſtetigung / vñ in krafft diß Brieffs: Nach dem ich mir fürgenommen die *Ele-
menta* ʒu ſpeculieren / vnd aber auß den Gaabẽ / ſo mir von oben herab beſche-
ret / vnd gnedig mitgetheilt worden / ſolche Geſchickligkeit in meinem Kopff nicht
befinde / vnd ſolches von den Menſchen nicht erlehrnen mag / ſo hab ich gegen-
80 wertigen geſandtem Geiſt / der ſich *Mephoſtophiles* neñet / ein diener deß Hel-
liſchen Printʒen in Orient / mich vntergeben / auch denſelbigen / mich ſolches
ʒuberichten vñ ʒu lehren / mir erwehlet / der ſich auch gegen mir verſprochen / in
allem vnderthe⟨22⟩nig vñnd gehorſam ʒuſeyn. Dagegen aber ich mich hinwider
gegen jhme verſpriche vñnd verlobe / daß ſo 24. Jahr / von Dato diß Brieffs an /
85 herumb vnd fůrvber gelauffen / er mit mir nach ſeiner art vñnd weiß / ſeines
gefallens / ʒuſchalten / walten / regieren / fůhren / gut macht haben ſolle / mit
allen / es ſey Leib / Seel / Fleiſch / Blut vnd gut / vñnd das in ſein ewigkeit. Hier-
auff abſage ich allen denẽ / ſo da leben / allem Himliſchen Heer / vnd allen
Menſchen / vñnd das muß ſeyn. Zu feſtem vrkundt vñ mehrer bekråfftigung / hab
90 ich diſen Receß eigner hand geſchrieben / vnderſchrieben / vñ mit meinem hiefůr
getrucktẽ eygen Blut / meines ſinns / kopffs / gedancken vñ willen / verknůpfft /
verſiegelt / vnd beʒeuget / etc.

Subſcriptio,

Johann Fauſtus / der Erfahrne dᵉ Elementen / vñ der Geiſtlichen Doctor. ⟨23⟩

Wider D. Fauſti Verſtockung /

95

iſt dieſer Verß vnnd Reymen wol ʒuſagen.

DEr ſein luſtt ſetʒ auff ſtoltʒ vnd Vbermut /
Vnnd darinnen ſucht ſein freuwd vnd muht /
Vnd alles dem Teuffel nach thut /
100 Der macht vber jhne ein eygen Ruht /
Vnd kompt endtlich vm̃ ſeel / leib vñ gut.
                    Item:
Wer allein das Zeitlich betracht /
Vnd auff das Ewig hat kein acht /
105 Ergibt ſich dem Teuffel tag vnd nacht /
Der hab auff ſeine Seel wol acht.

---

86 M.: *O HErre Gott behůt.*

Item:
Wer fich das Feuwer muhtwillig laßt brennen /
Oder wil in einen Brunnen fpringen /
Dem gefchicht recht / ob er fchon nicht kan entrinnen. 110

⟨24⟩ Jm dritten Gefpråch erfchiene dem Faufto fein Geift vnnd Famulus gantz frôlich / vnd mit diefer geftalt vnd geberden. Er gieng im Hauß vmb wie ein feuriger Mann / daß von jm giengen lauter Fewerftramen oder Stralen / Darauff folgete ein Motter vnd Geplerr / als wañ die Mônch fingen / vnnd wufte doch niemand / was es für ein Gefang war. Dem D. Faufto gefiel das Gauckelfpiel wol / er 115 wolte jhn auch noch nicht in fein Lofament fordern / biß er fehe / was endtlich darauß wolt werden / vnd was es für ein außgang gewinnen vnnd haben würde. Bald darnach wurd ein Getůmmel gehôrt von Spieffen / Schwertern vnd andern Jnftrumenten / daß jn dunckte / man wolte das Hauß mit ftůrmen einneñen. Bald widerufi wurd ein Gejågt gehôrt / von Hunden vnd Jågern / die Hund triben vnnd 120 hetzten einen Hirfchen / biß in D. Faufti Stuben / da ward er von den Hunden nidergelegt.

Darauff erfchiene in D. Faufti Stu⟨25⟩ben ein Lôwe vnd Drach / die ftritten mit einander / wiewol fich der Lôw tapffer wehrete / ward er dannoch vberwunden / vñ vom Drachen verfchlungen. D. Faufti *Famulus* fagt / dz er einem Lindwurm 125 gleich gefehen habe / am Bauch geel / weiß vnnd fchegget / vnd die Flůgel vnd obertheil fchwartz / der halbe Schwantz / wie ein Schnecken Hauß / krumblecht / darvon die Stuben erfůllet / etc.

Wider wurden gefehen hinein gehen ein fchôner Pfaw / fampt dem Weiblein / die zanckten mit einander / vnd bald warden fie vertragen / Darauff fahe man 130 einen zornigen Stier hinein lauffen / dem D. Faufto zu / der nicht ein wenig erfchrack / aber wie er dem Faufto zurennt / fellet er vor jm nider / vnnd verfchwindt. Hierauff ward wider gefehen ein groffer alter Aff / der bot D. Faufto die Handt / fprang auff jn / liebet jn / vñ lieff die Stuben wider hinauß. Bald gefchichts / daß ein groffer Nebel in der Stuben wirdt / daß D. Fauftus vor dem 135 Nebel nicht fe⟨26⟩hen kundte / fo bald aber der Nebel vergienge / lagen vor jhme zween Såck / der ein war Goldt / vnnd der ander Silber. Letzlich da erhub fich ein lieblich Jnftrument von einer Orgel / dañ die Pofitiff / dann die Harpffen / Lauten / Geygen / Pofaunen / Schwegel / Krumbhôrner / Zwerchpfeiffen / vnd dergleichen (ein jeglichs mit vier Stimmen) alfo daß D. Fauftus nicht anderft gedach- 140 te / dann er wer im Himmel / da er doch bey dem Teuffel war. Solches wehrete ein gantze Stund / daß alfo D. Fauftus fo halßftarrig war / daß jme fůrnam / es hette jne noch niemals gerewet. Vnd ift hie zufehen / wie der Teuffel fo ein fůß Geplerr macht / damit D. Fauftus in feinem fůrneñen nicht môchte abgekehrt werden / fonder vil mehr / daß er fein fůrnemmen noch freudiger môchte ins Werck fetzen / 145 vnnd gedencken: Nuhn hab ich doch nie nichts bôfes noch abfcheuliches gefehen / fondern mehr luft vnd freuwde. Darauff gienge *Mephoftophiles* der Geift zu D. ⟨27⟩ Faufto in die Stuben hinein / in geftallt vnnd form eines Mûnchs. D. Fauftus fprach

---

111 M.: *Der Teuffel erfcheinet Doc. Faufto.* 114 *Motter*] s. DWB; Götze, Glossar.
139 *Schwegel*] s. DWB.

ʒu jhme / Du haſt einen wunderbarlichen anfang gemacht mit deinen geberden
150 vnd enderungen / welches mir ein groſſe freuwd gegeben / Wo du alſo darinn wirſt
verharren / ſolt du dich alles guts ʒu mir verſehen. Antwort *Mephoſtophiles* / O das
iſt nichts / ich ſoll dir in andern dienen / daß du kråfftigere vnnd gröſſere Wir-
ckunge vnnd Weiß an mir ſehen wirſt / auch alles das du von mir forderſt / allein
daß du mir die Promiſſion vnd ʒuſagung deines verſchreibens leiſteſt. Fauſtus
155 reichte jhme die Obligation dar / vnnd ſagte / Da haſt du den Brieff: *Mephoſto-*
philes name dē Brieff an / vñ wolte doch von D. Fauſto haben / daß er eine Copey
darvon nemme / das thåt der Gottloß Fauſtus.

11. Caspar Scheidt. Grobianus

Caspar Scheidts (gest. 1565) zwischen 1541 und 1657 vierzehnmal nachgedruckter *Grobianus*
ist eine Übersetzung und Erweiterung von Friedrich Dedekinds (1524–1598) *Grobianus* von
1549. Sie ist eine Umkehrung (*widerspil*, Titelseite) der mittelalterlichen Anstands- und Tisch-
zuchtenliteratur, formuliert die vertretene Lehre mithin als Gebot der der Lehre entgegen-
gesetzten Unsitten. Mit dieser didaktischen Absicht verbinden sich nach Ausweis der sati-
risch-humoristischen Stilelemente aber auch Züge der Unterhaltung: Einem seiner wirtschaft-
lichen und kulturellen Rolle bewußtgewordenen Bürgertum wird der Grobianus unabhängig
von Moral und diese tendenziell aufhebend in literarischer Brechung als Individuum der
Renaissance vorgestellt, das sich selber Maß und Gesetz ist (nach Könneker, XVI-XXII).
  Ausgabe: Faks. Friedrich Dedekind. Grobianus. De morum simplicitate. Grobianus. Von
groben Sitten und unhöflichen Gebärden. Deutsche Fassung von Caspar Scheidt. Mit einem
Vorwort zum Neudruck der Texte v. B. Könneker. Darmstadt 1979. – Lit.: A. Hauffen, Caspar
Scheidt, der Lehrer Fischarts. [. . .]. Straßburg 1889; A. Schauerhammer, Mundart und Heimat
Kaspar Scheits [. . .]. Halle 1908 [Neudr. Wiesbaden 1972]; J. G. Neuer, The historical develop-
ment of Tischzuchtenliteratur in Germany. Diss. Univ. of California. Los Angeles 1970. –
Vorlage: Druck; Faks. der Ausgabe Könneker.

Das ander Capitel / von höfligkeit des naſen butʒens / nieſens / lachens /
hůſtens / vnd vil anderem wolſtand der kleider. ⟨Aiiijʳ⟩

S O bald dein augen ſind auffgangen
  So heiß dir her ʒu eſſen langen.
5 Das halt in deiner hand ſo ſtarck /
  Daß durch die finger trieff das marck.
Du darffſt nicht deller alle mol /
  Es kompt noch auff den imbiß wol.
Wie du dich halten ſolt im eſſen /
10 Des wöllen wir auch nicht vergeſſen:
  Doch můß ich dich vor vnderrichten
    Wie du ſolt all dein ſitten ſchlichten /

Mit angſicht / leib / geſtalt / geberden /
  Vnd mögſt ein Grobianer werden.
Erſtlich ſolt du dich fleiſſig hůten /   15
  Niemands kein ʒucht noch ehr er-
                                              bieten.
Vnd hab ein grewlich kruṁ geſicht:
  Gůtlichs anſehens brauch dich nicht.
Dann die auff tugent geben ſich /   20
  Schlagen die augen vnderſich /
  Welchs vnſer regel iſt ʒu wider /

---

4 M.: *1. Eſſen her.*   **6** M.: *2. Hůndiſcher fraß.*   **16** M.: *3. Vnʒůchtig.*   **19** M.: *4. Kruṁ*
anſehen.   **21** M.: *5. Roraffen.*

Du aber laß ſtets auff vnd nider
Beide kalbs augen vmbher ſchieſſen /
25 Acht nit / wen ſolches möcht ver-
                              drieſſen.
Verker die augen / rümpff die ſtirn /
Das ʒeigt in dir ein fräches hirn:
Ein runtʒelt angſicht wie ein ſtier
30 Der jetʒund ſelt ʒur erden ſchier /
So jm ein ſtreich gegeben iſt /
Oder ein ochs ʒum kampff gerüſt /
So er ſein gſellen will beſton /
Solch ſitten müß ein junger hon /
35 Der lob erwerben will von leuten /
Daß ſie auff jn mit fingern deuten /
So jedem ſein weiß wol gefelt /
Vnd jeder ſpricht / das wirt ein heldt.
⟨Aiiij'⟩ Niemandt ſein art verbergen
40   kan /
Man ſichts jm bald im angſicht an.
Es iſt der brauch in frembden landen /
Als Jndia / wo golt verhanden /
Auch edel gſtein / vnd perlin gůt /
45 Daß mans an d'naſen hencken thůt.
Solch gůt hat dir das glück nit bſchert /
Drumb hör was ʒu deiner naſen hört:
Ein wůſter kengel rechter leng /
Auß beiden löchern außher heng /
50 Wie lang eiß ʒapffen an dem hauß /
Das ʒiert dein naſen vberauß /
Vnd kanſts bekomen liederlich /
Das alſo wol wirt ʒieren dich.
Doch halt in allen dingen moß /
55 Daß nit der kengel werd ʒu groß:
Darumb hab dir ein ſolches meß /
Wann er dir fleußt biß in das gfreß /
Vnd dir auff beiden lefftzen leit /
Dann iſt die naß ʒu butzen ʒeit.
60 Auff beide ermel wüſch den rotz /
Daß wer es ſeh / vor vnluſt kotz.
Es ſteht auch wol / vnd deucht mich
                                  gůt /
So dus wüſt an den rock vnd hůt /

Truck wol das beinlin füll die hant /   65
Vnd würff ein ſpiegel an die wandt /
Daß mans im gantzen hauß hör
                              platzen /
Vnd auff die erden nider ſchmatzen:
Laß ligen / du darffſts nit vertretten /   70
Wann ſie darab ein vnluſt hetten /
Sie würdens ſelbs wol tretten nider /
Bald würff du dar ein andern wider /
Vnd biß nur aller ſorgen frey /
Wie der vnluſt ʒu decken ſey.   75
⟨Bj'⟩ Du findſt noch vil der ſelben
                              Fritzen
Den allʒeit jre ermel glitzen /
Mit ſchnoder gringßrumb wol geʒiert /
Die backen auch mit rotz beſchmiert /   80
Die ſich deſſelben brauchs nit ſche-
                              men /
Die můſtu ʒum exempel nemen:
Vnd darffſt keins andern ſpiegels nitt.
Darʒů iſts auch ein grober ſitt   85
Ein braſtlens mit der naß ʒumachen /
Daß mans im gantzen hauß hör
                              krachen.
Vnd wann es an ein nieſen geht /
Dem nechſten ʒů der bey dir ſteht   90
Solt hůſten in ſein angeſicht /
Damit er auch (Gott helff dir) ſpricht.
Darʒů ſoltu mit lautem ſchall
Erſchrecken die vmbſtender all /
Vrblütʒlich weiber / mågd / vnd kind /   95
Daß ſie nicht wiſſen wo ſie ſind.
Auch was du treibeſt für ein gatz /
So ſchem dich nicht / iſt vnſer gſatz.
Dann dieb vnd lecker ſchemen ſich.
Vor aller forcht ſolt hůten dich: 100
Auch hören ʒů mit gantzem fleiß /
Wer ſchendtlich ʒotten ſag vnd reiß:
Der gleich ſolt du auch ſagen baldt /
Daß man dich nit für vngſchickt halt.
Sagt etwas news ein frembder gaſt /   105
Vnd du nichts drauff ʒu reden haſt /

27 M.: *6. Stier augen.*   42 M.: *7. Rotzaffen.*   48 kengel] ſ. DWB.   58 M.: *Pfey dich /
vnflat.*   66 M.: *Dariñ beſihe dich.*   86 M.: *8. Reuſper dich vnflat.*   91 M.: *9. Helff dir der
Ritt.*   97 gatz] ſ. DWB.   98 M.: *10. Sey freuel gnůg.*   102 M.: *Leut mit der Sewglocken.*
106 M.: *11. Mitten drein.*

Vnd haſt ſolchs nicht gehőrt vorhin /
  So ſperr das maul weit auff / vnd
                              gin /
110 Als wőlſt du mucken ſahen mit /
  Vnd halt kein ʒüchtig ſitten nit.
Vnd iſt dann etwas lācherlich /
  So ſchick der erſt ʒum lachen dich.
⟨Bj'⟩ Vnd mach ein ſolch gelåchter
115
                        drauß /
Daß man dich hőr im weiten hauß /
  Vnd wer vber die geſſen geh
  Dein ſchőn ſubtil gelåch verſteh.
Vnd ſperr das weit maul von einander /
120 Daß es ʒu beiden oren wander /
Vnd ʒeig alſo die wůſt ſpelunck /
  Dardurch dir floß ſo mancher
                      trunck /
Die geele ʒeen auch jederman /
125 So ſteht dirs lachen luſtig an:
Als es auch die natur thůt kundt /
  Pleckt nit die ʒeen ein jeder hundt?
Das laß dir ſein ein gůt beyſpil /
  Von hunden magſtu lernen vil.
130 Vnd wann ſchon alle menſchen
                   ſchweigt /
Vnd dir der düppel wider ſteigt /
So lach dann wider nach als vor /
  Daß man ſeh wie du ſeiſt ein thor.
135 Auch lach ʒu ʒeitten vberlaut /
  On all vrſach / von heller haut /
Daß niemands weiß was das bedeut /
  Vnd meinen all / du ſpotſt der leut.
Gewehn dich auch bey ʒeit ʒu liegen /
140 Fiders daß ſich die balcken biegen:
Vnd ſo ſichs nit will reimen wol /
  Je nach ʒwey worten hůſt ein mol /
Dieweil kanſt du dein lügen ſchmü-
                   cken /
145 Vnd wirt dir ʒu dem reden glücken /
  Vnd wirt kein ander menſch verſtehn /
  Daß du mit lügen thůſt vmbgehn:

So gar man jetʒund alber iſt /   [biſt.
  Drumb brauch dich weil du witʒig
Jm hůſten nim auch eben war /   [dar / 150
  Den halß reck gleich dem nechſten
⟨Bij'⟩ Daß er ein theil deins koders
                   fang /
Vnd jm das gſprütʒ ins angſicht
                  gange: 155
Das wirt jm ſonderlich gefallen.
  Jſt aber jemands vndern allen /
Dem ſolcher ʒott nicht wol gefelt /
  Vnd ſich darüber ʒornig ſtelt /
Dem ſtopff das maul vnd ſeinen kropff: 160
  Wie ſtelſt dich (ſag) du ſtoltʒer kopff?
So dich mein athem nur antrifft /
  Jch glaub du meinſt ich ſteck vol
                  gifft:
Du darffſt dich nit ſo mauſig machen / 165
  Wir ſind von einem teig gebachen.
Was ſchaden haſtu dann empfangen /
  Daß mein athem iſt an dich gangen?
Du biſt doch eben dieſer ʒwor
  Der du auch biſt geweſen vor.   170
Kein grőltʒen bſchleuß in deinem
                  mundt /
So du lang bleiben wilt geſundt /
  Drumb gib den gfangnen brůder loß /
  Das er dir nicht die ʒeen auß ſtoß. 175
Dann es mercklichen ſchaden bringt
  So man die blåſt im leib verʒwingt.
Die dåmpff die ſteigen in das haubt /
  Dardurch deinr gſundtheit wirſt
                 beraubt / 180
Vnd wirſt ſchwach / kranck / vnd
                  vngehewr /
So ſteht dich hoffʒucht vil ʒu thewr:
  Lam glider / ſtinckend athem auch /
  Drumb treib von dir den bőſen rauch. 185
Auch wann du auff die gaß wilt gehn /
  Ein wůſt paret wirt lüſtig ſtehn:
Dann iſt es ſauber fein außkert /

---

119 M.: *12. Weitmaul.*   **125** M.: *Lach vber ein ʒan / dʒ mans alle ſihet.*   **132** düppel] vgl.
DWB s. v. *Döbel/Düppel*; Henisch 770.   **133** M.: *Per riſum multum debes cognoſcere ſtultū.*
139 M.: *13. Fliegen / on ein F.*   **150** M.: *Hůſten.*   **171f.** M.: *15. Daʒ hőren die Sew lieber dañ
orglen.*   **177** blåſt] s. DWB s. v. *Blaſt.*   **186** M.: *16. Filtʒhůtlin.*

Mein ſchůlern es nicht ʒugehört.
190 So reimpt ſich mechtig wol darʒu
Ein groß par alter bſchißner ſchů.
⟨Bij'⟩ Außwůſchens ſolt dich nicht
                                    befleiſſen /
Du můſts doch gleich bald wider
195   bſcheiſſen /
Vnd wider tretten in den kot:
Verlorne arbeit iſt on not.
Ein langer rock dir auch wol ſteht /
Der dir biß auff die knoden geht /
200 Das iſt auff antquiſch manier /
Vnd grober einfalt rechte ʒier.
So kerſtu mit deim fůßtrit auß /
Vnd kompſt on vnglück heim ʒu
                                    hauß /
205 Gleich wie ein Löw mit ſeinem
                                    ſchwantʒ
Das gſpor verſchlecht / vnd gwint die
                                    ſchantʒ
Du magſt das hauß auch keren mit
210 So darffſtu keines beſems nit.
Wiltu den langen rock nit tragen /
Vnd dich auff newe gattung ſchlagen:
So trag ein kurtʒes röcklin an /

Gleich wie ein Aff vnd Bauian /
Das ſich biß auff die hüfft kaum ſtreck 215
Vnd dir nit wol den hindern deck /
Das ſind jetʒund gemeine röck /
Vnd tragens jetʒund Edelleut /
Auch reuter vnd fromme kriegßleut.
Wiltu auch ſein des ordens mit /   220
So trag ein rock nach kurtʒem ſit.
Jn allem ding iſt ordnung gůt /
Jn kleidung mans nicht halten thůt.
Drumb gib ich hie kein regel nit /
Ein jedes ort hat ſeinen ſit.   225
Auch wo du bey den leuten ſtehſt /
Vnd wo du durch die gaſſen gehſt /
Dein hend hab allʒeit auff dem rucken /
Da ſoltus in einander trucken /
Daß alle menſchen auf dich gucken / 230
⟨Biij'⟩ Vnd dencken da ʒu allen
                                    ſtunden /
Man hab ſie dir darauff gebunden.
Doch daß ich nicht treib vil geſchwetʒ /
So merck von mir ein kurtʒe letʒ: 234
Alſo ſtell all dein leben an /
Daß man mit warheit ſprechen kan /
Das iſt ein rechter Grobian.

12. Sixt Birck, Beel

Sixt Birck, latinisiert Xystus Betulius (1501-1554), 1530-1536 Rektor einer Lateinschule zu
Basel, danach Rektor des Annengymnasiums in Augsburg, verfaßte 6 deutsche und 8 lateini-
sche Dramen. Der in seiner ersten Schaffensperiode in Basel konzipierte und dort 1535 in
erster Auflage bei Lux Schauber publizierte *Beel* vertritt wie alle in der Schweiz entstandenen
Texte Bircks staatsbürgerliche Erziehungsabsichten im Sinne H. Zwinglis (1481-1531). Indem
der alttestamentliche Baalskult in einer Weise behandelt wird, die den Zuschauer schon von
der Wortwahl her an die Rolle der Kirchenkunst im Katholizismus denken lassen muß, erhält
der Text außerdem aber auch Züge protestantischer Polemik gegen die katholische Kirche.
Ausgabe: Sixt Birck. Sämtliche Dramen. Hrsg. v. M. Brauneck. Bd. 1. Berlin 1969, 159-295. -
Lit.: J. F. Schöberl, Über die Quellen des Sixt Birck. Diss. München 1919; H. Levinger, Augs-
burger Schultheater unter Sixt Birck (1536-1554). Diss. Erlangen 1931; E. Messerschmidt,
Sixtus Birck (1500-1554), ein Augsburger Humanist und Schulmeister zur Zeit der Reforma-
tion. Diss. Erlangen 1923; ADB 2, 656-657; NDB 2, 256. - Vorlage: *BEEL. Ain Herrliche*

---

191 M.: *17. Steubechte ſchůch.*   **198** M.: *18. Ein läger Beanus.*   **211** M.: *19. Affenröcklin.*
222 M.: *Teutſchen haben kein eigen kleidung.*   **228** M.: *20. Die hende auff dem rucken.*
234 M.: *Kurtʒe regel.*

Tragedi wider die Abgötterey [...] darinn angezaigt wirt / durch was mittel ain rechte Religion
in ainem Regiment oder Policey móg angericht werden. Durch Xystum Betuleium Augustanum.
Anno M. D. XXXIX. Augsburg bei Philipp Ulhart; Exemplar der Fürstlich Fürstenbergischen
Hofbibliothek Donaueschingen.

❡ Nun volget die erſt Beſchlußred.

SO man ſtellt gegen weyß das ſchwartʒ
  vnd gegen feinem ſilber hartʒ
Vnd gen der nacht den hellen tag
5 gar wol man den erkennen mag
Was vnderſchaids darʒwiſchen ſey
alſo würt hie erkennet frey
Die blinde tolle Haidenſchafft
ſo man der klaren warhait krafft
10 ⟨Dvʳ⟩ Gegen ainander thůt vergleichen
der Beel můß Gott dem Herren weichen
Das haißt mir aber alles Beel
das eben hat den ſelben fål
Das alſo hat ain falſchen ſchein
15 verblendt dir gantʒ das hertʒe dein
Drům ſo die Göttlich warhait klar
erſcheint / ſo nym der ſelben war
Das iſt die frucht diß ſpils in gmain
doch ſteckt die frucht nit hie allain
20 Dann ſo man dſach noch baß erwigt
vil frucht darinn verborgen ligt.
❡ Jn vier Perſonen ſonderleich
ʒů Babel in dem Künigreich
Der Küng / die gmaind / die
25   Prieſterſchafft
vnd Daniel dem Gottes krafft
So groſſe gnad verlyhen hat
er ſtůnd in aim Propheten ſtaht.
❡ Der ſelb ſoll dir Prophet hie ſein
30 ain ebenbild im leben dein
Wie er beſtendig gweſen iſt
wider der Pfaffen gwalt vnd liſt
Was von den Pfaffen ʒhalten ſey
das ʒaigt an diſe gſchicht gar frey
35 Obs wol nit iſt Autenticum
liß aber dbibel vmb vnd vm

So findſt nur ʒvil vom btrug vnd bſchiß
der falſchen Pfaffen auch ſo liß
⟨Dvᵛ⟩ Joſephum / Diodorum Siculum
Euſebium / vnd den Egeſippum   40
So findſt du der gleich gſchichten vil
drům ich hie nit mehr ſagen wil.
❡ Weyter was hie vom Küng würt gſait
das btracht du frumme Oberkait
Küng Cyrus tregt hie dein Perſon   45
dem ſelben ſolt nachfolgen ſchon
Da er die warhait hat gefaßt
hat er den Götʒendienſt verhaßt
Gantʒ außghreüt die Abgötterey
den waren Gotsdienſt göffnet frey   50
Er hat darob gehalten wol
das lob man jm verjehen ſol
Drům ſo dir ain Prophet würt gſandt
von Gott ſo halt ob jm die hand
Wie Cyrus gthon hat Daniel   55
dem theüren blůt auß Jſrael.
❡ Yetʒ hebt der ander Actus an
vom Tracken / den ſy auch hond ghan
Zů Babel für ain waren Gott
den ſelben machet auch ʒůſpott   60
Durch Gottes krafft der Daniel
er macht jn auß gleich wie den Beel
Deßhalb die Burger lauffen ʒhauff
den Daniel ʒůfordren auff
Den jn der Küng nach langem tröwen   65
gibt ʒwerffen in die grůb ʒum Löwen
⟨Dvjʳ⟩ Vor den bſchirmbt in die Gottes
                                       hand
ſchickt jm auch ſpeiß auß ferrem land
Drům jn der Küng hrauß gnommen   70
                                       hatt
vnd dklåger gworffen an ſein ſtatt
Alſo trifft vntrew jren Herren

---

11 *Beel*] s. Lex. für Theol. u. Kirche; Theol. Realenz. Vgl. nhd. *Beelzebub.* **28** *ſtaht*] s. DWB
s. v. *Staat.* P.-L. Weinacht. *Staat* [...]. Berlin 1968. **58** *ghan*] s. Schwäb Wb. s. v. *haben.*
62 *macht [...] auß*] s. DWB (2).

daruon du frumme gmaind folt leeren
75 Wie du auch folleft halten dich
darumb dich eben wol vmbfich
Dann ye fo thůt gar nymmer gůt
im gmainen nutʒ der wanckel můt
Das bfchehen ift ʒů Babylon
80 das laß dir nun ʒů hertʒen gon
Hab lieb vnd werd die Oberkait
die tag vnd nacht dir ift berait
Zů dienen / wenden deinen fchaden

darmit du täglich würft beladen
Laß faren Parthey faction   85
fo mag der gmain nutʒ wol befton
Zertrennung in ainr gantʒen ftatt
gmainklich ain böfen außgang hatt
Wie jrs hie werden fehen klar
darumb feind ftill vnd nemmend war   90
fecht ʒů der Track kreücht fchon dahar.

¶ Hie endet fich der Erft Actus.

13. Paulus Speratus, Ein lied vom gesetz vnd glauben

Paulus Speratus (eigentlich: Paul Offer von Spretten; 1484–1551), nach verschiedenen Studien-
und Berufsstationen 1523 von Albrecht von Brandenburg-Ansbach nach Königsberg berufen,
seit 1529/30 lutherischer Bischof von Pomesanien, prägender Gestalter des lutherischen Cha-
rakters der preußischen Landeskirche, war neben Luther der älteste Kirchenlieddichter der
Reformation. Das hier vorgelegte Lied enthält in formelhafter Vereinfachung Luthers Lehre
vom Verhältnis von Glauben und Werken hinsichtlich der Rechtfertigung sowie einen ange-
hängten Kurzkommentar, der die Lehrabsicht des Lieddichters noch verdeutlicht. Das Lied ist
Teil des sog. *Achtliederbuchs*, das drei Lieder von Speratus, vier von Luther und eines von
einem unbekannten Verfasser enthält.
  Ausgabe: K. Düwel (Hrsg.), Gedichte. 1500–1600. Nach den Erstdrucken und Handschriften
in zeitlicher Folge [. . .]. München 1978, 71; Das Achtliederbuch. Nürnberg 1523/24 in origi-
nalgetreuem Nachdruck hrsg. v. K. Ameln. Kassel/Basel 1957. – Lit.: H.-G. Kemper, Deutsche
Lyrik der frühen Neuzeit. Bd. 1. Tübingen 1987; Die deutsche Literatur. Reihe II, Abt. A,
Bd. 1, 70–71 und Abt. B: Forschungsliteratur II (Autoren), 14–15 [dort ausführliche Bibliogra-
phie und Nachweis der sonstigen Angaben]; Lex. für Theol. u. Kirche 9, 960–961; Realenz. f.
Prot. Theol. u. Kirche 18, 625–631; ADB 35, 123–135; RGG 5, 688–689. – Vorlage: Druck;
Etlich Cristlich lider Lobgesang / vñ Psalm [. . .]. [Nürnberg 1524 bei Jobst Gutknecht]; Exem-
plar der Staats- und Universitätsbibliothek Göttingen.

Ein lied vom gefetʒ vnd glauben /

gewaltigklich mit götlicher fchrifft verlegt.
Doctoris Pauli Sperati.

A   Es ift das hayl vns kumen her / Von gnad vnnd lauter gůten / Die werck helf-
fen nymmer mer / Sie mügen nicht behüten / Der glaub fihet Jefum Chriftum an /   5
Der hat gnug für vns alle gethan / Er ift der mitler worden.

B   Was Got im gefetʒ gebotten hat / Do man es nicht kondt halten / Erhůb fich
ʒorn vnd groffe not / Für Got fo manigfalte / Vom fleyfch wolt nicht herauß der
geyft / Vom gefetʒ erfordert aller meyft / Es war mit vns vorloren.

---

6 *gnug [. . .] gethan*] vgl. DWB s. v. *genug* (4), *Genugthuung* (2).

10 C   Es war ein falſcher won darbey / Got hett ſein geſetʒ drumb geben / Als ob wir
môchten ſelber frey / Nach ſeinem willen leben / So iſt es nûr ein ſpiegel ʒart / Der
vns ʒaigt an die ſündig art / Jn vnſerm fleyſch verborgen.

D   Nicht môglich war die ſelbig art / Auß aygnen krefften laſſen / Wiewol es offt
verſuchet wart / Noch mert ſich ſündt on maſſen / Wann gleyßners werck er hoch
15 verdampt / Vnd ye dem fleyſch der ſünde ſchandt / Allʒeyt war an geboren.

E   Noch môſt das geſetʒ erfüllet ſein / Sunſt weren wir all verdorben / Darumb
ſchickt Got ſein ſun herein / Der ſelber menſch iſt worden / Das gantʒe geſetʒ hat
er erfült / Damit ſeins vaters ʒorn geſtilt / Der vber vns gieng alle.

F   Vnd weñ es nun erfüllet iſt / Durch den der es kondt halten / So lerne yetʒt ein
20 fruṁer Chriſt / Des glaubens rechte geſtalte / Nicht mer dann lieber herre mein /
Dein todt wirdt mir das leben ſein / Du haſt für mich beʒalet.

G   Daran ich kainen ʒweyffel trag / Dein wort kan nicht betriegen / Nun ſagſtu
das kain menſch verʒag / Das wirſtu nyṁer liegen / Wer glaubt in mich vnd wirt
getaufft / Dem ſelben iſt der hymel erkaufft / Das er nicht wirt verloren.

25 H   Er iſt gerecht für Got allein / Der diſen glauben faſſet / Der glaub gibt auß võ
jm den ſchein / So er die werck nicht laſſet / Mit got der glaub iſt wol daran / Dem
nechſten wirt die lieb gûts thûn / Biſtu auß Got geboren.

J   Es wirt die ſündt durchs gſetʒ erkant / Vnd ſchlecht das gwiſſen nider / Das
Ewägeli kumbt ʒû handt / Vnd ſterckt den ſünder wider / Vnd ſpricht nûr kreuch
30 ʒum ꞌcreûtʒ herʒû / Jm gſetʒ iſt weder raſt noch rû / Mit allen ſeinen wercken.

K   Die werck die kuṁen gwißlich her / Auß einem rechten glaubē / Weñ das nit
rechter glaubē wer / Wôltſt jn dꞌ werck berauben / Doch macht allain der glaub
gerecht / Die werck die ſeind des nechſten knecht / Dabey wirn glauben mercken.

L   Die hoffnung wart der rechten ʒeyt / Was Gottes wort ʒû ſagen / Wenn das
35 geſchehen ſol ʒû freûd / Setʒt Got kain gwiſſen tage / Er waiß wol weñ am beſten
iſt / Vñ braucht an vns kain argen liſt / Das ſol wir jm vertrawen.

M   Ob ſichs an ließ als wôlt er nit / Laß dich es nit erſchrecken / Dañ wo er iſt am
beſten mit / Da wil ers nit entdecken / Sein wort das laß dir gwiſſer ſeyn / Ob dein
fleyſch ſprech lauter neyn / So laß doch dir nicht grawen.

40 N   Sey lob vnnd eer mit hohem preyß / Vmb diſer gûthait willen / Got vater ſun
heyligem geyſt / Der wôl mit gnad erfüllen / Was er in vns an gfangen hat / Zû
eren ſeiner maieſtat / Das heylig werdt ſein namen.

O   Sein reich ʒû kuṁ / ſein wil auff erdt / Stee wie im hymels throne / Das teglich
prot noch heût vnns werdt / Wol vnſer ſchuld verſchone / Als wir auch vnſern
45 ſchuldern thon / Mach vns nit in verſuchũg ſtan / Lôß vns vom ûbel Amen.

---

14 *gleyßner*] s. Lexer s. v. *gelîchsenære*.

Anʒaygung auß der ſchrifft

warauff diß geſang allenthalben iſt gegründet /
Darauff ſich alle vnſer ſach verlaſſen mag.

A Ephe. 2. Das er anʒaygt die vberſchwenckliche reichthumb ſeiner gnaden / in
   freûndtligkait.
Ro. 3. Kain fleyſch durch des geſetʒ werck für jm mag rechtfertig ſein.
Ebre. 12. Wir aufſſehen auff den Hertʒogen vnſers glaubens / vnd auff den volen-
   der Jeſum.
Ebre. 2. Der durch die gnade gottes für alle verſucht hat den todt.
Ebre. 9. Vnd darumb iſt er auch ein mitler des newen Teſtaments.   55
B Ro. 8. Dem geſetʒ gottes iſt das fleiſch nit vnterthan / es mags auch nit.
Ro. 4. Seyntemal das geſetʒ richt nûr ʒorn an.
Ro. 7. Wir wiſſen / das das geſetʒ geyſtlich iſt / aber ich bin fleyſchlich.
Johannis. 16. On mich mûgt jr nichts thun.
Galath. 3. Die ſchrifft hats alles beſchloſſen vnder der ſünde / auff das die ver- 60
   haiſſung keme durch den glauben an Chriſtum.
C Als oben Roṁ. 8. Dem geſetʒ gottes iſt kain fleyſch vnderthan / es vermags
   auch nit.
Roṁ. 3. Durch das geſetʒ kumbt die erkantnuß der ſünde.
Roṁ. 7. Jch wûſte nit das die luſt ſünde wer / ſo nit ſaget das geſetʒ. Laß dich nichts 65
   geluſten.
D Eph. 2. Wir waren auch kinder des ʒorns von natur.
Roṁ. 7. Das geſetʒ iſt neben einkuṁen / das die ſünde ye grôſſer wurde.
Matth. 23. Wee euch jr gleyßner / ʒu dem achtenden mal.
Pſal. 50. Sihe / in boßhait bin ich empfangen / vnd in ſünden geborn.   70
E Matth. 5. Nicht ein ſpitʒlin noch ein buchſtaben ſol vndergeen / es muß alles
   geſchehen.
Ebre. 1. Er hat ſein ſun geſchickt / das er die vnter dem geſetʒ waren / erlôſet.
Roṁ. 8. Er hat verdampt die ſünde im fleyſch durch ſünde / das die gerechtigkait
   des geſetʒ in vns erfüllet wurde.   75
Roṁ. 1. Der ʒorn gottes wirt offenbar / vber alles gotloß weſen.
F Roṁ. 7. Aber yetʒt ſeind wir ledig worden von dem geſetʒ des todts.
Roṁ. 12. Verendert euch in vernewerung ewers ſyns / das jr prûfft den willen got-
   tes.
Johãnis. 11. Jch bin die aufferſtehung vnd das leben / Wer in mich glaubt der wirt 80
   leben ob er gleich ſturbe.
Petrus. 1. Pe. 2. Er hat vnſer ſünde getragẽ in aygnem leybe auff dem holtʒ.
Ebre. 6. Durch ʒway vnbewegliche ding / da durch vnmûglich iſt das Got mag lie-
   gen / haben wir ein ſtarcken troſt.
Matthei vlti. Wer glaubt vnd getaufft wirt / der wirt ſelig.   85
Johãnis. 3. Wer in jn glaubt / wirt nicht verlorn.
Roṁ. 14. Was nicht auß dem glauben kumbt / das iſt ſünde.
H Galath. 5. Jn chriſto Jeſu gilt nichts dañ der glaub / der durch die liebe werck

thut.
90 Roṁ. 16. Gerechtfertig durch den glauben / haben wir fride mit got.

Johānes. 1. Jo. 3. Wer ſein bruder lieb hat / iſt auß got geborn.

J   Exo. 22. Do das volck ſahe die ſtiṁ / amplem / klang der Buſaunen / vñ den riechenden berg / ſeind ſie erſchrocken.

Eph. 2. Er iſt kuṁen vnd hat euch gutte potſchafft bracht des frids.

95 Matthei. 11. Kumbt her alle ʒu mir / ich wil euch laben vnd erquicken.

Galath. 3. Alle die mit des geſetʒs werck vmbgeen / die ſein vnter der vermaledeyung

K   Matthei. 7. Ein yeder gutter baum bringt gutte frucht.

Jacobi. 2. Der glaub on die werck iſt todt.

100 Roṁ. 3. Die gerechtigkait Gottes kumbt durch den glauben an Jheſum Chriſt / ʒu allen vnd auff alle die da glauben.

Petrus. 2. Pe. 1. Thut fleyß ewrem beruff vnd erwelung gewiß ʒu machen.

L   Galath. 5. Wir aber warten im geyſt der hoffnung / das wir durch den glauben rechtfertig ſeyen.

105 Judith. 8. Habt jr Got ein tag geſetʒt nach ewrem wolgefallen? Was verſucht jr got?

Ebre. 5. Laßt vns hynʒu tretten mit freydigkait ʒu dē gnaden ſtul / auff das wir barmhertʒigkait empfahen / vñ gnade finden auff die ʒeyt / weñ vns hilffe not ſein wirt

M   Ebre. 12. Den ſun den er lieb hat hat den ʒůchtiget er.

110 Eſaie. 45. Du biſt warlich ein verborgener got.

Mat. 24. Himel vñ erde werdē ʒergeen / aber meine wort werdē nit ʒergeen.

Mat. 14. Du eins ſchwachen glaubens / warumb haſtu geʒweyfelt?

N   Ephe. v. Nichts werde in euch genant was nit ʒur ſach dient / aber vil mer danckſagung.

115 O   Pſal. 67. Beſterck in vns / was du in vns gewircket haſt.

Philiṗ. 1. Der in euch angefangen hat das gut werck / wȯlle es erfüllen.

Pſal. 78. Von preyß wegen deins namen / mach vns teglich etc.

Matthei. 6.

                    Wittenberg 1523 Pau. Speratus.

14. Heidelberger Katechismus

Der Heidelberger Katechismus, 1563 auf Veranlassung Kurfürst Friedrichs III. (1559-1576) von Caspar Olevianus (1536-1587) und Zacharias Ursinus (1534-1583) verfaßt, ist neben Luthers Kleinem Katechismus die bedeutendste Zusammenfassung reformatorischer Glaubenslehre. Gleich nach seiner Einführung in den kirchlichen Unterricht der Pfalz wurde er zum meistverbreiteten Bekenntnisbuch des reformierten Kirchentums (1563 ins Niederländische und Niederdeutsche, Anfang der siebziger Jahre ins Englische, 1577 ins Ungarische, heute in über 40 Sprachen übersetzt). Er steht hinsichtlich seines pastoralen Trostdenkens im Geist Luthers, ist theologisch aber vor allem in der hier wiedergegebenen Rechtfertigungslehre und in der Lehre vom Abendmahl, die bezeichnenderweise auch stark polemische Züge enthält, von Johannes Calvin (1509-1564) bestimmt.

Ausgabe: Catechismus oder Christlicher Vnderricht / wie der in Kirchen vnd Schulen der Churfůrstlichen Pfalz getrieben wirdt. Gedruckt in [...] Heydelberg / durch Johannem

Mayer. 1563 [3. Aufl.], Nachwort v. W. Henss. Zürich 1983. - Lit.: E. F. K. Müller, Die Be-
kenntnisschriften der reformierten Kirche. Leipzig 1903; J. M. Reu, Quellen zur Geschichte
des kirchlichen Unterrichts in der evangelischen Kirche Deutschlands zwischen 1530 und
1600. Bd. 1. Gütersloh 1904; K. Barth, Die christliche Lehre nach dem Heidelberger Ka-
techismus. München 1949; W. Henss, Der Heidelberger Katechismus im konfessionspoliti-
schen Kräftespiel seiner Zeit. [. . .]. Zürich 1983; Realenz. f. Prot. Theol. u. Kirche 10, 164–173;
RGG 2, 1692–1693. - Vorlage: Druck; Heidelberg 1563 bei Johann Mayer; Faks. der Ausgabe
Henss.

Frag.

Was hilfft es dich aber nun / wenn du diß alles glaubeft?

Antwort.

Daß ich in Chrifto für Gott gerecht / vnd ein Erb des ewigen lebens bin. *a*

Frag. 5

Wie biftu gerecht für Gott?

Antwort.

Allein durch waren glauben in Jefum Chriftum *b*. Alfo: daß ob mich fchon mein
gewiffen anklagt / daß ich wider alle Gebot Gottes fchwerlich gefündiget / vnd
derfelben keines nie gehalten hab *c* / auch noch jmerdar zu allem böfen geneigt 10
bin *d*: doch Got ohn alle meine verdienft *e* / auß lauter gnaden *f* / mir die volkom-
me gnugthuung *g* / gerechtigkeit vnd heiligkeit Chrifti fchencket *h* vñ zurech-
net *i* / als hette ich nie keine fünde begangen noch gehabt / vnd felbst allen den
gehorfam vollbracht / den Chriftus für mich hat geleiftet *s* / wenn ich allein folche
wolthat mit glaubigen ⟨43⟩ hertzen anneme. *a* 15

Frag.

Warumb fagftu daß du allein durch den glauben gerecht feyeft?

Antwort.

Nicht daß ich von wegen der wirdigkeit meines glaubens Gott gefalle: fonder
darũ / daß allein die gnugthuung / gerechtigkeit vnd heiligkeit Chrifti / meine 20
gerechtigkeit für Gott ift *b* / vnd ich diefelbe nicht anderft / denn allein durch den
glauben annemen / vnd mir zueigen kan. *c*

Frag.

Warumb können aber vnfere gute werck nit die gerechtigkeit für Gott / oder ein
ftück derfelben fein? 25

Antwort.

Darumb / daß die gerechtigkeit / fo für Gottes gericht beftehen fol / durchauß
volkomen / vnd dem Göttlichen Gefetz gantz gleichformig fein muß *d* / vnd aber
auch vnfere befte werck in diefem lebẽ alle vnuolkomen / vñ mit fünden befleckt
find. *e* ⟨44⟩ 30

---

1 Auflösung der Anmerkungen [a, b, c, ...] durch Marginalien.   **4** *a: Habac. 2. Rom. 1.*
Ioh. 3.   **8** *b: Rom. 3. Galat. 2. Ephef. 2. Phil. 3.*   **10** *c: Rom. 3.*   **11** *d: Rom. 7.*   **11** *e:*
2. Tim. 3.   **11** *f: Rom. 3. Ephef. 2.*   **12** *g: 1. Ioh. 2.*   **12** *h: 1. Ioh. 2.*   **13** *i: Rom. 4.*
2. Cor. 5.   **14** *s: 2. Cor. 5.*   **15** *a: Rom. 3. Ioh. 3.*   **21** *b: 1. Cor. 1. 2.*   **22** *c: 1. Ioh. 5.*
28 *d: Galat. 3. Deut. 27.*   **30** *e: Efai. 64.*

Frag.

Verdienen aber vnſere gute werck nichts / ſo ſie doch Gott in dieſem vnd ʒukünfftigen leben wil belohnen?

Antwort.

35 Die belohnung geſchicht nit auß verdienſt / ſonder auß gnaden. *a*

Frag.

Macht aber dieſe lehre nicht ſorgloſe vnd verruchte leut?

Antwort.

Nein / Denn es vnmöglich iſt / daß die / ſo Chriſto durch waren glauben ſind 40 eingepflanʒt / nit frucht der danckbarkeit ſollen bringen. *b*

Von den heiligen Sacramenten.

Frag.

Dieweil deñ allein der glaub vns Chriſti / vnd aller ſeiner wolthaten theilhafftig macht: woher kompt ſolcher glaube? ⟨45⟩

45 Antwort.

Der heilig Geiſt würcket denſelben in vnſern hertʒen *a* / durch die predig des heiligen Euangelions / vñ beſtetiget den durch den brauch der heiligen Sacramenten. *b*

Frag.

50 Was ſeind die Sacrament?

Antwort.

Es ſeind ſichtbare heilige warʒeichen vnd Sigill / von Gott darʒu eingeſetʒt / daß er vns durch den brauch derſelben / die verheiſſung des Euangelions deſto beſſer ʒuuerſtehen gebe / vnd verſiegele: Nemlich / daß er vns von wegen des einigen 55 opffers Chriſti / am Creutʒ volbracht / vergebung der ſünden / vnd ewiges leben auß gnaden ſchencke. *c*

Frag.

Seind denn beyde das wort vnd die Sacrament dahin gericht / daß ſie vnſern glauben auff das opffer Jeſu Chriſti am Creutʒ / als auff den einigē grund vnſerer 60 ſeligkeit weiſen? ⟨46⟩

Antwort.

Ja freylich: Deñ der heilig Geiſt lehret im Euangelio / vnd beſtetiget durch die heiligē Sacrament / daß vnſere gantʒe ſeligkeit ſtehe in dem einigen opffer Chriſti / für vns am Creutʒ geſchehen. *a*

65 Frag.

Wieuiel Sacrament hat Chriſtus im newen Teſtament eingeſetʒt?

Antwort.

Zwey: Den heiligen Tauff / vnd das heilig Abendmal.

---

35 *a*: *Luc. 17.*   **40** *b*: *Matth. 17.*   **46** *a*: *Epheſ. 2. Ioh. 3.*   **48** *b*: *Mat. 28. 1. Pet. 1.*   **56** *c*: *Gen. 17. Rom. 4. Deut. 30. Leuit. 6. Heb. 9. Ezech 20.*   **64** *a*: *Rom. 6. Galat. 3.*

Vom heiligen Tauff.

Frag.   70

Wie wirſtu im heiligen Tauff erinnert vñ verſichert / daß das einege opffer Chriſti am Creut3 dir 3u gut komme?

Antwort.

Alſo: daß Chriſtus diß euſſerlich waſſerbad eingeſet3t / vnd darbey verheiſſen hat / daß ich ſo gewiß mit ſeinem blut vnd geiſt / von der vnreinigkeit meiner ⟨47⟩   75 ſeelen / das iſt / allen meinen ſûnden gewaſſchen ſey / ſo gewiß ich euſſerlich mit dem waſſer / welches die vnſauberkeit des leibs pflegt hin3unemen / gewaſſchen bin. *a*

Frag.

Was heiſt mit dem Blut vnd Geiſt Chriſti gewaſſchen ſein?   80

Antwort.

Es heiſt vergebung der ſûnden von Gott auß gnaden haben / vmb des bluts Chriſti willen / welchs er in ſeinem opffer am Creut3 fûr vns vergoſſen hat *b*: Darnach auch durch den heiligen Geiſt ernewert / vnd 3u einem glied Chriſti ge- heiliget ſein / daß wir je lenger je mehr der ſûnden abſterben / vñ in einem   85 Gottſeligen / vnſtreflichen leben wandlen. *c*

Frag.

Wo hat Chriſtus verheiſſen / daß wir ſo gewiß mit ſeinem blut vnd geiſt als mit dem tauffwaſſer gewaſſchen ſeind?

Antwort.   90

Jn der einſet3ung des Tauffs / welche ⟨48⟩ alſo lautet.

Gehet hin / vnd lehret alle Vôlcker / vnd tauffet ſie / im namen des Vaters vnd des Sons / vñ des heiligen Geiſts *a*: wer da glaubet vnd getauffet wird / der wird ſelig werden: wer aber nicht glaubt / der wird verdampt werden. *b*

Dieſe verheiſſung wirdt auch widerholet / da die ſchrifft den Tauff das bad der   95 widergeburt *c* / vnd abwaſſchung der ſûnden nennet. *d*

Frag.

Jſt denn das euſſerlich waſſerbad / die abwaſſchung der ſûnden ſelbſt?

Antwort.

Nein *e* / Denn allein das blut Jeſu Chriſti / vnd der heilige Geiſt reiniget vns von   100 allen ſûnden. *f*

Frag.

Warumb nennet denn der heilige ⟨49⟩ Geiſt den Tauff das bad der widergeburt / vnd die abwaſſchung der ſûnden?

---

78 *a*: *Mar. 1. Luc. 3.*   **83** *b*: *Hebr. 12. 1. Pet. 1. Apoc. 1. Zach. 13. Ezech. 36.*   **86** *c*: *Ioh. 1.*
Ioh. 3. 1. Cor. 6. 12. Rom. 6. Coloſſ. 20.   **93** *a*: *Matt. 28.*   **94** *b*: *Mar. 16.*   **96** *c*: *Tim. 3.*
96 *d*: *Act. 22.*   **100** *e*: *Mat. 3. 1. Pet. 3. Epheſ. 5.*   **101** *f*: *1. Ioh. 1. 1. Cor. 6.*

105   Antwort.
Gott redet alſo nit one groſſe vrſach: Nemlich / nit allein dʒ er vns damit wil
lehren / daß / gleich wie die vnſauberkeit des leibs durch waſſer / alſo vnſere ſûndē
durchs blut vnd geiſt Chriſti hinweg genomen werden a: ſonder viel mehr / dʒ er
vns durch diß Gôttlich pfand vnd warʒeichē wil verſichern / dʒ wir ſo warhafftig
110 von vnſern ſûndē geiſtlich gewaſchē ſind / als wir mit dem leiblichen waſſer ge-
waſchen werden. b
                                            Frag.
Sol man auch die jungē kinder tauffen?
                                          Antwort.
115   Ja: Denn dieweil ſie ſo wol als die alten in den Bundt Gottes vnd ſeine gemein
gehôren c / vnd jhnen in dem blut Chriſti die erlôſung von ſûnden d / vnd der
heilig Geiſt / welcher den glauben würcket / nit weniger denn den alten ʒugeſagt
wird e: ſo ſollē ſie auch durch den ⟨50⟩ tauff / als des Bunds ʒeichē / der Chriſtli-
chen Kirchen eingeleibt / vnd von der vnglaubigen kinder vnderſcheiden
120 werden a / wie im alten Teſtament durch die beſchneidung geſchehen iſt b / an
welcher ſtat im newen Teſtament der Tauff iſt eingeſetʒt. c

                        Vom heiligen Abendmal Jeſu Chriſti.

                                            Frag.
Wie wirſtu im heiligen Abendmal erinnert vnd verſichert / daß du an dem eini-
125 gen opffer Chriſti am Creutʒ / vñ allen ſeinen gütern gemeinſchafft habeſt?
                                          Antwort.
Alſo / daß Chriſtus mir vñ allen glaubigen von dieſem gebrochnen brod ʒu
eſſen / vnd von dieſem Kelch ʒu trincken befohlen hat / vnd darbey verheiſſen /
Erſtlich daß ſein leib ſo gewiß für mich am Creutʒ geopffert vnd gebrochen / vnd
130 ſein blut für mich vergoſſen ſey / ſo gewiß ich mit augen ſehe / daß das brod des
HERRN mir gebrochen / vnd der ⟨51⟩ Kelch mir mitgetheilet wird. Vnd ʒum an-
dern / daß er ſelbſt meine ſeel mit ſeinem gecreutʒigten leib vnd vergoſſnen blut ſo
gewiß ʒum ewigen leben ſpeiſe vñ trencke / als ich auß der hand des Dieners em-
pfange / vnd leiblich nieſſe das brod vnd den Kelch des HERRN / welche mir als
135 gewiſſe warʒeichen des leibs vnd bluts Chriſti gegeben werden.
                                            Frag.
Was heiſt den gecreutʒigten leib Chriſti eſſen / vñ ſein vergoſſen blut trincken?
                                          Antwort.
Es heiſt nit allein mit glaubigem hertʒen das gantʒe leiden vnd ſterben Chriſti
140 annemen / vnd dardurch vergebung der ſûnden vnd ewiges leben bekorñen a: Son-
der auch darneben durch den heiligen Geiſt / der ʒugleich in Chriſto vnd in vns
wonet / alſo mit ſeinem gebenedeyten leib je mehr vnd mehr vereiniget werden b:

---

108 a: Apoc. 1. 7. 1. Cor. 6.   **111** b: Marc. 16. Galat. 3.   **116** c: Gen. 17.   **116** d: Matt. 19.
118 e: Luc. 1. Pſal. 22. Eſai. 46. Act. 2.   **120** a: Act. 10.   **120** b: Gen. 17.   **121** c: Coloſſ. 2.
140 a: Ioh. 6.   **142** b: Ioh. 6.

daß wir / obgleich er im himmel *c* / vñ wir auff erden find: dennoch fleifch von feinem fleifch / vnd bein von ⟨52⟩ feinen beinē find *a* / vñ von einē geift (wie die glieder vnfers leibs von einer feelen) ewig leben vnd regieret werden. *b*   145

Frag.

Wo hat Chriftus verheiffen / daß er die glaubigen fo gewiß alfo mit feinem leib vnd blut fpeife vnd trencke / als fie von diefem gebrochnen brod effen / vnd von diefem Kelch trincken?

Antwort.   150

Jn der einfatzung des Abendmals / welche alfo lautet *c*:

Vnfer HERR Jefus / in d' nacht da er verrhaten ward / nam er das brodt / dancket vñ brachs vnd fprach / Nemet / effet / das ift mein leib / der für euch gebrochen wirdt / Solchs thut ʒu meiner gedechtnuß. Deffelben glei-chen auch den Kelch / nach dem Abendtmal / vnd fprach: Diefer Kelch   155 ⟨53⟩ ift das newe Teftament in meinem blut / folches thut / fo offt jrs trincket / ʒu meiner gedechtnuß: Deñ fo offt jr von diefem brod effet / vñ von diefem Kelch trincket / folt jr des HERREN todt verkündigen / biß daß er kompt.

Vnd diefe verheiffung wirdt auch widerholet durch S. Paulum *a* / da er fpricht: 160 Der Kelch der danckfagung / damit wir danckfagē / ift er nit die ge-meinfchafft des bluts Chrifti? Das brodt das wir brechen / ift das nicht die gemeinfchafft des leibs Chrifti? Deñ ein brod ifts / fo feind wir viel ein leib / dieweil wir alle eines brods theilhafftig feind.

Frag.   165
Wird deñ auß brod vnd wein der we⟨54⟩fentlich leib vnd blut Chrifti?
Antwort.

Nein: fonder wie das waffer in dem Tauff / nit in dʒ blut Chrifti verwādlet / oder die abwaffchung der fünden felbft wird / deren es allein ein Gôttlich warʒeichen vnd verficherung ift *a*: alfo wirdt auch dʒ heilig brod im Abendmal nit d' leib   170 Chrifti felbft *b* / wiewol es nach art vnd brauch der Sacramenten *c* / der leib Chrifti genennet wird.

Frag.

Warumb nennet denn Chriftus das brod feinen leib / vñ den Kelch fein blut / oder das newe Teftamēt in feinem blut / vnd S. Paulus / die gemeinfchafft des leibs   175 vnd bluts Jefu Chrifti?

---

143 *c*: *Act. 3. 1. Cor. 11.*   **144** *a*: *Ephef. 3. 5. 1. Cor. 6. 1. Ioh. 3. 4. Ioh. 14.*   **145** *b*: *Ioh. 6. 15. Ephef. 4.*   **151** *c*: *1. Cor. 11. Mat. 26. Mar. 14. Luc. 22.*   **160** *a*: *1. Cor. 10.* **170** *a*: *Mat. 26. Mar. 14.*   **171** *b*: *1. Cor. 10. 11.*   **171** *c*: *Gen. 17. Exod. 12. Tit. 3. 1. Pet. 4. 1. Cor. 10.*

Antwort.

Chriſtus redet alſo nit one groſſe vrſach. Nemlich / daß er vns nit allein damit wil lehren / daß / gleich wie brod vñ wein das ʒeitliche leben erhalten / alſo ſey
180 auch ſein gecreutʒigter leib vnd vergoſſen blut / die ware ſpeiß vñ tranck vnſerer ⟨55⟩ ſeelen / ʒum ewigen leben a: ſonder viel mehr daß er vns durch diß ſichtbare ʒeichen vnd pfand wil verſichern / daß wir ſo warhafftig ſeines waren leibs vnd bluts durch wirckung des heiligē Geiſts teilhafftig werden / als wir dieſe heilige warʒeichen / mit dem leiblichē mund ʒu ſeiner gedechtnuß empfangen b: vñ daß
185 all ſein leiden vñ gehorſam ſo gewiß vnſer eigē ſey / als hettē wir ſelbſt in vnſer eigē perſon alles gelitten vñ gnug gethan.

Frag.

Was iſt für ein vnderſcheid ʒwiſchen dem Abendmal des HERRN / vnd der Bäbſtlichen Meß?

190   ## Antwort.

Das Abendmal beʒeuget vns / daß wir volkomene vergebung aller vnſerer ſün-den haben / durch das einige opffer Jeſu Chriſti / ſo er ſelbſt einmal am creutʒ volbracht hat. c Vnd daß wir durch den H. Geiſt Chriſto werdē eingeleibt d / d' jetʒūd mit ſeinē waren leib im himel ʒur Rechten des Vaters iſt e / vnd daſelbſt wil
195 an⟨56⟩gebettet werden. a Die Meß aber lehret / daß die lebendigen vnd die todten nicht durch das leiden Chriſti vergebung der ſünden haben / es ſey denn daß Chriſtus noch täglich für ſie von den Meßprieſtern geopffert werde. Vnd dʒ Chriſtus leiblich vnd' der geſtalt brods vñ weins ſey / vnd derhalben darin ſol angebettet werdē b: Vnd iſt alſo die Meß im grund nichts anders / denn ein verleug-
200 nung des einigen opffers vñ leidens Jeſu Chriſti / vnd ein vermaledeite Abgõtterey.

---

181 *a: Ioh. 6.*   **184** *b: 1. Cor. 10.*   **193** *c: Heb. 7. 9. 10. Ioh. 19. Matt. 26. Luc. 22.*   **193** *d: 1. Cor. 6. 10.*   **194** *e: Heb. 1. 8.*   **195** *a: Ioh. 4. 20. Luc. 24. Act. 7. Coloſſ. 3. Phil. 3. 1. Theſſ. 1.*   **199** *b: In Can de Miſſa. Item de conſecr: diſtinct: 2.*

V. Erbauende Texte

Als erbauend sollen diejenigen Texte verstanden werden, deren Auftraggeber/Autoren/Schreiber/Drucker den Menschen weniger logisch-rational als auf der Ebene seiner Religiosität ansprechen und ihn durch Darlegung christlicher Heilstatsachen und damit traditionell verbunden geglaubter Geschehnisse und Vorbilder in seinem Glauben zu stärken versuchen, ein Glied innerhalb der religiösen Heilsordnung zu sein. Als Rezipienten erbauender Texte kommen prinzipiell alle Menschen, und zwar sowohl als Individuen wie als Angehörige heilsgeschichtlich begründeter Gruppen in Betracht; erbauende Texte haben damit teils auch eine sozial bindende, außerdem oft eine belehrende Funktion. Eine Säkularisierung des Erbauungsgedankens in dem Sinne, daß autonome profangeschichtliche Gegebenheiten wie Kultur, Fortschritt, Volk usw. an die Stelle der religiösen Heilstatsache treten, ist für das gesamte Mittelalter und die frühe Neuzeit nicht belegbar.

Zu den erbauenden Texten gehören u. a. Bibeln, Gemeindelieder, Legenden, Exempla, Traktate, Postillen, Stundenbücher, Sterbebücher, Beichtbücher, Gebetbücher, Auslegungen der Messe und des Vaterunsers, Passionale, Summarien, die religiöse Spiegelliteratur. Der Unterschied zwischen frühneuhochdeutscher und mittelhochdeutscher erbauender Literatur ergibt sich daraus, daß letztere sich nahezu ausschließlich an Angehörige des geistlichen Standes richtet, während erstere auch auf den Laien zielt und eine viel breitere literatursoziologische Basis hat; durch die Predigttätigkeit der Franziskaner und Dominikaner, durch einige religiöse Bewegungen des 14. und 15. Jahrhunderts, schließlich durch die den einzelnen Menschen ansprechende pastorale Tätigkeit des Protestantismus, damit auch der Gegenreformation wurde erbauende Literatur in frühneuhochdeutscher Zeit zur ersten Massenliteratur in deutscher Sprache.

Sprachliche Kennzeichen erbauender Texte sind: Allegorien, Bilder, Metaphern, eingelagerte Exempla, Sentenzen, Antithesen, neben Aussagesätzen auch Ausrufesätze und Wunschsätze, ein relativ enger, sich oft wiederholender Wortschatz.

1. Deutsche Bibelübersetzungen

Die im folgenden wiedergegebenen Ausschnitte aus vier deutschen Bibelübersetzungen sollen
einige wichtige Stationen der Geschichte deutschsprachiger Bibeln vom 15. bis zum beginnen-
den 17. Jahrhundert dokumentieren.
    Lit.: G. Eis, Frühneuhochdeutsche Bibelübersetzungen. Texte von 1400 bis 1600. [. . .].
Frankfurt 1949; J. C. Gasser, Vierhundert Jahre Zwingli-Bibel 1524–1924. [. . .]. Zürich 1924;
P. Pietsch, Ewangely und Epistel Teutsch. [. . .]. Göttingen 1927; G. Ising (Hrsg.), Die nie-
derdeutschen Bibelfrühdrucke. Kölner Bibeln (um 1478), Lübecker Bibel (1494), Halberstäd-
ter Bibel (1522). 5 Bde. Berlin 1961–1976; W. Kämpfer, Studien zu den gedruckten niederdeut-
schen Plenarien. Münster/Köln 1954; S. Sonderegger, Geschichte deutschsprachiger Bibel-
übersetzungen in Grundzügen. In: Sprachgeschichte. [. . .]. Hrsg. v. W. Besch/O. Reich-
mann/S. Sonderegger. 1. Halbbd. Berlin/New York 1984, 129–185; RGG 1, 1201–1210.
Lex. für Theol. u. Kirche 2, 375–411; Theol. Realenz. 6, 228–246; 269–276.

a. Die Mentel-Bibel

Die Mentel-Bibel, beruhend auf einer nordoberdeutschen handschriftlichen Vorlage aus der
Mitte des 14. Jahrhunderts und streng auf die Ausgangssprache Latein orientiert, wurde 1466
von Johann Mentel (oder Mentelin, um 1410–1478) in Straßburg gedruckt und bis 1518 in
weiteren 13 aufeinander beruhenden, aber z. T. revidierten hochdeutschen Fassungen ver-
breitet.
    Ausgabe: W. Kurrelmeyer (Hrsg.), Die erste deutsche Bibel. 10 Bde. Tübingen 1904–1915. –
Lit.: E. Brodführer, Untersuchungen zur vorlutherischen Bibelübersetzung. [. . .]. Halle 1922;
F. Teudeloff, Beiträge zur Übersetzungstechnik der ersten gedruckten deutschen Bibel auf
Grund der Psalmen. Berlin 1922 [Nachdr. Nendeln 1967]; E. Gössel, Der Wortschatz der er-
sten deutschen Bibel. Diss. Gießen 1933; W. Eichenberger/H. Wendland, Deutsche Bibeln vor
Luther. Die Buchkunst der achtzehn deutschen Bibeln zwischen 1466 und 1522. Hamburg
1977; R. Tenberg. Gedruckte deutschsprachige Bibeln vor Luther. Eine Bibliographie der wis-
senschaftlichen Literatur. In: Vestigia Bibliae 4 (1982), 209–228. – Vorlage: Druck; Straßburg
1466 bei Johann Mentel; Exemplar der Württembergischen Landesbibliothek Stuttgart.

O b ich rede in zungen der engel vnd dˈ leüt: wann hab ich der lieb nit: ich bin
    gemacht als eī ere lautent oder als eī fchell klingent Vnd ob ich hab die
weyffagung. vnd erkennē all tugent vnd all wiffentheit vnd ob ich hab allen dē
glauben alfo das ich vbertrag die berg. wann hab ich der lieb nit ich bin nichtz. Vnd
5 ob ich tail alles mein gůt an die effen dˈ armen. vñ ob ich antwurt ⟨364a⟩ meinen
leib alfo das ich brinne: wann hab ich der lieb nit: es verfecht mir nichtz. Die lieb ift
gefridfam: fy ift gůtig. Die lieb die neit nit. fy thůt nit widerwertigs fy zerbleet fich
nit. fy ift nit geitig: fy fůcht nit die ding die ir feint. Sy raitzt nit. fy gedenckt nit dz
vbel: fy frewet fich nit vber die vngangkeit: wann fy entzamt frewet fich dˈ warheit.
10 Alle ding vber tregt fy. alle ding gelaubt fy. alle ding verficht fy fich. alle ding
derleidt fy. Die lieb geuiel nye. Es fey das die weyffagungen werden verüppigt: es fey
das die zungen aufhörent: es fey das die wiffentheit werde verwůft. Wann wir er-

---

2 ere] s. Lexer s. v. êr.   **9** vngangkeit] s. Lexer.   **9** entzamt] s. Lexer s. v. enzenden.
11 verüppigt] s. DWB.

kennen vō tail: vnd weyſſagen vom tail. Wann ſo das kumpt das do iſt durnechtig: ſo wirt verůppigt das daʒ do iſt vō tail. Do ich was eī lútʒler ich rett als ein lútʒler: ich wiſſt als ein lútʒler: ich gedacht als ein lútʒler. Wann do ich wart gemacht ein man: ich verůppiget die ding die do waren des lútʒeln. Wann nu ſehen wir durch den ſpiegel in bedeckung: wañ denn vō antlútʒ ʒů antlútʒ. Wañ nu erkenn ich vō tail: wann denn erkenn ich: als ich auch bin erkannt. Wann nu beleibent diſe drey ding d' gelaub die ʒůuerſicht die lieb Wañ dʒ merer dirr ding iſt die liebe. **15**

b. Martin Luther, Septembertestament

Luthers auf die Grundsprache Griechisch (Neues Testament) zurückgehendes, von Philipp Melanchthon (1497–1560) durchgesehenes, konsequent zielsprachig orientiertes Septembertestament bildet über die Konfessionen und die Sprachräume des Deutschen hinweg die Basis für alle nachfolgenden Übersetzungen des Neuen Testamentes ins Deutsche bis zur Gegenwart hin.
Ausgabe: Die Septemberbibel. Das Neue Testament deutsch von Martin Luther. Nachbildung der zu Wittemberg 1522 erschienenen ersten Ausgabe [...]. Mit einer Einleitung v. J. Köstlin. Berlin 1933. – Lit.: W. Walther, Luthers deutsche Bibel. Festschrift zur Jahrhundertfeier der Reformation. 2. Aufl. Berlin 1918 (Nachdr. München 1978); O. Clemen, Die Entstehung der Lutherbibel. 2. Aufl. Zwickau 1934; G. Ebeling, Luther. Einführung in sein Denken. Tübingen 1964; E. Mühlhaupt, Luthers Testament. Zum 450. Jubiläum des Septembertestaments 1522. Witten/Berlin 1972; W. Kolb, Die Bibelübersetzung Luthers und ihre mittelalterlichen deutschen Vorgänger im Urteil der deutschen Geistesgeschichte von der Reformation bis zur Gegenwart. [...]. Saarbrücken 1972; H. Wolf, Martin Luther. Eine Einführung in germanistische Luther-Studien. Stuttgart 1980; H. Reinitzer, Biblia deutsch. Luthers Bibelübersetzung und ihre Tradition. [...]. Wolfenbüttel 1983; E. Arndt/G. Arndt, Luther und die deutsche Sprache. [...] Leipzig 1983; Luthers Sprachschaffen. Gesellschaftliche Grundlagen. Geschichtliche Wirkungen. [...]. Hrsg. v. J. Schildt. 3 Bde. Berlin 1984. – Vorlage: Druck; Wittemberg 1522 bei Melchior Lotther; Faks. der Ausgabe Köstlin.

Das Dreytʒehend Capitel.

WEnn ich mit menſchen vnd mit engel ʒungen redet / vñ hette die liebe nicht / ſo were ich eyn dohnend ertʒ / odder eyn klingende ſchelle / Vnd weñ ich weyſſagē kundt / vnd wuſte alle geheymnis / vñ alle erkentnis / vnd hette allen glawben / alſo / das ich berge verſetʒete / vnd hette der liebe nicht / ſo were ich **5** nichts. Vnd wenn ich alle meyn habe den armen gebe / vnd lieſʒ meynen leyb brennen / vnd hette der liebe nicht / ſo were myrs nichts nutʒe.

Die liebe iſt langmutig vnd freuntlich / die liebe eyffert nicht / die liebe ſchalcket nicht / ſie blehet ſich nicht / ſie ſtellet ſich nicht honiſch / ſie ſucht nicht das yhre / ſie leſt ſich nicht erbittern / ſie gedenckt nicht arges / ſie frewet ſich nicht **10**

---

13 *durnechtig*] s. Lexer. 4 *allen glawben*] M.: *wie wol alleyn der glawb rechtfertigt / als S. Paulus allenthalbē treybt / doch wo die liebe nicht folget / were der glaube gewiſʒlich nicht recht / ob er gleych wunder thett.*

vber der vngerechtickeyt / ſie frewet ſich aber mit der warheyt / ſie vertreget alles / ſie glewbet alles / ſie hoffet alles / ſie duldet alles / die liebe verfellet nymer mehr / ſʒo doch die weyſſagung auffhoren werden / vnd die ʒungen auffhoren werden / vnd das erkentnis auffhoren wirt.

15 ⟨XVIII'⟩ Denn vnſer wiſſen iſt ſtuckwerck / vnnd vnſer weyſſagen iſt ſtuckwerck / Wenn aber komen wirt / das volkomene / ſo wirt das ſtuckwerck auffhoren. Da ich eyn kind war / da redet ich wie eyn kind / vñ richtet wie eyn kind / vnd hette kindiſche anſchlege / Da ich aber eyn man wart / that ich abe was kindiſch war. Wyr ſehen ytʒt durch eyn ſpiegel ynn eynem tunckeln wort / denne aber von
20 angeſicht ʒu angeſicht. Jtʒt erkenne ichs ſtuckſweyſʒ / denne aber werd ichs erkennen / gleych wie ich erkennet byn. Nu aber bleybt / glawbe / hoffnung / liebe / diſe drey / aber die liebe iſt die groſſiſt vnter yhn.

c. Johann Dietenberger, Biblia

Johann Dietenbergers (um 1475-1537) Bibelübersetzung ist neben derjenigen von Hieronymus Emser (1478-1527) und Johann Eck (1486-1543) die verbreitetste der stark von Luthers Übersetzungen abhängigen, diese aber stilistisch und in sachlichen Details ›korrigierenden‹ sog. katholischen Korrekturbibeln. Neu gegenüber Luther sind bei Dietenberger die im Kern belehrenden Annotationes.
    Lit.: H. Wedewer, Johannes Dietenberger, 1475-1537. Sein Leben und Wirken. Freiburg 1888; B. Lindmeyr, Der Wortschatz in Luthers, Emsers und Ecks Übersetzung des »Neuen Testamentes«. [. . .]. Straßburg 1899; F. Schneider, Johannes Dietenbergers Bibeldruck Mainz 1534. Mainz 1901; K.-H. Musseleck, Untersuchungen zur Sprache katholischer Bibelübersetzungen der Reformationszeit. Heidelberg 1981; W. Klaiber, Katholische Kontroverstheologen und Reformer des 16. Jahrhunderts. [. . .]. Münster 1978, 78-80; P. Fabisch, Johannes Dietenberger. In: Katholische Theologen der Reformationszeit 1 (1984), 82-90; Lex. für Theol. u. Kirche 2, 382; RGG 2, 194; NDB 3, 667-668. – Vorlage: Druck; *Biblia / beider Allt vnnd Newen Testamenten / fleissig / treülich vñ Christlich / nach alter / inn Christlicher kirchen gehabter Translation / mit [. . .] besserung viler verrückter wort vnd sprůch [. . .] Durch Johan Dietenberger new verdeutscht [. . .].* Mainz 1534 bei Peter Jordan; Exemplar der Universitätsbibliothek Heidelberg.

Das XIII. Capitel.

❡ Wie die liebe / vnder allen Gôttlichen gaben / die grôſte vnd außerhalb der ſelbigen das ander als vmb ſunſt ſey.

WEnn ich mit menſchen vnnd mit Engel ʒungen redete vnd die liebe nit hab / ſo bin ich wie ein lautendes ertʒ oder klingende ſchelle. Vnd wenn ich weißſagen
5 kônd / vnd wüſte alle geheimnis vnd alle erkentniß / vnd hette allen glaubenn /

---

15 ſtuckwerck] M.: *wie wol wyr ym glawben alles haben vnd erkennen / was Gott iſt vnnd vns gibt / ſo iſt doch das ſelb erkennë noch ſtuckwerck vñ vnuolkomen gegen der ʒukunfftigë klarheyt.*

alſo / das ich berge verſetzte / vnd hett die lieb nit / ſo bin ich nichts. Vnd wenn ich
alle mein narung den armen gebe / vnd ließ meinen leib brennen / vnnd het die
lieb nit / ſo iſt es mir nichts nütz.

Die liebe iſt gedültig vnd fründtlich / die liebe eyffert od' neidet nit / die liebe
ſchalcket nit / oder handlet nichts vnbillichs. Sie blehet ſich nit auff / iſt nit ehren   10
geitzigt / ſůcht nit das jre / laßt ſich nit erbittern / gedenckt nichts arges / frewet
ſich nit über das vnrecht / frewet ſich aber der warheit / ſie vertregt alles / ſie
glaubt alles / ſie hoft alles / ſie duldet alles. die lieb verfellet niṁer / ob gleich die
weiſſagungen ein endt nemen / oder die zungen auffhõrẽ / oder die kůſt vergehen
wirt.   15

Denn vnſer wiſſen iſt vnuolckomlich / vnnd vnſer weiſſagen iſt vnuolkomlich.
Wenn aber kommen wirt das volkoṁene / ſo wirt das vnuolkoṁen auffhõrẽ. Da ich
ein kind war / da redet ich wie ein kind / vnd richtet wie ein kindt / vñ het
kindiſche anſchleg. Da ich aber ein man wardt / leget ich ab was kindiſch war. Wir
ſehen ietzt durch ein ſpiegel im dunckeln / denn aber von angeſicht zu angeſicht.   20
Jetzt erken ichs vnuolkomlich / den aber werde ichs erkennen / gleich wie ich
erkennet binn. Jetzt aber bleibt glaub / hoffnung / lieb / diſe drey / aber / die lieb
iſt die grõſſeſt vnder jnen.

⧁ Annotationes.

⧁ (Vnnd hette allen glauben) Merck das vns der glaub allein / vnd one die lieb vnd werck   25
nit ſelig macht.
⧁ Jn der erſten gloß berüchtigen die Elimaſſitter inn jren Biblien Paulum felſchlich / daß
er allenthalben treyb / dz vns der glaub allein rechtfertig / dañ Paulus die rechtfertigůg nit
allein dem glauben / ſonder auch der gnad Gottes zu ſchreibt / Roma. ij. Juſtificati gratis
per gratiam ipſius / Jtem j. Cor. xv. Gratia dei ſum id quod ſum / daß ich bin / dz bin ich   30
auß der gnad Gottes / Auch ſchreybet er ein teyl der rechtfertigung zu der lieb vnnd
wercken / ſo auß der lieb fliſſen / wie hie / vnd Galat. v. quod in Chriſto tamen illa fides
valet / que per charitatem operatur. Jtem Prouer. x. Charitas operit multitudinem delic-
torum.
    Auch ſein ſie jnen ſelbß in diſer gloß contrari / Dann die weil ſie bekennen / daß der   35
glaub (wo die lyeb nit volgt) gewißlich nit recht ſey / ſo kan vns gewißlich der glaub allein
vnd on die lieb vnd gnad Gottes nit rechfertigen.

d. Johannes Piscator, Biblia

Die von dem Herborner Theologen Johannes Piscator (1546-1625) unter Berücksichtigung der
Luther-Bibel neu übersetzte und nach ihm benannte Piscator-Bibel ist die erste Neuüberset-
zung von seiten der reformierten Kirchen. Auch sie enthält, wie schon ihre im eigentlichen
Bibeltext Luthers Übersetzung verwendenden Vorläufer (die Heidelberger Bibel von 1568, die
Neustädter Bibeln von 1579, 1587-1588, 1588-1590, 1590-1591, 1594, 1596, 1598, die Herbor-
ner Bibel von 1595 und die Kasseler Lutherbibel von 1601), Einleitungen sowie Erläuterungen
und Lehren zu den Texten.

Lit.: H. Schlosser, Die Piscator-Bibel. [. . .]. Heidelberg 1908; T. Himmighöfer, Die Neustäd-
ter Bibel von 1587/88, die erste reformierte Bibelausgabe Deutschlands. Speyer 1986; Real-
enz. f. Prot. Theol. u. Kirche 15, 414-415. – Vorlage: Druck; *BIBLIA, Das ist: Alle bůcher der*

H. Schrift des alten und newen Testaments: Aus Hebreischer vnd Griechischer spraach / [...]
aufs new vertheutscht [...] *durch Johan Piscator.* Herborn 1602 [bis 1604] bei Christoff Raben;
Exemplar der Württembergischen Landesbibliothek Stuttgart.

Das XIII. Cap.

Das zehende hauptſtück / von der Chriſtlichen liebe.

I. Folget das zehende hauptſtück / von der Chriſtlichen liebe. Dann dieweil er im vorgehen-
den capitel angefangen hat zu handeln vom rechten gebrauch der gåiſtlichen gaaben / nimt er
ietzt daher anlaaß zu reden von der Chriſtlichen liebe. Dieſelbe nun lobt er erſtlich / vnd
5 zeucht ſie den andern gaaben vor / als welche ohne die lieb kåinen nutz bråchten. II. Darnach
beſchreibt er ſie aus ihren wirckungen. III. Zum dritten růhmt er ſie deßhalben / daß ſie
immerdar wåren vnd bleiben wirt: ſo doch die andere gaaben werden auffhören.

W Ann [1] ich mit menſchen vnd mit Engel ſpraachen redet / vnd håtte aber die
liebe nit: ſo were ich ein tönend ertz / oder ein klingende ſchålle. [2] Vnd wañ
10 ich weiſſagen könte / vnd wüste alle gehåimnuſſen / vnd alle erkantnus: vnd wann
ich alle den glauben håtte / alſo / daß ich * berge verſetzte: vnd håtte aber die lieb
nit: ſo were ich nichts. [3] Vnd wann ich alle meine hab den armen gåbe / vnd
ergåbe meinen leib / daß ich verbrennet würde / vnd håtte aber die liebe nicht / ſo
nutzte es mir nichts.

D Je liebe iſt * langmůtig / ſie iſt freundlich: die liebe iſt nicht mißgünſtig: die
15 liebe treibet nicht můtwill / ſie blåhet ſich nicht auff. [5] Sie ſtellet ſich nicht
vngeberdig / ſie * ſůchet nit das ihre / ſie laaſſet ſich nicht verbittern / ſie trachtet
nit nach ſchaden. [6] Sie fråwet ſich nicht ab der vngerechtigkeit: ſie fråwet ſich aber
ab der waarheit. [7] Sie vertreget alles / ſie glaubet alles / ſie hoffet alles / ſie duldet
20 alles.

D Je liebe entfellet nimmermehr. Dargegen aber / es ſeyen gleich weiſſagungen /
ſo werden ſie abgeſchaft werden: oder es ſeyen ſpraachen / ſo werden ſie auf-
hören: oder es ſey erkantnus / ſo wirdt ſie abgeſchaft werden. [9] Dann vnſer er-
kantnus iſt ſtückwerck / vnd vnſer weiſſagen iſt ſtückwerck. [10] Wann aber kom-
25 men wirt das volkommene / ſo wirdt das ſtückwerck abgeſchaft werden. [11] Da ich
ein kind war: da redet ich wie ein kind / vnd war geſinnet wie ein kind / vñ hatte
anſchläge wie ein kind. [12] Da ich aber ein mañ ward: ſchaffet ich ab was kindiſch
war. Dañ wir ſehen ietzt durch einen * ſpiegel in einem råtzel: alsdann a⟨111⟩ber
werden wir ſehen von angeſicht zu angeſicht. Jetzt erkenne ich ſtückweiſe: alsdann
30 aber werde ich erkennen / gleich wie ich erkennet bin. [13] Nun aber bleibt glaube /
hofnung / liebe / diſe drey: aber die liebe iſt die gröſſeſte vnder diſen.

---

2 Die römischen Zahlen *I, II* und *III* dieses Abschnitts beziehen sich auf die entsprechenden
Zahlen am Rande der Zeilen 8, 15 und 21.   **11** M.: *Matth. 17.20.*   **15** M.: *Prov. 10.12. I. Pet.*
4.8.   **17** M.: *Phil. 2.4.21.*   **28** M.: *2. Cor. 5.7.*

Erklårung des XIII. Cap.

MJt Engel fpraachen] Das ift / Mit gantʒ fürtreflichen fpraachen (*c. k.*). Spraachen] *Gr.* Zungen (*a*). Hiemit ftraaft er die ehrgeitʒige lehrer ʒu Corintho / welche einen rûhm fûchten aus ihrer wolredenheit: wie wir droben gefehen haben 35 im erften vnd andern capitel.

2 Weiffagen kônte] *Gr.* Weiffagung håtte. Das ift / Die gaabe des weiffagens / oder die Schrift außʒulegen (*a*). Gehåimnuffen] Nemlich die gehåimnuffen des reichs Gottes / wie fie Chriftus nennet Matth. 13. v. 11 (*d*). Alle den glauben] Nemlich welcher in allen wunderthåtern ift (*d*). Dann difer glaub kan wol ohn die liebe 40 feyn / fintemaal er auch den heuchlern gegeben wirdt / wie leichtlich abʒunemmen aus den worten Chrifti / Matth. 7. v. 22. 23. Berg verfetʒte] Sihe Matth. 17. v. 20. So were ich nichts] Das ift / So gefiele ich Gott nicht (*d*). So nutʒte es mir nichts] Das ift / So würde ich deßwegen kåinen lohn bekommen bey Gott (*d*).

3 Den armen gåbe] Das Griechifch wort bedeut åigentlich / einem ein biffen in 45 den mund geben.

4 Jft langmûtig etc.] Das ift / die lieb machet folche leut die da find langmûtig / freundlich etc. (*a*). Blåhet fich nit auff] Sie verachtet nit andere leut / fie ift nit aufgeblaafen oder ftoltʒ. Mûtwill] Oder / leichtfertigkeit.

5 Vngeberdig] Wie die ʒornigen / ftôrrigen / vngedultigen kôpfe thûn: fagt 50 D. Luther hie. Das ihre] Jhren nutʒen oder wolgemach (*d*). Verbittern] Heftig erʒürnen. Schaden] *Gr.* Bôfem (*d*).

6 Waarheit] Das ift / Aufrichtigkeit.

8 Weiffagungen] Außlegungen der Schrift. Erkantnus] Das lehren vnd lernen aus der Schrift. 55

9 Dann vnfer erkantnus ift ftückwerck / vnd vnfer weiffagen ift ftückwerck] *Gr.* Dann wir erkennen ʒum thåil / vnd wir weiffagen ʒum thåil.

10 Kommen wirdt] Nemlich im ʒûkünftigen leben.

13 Grôffeft] Nemlich weil fie in ewigkeit wåren wirdt / droben v. 8. *Gr.* Grôffer. Alfo 2. Tim. 1. 18. 60

Lehren aus dem XIII. Cap.

DEr liebe follen wir vns für allen dingen befleiffen. Dann I. die liebe alle andere gaaben weit übertrift: ja ohne die liebe die andern gaaben / wie grooß vnd furtreflich die auch feyn môgen / vns nicht allåin nichts nutʒen / fondern wir auch noch mit denfelben für Gott ein grewel feind: welcher gaaben dañ fünf gefetʒt 65 werden / v. 1. 2. 3. II. Aus der liebe komen her fehr fchône liebliche tugenden / deren dreyʒehen von dem Apoftel gefetʒt werden / v. 4. 5. 6. 7. Drumb es auch nit gnûg ift / mit blooffen worten der liebe fich rûhmen / fondern fie wil vnd mûß

---

33 Die Buchstaben (*c., k.* usw.) sind Teile eines allgemeinen Verweissystems.   37 Der links von der eckigen Klammer stehende Ausdruck ist halbfett gesetzt.   62 M.: 1. *Chriftliche liebe.*

auch mit denen von Paulo gesetzten tugenden vnd wercken bewisen seyn. Sihe
70 1. Joh. 3. v. 18. Jac. 2. ver. 15. 16. III. Die liebe bleibet vnd wåhret alle zeit / nit
alläin in disem gegenwertigen zergenglichen / sondern auch in dem andern ewigen
leben: ja sie wirdt im andern leben volkommener werden: da hergegen andere
gaabē / auch der glaube vnd hofnung / aufhören werden / ver. 8. bis zum ende.
     Ein recht Christlich hertz sol immerdar nach dem andern ewigen leben ein sehn-
75 lich verlangen tragen. Dann hie in diser welt lauter vnvolkommenheit ist / da wir
zwaar ståts lernen / vnd doch nimmer zur volkommenheit kommen / v. 9.
10. 11. 12. Im andern leben aber wirdt eitel volkommenheit seyn / v. 8. 10. 11. 12.
     Weil gesagt wirdt v. 12. daß wir ietzt sehen durch einen spiegel / in einem råtzel:
Jtem / daß wir ietzt stückweise erkennen: so laast sichs ansehen / als daß die
80 H. Schrift sey tunckel / vnverstendlich / vnvolkommen / vnd auch vngewiß: vnd
daß demnach die einfeltigen låien die Bibel nicht lesen sollen / damit sie nicht in
zweifel gesetzt / von der rechten religioon abtretten / vnd zu ketzern werden:
Jtem / daß solche vnvolkommenheit vnd tunckelheit mûse durch den Paapst zu
Room vnd die H. våtter ersetzt vnd erkläret werden. Antwort: Der H. Paulus sagt
85 alhie nicht / daß die H. Schrift eine zweifelhaftige / vngewisse vnd vnvolkomene
vnverstendliche lehre führe / sonderlich so vil das jenige / so vns zu vnser såligkeit
zu wissen von nöten / belangen thůt: Sondern er stelt eine vergleichung an zwischen
der erkentnus vnd wissenschaft fürnemlich der gåistlichen sachen / die wir in disem
leben / vnd zwischen der / so wir nach disem leben haben vnd bekommen werden:
90 vnd sagt / daß vnser aller wissen in disem leben sey vnvolkommen / da er dann sich
selbst austrucklich mit eyn⟨112⟩schleust v. 12: wiewol er in den dritten himmel
entzuckt gewesen / vnd daselbsten vnaußsprechliche dinge gehört hatte /
2. Cor. 12. ver. 2. 4. Zu dem / so lehret er auch sonstē / daß die H. Schrift sey von
Gott eyngegeben / vnd nutz zur lehr / zur straaffe / zur besserung / zur züchtigung
95 in der gerechtigkeit / daß ein mensch Gottes sey volkommen zu allen gůten wer-
cken geschickt / 2. Tim. 3. v. 16. Ja also volkommen sey / daß aller menschen / ja
der Engeln zůsåtze sollen verflůcht seyn / Gal. 1. Jst derowegen der mangel nicht an
der H. Schrift / sondern an vns selbsten / daß vil dinge darin vns tunckel seind /
vnd auch tunckel bleiben. Vnd sol hiernechst kåin mensch / er sey auch so weis vnd
100 geschickt / als er immer wölle / sich bereden / daß er der gantzen H. Schrift völlige
erkentnus habe / oder auch in disem leben haben werde / vil weniger måister darin
oder darüber seye / also / daß er dieselbe seines gefallens außzulegen / darzů oder
darvon zu thůn / freye macht habe: Sondern wir alle mit åinander sollen immerzů
in der H. Schrift fleisig sůchen vnd forschen / damit wir ie lenger ie mehr zu
105 grösserer vnd volkommener erkentnus kommen mögen / bis wir in die himlische
schůl / aldaa wir alles werden von Gott volkomlich gelehrt vñ vnderrichtet wer-
den / kommen vnd versetzt werden / v. 12.
     Weil der Apostel Paulus sagt v. 13. daß die liebe grösser sey als der glaube / ist die
fraage: Ob wir dañ nicht eben so wol / ja wol mehr / durch die liebe / als durch den
110 glauben für Gott gerecht werden? Antwort / Nåin. Dann wir werden durch den
glauben gerecht / nicht / so fern er ein hohe fürneme tugend vnd gaabe Gottes ist /

---

74 M.: 2. *Euig leben.*   78 M.: 3. *H. Schrift.*   108 M.: 5. *Rechtfertigung.*

fondern fo fern er ift gleichfam die hand / mit welcher wir die im H. Evangelio vns angebottene gnad Gottes ergreiffen / annemmen / vnd vns zůåignen. Jft alfo des glaubens art / die angetragene gaaben annemmen: da hergegen die liebe die gaaben vnd gůter fo wir innen haben vnd befitzen / zu Gottes ehr vnd des nechften wolfart 115 außthåilet vnd anwendet. Der glaube ift gleich der wurtzel eines baums: deren art ift / den faft an fich ziehen / damit der baum lebe vnd nicht verdorre: Die liebe aber ift gleich den åften des baums / welche die früchte den leuten darråichen. Vnd ift eben fo ein nårrifche rede vnd folge / wann ich fage / Die liebe ift gröffer als der glaube / drumb macht vns die liebe mehr gerecht / als der glaube: als wann ich fo 120 fchlieffen wolt: Ein könig ift weit höher vnd gröffer als ein fchůfter / drumb machet ein könig beffer fchůh als ein fchůfter. Oder alfo: Gold ift höher als broot / drumb hat gold mehr vnd gröffere kraft zu nehren / als das broot. Wie dife vnd dergleichen folgen nårrifch feind / alfo auch jene. Dann der H. Paulus alhie von der erbawung der Gemåine Gottes redet / aldaa er dañ der liebe den vorzug für dem 125 glauben gibt. Aber wann er von der rechtfertigung des armen fünders für Gott redet / alsdañ fchreibt er diefelbe allåin dem glauben zů.

2. Historienbibel

Die an einen breiten Rezipientenkreis (Adel, Bürgertum, Klerus) gerichteten Historienbibeln sind in über 100 (zu 10 Gruppen gehörenden) Handschriften im gesamten deutschen Sprachgebiet (mit besonderer Dichte im Elsaß und im bairisch-österreichischen Raum) vor allem im 15. Jahrhundert (gehäuft zwischen 1440 und 1475) verbreitet. Es handelt sich um Prosatexte, die den biblischen, insbesondere alttestamentarischen Erzählstoff möglichst vollständig und erweitert durch apokryphe Ergänzungen sowie durch Inhalte und Deutungen mittelalterlicher Geschichtsschreibung (darunter die *Historia Scholastica* des Petrus Comestor [um 1110-1179], die thüringische *Christherre-Chronik* aus der 2. Hälfte des 13. Jahrhunderts, die *Weltchronik* Rudolfs von Ems [um 1250]) darbieten; sie wollen primär erbauen, außerdem aber religiös und geschichtlich belehren und unterhalten.

Ausgabe: Die deutschen Historienbibeln des Mittelalters. Nach vierzig Handschriften zum ersten Male hrsg. v. J. F. L. Th. Merzdorf. Stuttgart 1870 [Nachdr. Hildesheim 1963]. - Lit.: A. Stedje, Die Nürnberger Historienbibel. [...]. Hamburg 1968; B. Murdoch, The Fall of man in the Early MHG Biblical Epic. Göppingen 1972; Verfasserlexikon 4, 67-75; Lex. für Theol. u. Kirche 5, 391-392; Realenz. f. Theol. u. Kirche 8, 152-157; H. Vollmer, Ober- und mitteldeutsche Historienbibeln. Berlin 1912; Ders., Niederdeutsche Historienbibeln und andere Bibelbearbeitungen. Berlin 1916; Ders., Eine deutsche Schulbibel des 15. Jahrhunderts. Historia Scholastica des Petrus Comestor [...]. 2 Tle. Berlin 1925, 1927; Ders., Die neue Ee. [...]. Berlin 1929. Vgl. die Reihen: *Materialien zur Bibelgeschichte und religiösen Volkskunde des Mittelalters* sowie *Bibel und deutsche Kultur.* - Vorlage: Hs. O (westoberdeutsch, abgeschlossen 1468), Landesbibliothek Oldenburg; Sign.: Cim I 80.

NVn was Adam vñ ſin huſfrow baide blouß vnd ſchamtend ſich doch nit wañ ſÿ
hettend dēnocht nit geſúndet Do waß die ſchlang die aller lúſtigoſt vnder allen
tieren die gott gemachet hett vñ ſprach die ſchlang ʒů dem wib Warumb haut gott
úch verbotten das jr nit võ allem holcʒ eſſind das jn dem paradiß iſt Do ſprach das
5 wib. wir eſſind von aller frucht die jn dem paradiß iſt än allain des holcʒes das
enmitten jn dem paradiß iſt das haut vns gott verbotten das wir dʒ nit eſſind vnd nit
an rürind das wir nit ſterbind. Do ſprach die ſchlang ʒů dem wib Jr ſterbent nit.
Aber an welchem tag jr das eſſend. ſo werdent úch úwer ougen offen vnd werdent
gůtt vnd úbel wiſſen als gott. Do ſach dʒ wib dʒ opß an. vnd ſach das es ſchön waß
10 vor den ougen vnd luſtig jn der geſicht vnd gůt ʒe eſſind was. ⟨vj^{rb}⟩ vnd nam ainen
öpffel vñ auß. Vnd do ſy ſach das nit ʒehand ſtarb. do gab ſÿ Adamē öch. do
wurdent jr baide ögē geoffnet vnd erkantend dʒ ſÿ baide blouß wǎrend vñ macho-
tend jñ ſelber coſten von den vigbom blettern. Do kam vnſer he'r jn das paradiß
vnd do ſÿ die ſtĩm des herren hortend wandlen jn dem paradiß des luſtlichen wet-
15 ters nach mittem tag Do verbarg ſich adam vnd Eua vor dem antlit des he're Do
rủfft gott vnd ſprach Adam wa biſt du. Do ſprach er "her' ich hort din ſtĩm vnd
forcht mir vnd verbarg mich wǎn ich blouß bin. Do ſprach der he'r "wer haut dir
geſait das du blouß wǎrt Nun darům das du von dem holcʒ hauſt geeſſen dʒ ich dir
verbout ʒe eſſind. Do ſprach Adam. das wib das du mir ʒů ainer geſellin hauſt gebñ.
20 die gab mir die frucht vñ ich auß" Do ſprach gott ʒů dem wib warům hauſt du dʒ
getǎn ⟨vj^{va}⟩ Do ſprach Eua die ſchlang haut mich betrogen Do ſprach gott ʒů der
ſchlangen. Darumb ſÿgiſt du verflůcht vnder allen tierē der erd vnd můſt vff diner
bruſt gǎn vnd ſolt die erd eſſen alle die tag dins lebens vnd ſÿ vingintſchafft
ʒwiſchen dir vnd dem wib vnd dim ſomen vnd jrem ſomen Sÿ tritt din hopt
25 vnderſich ſo wirſt du jren verſenen häſſig. Darnǎch ſprach gott ʒů dem wib Jch
meñigualtigen dinen jamer vnd din geburt gebirſt du jn ſchmercʒen. vnd vnder
dem gewalt dins mǎnes ſolt du ſin vñ er herſchet dir Vnd ſprach do ʒů Adam.
Darům dʒ du geuolget hauſt der ſtiñ diner frowen vnd hauſt geeſſen von dem holcʒ
dʒ ich dir verböt ʒeeſſind. Verflůcht ſÿ die erd jn dinen wercken Jn arbait yſſeſt du
30 ſÿ alle din tag dins lebens. dorn vnd diſtel grůnent ſÿ dir. Vnd du wirſt eſſen das
⟨vj^{vb}⟩ krut der erde. Jn dem ſchwaiß dins antlits yſſeſt du din brott. ſo lang biß du
wider kompſt jn die erd von der du genömē biſt Vnd wirſt wider ʒů äſchen gewand-
let Vnd adam hieß den namē ſiner huſfrowen Eua. Darumb das ſi was ain mů̎tter
aller lebendigen. Nun machet gott Adamen vnd ſiner huſfrowen röck von ruchen
35 felen vnd claidet ſÿ an ſÿ. vnd ſprach. ſechend Adam iſt worden als ainer vß vns vnd
waiſt gůt und úbel Aber vmb das er nit recke ſin hand vnd neme öch von dem holcʒ
des lebens vñ eſſe dʒ er ewigklichen lebe etc.

⟨vij^{ra}⟩ Vnd gott der ſendt den engel Cherubin das er den mentſchen von dem para-
diß der wolnúß vertribe das er arbaiti die erde von der er genomen was Vnd traib
40 Adam vñ Eua vß dem paradiß der wolnúß Vnd Cherubin hett ain fúrin ſchwert ʒů
baidñ ſyten ſcharpff ʒů behüten den weg des lebendigen holcʒ Ee Adam und eua
wider gott ſundotend do was die ſůn ſÿbenſtund ſchöner vnd was jr glaſt ſÿbenſtund

---

27 *dins*] übergeschrieben über nicht durchgestrichenes *des*.

als groß. Do nam gott von jr fúnd fachß tailde jr fchöne ab. Die fůn ift ʒe achtmälen
als brait als das ertrich. So ift der mon fúnffftund als brait als dʒ ertrich. So ift ain
yegklicher ftern vierftund als brait als dʒ ertrich. denen nam gott jr schöni das fechs 45
tail ab durch die fchuld vnd rach fich gott an des hýmels ʒierd vñ ließ jr nun den
fýbenden tail. Wēn des mentfchen fpaichelen berürend ⟨vijrb⟩ ain nauter. fo ftirbt
fÿ. Vnd wēn die nauter ainen nackenden mentfchen ficht fo erfchrickt fÿ vnd flúcht
Darūm das Adam vñ eua nackind warend do jnen gott flůchet etc.

V Nd Adam was bÿ finer huffrowen Eua die empfieng ain kind Vñ do fÿ nun das 50
kind gewīnen folt do was jr gar we. vñ Adam waß nit bÿ jr. das was jr gar laid
wān fÿ kund núcʒ damit vnd fprach. nun mûß es gott erbarmē das ich finen ʒorn
verdienet hǎn Nun ift laider niement vnder allem hýmelfchen gefind an dem ich
gnǎd find. der mir jn minem liden rat geb oder der mir helff. gott helff mir das ich
fterb. oder helff mir vō difer nǒt die ich vō minen fúnden hǎn. durch fin gütti. Do 55
erhort sÿ gott nit Wēn er hett dēnocht finen ʒorn nit von jr kert. Do fprach aber die
arm eua. ⟨vijva⟩ das ich niemend hǎn der mich tröft oder mir raut geb vmb min groß
fúnd Wißt es doch min her‘ Adam oder hett ich ÿemend den ich ʒû jm fanti So wölt
ich jm enbieten dʒ er mir darʒû rieti. So hǎn ich niemend dēn die fůnen vñ die
fternē. die bitt ich das jr gen orient ʒû Adam komind vnd jm kúndint das ich fo 60
groffe pin hǎn. etc.

3. Theologia Deutsch

Die mystologische Schrift der *Franckforter* (Titel der ehemals Bronnbacher Hs.), die sich mit
der Frage nach der Unterscheidung der wahrhaften Gottesfreunde und der falschen Geister
(Vergottungslehre) beschäftigt, wurde von M. Luther 1516 (fragmentarisch) und 1518 (voll-
ständig unter dem Titel *Eyn deutsch Theologia*) veröffentlicht. Durch die Hochschätzung
Luthers fand die Schrift nachhaltige Aufnahme innerhalb der lutherischen protestantischen
Kirche. Als Verfasser wird ein im Prolog erwähnter Priester und Kustos im Deutschherren-
haus Frankfurt angesehen; die Datierung der Abfassung des Textes schwankt in der For-
schungsliteratur zwischen der Mitte des 14. und dem beginnenden 15. Jahrhundert.
    Ausgaben: Faks. in: Baring (1963); W. von Hinten, ›Der Franckforter‹ (›Theologia
Deutsch‹). Kritische Textausgabe. München 1982; G. Seidel, Theologia Deutsch. Mit einer
Einleitung über die Lehre von der Vergottung in der dominikanischen Mystik, nach Luthers
Druck von 1518 herausgegeben. Gotha 1929. – Lit.: G. Baring, Bibliographie der Ausgaben der
›Theologia Deutsch‹ (1516-1961). Ein Beitrag zur Lutherbibliographie. Mit Faksimileabdruck
der Erstausgabe und 32 Abbildungen. Baden-Baden 1963; A. M. Haas, Die ›Theologia
Deutsch‹. Konstitution eines mystologischen Texts. In: Freiburger Zeitschrift für Theologie
25 (1978), 304–350; Ders., »Theologia Deutsch«. In: Die deutsche Literatur im späten Mittel-
alter 1250-1370. 2. Teil [. . .]. Hrsg. v. I. Glier. München 1987, 303–305; H. Schiel, Heinrich
von Bergen oder Johannes de Francfordia als Verfasser der ›Theologia Deutsch‹. In: Archiv
für Mittelrheinische Kirchengeschichte 22 (1970), 85–92. – Vorlage: Druck; Wittenberg 1516
bei Johann Rhau-Grunenberg (*Eyn geystlich edles Buchleynn. von rechter vnderscheyd vnd
vorstand. was der alt vñ new mensche sey. Was Adams vñ was gottis kind sey. vñ wie Adā ynn
vns sterben vnnd Christus ersteen sall.*); Faks. der Ausgabe Baring.

⟨ Aber wie nun villeycht kein menſch yn dem gehorſam iſt als chriſtus was / ßo iſt
doch müglich einem menſch ⟨Biiijʳ⟩ als nahent do ʒu ʒekomen das ehr gotlich vñ
vergottet heyßſet vñ iſt / vnd ßo der menſch diſem neher komet / vñ gotlich vnd
vergottet wirt / ßo ym alle ſunde vnd vngerechtigkeyt leyder iſt / vnd wirſer thut /
5 vnd groß bitter leyden iſt. Vngehorſam vnd ſund iſt eins / eß iſt kein ſund dan
vngehorſam / vnnd was auß dem vngehorſam geſchicht. Sich nun ſagt man vnd
ſpricht. Es ſein ettliche menſchen die wenen vñ ſprechen ſie ſein alſo gar erſtorben
vnd jr ſelbs außgangen / das ſie ſollen ſein vñ leben / yn einem vnleydenlichen
leben / vñ von nicht berüret werden / Recht ob alle menſchen yn diſem gehorſam
10 weren / oder als ob kein creature enwere / vnd leben alſo yn einem gutten leychten
gemutte / vñ leben vñ laßſen yn mit allen dingē wol ſein es ſy dis oď das. Neyn ʒwar
jm iſt nicht alſo / ym iſt alſo als vorgeſprochen iſt / jm wehr wol alſo / were alle
menſchen yn dem gehorſam / Aber nun iſt es nicht alſo darumb iſt auch ditʒ nicht
alſo. Nun mocht man ſprechen Nun ſol ſich doch der menſch nicht annemen weder
15 böß noch guts / vñ ſol es alles ledig ſten. Jch ſprich des gutten ſol ſich nymant
annemen wan es iſt gottes vñ der gut gottes Aber danck habe der mēſch vñ ewigen
lon vnd ſeligkeyt / der dar ʒu taug vñ bereyt iſt vnd geſtat das ehr eyn hauß vnd
wonung iſt der ewigen gute vnd gotheyt das ſie yren gewalt willen vnd werck yn ym
gehaben mag ane hindernuſſen. Wil mann ſich den entſchuldigen vnd deß bößen
20 auch nicht annemen / vnd wil es dem tewffel vnd der bößheyt aufftragen. So ſprich
ich vndanck ſchaden vnd ſchande vnd ewig vngeluck / vnd verdamnus hab der
menſch das ehr dar ʒu taug / vnd bereyt iſt / vnnd geſtattet das der tewffel vnd
⟨Biiijᵛ⟩ falſcheyt / vnwarheyt vñ ander bößheyt yren willen vnd gewalt / werck vnd
wort yn ym haben mügen / vnd das ehr yr hauß vnd yr wonung iſt.
25 ⟨ Auch ſol man mercken vñ glauben vñ wiſſen / das kein als gut edel vñ gott als lieb
lebē iſt / als das leben Chriſti / vnd iſt aller naturen vñ ſelbheyt / das bitterſt
leben / aber das raucheloſe frey leben iſt aller naturen ſelbheyt vnnd ichheyt das
ſuſte vnd das luſtige leben / Es iſt aber nicht das beſte vnd das edleſte / eß mag yn
etlichen menſchen das beſte werdē. Aber wiewol chriſtus leben das bitterſte ſy / ſo
30 iſt es doch das aller liebſte das ſol mā da bey mercken / es iſt ein bekentnuß / da
von wirt bekant das ware einfeltig gut. vnd das gut iſt weder dis noch das / ſunder es
iſt das da von ſant Paulus ſpricht. Wan das volkomen vnd das gantʒ kōmet / ſo wirt
alle teylung vnd vnvolkomenheyt auffhören vñ ʒu nichte. das meynet alſo / das das
gantʒ volkomene alle teylung vbertrifft / vñ alle teyl vñ vnvolkumen / nichts
35 enſind gegen dem volkomen / alſo wirt auch alle bekentniß der teyl ʒu nichte / wan
das gantʒ bekant wirt / vnd wo das gut bekant wirt do muß es auch lieb gehabt
werden / alſo das ander alle liebe do mit der menſch ſich ſelber vñ ander ding lieb
hat gehabt ʒu male ʒu nicht wirt / vnd die bekentnuß bekennet auch das beſte vnd
das edelſte yn allen dingen / vnd hat es lieb yn dem waren gut / vnd nicht anders
40 dan vmb das war gut / vnd nicht vmbander warumb. Sich wo die bekentniß iſt / do
wirt bekant das Chriſtus leben das beſte vnd edelſte iſt. vnd do von iſt es auch das
aller liebſte / vnnd wirt gern gehabt vnd getragen vnnd nicht gefragt oder geruchet
ob es der Nature oder auch ymant wol oď we⟨Cjʳ⟩thu lieb oder leyd ſey.
⟨ Auch ſol man mercken yn welchem menſchen dis war gut bekant wirt / da muß
45 auch das leben Chriſti ſein / vñ beleyben bis yn den leyplichen tod / vnd wehr
anders wenet der iſt betrogen. Vnd yn welchem menſchen das leben chriſti nit iſt /

da enward auch das ware gut vñ die warheyt nie bekant. Nymant gedenck / das er
ʒu difem waren liecht vnd waren bekentnuß kome / oder ʒu chriftus leben mit vil
fragen oder mit lefen vnnd hohen kunften / noch mit hoher naturlicher vernunfft.
Ja mehr / alle die weyl das der menfch von icht etwas beheldet / oder icht yn feiner   50
liebe meynung / begird oder gefuch handelt vnd vor handen hat das dis oder das
ift / es fey der menfch felber / oder es fey was das fey / ßo komet er hie ʒu nicht.
Dis hat Chriftus felber gefprochen. Er fpricht. Wiltu nach mit komen fo verʒeyhe
dich dein felbs vnd volg mir / vñ wer nicht fein felbs vnd alles verʒeycht verlaffet
vñ verleufet der ift mein nicht wirdig / vnnd noch mag mein junger nicht fein / das   55
ift wer nicht alle ding laffet vnd verleufet der mag mein warheyt nymer bekennen
noch ʒu meinem leben komen vnd wer dis durch menfchen mund nie gefprochen /
ßo fprech es die warheyt yn yr felber / Wann es ift die warheyt / Aber dieweyl der
menfch die teyle vnd die ftucke vnd allermeyft fich felber lieb hat / vñ damit vmb
gett vnd do von heltet ßo ift vñ wirt er alfo blindt / das er von keim guten weyß   60
dann das ym ʒu ym felber aller nutʒft wolgefellig vnd aller luftigeft ift das hat ehr
fur das befte / vnnd ift ym das liebfte. Seydt nun das leben chrifti aller natur vnd
felbheyt vnd ichheyt das bitterft ift wan ʒu dem waren leben chrifti muß alle felb-
heyt vñ ichheyt vñ natur gelaffen vnd verloren werden vñ fterben / Darumb grawet
einer ytlichen natur vor dem leben ⟨Cjᵛ⟩ vnd duncket fie bôß vnd vngerecht vnd ein   65
torheyt / vnd nymet an fich ein leben / das yr bequemlich vñ luftig ift / vnd fpricht
vñ wenet von yr blindtheyt / es fey das aller befte. Sich nun ift kein leben der natur
alfo bequeme vñ luftig / als das frey raufch leben / Darûb heldet fie fich an das
felbe / vnd brauchet fich yr felbs vnd yr felbheyt / vnd irs eygen frides vnd gema-
ches / vñ alles des yren dofelbs / vnnd ditʒ gefchicht allermeyft do hohe naturliche   70
vernunfft ift. wan die fteyget vnnd klymet alfo hoch / yn yre eygen vñ yn yr felber /
das fy wenet / das fy das ewig ware liecht fey vnd gibet fich do vor daffelbe / vñ ift
betrogen an yr felber / vnd betreuget ander mit yr / die nicht peffers wiffen / vnd
auch dar ʒu geneyget find.

4. Johann Leisentrit, Zwei geistliche Lieder

Johann Leisentrit (1527-1586), seit 1559 Dekan des Domstifts Bautzen, seit 1561 Admini-
strator Ecclesiae mit bischöflicher Gewalt in beiden Lausitzen, vertrat in seinen vor allem
pastoralliturgischen Werken (24 erhalten) das Programm eines humanistischen Reformka-
tholizismus. Sein 1567 zum ersten Mal gedrucktes, 1573 und 1584 neu aufgelegtes Gesangbuch
spiegelt dieses Programm mit belehrend-erbauenden Bemerkungen zu den Abschnitten des
Kirchenjahrs, mit der Darbietung des Abendmahlsberichts in deutscher Sprache, mit dem
Aufgreifen auch von protestantischen Quellen, überhaupt mit pädagogisch behutsamer Ein-
stellung auf den Verständigungshorizont des katholisch gebliebenen Teils der Bevölkerung.
Die ausgewählten beiden Beispiele sind Lobgesänge auf die Geburt und die Auferstehung
Christi.
    Ausgabe: *Geistliche Lieder vnd Psalmen / der alten Apostolischer recht vnd warglaubiger
Christlicher Kirchen [...] Gott zu lob vnd ehre / Auch zu erbawung vnd erhaltung seiner [...]
Kirchen [...] zusamen bracht. Durch Johann: Leisentrit von Olmutz [...]. [Am Schluß:] Ge-
druckt zu Budissin durch Hans Walrab M. D. Lxvij.* Faksimile mit einem Nachwort v.
W. Lipphardt. Kassel 1966. – Lit.: W. Bäumker, Das katholische deutsche Kirchenlied in sei-

nen Singweisen von den frühesten Zeiten bis gegen Ende des 17. Jahrhunderts. 4 Bde. Freiburg
1883–1911 [Nachdr. Hildesheim 1962]; J. Gülden, Johann Leisentrits pastoralliturgische
Schriften. Leipzig 1963; W. Lipphardt, Johann Leisentrits Gesangbuch von 1567. Leipzig
1963; Lex. für Theol. u. Kirche 6, 931; NDB 14, 156. – Vorlage: Druck; Faks. der Ausgabe
Lipphardt.

⟨XVII^r⟩   Ein Lobgefang / von Chrifti geburt.

G Elobet feiftu Jefu Chrift / das du menfch geboren bift / von einer Jungfraw
das ift war / des frewet fich der Engel fchar / Kyrioleis.

Gelobet fey die Junckfraw zart / von der CHRJSTVS geborn wardt / ⟨XVIII^v⟩ vns
armen fündern all zu troft / das wir durch jhn würden erloft / Kyrioleis.

5   Gelobet fey der Engel fchar / die auch bey der geburt war / vnd fang dem klei-
nen Kindlein lob / auff erd vnd auch jm Himel drob / Kyrioleis.

Des frew fich alle Chriftenheit / jn der welt gantz weit vnd breit / vnd fage Gott
dem Herren danck / vom auffgang biß zum nidergang / Kyrioleis.

Dañ fo das kindlein nit geborn / wern wir alzumal verlorn / dieweil es nu ge-
10 boren ift / fo dancken wir dir Jefu Chrift / Kyrioleis.

Dich bitten wir auch hertziglich / das du vns wollt gnediglich / jtzüd deine gnade
geben / vnd darnach das ewig leben / Kyrioleis.

⟨CXIX^v⟩   Ein anders gar aldes / auff die vorige Melodey

C Hrift ift erftanden / von der marter allen / des fölln wir alle fro fein / Chrift
15   will vnfer troft fein Kyrioleifon.

Wehr er nicht erftanden / fo wehr die welt vorgangen / Sindt das er erftanden
ift / fo lobn wir den Herren Jefum Chrift / Kyrioleifon.

Es giengn drey heilge frawen / zu morgens in dem Tawe / fie fuchten den Herren
Jefum Chrift / der von dem Tod erftanden ift Kyrioleifon. ⟨CXX^r⟩

20 Maria du reine / du haft gar heiß geweinet / vmb vnfern Herren Jefum Chrift /
der von dem Tod aufferftanden ift Kyrioleis.

Maria du zarte / du bift ein Rofen Garte / den GOTT felber gezieret hatt / mit
dem der von dir geboren ward Kyrioleis.

Chriftus lag im Grabe / biß an den dritten tage / verwundt an hend vnd füffen /
25 O Sünder du folt büffen Kyrioleis.

CHRJSTE lieber HErre / durch deiner marter ehre / vorley vns ein gut ende /
ein frölich aufferftende Kyrioleis.

Alleluia / Alleluia / Alleluia / des föln wir alle fro fein Chrift will vnfer troft
fein Kyrioleis

5. Mönch von Salzburg, Mein trost Maria

Der mit Namen unbekannt gebliebene, dem Benediktinerorden zugehörige Mönch von Salzburg gilt als zentrale Dichter- und Komponistenpersönlichkeit im kunstbeflissenen Kreis um den Salzburger Erzbischof Pilgrim II. von Puchheim (1365-1396). Seine mindestens von Oswald von Wolkenstein (1377-1445) und Heinrich von Laufenberg (nach 1390-1460), wahrscheinlich aber sehr breit von der Lieddichtung des 15. Jahrhunderts rezipierten und mit mehreren Tönen in den Meistergesang eingegangenen geistlichen Lieder sind nach heutiger Kenntnis (Wachinger 1975) in über 100 Handschriften vor allem aus dem 2. und 3. Drittel des 15. Jahrhunderts vorwiegend im bairisch-österreichischen Schreibraum überliefert.
   Ausgabe: F. V. Spechtler (Hrsg.), Die geistlichen Lieder des Mönchs von Salzburg. Berlin/New York 1972. - Lit.: G. F. Jones/F. V. Spechtler/U. Müller, Verskonkordanz zu den geistlichen Liedern des Mönchs von Salzburg. Göppingen 1975; W. Röll, Vom Hof zur Singschule [...]. Heidelberg 1976; G. Bärnthaler, Übersetzen im deutschen Spätmittelalter. Der Mönch von Salzburg, Heinrich Laufenberg und Oswald von Wolkenstein als Übersetzer lateinischer Hymnen und Sequenzen. Göppingen 1983; F. Schanze, Meisterliche Liedkunst zwischen Heinrich von Mügeln und Hans Sachs. 2 Bde. München 1983, 1984; B. Wachinger (Rez.), F. V. Spechtler (Hrsg.), Die geistlichen Lieder des Mönchs von Salzburg. Berlin/New York 1972. In: Anzeiger für Deutsches Altertum und Deutsche Literatur 86 (1975), 158-162; Verfasserlexikon 6, 658-676. - Vorlage: Hs. D (ostoberdeutsch, 1. Hälfte des 15. Jahrhunderts); Österreichische Nationalbibliothek Wien; Sign.: 2856.

Das guldein vingerlein des münchs

Mein troſt Maria raine mait / der deinen wirdikhait / hab ich berait / ain guldein vingerlein: mit ⟨179ʳ⟩ ſexerlay geſtain durchlait das dir den namen ſait / den geren trait / dein Junkfreüliche güt.
Ain J mit perlein ·H· ʒuhant / topaſion genant / E vnʒetrant / von ſmaragd keúſch vnd fein: ain ·S· rubin von oſterlant / ain V ſaphir bekant / ain dyamant / ſein ·S·   5
dapey behüt.
Wy ich in ſünden pin verpflicht / wy lütʒel guts von mir geſchicht / wy krankche kunſt wy ſnödʒ geticht / ydoch der troſt mein hercʒ aufrichtt / daʒ ny chain menſch ward ſo vernichtt / der dir mit gancʒer treü ʒuſpricht / yn tröſt dein Junkfräulichʒ geſicht / Alſo ſchenk ich dir muter chlar. das / ⟨179ᵛ⟩ ringlein gen dem newen Jar.   10

Jn perlein weiʒʒ iſt nu geſtalt / dy ʒeit ſne hat gewalt / der Jenner kalt / iſt vnd hornung dapey / Reif machet all frücht greis vnd alt / dy Júng mariä palt / daʒ manigvalt yr blúmlein dir hofir.
Das new iar vah mit ſälden an / als chriſt den ſnÿt gewan / vnd auf der pan / ʒuriten künig drey: vnd wy yn taufte ſand Johan / vnd wes Jheſus began / do weins   15
ʒeran auʒ waʒʒer wein ward ſchir.
Dein lichtmeſs iſt dy ſelben vart / ſo hilf vns keúſche muter ʒart / daʒ leib vnd ſeel ſein wol bewart / ſneweiʒʒ nach margariten art / der vaſnachtſchimpf vns nicht verſchart / daʒ an vns werd dein güt geſpart / darvmb ſchaff ſäldenreicher gart / daʒ all dürr ſeel gewinnen ſaft / von des heiligen gaiſtes kraft.   20

---

12 zur Sache vgl. die Ausgabe.   **14** *ſnÿt*] ›Beschneidung‹ (Christi).   **19** *verſchart*] s. Lexer s. v. *verscharn*.

Hynfür Mercʒ Abril dy ʒwen mon / als ain topaſion / ſich gilben ſchon / ich wän
dem winder ſcheütʒ: dy heilig vaſten iſt ſo fron / mit erenreichem lon / der menſch
da von / ſich leütert als das gold.

Dein kündūg vns vil fälden tut / mit roſen varbem plut / hat vns behut / dein kind
25 an fronem kreücʒ: do er ſtarb mit manlichem mut / ſein vrſtend was vns gut / für
helle glut / dy er da prechen wold.

Hilf den dy er erlóſet hat / ſo gar dy heilig ʒeit jn gat / daʒ yglich menſch meid
miſſetat / vnd laʒ ſich reẅen fru vnd ſpat / ſein ſchuld vnd volg der priſter rat / daʒ
ym dy götlich maieſtat / verleich dy engeliſchen wat / dy er den liben ewiklich. wil
30 leihen in dem hymelrich.

Der may mit dem prachmayen geit / ſmaragdes grüne ʒeit. mit widerſtreit / erklingt
der voglein ſchal: ygliche͛ ſein gemahel freit / perg anger haide weit / gar luſtlich
leit / bedekt mit laub vnd gras.

Deins kindes aufvart nam du war / der tröſter leret gar / ʒwelfboten ſchar / der
35 werlt ſprach v̄beral: yr leer bracht ⟨180ʳ⟩ vns der fälden nar / maid hilf vns frölich
dar / keüſch grün gevar / da ny chain dorren was.

Mach daʒ ain yglich menſch bejag / andacht an gotes leichnams tag / daʒ man ym
alſo ſing vnd ſag / vnd yn mit ſölcher ʒir vmbtrag / daʒ eʒ ym wol von vns behag /
daʒ vns chain helliſch pein icht nag / dein hilf maria das vermag / des pitt Johannes
40 keüſcher lcib. wän heilger kind getrug ny weib.

Heẅmoned augſt als ain rubein / ſich röten chlar vnd fein / mit haiʒʒem ſchein /
kumbt manig ſchedlich ſchaur: das wend mit den genaden dein / mach all frücht
ſicher ſein / vor aller pein / kum vns vnd yn ʒu troſt.

Den vngeſunden tagen· wer / daʒ icht yr hicʒ vercʒer / das menſchlich her / dy
45 plöden creataur: auf puʒʒ auf peʒʒrung vns erner / lang leben vns beſcher / der
ſünden mer / verprēn auf gnaden roſt.

Bedenk den freüdenreichen ſchal / da du furſt in den hymelſal / du haſt den peſten
tail vnd wal / dein mächtikhait iſt gar an ʒal / tröſt vns in dyſem iamertal / weñ
vnſer gute werch ſind ſmal / in ſünden hicʒ auch worden val / mach vns mit guten
50 werchen feücht. daʒ vns das götlich licht erleücht.

Zwen herbſtmon bringent wein vnd prot / für durſt vnd hungers not / haiʒ ʒeit was
rot / dy ſtet ſaphirlich plau: dy wag der ſunne gank verſchrot / dy gar hoch erpot /
dy hicʒ iſt tot / der luft pringt ſein ʒuflucht.

Hilf durch all chriſtenleich gepet / ſo man das koren ſet / vnd grumad met / daʒ
55 vns dy ſunn anſchau / wän hoher wint in lüften wet / ſo mach das weter ſtet / bis
man Jnlet / vnd ſchon behalt all frucht.

Du ȳmer wernder ſélden ſtam / dein raine purd was wunneſam / vns da ſy von frau
anna kam / vnd got von dir dy menſchhait nam / den mach ⟨180ᵛ⟩ raine maid ſo
cʒam / daʒ er abtilg der ſünden ſcham / dy vns an erbent von Adam / vnd daʒ des
60 heilgen gaiſtes luft. vns all behüt vor helle gruft.

---

21 *gilben*] hier auf die Blüte bezogen.   **52** *wag [. . .] erpot*] zur Deutung s. die Ausgabe.

Mit allen heilgen winder veſt / an vahet vnd das leſt / yr tunkchel gleſt / ſwarcʒ
diamant gevar: der tag iſt kurcʒ: val ſint dy eſt / erdreich dy wurcʒen meſt / das
aller peſt / gib raine maid darʒu.

Das guldein tor ſich ny entſloʒʒ / dein iunkfreüliche ſchoʒʒ / tet wunder groʒʒ / da
ſy got menſch gepar: dir ward ny creatur genoʒʒ / got vater begoʒʒ / mit gaiſtes 65
floʒʒ / erwirb vns ewig ru.

Mach vns genädig Jheſum chriſt / der got ob allen göttin iſt / der haiden Juden
kecʒer liſt / iſt gar betórt ʒu aller friſt / ſeind aller ʒaichen yn gepriſt / dy vns oft
nerent dy geniſt / durch Jheſum des du muter piſt / Maria hilf daʒ vns geling: ʒu
dem des nam ſtet an dem ring.   70

6. Heinrich von St. Gallen, Marienleben

Das sogenannte *Prager Marienleben* stellt mit 31 erhaltenen Handschriften als das »reprä-
sentativste deutsche Prosa-Marienleben« (Ruh 1969, 109) ein wichtiges Zeugnis spätmittel-
alterlicher Marienverehrung dar. Als Verfasser wird Heinrich von St. Gallen (ca. 1350 bis
nach 1409) angesehen. Der zugrundegelegte Textzeuge M 6 von 1469 (westmittelbairisch) ist
unbekannter Herkunft (Hild 1981, 47f.).
    Ausgabe: H. Hilg, Das ›Marienleben‹ des Heinrich von St. Gallen. Text und Untersuchung.
[. . .]. München 1981. - Lit.: K. Ruh, Das ›Compendium Anticlaudiani‹ als Quelle des Prosa-
Marienlebens ›Da got der vater schuof Adam und Evam‹. In: Zeitschrift für deutsches Alter-
tum 98 (1969), 109-116; W. Schmidt, Heinrich von St. Gallen. In: Zeitschrift für deutsche
Philologie 57 (1932), 238-243; NDB 8, 422-423; Verfasserlexikon 3, 738-744; Reallexikon 2,
271-291; Lex. für Theol. u. Kirche 7, 70-72; RGG 4, 758-760. - Vorlage: Hs.; Bayerische
Staatsbibliothek München; Sign.: Cgm 262.

Do nu erfult worden die funffʒig tag von dem oſterlichen tag do waren alle dy
iungern vnſer herrn noch an der ein ſtat do kam der heilig geiſt in das hauß do
ſie in warn ſicʒen recht alſ ein vngeſtumer windt vnd erfult daʒ gancʒ hauß vnd
erſchein in feuren ʒungen vnd ſaß auf ir iet ⟨356ᵛᵃ⟩ lichen vnd wurden al erfult des
heiligen geiſt vnd huben an ʒu reden mit mäg'ley ʒungen Wir vinden yn der alten E 5
daʒ der heilig geiſt iſt geſant wordenn den heiligen altuetern in mang'ley weiß vñ yn
ye ainer anderſt vnd anderſt hat yn ētpfangen aber deßgleich vindt man nyndert alß
do er erſchinē iſt daʒ er ſey erſchinen ſichtiglichen mit groſſen wūnder wercken alſ
do den heiligen ʒwelpoten in der heiligen newen E wan do ward er gelubt von got
dem ſun den heiligen Jungern vnd vnß in ir p'ſon vnd ward geſāt võ got dem vater 10
in dē nam ſeins eingeporñ ſuns vnd er ſelber der heilig geiſt kam her ab von in
beyden in geſtalt fewrer ʒungen vnd ſaß do auf ir yetlichen vñ auch auf die himel
kunigin mariā vñ all die do gegenwurtig vñ dar ʒu geſchickt wa⟨356ᵛᵇ⟩ren vnd do ſie
alſo warn erfult von dem heiligen geiſt do ſtunden auf die heiligen zwelfpotñ vnd
verkunten vnſern hern iheſum Criſtum offenlich daʒ er wer erſtandē vom tod vnd 15

---

61 *allen heilgen winder vest*] ›Allerheiligen‹.   62 *meſt*] s. Lexer s. v. *mesten.*   68 *zaichen*] zur
Deutung vgl. die Ausgabe.   69 *nerent*] wohl fehlerhaft für *lerent.*

ſaß ʒu der rechten hantt ſeinß vaters gotes deß almechtigen vor aller meniglich wañ
auf den ſelbn tag waren geſamet ein groſſe menig des volcks ʒu der hochʒeit der
pfingſten von allen ʒungen vnd ir ytlicher hort vnd verſtund mercklichen ſein
ʒūgen in der er geboren waʒ vnd do ſie daʒ alſo horten do wurden ſie ſich verwun-
20 dern in groſſem erſchrecken vnd ſprachen waʒ wil daʒ ſein daʒ vnſer yetlicher hort
ſein ʒungen do er in geporen iſt vnd petrus ſtūd auf vnd ward predigen wie ſie
jheſum nazarenū ein bewerten ⟨357ʳᵃ⟩ man ſo mit groſſem ʒeichen vnd wund' wer-
cken hetten vnſchuldiglich getȯt vnd wie in gott wider erkuck het vom todt vñ
bewert daß mit mangerley geſchriefft vñ wie er ſeß ʒu der gerechten hant ſeinß
25 vaterß vnd deʒ ſey wir geʒugen vñ dar vmb ewer itlicher wurck puß vñ werd ge-
taufft yn dem nomen jheſu Chriſti yn ablaß der ſund vnd nempt dy gab des heiligen
geiſtes vñ vil ander ſchoner red die er do ſagt daʒ do von auff den ſelben tag bey
dreiſttauſent ſel wurden heilſam aber etlich auß in ſprachen ſie ſein vol moſtes vnd
verſpoten ſie das verantwurten ſant peter gar maiſterlich vnd entſchuldigt ſich vnd
30 die andern vnd ſprach Nit als ir went ſey wir truncken ⟨357ʳᵇ⟩ wan eß noch iſt die
drit ſtund deß tags Sund' die weiſſagung des propheten iohel iſt erfult worden yn
vnß die do ſpricht Ich will in den letʒſten tagñ auf euch gieſſen den heiligen geiſt
vnd entſchuldigt ſich mit den andern alſo mit der heiligen geſchriefft vnd webert
das mit groſſen wund'wercken dy er vnd die andern teten in dem nomen iheſu vnd
35 daʒ ein groſſe vorcht kam vber alles volck Eß fragt ſant Bernhart vnd ſpricht du libe
fraw der himel waſ deſtu ʒu dieſer künheit vnd wunder wercken deiner liebñ kind
vnd bruder Er antwort vnd ſpricht do die himelkunigin ſach vnd bekant daʒ ſie ein
ſolchen ſun geboren het auß jrem leib nach der menſcheit die do veraint waß der
wirdigen menſcheit do ward ir hercʒ geſecʒt in ſolche groſſe freud daʒ ſie vn-
40 menſchenlich waʒ wan ir freud waʒ mā⟨357ᵛᵃ⟩gerlay wan ein halben vȯ irß ſuns
wegen ander halben daʒ ſie auch het entpfangen den heilign geiſt als die andern
jungern Zum dritten mal von der heiligen ʒwelfpoten wegen daʒ ſie ir liber ſun alſo
gewirdig hett daʒ ſie ſolche werck worchten in ſeinem namen vnd ſein ere alſo auß
preyten vnd die meſchen bekertenn von irem irſal vnd alſo klaubt ſie ʒu ſamen die
45 holcʒlach vñ macht dor auß ein fewr in irem h'cʒen daʒ do ſich die flamen be-
weiſten in vil andern menſchñ hercʒen vnd noch altag tut vñ O du vols vaß aller
gnaden Spricht ſant bernhardus gib vnß des edeln fewrs ein fūck ſo benugt vnß gar
wol vnd ſag mir waß teſtu nach diſen dingen allen do du vnd die heiligñ iungern all
entpfangñ heten den heiligen geiſt vnd ſie in ſeiner crafft alſo geſterckt wurden piß
50 in den tod ʒu vber⟨357ᵛᵇ⟩winden all ir feind Er antwurt im ſelber vñ mit im ſant
auguſtinus vñ ſprechen daʒ maria die hoch gelobt kaiſʒrin ſey belibñ pey den liben
ʒwelfpoten ʒu ieruſalem piß daʒ ſie von irem ſun geſant wurden in alle werlt dar-
nach erhub ſie aber ir gemut erhoh in got vnd alles daʒ ſie bekant in irer vernufft
daʒ do loblich wer der heiligen driualtigkeit daʒ volpracht ſie nach allem irem
55 v'mugen wan ſie albeg gewonlich auff ſtund ʒu mitt'nacht vnd ein templiret do
himlich ding piß hin ʒu meten ʒeit ſo hub ſie dañ aber ein andre betrachtung an vnd
newe vbung vnd thet ſie ʒu ainer yetlichen ʒeit deß tags vnd wen ir dän die hime-

---

23 *erkuck*] s. Lexer s. v. *erquicken*.   **28** *dreiſttauſent*] s. Götze, Frnhd. Glossar, s. v. *dreiſtet*.
45 *holcʒlach*] zur Diminutivform *-lach* s. Grammatik des Frühneuhochdeutschen I.3, § 27,
Anm. 9.   **55** *templiret*] s. Lexer s. v. *contemplieren*.   **56** *himlich*] lies *himliſch*.

lifch fʒußikeit etwas waʒ erʒogñ daʒ gefchach gewonlich ʒu mittem tag So ⟨358ʳᵃ⟩
befucht fie dan die ftet dor an ir lib' fun geliden het dar in fpeift fie ir lieb vnd
belangen das fie het nach irem liben fun vnd beweint do daʒ pitt' leiden irs kindes   60
mit groffem mitleiden vñ die ʒart alfo ir vbung volbracht fo waʒ es nu vber den
mitten tag vnd offt fpricht fandt augustinus laß fie die puch' der heiligen propheten
vnd funderlich des morgens nach irē fchawen vnd andechtigñ gepet vnd fpricht der
heilig anfhelmus ir befunder lieb haber wan fie nu het befucht die ftet des leidens
irß kindes fo gieng fie dan wider haim an ir gemach vnd nā do ir fpeiß in groffer   65
danckperkeit vnd meffigkeit die ir gefant ward von got der heiligen driualtigkeit
durch den heiligñ ⟨358ʳᵇ⟩ engel vnd worcht do mit iren ʒarten henden daʒ werck daʒ
fie gelernt het yn dem tempel alß vor auch gefchriben ift von ir vn das traib fie alfo
piß vefper ʒeit fo gieng fie dan aber an ir gepet vnd andacht vñ belaib dar an piß
ʒwu ftund yn die nacht fo gieng fie dan an ir ru Do lag fi dan nit lenger piß mitte   70
nacht wie kurcʒt die nacht waʒ alfo lebt fie in groffer heilig vbung sie ließ nit ab fie
nam vil mer ymer daʒ ʒu von tag ʒu tag yn all' andacht vnd heiligkeit vnd folt fie
haben gelebt piß an denn iungften tag So het fie all augenplick verdienliche werck
geworcht dor von ir freud gemert wer worden im ewigen leben Alfo lebt die ʒart
rain fraw nach der auffart irs liben funs als etlich lerer halten biß yn daʒ dreyʒehe-   75
nent ⟨358ᵛᵃ⟩ iar in die offt an allen ʒweifel geʒogen ift worden in daʒ luftig paradeiß
vnd in daß ewig leben in ein geiftlichen ʒug piß daʒ die ʒeit kom daʒ fie ir liber fun
wolt beruffen von difer werlt ʒu im yn daʒ ewig leben

7. Legenda aurea

Die Legendensammlung (*legenda aurea, legenda sanctorum*) des Dominikaners Jacobus de
Voragine (Jakob von Viraggio, 1228/29-1298; Erzbischof von Genua) stellt eine der ganz
populären Erbauungsschriften des Spätmittelalters dar. »Über 1000 erhaltene Handschriften
und 97 Inkunabelauflagen in lateinischer Sprache, teils mehrfache Übersetzungen in franzö-
sischer, englischer, niederländischer, italienischer, portugiesischer, spanischer, tschechischer,
polnischer, schwedischer, dänischer, deutscher Sprache erweisen das Werk als eines der meist-
gelesenen des Mittelalters« (Die ›Elsässische Legenda Aurea‹, XIII). Die in 34 Textzeugen
erhaltene sog. *Elsässische Legenda aurea* ist die einzige deutsche Prosaversion des Gesamt-
werkes aus der 1. Hälfte des 14. Jahrhunderts (von einem unbekannten Straßburger Überset-
zer). Der hier zugrunde gelegte Münchner Prachtkodex M 1 wurde 1362 abgeschlossen.
    Ausgabe: Die ›Elsässische Legenda Aurea‹. Bd. I: Das Normalcorpus. Hrsg. v. U. Wil-
liams/W. Williams-Krapp. Tübingen 1980. Bd. II: Das Sondergut. Hrsg. v. K. Kunze. Tübingen
1983. - Lit.: K. Kunze, Überlieferung und Bestand der Elsässischen Legenda aurea. [. . .]. In:
Zeitschrift für deutsches Altertum 99 (1970), 265-309; H. Meyer, Untersuchungen über die
Elsässische Übersetzung der Legenda aurea. Prolegomena zu einer Textausgabe. Diss. Freiburg
1933. Freiburg 1939; W. Williams-Krapp, Die deutschen Übersetzungen der ›Legenda aurea‹
des Jacobus de Voragine. In: Beiträge (T) 101 (1979), 252-276; M. von Nagy/Chr. de Nagy, Die
Legenda aurea und ihr Verfasser Jacobus de Voragine. Bern/München 1971; R. Schindler, Die
Siebenschläfer; ihre Legende, ihr Kult, ihr Brauchtum. In: Ostbairische Grenzmarken
5 (1961), 195-199. - Vorlage: Hs.; Bayerische Staatsbibliothek München; Sign.: Cgm 6.

Von den fúben fchleffern

Die fúben fchleffer worent geboren uf der ftat Ephefum. Zů den ʒiten durchetet
der keifer Decius die Criften vnd kam in die ftat ephefů do búwet er einen
tempel der Abgotter mitten in der ftat. vñ gebot daʒ allef folk folte der abgottern
opheren alfo pinigite er die criften do fo fere daʒ ein vatter fines fúnes fúrlöckente
5 vñ ein fun finẽs vatters. Alfo wrdent in der ftat fuben Criften man fundẽ Maxi-
minus malchus Martinianus Dyonifius Johannes Serapion Conftantinus Dife wor-
ent die wirdigiften der ftat do von fo fúrfmohetent fú di abgötter vñ hulent fich in
irẽ hufern. do wrdent fu fúrmeldet do võ gap in der keifer decius ʒil daʒ fu fich
bereitent vncʒ er her wider keme in die ftat das fú doʒwifchent Crifteme glöben abe
10 feitent vñ fine gotter eretent oder er hieffe fú mit den anderẽ criftenẽ pinigen. ⸿ Hie
ʒwifchent fúrʒertent fú vnder den criften armẽ menfchen ir gůt vnd gingent hei-
melich in eine hule des berges Celyon. do logẽt fú inne fúrborgen an irre andaht
vnd fantẽt alle ʒit noch irre notdurft einẽ in die ftat in deme fchine eines bettelers.
Über lang kam der keyfer decyus wider in die ftat vñ begunde mit fliffe dife mã
15 ⟨124ᵛᵇ⟩ fůchen vnder difen dingẽ was der heiligẽ einre malchus genant in der ftat
vmbe brot. Do dirre horte den ʒorn deʒ keifers wider die heiligẽ do erfchrak er vil
fere vñ ilete mit dem brote ʒů finẽ gefellen in den berg vñ kúndete in dife bőfe mere
alfo foffent fú in betrúbnicʒ nider vñ begundent des brotes effen. do entfchlieffent
fú von den gnodẽ gőttes. ⸿ Des morgens befante decyus der heiligen frunde vnd
20 trowete den fo fere daʒ fú võ forhtẽ ime offenbartẽ wie die heiligẽ alles ir gůt den
armen menfchen hettent durch got geben vñ fú fúrborgẽ legent in dem berge Ce-
lyon. Do hies der keifer decius den felf des berges fúr die hule fellen daʒ fú dar inne
húngers fúrdúrbent. Do worent ʒwene Criften bi. Theodorus vñ Rufinus dife
befchribent die gefchiht mit andaht vnd mit fliffe vnd leitend die gefchrift vil
25 ficherliche vnder fteine Alfo logent dife heiligẽ drúhundert vñ ʒwei vnd fúbenʒig
ior fúrborgẽ in difem berge vncʒe uf die ʒit deʒ keifers Theodofij do der drifig jor
hette do ftunt eine keʒerie in dem glöben uf wider die vrftende der doten an dem
iungeften dage. Hie vmbe betrúbte fich der keyfer uil fere wenne er ein gůt Criften
was vnd lag alle ʒit mit andaht vñ bat got daʒ der gelöbẽ befchutte võ den bőfen
30 kecʒern. Alfo erhorte got fin gebet vnd gap einẽ richen burger in der ftat ʒů Ephefo
in finen fin daʒ er folte in dem berge Celyon eine húle uf brechẽ daʒ fin fihe do
inne ftunde růwete an der fchetten. ⸿ Do nů die fteinmecʒen die húle uf gebrochent
do erwachetent die heiligẽ vnd bot einre dem anderẽ gůtẽ morgen vñ wondent fu
hettent alleine über naht gefchloffen. Alfo frogeten fú malchum waʒ er gefter in der
35 ftat hette gehőret võ deme keifer waʒ er wider fú wolte beginnẽ Do fprach er alf ich
úch nehtin feite er hat gefůchet daʒ wir den Abgottern ophernt ⸿ Do fprach fant

---

1 *durchetet*] s. Lexer s. v. *durchæht(ig)en*.   4 *fúrlöckente*] s. Lexer s. v. *lougenen*.   5 Hs. vor
Criften: *Criften* durchgeftrichen.   7 *hulent*] s. Lexer s. v. *hëln*; zum Stammvokal *u* s. Gram-
matik dès Frühneuhochdeutschen IV, § 127.3.   17 Hs. vor *mit*: *mit* radiert.   21 Hs. nach *ir
gůt den armen menfchen* ist *ir gůt den armen menfchen* radiert.   29 *befchutte*] s. Lexer s. v.
beschüten.   32 *fchetten*] s. Lexer s. v. *schete/schate*.   36 *nehtin*] s. Lexer s. v. *nehten*.

maximinus Got weis daȝ wir den Abgottern niemer geophernt ⁊ Hie noch ſantē ſú
malchum wider in die ſtat daȝ er me brotes kŏfte vñ och mere erfúre waȝ der keiſer
uſ in wolte tůn. ⁊ Alſo ⟨125ʳᵃ⟩ nam malchus fúnf ſchillinge pfennīge mit ime vnd
ging vſ der húlen vnd do er die ſteine ſach ligen vor der húlen do fúrwndert es in   40
doch was er ſo vol andere gedencke daȝ er nút hie noch gedohte. ⁊ Do er nů kam an
die erſte porte der ſtat do ſach er ein crúce dar úber gemolet deȝ fúrwnderte in do
kerte er ȝů den anderen porten der ſtat die worent alle mit dem crúce geȝeichent do
ȝoch er ſinē kugelhůt fúr ſin antlit vñ ging in die ſtat do horte er gemeinlich daȝ
folk Criſtum nemē do ſprach er ȝů dē do er das brot ſolte kŏffen. wie iſt diſ daȝ   45
giſter niemā Criſtum genemē geturfte vnd ir húte alle offenlich Criſtum bredigent
vñ frogete ob daȝ die ſtat Epheſum were do wart ime geſeit ſicherliche ſú were
epheſum. Alſo ȝoch er ſilberine pfennīge uſ vñ wolte brot kŏffen. do dis ſohent die
menſchen do ſprochent ſú dirre Jungelīg můs einē alten ſchacȝ fundē han vnd
hieltent in Do erſchrak malchus vñ ſprach dȝ ſu daȝ brot mit den phennīgen be-   50
hieltent vnd in lidig lieſſent. ⁊ Do ſprochent ſú wir ſehent wol daȝ du einē ſchacȝ
der alten keiſer haſt fundē do vŏ fúre vns mit dir ſo wellen wir gůte geſellē ſin
enduſt du daȝ nút ſo wellent wir dich meldē ⁊ Von ſchrecken enkunde er in nút
geantwrtē do ſu diſ ſohent do wrfent ſú ime ein ſeil an den halſ vnd fůrtē in mittē in
die ſtat vnd meldetent in. Do kam alle die ſtat ȝů geloffen. Do ſach er vmb ſich ob   55
er ſinre frúnde keinre ſehe do worent ſú ime alle vnerkant. Do diſ horte ſant martin
ein biſchof der ſtat vñ Antipater ein richter. do gebutten ſú daȝ man den mēſchen
fúr fůrte mit ſinen pfennīgen. ⁊ Do in das folk ȝů der kirchen fůrte. do wonde er
man fůrte in ȝů dem keiſer decius. do er nů fúr den biſchof kam do wart er gefroget
wo er den ſchacȝ des alten geltes hette fundē. Antwrt er. dis were gelt daȝ er uſ ſime   60
eltern ſchacȝ hette genomē. Do ſprochent ſu von weler ſtat er were. Do antwrt er ich
weiſ daȝ ich von dirre ſtat bin vnd han frúnt hie. Do er die nante do waȝ nieman der
ſú erkante. Do ſprach der Richter wie maſt du vnſ erȝŏgen daȝ es din erbeȝal ſie dis
gelt. Nů ſehen wir ⟨125ʳᵇ⟩ ander múnſen vnd ander geſchrift daȝ dis gelt iſt vor
drienhundert ioren geſchlagē e. denne der keiſer decius richȝete. Nů ſihe ich wol   65
daȝ vnſ wilt betriegē do vŏ ſo wil ich dich ſo lange heiſſen keiſtigē vncȝe daȝ du
dinen heimelichē ſchacȝ offenbareſt Do fiel malchus nider fúr der biſchof vñ
ſprach. Gnediger herre ſagent mir wo iſt der keyſer decius der in dirre ſtat wonete
Antwrt der biſchof. Sun es iſt nů niemā der decius heiſſe. wol leſent wir vŏ eime
keiſer der waȝ decius genant der iſt vor alten ȝiten dot. Do ſprach malchus dis   70
fúrwndert mich gar ſere. Sit ir mir nút glŏbent ſo gont mit mir ȝů minē geſellen die
wonent in dem berge Celion die ſullent úch die worheit ſagen wenne ich weis daȝ
der keiſer decius geſter in diſe ſtat kam vñ floch ich ſin durchehten in den berg
Celyon. ⁊ Do ſprach der biſchof ȝů dem Richter got wil vnſ wnder durch ſinē
iungeling erȝŏgen Alſo fůrent der biſchof der Richter vñ das meiſteteil deſ folkes vŏ   75
der ſtat mit malcho ȝů dem berge. Do ging malchus vor in die húle vnd Biſchof mit
dem Richter noch. Do ſohent ſú die heiligē mit follekomē blůgendē antlide ſicȝen in
der húlen vñ fundēt einē brief mit ȝwein ſilberine Jngeſigeln do waȝ daȝ leben der
heiligē an geſchribē den las der biſchof vor allen folke. Do lobte daȝ folk alles got in

---

42 *fúrwnderte*] *wu* in der Hs. oft *w*.   **63** *erbeȝal*] s. Lexer s. v. *erbe-zal*.   **65** *richȝete*] s. Lexer
s. v. *richesen*.   **66** *keiſtigē*] s. Lexer s. v. *kestigen*.   **66** Hs. *daȝ daȝ*.

80 ſinen heiligē. do enbot der biſchof deme keyſer Theodoſius daȝ er keme. vñ die
wnder die in got hat erȝöget ſehe. Do waȝ der keiſer dirre merē fro vñ ſas uil ſchiere
ȝů Conſtantinopol uf vñ reit gen epheſum do wart er mit groſſen eren enphangē
Alſo ging der keiſer mit dem folke in die húle ⟨ Do nů die heiligē den keiſer ſohent
do wrdent ire antlit ſchinende alſ die ſunne do dis der keiſer ſach do fiel er fúr ſú
85 nider vñ lobte got vñ vmbfing einē noch dem anderē mit bitterē weinende vnd
ſprach. Jch ſihe úch alſo ob ich ſehe laȝarum den vnſer herre võ dem tode erquicket
⟨ Do ſprach ſant maximinus keiſer wiſſeſt daȝ wir hie ſint gelegē in eime ſchlofe
alſo ob wir dot ſint geweſen vñ hant nút enphundē alſ ein kint in ſinre můter libe.
Nů hat vnſ got erquicket durch daȝ wir dir kúndēt one ȝwifel daȝ an deme jun
90 ⟨125ᵛᵃ⟩ geſtē tage eine gemeine vrſtunde wrt aller menſchen vnd daȝ du dis glöben
ſolt one ȝwifel ⟨ Noch diſen wortē nigent die heiligē ire höbter vnd gobent ire geiſte
ȝů himel. Do hies der keiſer gar koſtbere ſercke machen von golde ſúbene daȝ er die
heiligen dar in leite mit eren do von erſchinēt ſú ime des nahtes vnd ſprochēt daȝ er
ſú lieſſe in der erden ligē do ſú got ſo lange ȝit inne hette enthaltē Alſo hieſ er die
95 húle ȝieren mit golde vñ mit edelm geſteine vnd begrůb ſu do mit groſſeme lobe vnd
mit eren.

8. Das andächtig Zeitglöcklein

Das andächtig Zeitglöcklein ist laut H. Rupprich ein einem Dominikaner Berthold(us) zuge-
schriebenes, auf lateinisch unter dem Titel *Horologium devotionis circa vitam Christi* (Köln
1488) erschienenes, aber auch auf deutsch mehrfach (z. B. Basel 1492 [bei J. Amerbach], Ulm
1493 [bei C. Dinckmut], Nürnberg 1493 [bei F. Kreußner] und 1495 [bei C. Hochfeder]) aufge-
legtes und bearbeitetes Erbauungsbuch. Es behandelt Fakten aus dem Leben Christi in Mi-
schung mit Gebeten, gebetsähnlichen Anrufen Gottes, Christi und Marias sowie mit andäch-
tigen Betrachtungen in Verteilung über die 24 Stunden des Tages zum Zwecke der Erbauung
des Lesers.
   Bisher keine Ausgabe. – Lit.: H. Rupprich, Die deutsche Literatur vom späten Mittelalter
bis zum Barock. 1. Tl. [. . .]. München 1970, 341. – Vorlage: Druck; *Das andechtig zeyt glockleī
des lebēs vñ leydēs christi nach den .xxiiij. stunden / außgeteylt.* Nürnberg 1595 bei Caspar
Hochfeder; Exemplar der British Library, British Museum, London.

Die ander ſtund / von der geburt Criſti vnſers herren / hebt an als vor. Deus in
adiutoriū. Got hab auffehen in mein hylff Her eyle mir ȝuhelffen. Ere ſey dem
vater / vñ dem ſune / vñ dē ⟨cijʳ⟩ heyligen geyſt / wie vor ſteet

⟨ Das fundament.

⟨ Hilff mir herre ieſu criſte / andechtigklih betrachtē / wie du ī dʻ ſtat bethleē jm̄
5 ſtalle geboren: jn vnkoſtliche tuchlein gewicklet / vñ jn dye kryppen bey dem eſel
vñ dem rynd geleget byſt

⟨cij^v⟩ ⊄ Von dem ellend vnnd armut der ſelygen geburt vnſers herren Jeſu chriſti.

WEr gibt meynen augē traher / vñ meinē haubt waſſer dʒ ich genug beweynē
mug den ellenden einganng meines herren vñ ſchopfers in die leydlichen
welt / vnd ſein verſchmahung dye er vō den mēſchē hat gelydten / mēſch worden ₁₀
durch des menſchen willē. ⊄ Eya her ieſu criſte / got des vaters almechtigen wort /
ob allen kunigen hochſter kunig in himel vñ auff erdtrich. Her der hochſten keyſer-
lichen maieſtat / Du byſt in dyſe welt kommen vm̄ mein vnd aller menſchen heyl /
vnnd ⟨ciij^r⟩ biſt ſo vndanckberlich von den menſchen empfangen / vñ ſo laſterlich
verſchmacht vñ mißhādelt / Auß deiner ſtat an d' fremde geboren ʒwiſchen dē eſel ₁₅
vñ dem rynd / ʒu wyegen gelegt in die krippen / in dem hew in winters herter froſt
gefriſtet ⊄ Ach maria du iunge tochter / du ʒarte mutter / wie leid was dir das dein
ʒartes kindlein d' groß heyland / d' koſtēlich ſchatʒ / nit ſolt vñ mochte mit herli-
cher pflege vñ notdurfftiger vñ geburlicher erſamkeit gehalten werden. wie vbel
muß ich mich vor dier vnd deinē kinde Jeſu ſchamen das mit armut vñ māgel ſo gar ₂₀
wider vngewon vñ vnleydlich ⟨ciij^v⟩ iſt / koſtliche heuſer / ʒierclich ſael / ſenffte
kleid' / linde beth / ſchlekhafftige ſpeyß / ſuſſer geſmack darauff mein begirde vñ
freude gefangen ligt dyemutig gehorſamkeit / andechtig gebet / verſchmacht d'
welt / abgeſcheydēheit / meſſigkeit / willige armut / vñ aller tugenden beyſpyl vnd
volkōmenheyt / die jn diſem ellendē ſtalhutlein gelernt werdē wye fer ſind die vō ₂₅
meimē ſtatt vñ lebē. Leyder meiner ſchādtliche hoffart / dʒ ich aſchē ſtaub vnd
vuſt / mich ſo torlich auffrichte vñ mich groß bedunke / ſo ſich d' hochſt mein got
vñ herr̄ aller herr̄n ſo tieff gedemutiget vñ genydert hat. ⊄ So ich gee ⟨ciiij^r⟩ von
bethleem gen ieruſalem / vñ jn allem lebem vnſers herrē vñ an allen ſteten frage
vnd bedencke ſein weſen / ſo vinde ich doch nit anders an jm vnd bei jm den ₃₀
ſchnatten vñ ʒeichē aller armut vñ alles ſchmertʒēs. ⊄ O herre ieſu criſte / du biſt in

---

11 *almechtigen*] Dr. *almemechtigen*.   31 *ſchnatten*] s. Lexer s. v. *snate*, hier: ›Mal, Zeichen‹.

dyße welt kommē durch ires heyles willen / vñ die gantʒ welt ist dyr abgesagt / vñ
nit eynest noch dreystūd noch an einer statt / sund‘ vō anfang biß ʒu außgāg deine‘
jnwonūg bey vns / hastu stetigklich groß vbel smacheyt laster vñ leyd empfūdē vñ
35 gutigklich gelydten.

⟨ Uon der freud.

O Maria der grossen freuden vñ nyessung / als du ⟨ciiij‘⟩ aṁ ersten dein kindleyn
vnsern herren iesum cristū amblicktest ⟨ O wie frolich vñ lieblich namest du in
an deyne selige arm / mit begierlichē vmbfahen / mit seligē kussen vñ kosen / wye
40 mit susser mutterlicher liebe handletest vñ ein wickletest du seine ʒarte gelydlein /
wie mengen vnʒalbern sussen anblick / thatē deī iūckfreuliche augen auff in mit
innigklicher tieffer betrachtung d‘ hohē v‘borgēheit seiner gotheit vñ seiner
mēscheyt / die du volligklich an im bekantest Uñ daß du fur alle menschē vñ ob
allen creaturen solicher grosser genaden vñ eren / das du sein einige leibliche mut-
45 ter soltest sein auß ⟨cvʳ⟩ erkorn / vñ fur alle frawen von im gesegnet wurdest. ⟨ O
wie mochte deī geyst vō solchē grossen dingē so jn vnbegrefflichen freudē auffsprin-
gē in gott deinē heyl. Dʒ sich die englisch schar mit tieffer neygūg / mit ʒuchtigē
erbutigkeit / mit sussem lobe mit vuñsamem gesang / mit vnseglichen freudē / als
die treuen hebammē / als die fleyssige vorgeer vñ als die herlichñ beschyrmer vñ
50 behuter deiner vñ seiner iungē ʒartē kindtlichē diemutikeyt jn dem vngeʒiereten
stalhutlein vō dir geschē vñ gemerckt wurden Do sye alle mit hymelischē gesang
eins mals in d‘ hohe gehoret wurdē / do sy sungē Gloria ⟨cvᵛ⟩ in excelsis deo Ere sei
got in dē hohen / vñ frid den gutwilliglychen menschē auff erdtrich Die thir / das
rind / der esel / dye hyrtten / das gestirn / dye genadēreychen menschñ / vñ alle
55 creaturē ʒeygeten neue iubyl vnd freude mit grossem lob deiner heiligē geburt. ⟨
Ach daʒ ich doby gewesen war was hat ich do vor frodē geweynt / wie fleissig ʒu
diēst wie ādechtig ʒu gebet / ʒu beschawen / ʒu heben / vñ ʒu tragñ dē herren so es
mit vrlaub der gutigen milten muter maria het mugē seī. ⟨ O maria wirdige iūck-
fraw muter de‘ barmhercʒigkeit vergunn mir hie ein ʒeyt bei dir ʒu beleiben vñ
60 mich ʒu ergetʒen ⟨cvjʳ⟩ mit dir / dʒ mein gayst auch des frolichen auffsprūges in got
meinem heile ī deinē sun sich erlabe Dan hie ist keī vbel / keī trauren kein biterkeit
Hie sind tausendt vñ vil mer grosser dyng ʒu sehñ vñ ʒu betrachtē Hie ist kein
schlaffen / keī vrdrutʒ dan eytel tausent tausent freudē sprung d‘ geliebten sele / in
irem schopffer / in irem heil / vñ in dyr o muter vñ gebererin alles heils vnsers
65 he‘ren iesu cristi.

⟨ Die wunder.

H Orend ʒu alle volcke‘ vñ vermerckēd alle orn auff erdtrich vmb mein des
irdischē krugs / des ʒerbrochnen vñ stinckenden leymhaffens willen ist der
vnsichbar got / sichtber wor⟨cvjᵛ⟩den / dy oberst gotlich weyßheit ist den vnuer-
70 nūfftigē thierē gesellig worden. Das wort gotes ist ein kleins vnredends kindleī
wordē. Der ewig gott der schopffer der welt / nach der welt vñ jn der welt / ist vmb
meinen willen außgeflossen. Der kunige d‘ hymmeln ist im stal geborē vm̄ meinen
willen. ⟨ Ach wer hatt aber ye deß geleychen gehort. Der vngeschmack stal jst

---

52 *Gloria*] Dr. *Gl'ia*.

wordē des keyſers dˁ hymeln palaſt Der thyere krippē / jſt wordñ des kunigs aller erē ſchlaffkemerleī Got dˁ her jn einer perſon dˁ reycheſt / iſt dˁ armeſt wordē. Die 75
tochter hat iren vater geborn / die creatur iren ſchopfer. ⁊ O her ⟨cvijʳ⟩ ieſu criſte / warer got / was haſt du an meyner armē weſenheyt geſehñ dʒ dich ʒu ſolicher liebe ʒwang / dʒ du ſo vil / vnd ſolche groſſe ding vm̄ meines heyles willē volbrachteſt ⁊ Aber warlich wolteſtu ewiger got im̄ ʒeit geborn werdē vmb meinē willē dʒ du mir im̄ ʒeyt geboren dein ewige geburt dargegen gabeſt Du wolteſt ʒu bethleem geborn 80
werdē / dʒ heyſt jm brothauß ʒu vrkund dʒ du biſt das lebēdtig himelbrot / vō got dē vatter vff erdtrich geſandt / mich armē ʒu ſpeyſen vñ ʒuſetigē Du wolteſt im̄ ſtal geborn werdē als dʒ tyere / ʒu vrkund dʒ du biſt dʒ hilfflich thier / dʒ mich vñ meineˁ ſū⟨cvijᵛ⟩den ſchwere burde auff dem ſatel des heiligē kreutʒes in dʒ reiche der himeln tragen wolt Du wolteſt in der krippen ligē als dˁ thiere ſpeißfuter / ʒu 85
vrkund daʒ du biſt das ſacramenlych ſpeyß futer / dʒ mich vnuernunfftiges thier nach meins vnſinnigen lebens mißhandel ſpeiſen ſterckñ vñ ʒu rechter vernunfft vndˁwyſen wolt. Du haſt die ſchaffhyrten ʒu dir in den ſtal berufft dich ʒu ſehen / ʒu vrkund das du biſt das oſterlamb / dʒ du fur dˁ welte ſunde ſolteſt geopffert werdē Du wolteſt ellend / vñ arm ſeyn das du mich reich macheteſt in ewygem gut / 90
Du woltteſt froſt vnd kelte leidē / dʒ du meinē kal⟨cviijʳ⟩ten vnnutʒen leib mit deinē gotlichē feuer anʒūdeſt ⁊ Ach leid mir armen daʒ ich ſolche groſſe wunder-liche genad nit alle tag vñ on vnderlaß ym̄ hertʒñ trag vñ darum̄ nit danckber bin / vñ dich nit nach billicheit lobe als ich ſchuldig bī / des laſ mich nit engelten herre Jeſu criſte / beʒaler vnſer ſchulden / vnd mytleydiger trager vnſerr gebreſtēn. 95

⁊ Das gebet vmb die frucht.

ICh bitte dich herre barmhertʒiger got / erbarm dych vber mich ſtinckenden todtē durch ſund geſtorbē on vˁnunfft vnd on verſtētnuß / lang gelebt als das roß vnd das maul / daʒ jch durch ware inneˁlich reue in ⟨cviijᵛ⟩ dem ſtal deiner heyligē kirchen wider geborn / vñ ein geſel werde deines rynds vñ deines eſelſ alſo dʒ ich 100
die burde heylſamer buß wirdiglich trage: vñ durch deī geburt warlich ſprechē mug Als dʒ wyhe bin ich wordē bey dir / vñ ich wurde bey dir ſein al ʒeit. Her ieſu criſte verleyh mir durch deī heylige arme geburt gedultigkeyt jn aller armut vñ durfftig-keit / vnd jn aller widerwertigkeit / dʒ ich dardurch diemutig vñ kleyn werde. Uñ ich ein ſtetlein bei dir in deiner krippen mug vberkōmē / dʒ ich bey dir ruen / vñ 105
dir mitlcydē beweiſen vñ tragē muge / gelabet mit dir vō dˁ milch dˁ ewigē kuſcheit ⟨djʳ⟩ deiner allerſeligiſtē mutr maria das ich jr ſune vnd dein bruder werden muge / in vereynūg deines heyligē geyſtes nun ʒu ewigen ʒeitten. Amen.

9. Johann Arndt, Vier Bücher von wahrem Christentum

Johann Arndt (1555-1621) war nach dem Studium der protestantischen Theologie in Helm-stedt, Wittenberg, Straßburg und Basel seit 1583 Pfarrer nacheinander in Badeborn, Quedlin-burg, Braunschweig, Eisleben und seit 1611 Generalsuperintendent in Celle. Der rasche Wech-sel seiner Stellen hängt teilweise damit zusammen, daß er sich durch Bezugnahme auf die

74 *des*] Dr. *dˁs*.   76 *criſte*] Dr. *ceiſte*.   84 *ſchwere*] Dr. *ſchewre*.

mittelalterliche Mystik (u. a. auf Bernhard von Clairvaux, um 1050–1153; Johannes Tauler, nach 1300–1361; Thomas von Kempen, um 1380–1471) wie durch Betonung des sittlichen Heiligungsgedankens, der als Gegensatz zur lutherischen Rechtfertigungslehre aufgefaßt wurde, von Reformierten wie Lutheranern gleicherweise entfremdete. Seine *Vier* (später: *Sechs*) *Bücher vom wahren Christentum* gelten zusammen mit seinem *Paradiesgärtlein* (1612) als seine (erbauungsliterarischen) Hauptwerke.

Ausgabe: Johann Arndts [. . .] fünff Lehr- und trostreiche Bücher vom wahren Christentum handelnd nebst erbaulichen Sinnbildern [. . .]. Minden 1730. – Lit.: W. Koepp, Johann Arndt. Berlin 1912; Ders., Johann Arndt und sein ›Wahres Christentum‹ [. . .]. Berlin 1959; P. Althaus, Forschungen zur evangelischen Gebetsliteratur. Gütersloh 1927 [Nachdr. Hildesheim 1968]; H.-J. Schwager, Johann Arndts Bemühen um die rechte Gestaltung des neuen Lebens der Gläubigen. Diss. München 1959; R. Newald, Die deutsche Literatur vom Späthumanismus zur Empfindsamkeit. 1570–1750. 3., verb. Aufl. München 1960, 137–138; RGG 1, 629–630; Reallexikon 1, 393–405; Theol. Realenz. 4, 121–129. – Vorlage: Druck; *Vier Bücher. Von wahrem Christentumb [. . .]. Braunschweig 1606. Das Ander Buch Vom wahren Christenthumb [. . .] Durch Johannem Arndt Pfarrern zu S. Andreas zu Eißleben.* Braunschweig 1610 bei Johann Franck; Exemplar der Universitätsbibliothek Regensburg.

Das XLV. Capittel.

Gottes Trost im Trübsal wircket in vnsern Hertzen gedult.

Jacobi 5. Selig ist der Mann / der die Anfechtung erduldet. Dañ nach dem er bewehrt ist / wird er die Krone des Lebens empfahen / welche Gott verheissen hat denen / die jhn liebhaben.

5   Gleich wie vns GOtt des Leibes Artzney geschaffen in der Natur: Also der Seelen Artzney im Wort. Weil kein Mensch in diesem Jammer: vnd Thrânenthal ohn Creutz / Trübsal / vnnd Wiederwertigkeit sein kan: So thun wir weißlich daran / daß ⟨531⟩ wir etliche gewisse Puncten wahres bestendiges Trostes vns bekant machen vnd zu Hertzen nehmen / die wir in vnsern anfechtungen entgegen halten /
10   vnd vnsere Trübsal damit lindern können.

1. Der erste Trost ist / daß alle Trübsal von Gott herkomme. 1. Sam. 2. Der HERR tödtet / vnnd machet lebendig. Syrach. 11. Es kömpt alles von GOtt / glück vnd vnglück. Job 2. Der HERR hats gegeben / etc. Matth. 10. Es fellt kein Sperling / etc. Esa. 45. Der ich das Liecht machete / vnnd schaffete die Finsternüß. Der
15   ich friede gebe / vnd schaffe das vbel. Job. 6. Selig ist der Mensch / den Gott straffet. Darumb wegere dich des Allmechtigen Züchtigung nicht. Dann er verletzet vnnd verbindet / Er zerschmeißt / vnd seine Hand heilet. Darumb ists nårrisch wieder diesen oder jennen murren. Wie murren die Leute? Ein jeder murre wieder seine Sünde. Busse will Gott haben / vnd nicht murren.

20   2. Der ander Trost ist / daß Gott der ⟨532⟩ HERR nicht aus Zorn oder vngnade vns dz liebe Creutz zuschicke / sondern aus Veterlicher liebe / auff daß er vns selig mache. Dann daß wir in grossem glück / vnd allerley guten Tagen vnd wollust die Seligkeit leicht verlieren können / das bezeuget nit allein der Reiche Mann / Luc. 16. mit seinem schrecklichẽ Exempel / sondern es bezeugens auch vnsere erste

---

7 M.: *Kein Christ ohne Creutz.*   **13** M.: *Der gleubigen Trübsal von Gott.*   **19** M.: *Thren. 3.*
23 M.: *Durch gute Tage wird die Seligkeit leicht vnd offter verschertzt.*

Eltern im Paradiß / daß fie folche Herrligkeit vnd wolluft nit haben ertragen kôn- 25
nen / fondern den leidigen Sathan fich von jhrem Schôpffer abwendig machen
laffen / wie noch heut zu Tage groß glûck vnd gute Tage das Menfchliche Hertz von
Gott abwenden. Vnd ob nun wol Gott der HERR nach feiner geftrengen Gerech-
tigkeit den Menfchen hette kônnē zu ewigen verdamnûß verurtheilen vnd
verftoffen: Dennoch hat er fich fein erbarmet / Mittel vnd Wege erfunden den 30
Menfchē zur Seligkeit zu befordern / vnter denen ift auch das H. Creutz. Darumb
trieb Gott der HERR den Menfchen ⟨533⟩ aus dem Paradiß / aus dem Garten der
frewde vnnd wolluft ins Elende / daß er im fchweiß feines Angefichtes fein Brot
effe / vnd durchs Creutz vnd Trûbfal zur Buffe bewogen werde. Alfo handelt er
auch mit einem jeden vnter vns. Ob wir wol auff taufenterley weife jn beleidigen: 35
So ift er doch fo gnedig / vnnd verfuchet alle Mittel an vns / daß er vns bekeren
mûge. Darumb hat er nach feinem allein weifen Raht einem jeden Menfchen fein
Creutz verfehen vnd verordnet / damit er jhn in wahrer Buffe / vnd in feiner
Gôttlichen Furcht erhalte. Aus diefem grunde fpricht nun Syrach / vnd die Epiftel
an die Hebreer am 12. vñ S. Paulus 1. Cor. 10. Welchen der HERR lieb hat / den 40
zûchtiget er / auff daß wir nicht mit der Gottlofen Welt verdampt werden.

3. So bedencke in deinem Creutz deine Sûnde / ob du es nicht fehr wol verdienet
haft? Das muftu ja felbftē bekennen. Darum̃ fo erfordert ja Gottes Gerechtigkeit /
daß die fünde geftraffet werde / fol anders Gott ein gerechter Gott feyn: Soll vnnd
⟨534⟩ muß nun die Sûnde geftraffet werden / fo ifts ja viel beffer / fie werde hie 45
geftraffet dann dort. Dann diefe ftraffe ift zeitlich / jenne ift ewig. Hie trôftet Gott
im Creutze / dort ift in ewigkeit kein Troft. Hie erbarmet fich Gott / dort ift in
ewigkeit keine Erbarmung. Gedencke an den Reichen Mann / wie er rieff: Erbarme
dich mein. Darumb ift auch daß ein troft mitten im Creutz / das GOtt die ewige
Straffe von dir gᴇnommen / vnd in eine kleine zeitliche Ruhte verwandelt hat. 50

4. So bedencke in deinem Creutz / was Chriftus dein HERR vnnd Seligmacher
fûr dich gelitten / ob er nicht die grôfte Armut deinethalben gelitten / daß er nicht
fo viel gehabt / da er fein Haupt hat hinlegen kônnen? Hat auch die hôhefte
Schmach vnd Verachtung deinenthalben gelitten / daß er auch der allerun-
wertefte / verachtefte vnter allen Menfchen worden / ein fpott der Leute / vnnd 55
verachtung des Volckes / ein Wurm: Dergleichen kein Menfch je gelitten noch
⟨535⟩ leiden werde. Hat auch die grôfte fchmertzen / angft vnnd trawrigkeit gelit-
ten / die nicht außzudencken. Er ift voll fchmertzen vnd kranckheit gewefen / weil
er aller Menfchen Jammer / Kranckheit vnnd Schmertzen hat tragen mûffen / daß
auch Sonne vnd Mond fchwartz darfûr worden / die Erde gezittert / vnd die Felfen 60
zerriffen feyn: Doch hat ers alles mit fo hoher gedult / tieffer Demut / heiliger
fanfftmut gelitten / daß er feinen Mund nicht auffgethan / wie ein Lamb / vnd hat
alles vnfchûldig gelitten / ja feiner ᴇrgeften Feinde halben / aus lauter vner-
gründlicher liebe vnd trewe. Vnnd ob wir jhn wol teglich mit vnzehlichen Sûnden
beleidigen: fo bleibet er doch getrew / vnd ift bereit / fo offt wir Buffe thun / vns 65
wieder zu gnaden anzunehmen. Ja wanns von nôten / vnnd feine einmal gefche-

---

36 M.: *Nutz des lieben Creutzes.* **46** M.: *Dz Creutz ift ein zeichen der Barmhertzigkeit
Gottes / das er lieber zeitlich den ewig ftraffen will.* **52** M.: *Chrifti Creutz lindert vnfers.
Matth. 8.* **56** M.: *Ef. 53. Pf. 22.* **65** M.: *Jer.3.*

hene Erlôſung nicht eine ewige Erlôſung were / ſo iſt ſeine liebe ſo groß / daß er
noch einmal fûr vns ſterben wolte. Darumb hat er gedult mit vns / vnnd wartet Tag
⟨536⟩ vnnd Nacht auff vns / biß wir wiederkeren. Dann ſeine Liebe iſt ſo brûnſtig /
70 ſo fewrig / daß ſie durch keine Sûnde vnnd vndanckbarkeit kan außgeleſchet wer-
den / wann wir nur Buſſe thun. Seine Liebe iſt hôher dann der Himmel / tieffer
dann das Meer / vnnd iſt nicht ʒuergrûnden / Allein Buſſe thun / das will er haben.
Darumb hat er allen geruffen. Matth. 11. Matth. 23. O Jeruſalem / Jeruſalem / etc.
Johan. 7. Wem da dûrſtet / etc. So ruffet er teglich in ſeinem Wort. Siehe / wie ſolt
75 dich nun Gott in deiner Trûbſal verlaſſen / der ſo viel vmb deinentwillen gethan
hat? Darumb hat er ſich auch deinen Vater genennet. Ein Vater hôret viel lieber /
vñ erbarmet ſich auch ehe dann ein HERR. Vnnd will haben / daß du jhn lie-
beſt / nicht fûrchteſt als deinen Feind / darumb nennet er ſich deinen Vater. Was
dir nu dein lieber Vater ʒuſchicket / das leide mit gedult / vnd gedencke es kompt
80 von lieber Hand / vnnd achte Gottes Barmhertʒigkeit fûr ⟨537⟩ deine Seligkeit /
vnd daß dir dein Vater nichts werde ʒu ſchicken / daß nit ʒu deinem beſten / vnd ʒu
deiner Seligkeit gedeyen mûge.

5. Bedencke auch die trôſtliche Verheiſſung deines Erlôſers Joh. 16. Warlich /
warlich / ich ſage euch / jhr werdet weinen vnd heulen / aber die Welt wird ſich
85 frewen / jr aber werdet trawrig ſeyn / Aber ewre traurigkeit ſol in freude verwan-
delt werden. Gleich wie aus einem kleinen Sâmlein viel Kôrnlein wachſen: Alſo aus
einer Trûbſal wird viel Freude werden. Pſalm. 126. Die mit Thrânen ſâen / werden
mit freuden erndten. Sie gehen hin / vnnd weinen / vnd tragen edlen Samen / vnd
kommen vnnd bringen jhre Garben. Bedencke dieſes / wann vnſer lieber Gott ʒu
90 dir keme / vnnd verhieſſe dir / er wolle alle deine Steine in deinem Hofe ʒu lauter
Gold vnd Perlen machẽ / wie rein wûrdeſtu die Steinlein ʒuſamen leſen / vnd
wûrdeſt ſie lieb haben? Alſo ſolteſtu auch dein Creutʒ / Trûbſal vnd elend liebhaben.
ben. Dann Gott will eitel Freude ⟨538⟩ vnnd Herrligkeit daraus machen / Sap.

5. Ein herrliche ſchône Krone / etc. Jtem / Dieſer ʒeit leiden iſt nicht werth / etc.
95 6. Bedencke auch die Exempel der Heiligen. Wo iſt doch wol ein Heiliger / Ja
allerliebſtes Kind Gottes geweſt / das ohne Creutʒ geweſt? Frage ſie alle / die je
gelebet haben / ſie werden dir antworten: Wir ſind durch viel Trûbſal ins Him-
melreich eingangen. Frage die H. Engel: Wer ſind dieſe? So werden ſie antworten:
Dieſe ſinds / die kommen ſind aus groſſer Trûbſal. Frage Abraham / Jſaac / Ja-
100 cob / Joſeph / Moſen / Aaron / David / Daniel / Elias den H. Job alle Propheten
vnd Apoſtel / Sie haben alle aus dem CreutʒBecher vnnd Kelch des HERREN
getruncken / Pſalm. 116. Wann man allein betrachtet den Jammer vnd Elend der
H. Mârterer / ſo muß man dafûr erſchrecken / noch hat man ſie mit keiner Marter
vnnd Pein von Chriſto abwenden kônnen. Was iſt dagegen vnſer Creutʒ? Es errei-
105 chet nicht den ʒe⟨539⟩henden theil der Trûbſal der H. Mârterer: Wir haben noch
nicht biß auffs Blut wiederſtanden / kônnen wir doch vmb Chriſti willen nicht ein
bôſe Wort / oder eine einige Schmach leiden / da im gegentheil die H. Mârterer / ſo
ſchmehlichen Todes haben ſterben mûſſen? Einer iſt gekôpffet / der ander gebra-

---

70 M.: *Epheſ. 3.*   79 M.: *Vaterhertʒ Gottes lindert das Creutʒ.*   87 M.: *Frucht der Trûbſal iſt*
freude.   94 M.: *Rom. 8.*   99 M.: *Apoc. 7.*   105 M.: *Heb. 12. Vnſer Creutʒ gering gegẽ der*
heiligẽ Merterer.

ten / der dritte gecreutʒigt / der vierde ertråncket / der fůnffte entheuptet / der
fechfte gefteinigt / der fiebende erhencket / der achte mit Pfeilen durch fchoffen / 110
Etliche haben mûffen mit bloffen Fûffen auff glûenden Kohlen gehen / als die vmb
Chrifti willen die glûenden Kohlen lieber gehabt / vnnd gefagt: Sie gehen auff
Rofen.

7. So fol vns tröften Gottes gegenwart in vnferm Creutʒ. Wir finden nit / das
GOtt gefagt habe / Er wohne in den frölichen / fondern in den Betrûbten vnd 115
Trawrigen / Efa. 57. Jch wohne im Himmel / etc. Efa. 41. 43. Fûrchte dich nit / Jch
bin mit dir / wann du durch Fewer vnd Waffer gehest / etc. Pf. 91. Er begeret ⟨540⟩
mein / etc. Pf. 34. Der HERR ift nahe / etc. Daher find die H. Mårterer fo mûtig
vnd freudig worden / als fie GOttes gegenwart vnnd fûffen Troft empfunden / daß
fie der Tyrannen in jhrer gröften Marter gefpottet / wie S. Laurentius / S. Vincen- 120
tius / da er mit bloffen Fûffen auff glûenden Kolen gehen mûffen / hat er gefagt /
er gienge auff wolriechenden Rofen. Babylas hat gebeten / jhn mit feiner Kette ʒu
begraben / damit er gebunden / damit er feines fchmucks nit beraubet wûrde. S. Ig-
natius wûnfchet ein rein Weitʒenkörnlein ʒu feyn / vnnd durch die wilden Thieren
gemahlen ʒu werden / vt fiat panis mundus Saluatori. Diß ift nicht Menfchen fon- 125
dern Gottes Krafft vnd Freudigkeit / als von S. Stephano gefchrieben ift / daß er
eines Engels geftalt gehabt in feiner verklagung. Da heiffets dann: Jch hatte viel
bekûmmernûß vnd Trawrigkeit in meinem Hertʒen / Aber deine tröftungen erquik-
keten meine Seele Confolationes tuæ viuificârunt animam meam.

10. Das Gebetbuch der Caritas Pirckheimer: Morgengebet

Das hier mit einem Morgengebet vertretene Gebetbuch, von 8 Händen geschrieben, ohne daß
diese bisher historischen Einzelpersönlichkeiten hätten zugeordnet werden können, ist eine
Sammlung von offensichtlich als besonders wertvoll erachteten Gebeten, die im Nürnberger
Klarissenkloster zur Zeit der hochgebildeten Äbtissin Caritas Pirckheimer (1467–1532, Äbtis-
sin seit 1503), der Schwester Willibald Pirckheimers, entstanden sind bzw. im Gebrauch wa-
ren.

Ausgabe: »Das Gebetbuch der Caritas Pirckheimer«. Textkritisch hrsg. v. J. Pfanner. Als
Manuskript gedruckt Landshut 1961 (= [Teil der] Caritas Pirckheimer-Quellensammlung). -
Lit.: Caritas-Pirckheimer-Quellensammlung, [bisher: 3 Bde]. Landshut 1961ff.; J. Kist, Das
Klarissenkloster in Nürnberg bis zum Beginn des 16. Jahrhunderts. Nürnberg 1929; G. Krab-
bel, Caritas Pirckheimer. Ein Lebensbild. 2. Aufl. Münster 1941; Lex. für Theol. u. Kirche 8,
516; Reallexikon 1, 393–405. - Vorlage: Hs.; Bayerische Staatsbibliothek München; Sign.:
Cgm 7380.

---

118 M.: *Gottes gegēwart tröftet vñ erfrewet im Creutʒ.*   **120** Zu den Heiligen vgl. Nr. 26, 37,
112, 117 der Elsässischen Legenda Aurea, hrsg. v. U. Williams/W. Williams-Krapp; speziell zu
Babylas: Lex. für Theol. u. Kirche 1, 1169.

Am Morgē mach .3. opfeꝛ got auß dir selber . alſo

❧ Zu got dē vatter

O Got vatter der barmhertʒikaith vñ got aller troſtūg võ dem alle vatterſchaffth
jn hymel vñ auff erdē herkūbth Nym war jch opffer dir heuth meỹ ſell mit all
iren kreffthen mit allē willē vñ gedechtnūß demütiklich pittent deỹ güte das du
5 durch jnwendikait deine' lieb erfulleſt das jn mir ʒu wenig vnd mangelß iſt. Amen.

❧ Zu got dem Sun

O worth des vatters vñ glaſt der vetterlichē glorj vñ dy figur ſeine' ſubſtantʒ ich
opffer' dir meỹ leib mit allē jnnerlichē vñ eußerlichē ſynnē. mit ⟨188ᵛ⟩ alle'
ſynlikaith. demütiklich pittent dein vngemeſne lieb das du abdilgeſt vñ abwiſcht
10 alle vervnraynigūg vñ mackel de' flaiſchlichē bewegūg vñ erfulleſt was jn mir ʒu
wenig vñ mangelß iſt Amen.

❧ Zū heyligē gayſt

O lieb vñ ſüſſe heylige' gaiſt das vnaufloßlich bandth des vatters vñ des ſünß. Jch
opffer dir meỹ hertʒ mit allen bewegūg vñ begirdē vnd liebe. hertʒlich pittēt
15 deỹ gutikaith das du all meỹ liebe vñ begirden ī gott layteſt vñ erfulleſt das jn mir ʒu
wenig vñ mangelß iſt Amen.

❧Zu der. h. Trifaltikait

O aller heyligſte vñ vberge⟨189ʳ⟩benedeỹſte Triualtikait vñ vngetaylthe ainikaith
dir beüilge ich heut vñ alweg all meyn lebē. vñ layteſt all meỹ weſē erkennē vñ
20 mogen ʒu deinē lob vñ glorj vñ ʒu meinē hayl vñ ʒu peſſerūg meynē negſtē. A.

❧ Zū herñ iheſū

P iß gegruſt alle' ſuſte' aller lieblichſter. alle' begirlichſter her' iheſu chriſte. ain
kūig der glorj. ain her' der tugēt: voll de' gnadē. dy barmhertʒikait iſt mit dir. ſey
auch mit mir: gebenedeyeth ſey dein leydē. deỹ todt deine wündē gebenedeyth ſey
25 das heylig blut deiner wünden. Amen.

❧ Alſo geſegne dich ʒu nacht

O her' iheſu chriſte ich beuilgh ⟨189ᵛ⟩ dir meỹ leib meỹ ſell all meỹ worth werck
vñ hertʒ. meỹ ſchlaff drawm vñ wachen das nigß anderß jn mir ſey dā deỹ lob.
Eer. kraffth vñ glorj vñ deỹ will werdt alweg jn mir volbracht. Amen

30 ❧ Zu dē ʒaichē des h. kreutʒ

S ey gegruſt du wirdigß kreutʒ. vber alle holtʒer gutlich: beʒaichne mich das nit
eingee ain boſe anfechtūg vñ nit ſterb ainß gehen todts. A.

---

5 *erfulleſt*] Hs. *erfillleſt.*   7 *ſubſtantʒ*] s. Lex. für Theol. u. Kirche.   **20** *mogen*] s. Lexer s. v.
müge.

VI. Unterhaltende Texte

Zu den unterhaltenden Texten, die in frühneuhochdeutscher Zeit wesentlich vom Adel und vom Stadtbürgertum getragen werden, gehört der Großteil der üblicherweise als literarisch gekennzeichneten Texte. Das sind Texte, deren Auftraggeber/Autoren/Schreiber/Drucker den Kreis ihrer in der Regel literarisch gebildeten Rezipienten durch Darbietung der direkten Situation enthobener, oft sogar die Einzelliteratur übergreifender Stoffe, durch Gestaltung dieser Stoffe nach tradierten künstlerischen Mustern und in einer als solche aussagehaltigen sprachlichen Form sowie durch zeitbezügliche, meist implizite Deutungsangebote des Stoffes ästhetisch ansprechen möchten; häufig werden durch die Unterhaltung zusätzlich Lehrinhalte vermittelt.

Merkmale unterhaltender Texte sind: Tropen und Figuren aller Art, mehrfache Deutbarkeit des Stoffes durch den Rezipienten, ein vergleichsweise dichtes Gefüge textinterner Bezüge, ein ausgesprochen stark variierender Wortschatz, formale Muster aller literarischen Gattungen.

1. Fortunatus

Die Prosaerzählung *Fortunatus* erschien unter anonymer Verfasserschaft zuerst 1509 in Augsburg bei Johann Otmar. Der Entstehungsraum des gelegentlich als erster bürgerlicher Prosaroman in Deutschland apostrophierten Werkes wird diskutiert, der Augsburger Raum dabei privilegiert; als Entstehungsdatum gilt: um 1490. Das Werk, das sich besonders an die städtische Bildungsschicht wendet, stützt sich u. a. sehr stark auf zeitgenössische Reisebeschreibungen. Die vermittelte Lehre: »Weisheit sei statt des Reichtums zu wählen« (Raitz 1984, 8) tritt hinter die unterhaltenden Elemente zurück. Der relativ hohe Verbreitungsgrad (rund 40 Ausgaben bis ins 18. Jahrhundert) läßt das Werk zu einem Volksbuch werden.
   Ausgaben: Faks. Vom Fortunato und seynem Seckel auch Wunschhüttlein. Mit einem Nachwort von R. Noll-Wiemann [Nachdr. der Ausgabe Augsburg 1509]. Hildesheim/New York 1974; Fortunatus. Studienausgabe. Nach der Editio Princeps von 1509 [. . .]. Hrsg. v. H. G. Roloff. Stuttgart 1981. – Lit.: F. Geißler, Zur Entstehungszeit des ›Fortunatus‹. In: Zeitschrift für deutsche Philologie 81 (1963), 327–329; R. Wiemann, Die Erzählstruktur im Volksbuch Fortunatus. Hildesheim 1970; D. Kartschoke, Weisheit oder Reichtum? Zum Volksbuch von Fortunatus und seinen Söhnen. In: Literatur und Feudalismus. Hrsg. v. D. Richter. Stuttgart 1975, 213–259; H.-J. Bachorski, Geld und soziale Identität im »Fortunatus« [. . .]. Göppingen 1983; W. Raitz, Zur Soziogenese des bürgerlichen Romans. Eine literatursoziologische Analyse des »Fortunatus«. Düsseldorf 1973; Ders., »Fortunatus«. München 1984. – Vorlage: Faks. der Ausgabe von Noll-Wiemann.

¶ Wie Fortunatus wirtt ʒu Conſtantinopel nachtʒ in die kamer kam ʒuſtelñ / vnd Lüpoldus den ʒu tod ſchlůg.

Der wirt ſchlief aber nit / ſonder er gedacht ſein fürnemen ʒu volbringen vnd do er ſach das / das liecht erloſchñ was. ſchlof er aber durch das loch vnd kam ʒu Lüpoldo vnnd fienge ⟨Hjᵛ⟩ ym vnder dem kopff ʒu nuſteren / nun ſchlieff
5 Lüpoldus nit / der hett gar ain wolfſchneident meſſer alſo bloß bey ym auff der deckin ligen / vnd eylentʒ erwuſcht er das meſſer vnd hüwe gen jm / der dieb ducket ſich / aber nitt genůg vnd verwundet jn ſo hartt in ſeiñ halß das er wed' ach noch wee ſprach vnnd alſo todt lag. Lüpoldus růffet den knechten gar ʒorniklichñ / ſprach / warůb hond ir das liecht erlôſcht. Sy ſagten all vnnd yeder in ſonderhaitt ſy
10 hetten es nit gelôſcht. Lüpoldus ſprach / gang ainer bald vnnd ʒünd ain liecht an vnnd ſtond die andern mit eüweren bloſſen ſchwertern vnder die thür vñ lond niemans hynauß. es iſt ain dieb in d' kamer / d' ain knecht lief bald vñ bracht ain liecht / ſprach / thůnd die thür wol tʒu / das vnns der dieb nit entrinn / vnd fiengen an ʒuſůchen / vnd kamen gleich an das ort da Lüpoldus gelegen was / da
15 funden ſy den wirt mit dem verwundten halß. al⟨Hjʳ⟩ſo tod ligñ / do das fortunatus hort / mügt ir wol gelaubē das er würſſer erſchräck / dañ all ſein tag ye / vñ ſprach aber / O got das ich ye gen conſtantinopel komē byn Nun wår es ain klaine ſach das wir alle vmb vnſer gůt kōmen wårñ / yetʒund ſeyen wir alle vmb vnſer leib vnnd gůt kōmen. O almächtiger got kōm vns armen ʒuhilf / wann vns ſunſt nyemandt
20 helffen kan noch mag / wir ſeyen frembd vnd das wir vnſern gelimpffen ſchon ſagen / ſo wirt vns nit gelaubt. Bietten wir dañ vil gelts ʒugeben / ſo gedencken ſy /

---

8 Hier Holzschnitt zur dargestellten Szene.   **16** *würßer*] s. Lexer s. v. *wirs*.

ſy haben das lebñ vor verwürckt / weñ wir das nemen ſo haben wir vil gelts. Es wirt
vns doch ſunſt von ynen / Herr vnd knecht / ſtůnden vnnd ſahen den todten côrpel
an vñ von not angſt ʒitereten ſy / das kainer reden kund / vñ fortunatus aller-
maiſt / wañ dʻ ſelb wißt wie es ym vor gangen was ʒu Lunden / do dʻ edelman in   25
ainem hauß ermort ward / dabey er nit geweſen was / kain ſchuld daran hett / vnd
ym gantʒ vnwiſſent was. Fortunatus ſprach ʒu Lüpoldo / O wee / wie haſtu vns ſo
übel gethon / das du den würt ʒutod haſt geſchlagen / hetteſtu yn verwunt byß auff
den tod / vnd doch nit gar tʒu tod geſchlagen / ſo wolten wir mit der hilff gots vnd
mit parem gelt / vnſer leben friſtñ. Lüpoldus ſprach / es iſt nacht geweſen / ich   30
wißt nit waß ich traff / Jch ſlůg nach aim dieb dʻ mir vnder dem kopff nüſtert der
vns vor das vnſer geſtolñ hat . den hab ich troffen / vnd wolte gott das man wißt in
was geſtalt er ʒutod erſchlagē iſt / ſo bedôrfften wir vns nichtʒ beſorgen weder für
leib noch gůt. Fortunatus ſprach / O wir mügen dartʒů nit kōmen / das wir den
wirt ʒu aim dieb machen / ſeine freünd laſſen es nit beſchehen / Vns hilffet weder   35
red noch gelt. ⟨Hijʳ⟩ Fortunatus gedacht in ſiner angſt / het ich ainen gůten fründ
dem ich meinen ſeckel tôrſt vertrawen / vnd ym des ſeckels krafft kund thůn / weñ
wir dann gefangen wurden vnd ſagten wie es ain geſtalt gehebt hett / vnnd man ſo
lütʒel gelt bey vnns funde / kåme denn der gůt freünd vnnd butte dem richter ain
groſſe ſomm für vns ʒu geben. / ʒweifelt mir nitt / der richter num vier oder fünff-   40
tauſent ducaten vnd ließ vnns mit dem leben daruon komen / vnnd als er ym das
gedacht het / Gedacht er jm wider / wem ich den ſeckel gib dem wirt er ſo lieb das
er yn mir nitt wider gibt / vnnd wirt dem richter groſſe ſchanckung thůn / das er
eyle vnnd vns radprech / vnd das / das groß mordt nit vngerochen bleyb / vnd
ſagen / ſchand vñ laſter wår es weñ man ſagte daʒ die geſt den wirdt ermort hetñ   45
vnd die nit ſolten geradprecht werden / vnnd fand alſo in ym ſelb das nit ʒuthůn
wåre den ſeckel von ym ʒu geben . fieng aber an gott gar jnnigklichen an ʒurůffen
auß bitterem vnnd vonn gantʒem grund ſeines hertʒen. Do Lüpoldus ſach das ſein
herr vñ knecht ſo gar erſchrockñ vñ betrůbt warn ſprach er / wie ſeind ir ſo
verʒagt / hie hülffet kain trauren / die ſach iſt beſchehenn / wir künden den dieb   50
nymer lebendig machen lond vns vernunfft brauchen wie wir durch die ſach kō-
men. Fortunatus ſprach er wißte nit ʒuradten / dān das er aber gedacht / warumb er
nit weißhayt für reichtumb erwelet het / ſo er es wol het mügñ tůn vnd ſprach ʒu
lüpoldo / wißte er ettwas gůts ʒuradten das er das thåte / wann er yetʒ wol ſåch das
es nodt wåre Lüpoldus ſprach / ſo folgent mir vnd thůnt was ich eüch ſchaff . So   55
will ich vns mit der hilff gots mit leib vnd gůt vnd on alle hyndernus von
hyn⟨Hiijʳ⟩nen bringen. Der troſtlichen wort wurden ſy fro.

2. Elisabeth von Nassau-Saarbrücken, Sibille

Ein französisches Chanson von der Königin Sibille, in seiner originalen Form nur in drei
Alexandriner-Bruchstücken überliefert, stoffliche Elemente der Geste du roi um Karl den
Großen mit der Sage von der verleumdeten Frau, der Erzählung vom treuen Hund und an-
deren volkstümlichen Elementen zum Zwecke der Unterhaltung verbindend (»ad risum mo-
veant audientes vel etiam ad lacrimas«, vgl. Tiemann, 10), wurde im 14. Jahrhundert in
altspanische, um 1435 in frühneuhochdeutsche und in der 2. Hälfte des 15. Jahrhunderts in

mittelfranzösische Prosa umgesetzt. Übersetzerin/Gestalterin des deutschen Textes ist Elisabeth von Nassau-Saarbrücken (nach 1390 bis 1456), Tochter Herzog Friedrichs V. von Lothringen und der Margarete von Vaudémont und Joinville, seit 1412 mit Philipp I. von Nassau-Saarbrücken verheiratet, in verwandtschaftlichen Beziehungen mit den Höfen von Nancy, Heidelberg und Rottenburg stehend.

Ausgabe: Der Roman von der Königin Sibille in drei Prosafassungen des 14. Jahrhunderts. [...] hrsg. v. H. Tiemann. Hamburg 1977. – Lit.: W. Liepe, Elisabeth von Nassau-Saarbrücken. [...]. Halle 1920; Verfasserlexikon 2, 482–488; NDB 4, 445–446; R. R. Anderson [u. a.], Der Roman von der Königin Sibille. Lemmatisierter Wortindex. Amsterdam 1981. – Vorlage: Hs. (rheinfränkisch; 1455/72); Staats- und Universitätsbibliothek Hamburg: Sign.: Cod. 12 in Scrinio.

hie laſſen ich von der koñigynne vnd von warakir Die yren weg namen geen Conſtantinopel vnd ſagen uch von dem könige von franckerich

D ER könig ſaß eins über diſche mit vielen ſiner hr'n vnd ritt'ſchafft Er ſach her vnd dar vnd erſach Abrye von mondidir nit Da ſprach er ʒu ſinen diene'n iſt
5 Abrye von mondidir wider komē Den ich mit myner huffrouwen geſchickt hat So heyſſent mir yne her kömen Als Markair da gehort Da ſprange er her vor vnd ſprach Jch han horen ſagen Abrye ſye mit üwer huffrouwen ſferre in fremde lande gerieden Vnd habe dar ʒu ſinen willen mit ir gehabt Marakir ſprach der könig Sageſtu mir dʒ vor war Ja hr'e vff mynen Criſten glouben Jr geſehent Abrye nūmer
10 me jn üwerm hoffe ſprach Markir Dieſſer mere wart der könig ſere ʒornig Vnd ſwure bij dem almechtigē gode künde yme Abrye werden Er wolde yne mit groſſen ſchanden dūn döden Aber leyder Abrye lag dot bij dem born Vnd ſin hünt lag bij yme Vnd hat vier dage faſtet Da ſtünde der hünt vff von groſſem hünger Vnd beſchar'e ſynen hr'n mit laube vnd mit erden ʒü vff das yne die wilden diere nit
15 eſſen Da lieff der hunt gheen parijs Vnd kame in des königes ſale eben als d' könig ʒü diſche ſaß Vnd dieſe frage nach ⟨64ra⟩ Abrye dede Vnd Als yme Marckir Alſo dar vff antwurt

D A der hunt Markarn erſach Da ſprange er ʒü yme über den dieſche vnd verſchut was vff dem diſche was vnd begreyff Marckarn mit ſiner rechten
20 Achſeln vnd beyß yme dar jnn Das yme das blut ſere dar abe ran Markair ließ eynen luden kryſch Die diener wurffen mit ſtecken nach dem hünde Der hunt erhaſt eyn brot vnd lieff widder hin weg ʒu ſime herren in den walt Jr hr'n ſprach der könig Jſt das nit der wyß wint den Abrye Als bij yme hatte wir han vnrecht gedan das wir yne nit gehalden han Dan er hat marckarn ſere gebyſſen Der könig
25 was ſere bedrübt Das markair Alſo gebiſſen was lieber hr'e ſprach nymo von Beyern Markerin enwerret nit Nit enhaldent üch Alſo übel kein vnkrüt verdirbet nit Man ſol vnkrüt ⟨64rb⟩ lange vß geden Ee man es mochte verdiligen Als Markair das gehort Da want er glich dorecht werden Der konig beſtalt yme ʒü ſtúnt eynen arcʒt Markair genaß vnd kame wider ʒü dem könige Markair ſprach der könig Sint jr wol
30 geneſen Ja herre ſprach Markair Die wile ſij Alſo mit ein ander redten So kame der

---

6 *da*] besser: *das*.   **23** *wint*] s. Lexer.   **26** *enwerret*] s. Lexer s. v. *wërren*.   **27** *geden*] s. Lexer s. v. *jëten*.

wint Aber gheen Parijs Vnd ginge vber den marckt Die burger fprachen widder ein
ander Das ift ye Abryes wint wo mag er her komen Der wint ginge Als lange Das er
vff den pallas kame Da ftunt der könig vnd markair vnd redten mit ein ander Als
markair den wint fach da begonde er 3u fliehen der wint lieff yme noch Aber
Markairs fründe lieffen mit meffer vnd ftecken 3ü Vnd hetten ouch den wint erfla- 35
gen Enhette Nymo von beyern gedan der rieff yne 3ü vnd fprach Jr hr'n nit flahent
den wint das heyß ich üch von könig karls wegen her Nymo fprachen Markairs
fründe wir wyffen nit wie wir es vmb úch verfchuldiget han Dan wir fehen wol das
ir vns in alle wege gerne verdrücktent Der hünt ift rafen das ficht man wol Die wile
er markair vnfern mag Alfo in fin Achfel hait gebyffen dān ein recht finniger hünt 40
pleget folichs nit 3ü důn wer weyß fprach hert3og nymo obe der hünt eynen alden
oder eynen Nüwen haß 3ü üwerm mage habe Als der hünt fach das yne nymo
befcheyden wolt Da lieff er 3u ftünt 3ü yme Nymo begonde den hünt 3u ftreycheln
Vnd befalhe yne eyme der hieß Gaüfrae Das er fin wol hüdte Der Gaufra was otgers
von denmarg vader Als Marckair das gefach da wart er fere 3ornig Nymo rieff   45
Richard von normandij vnd otger von denmarg vnd ouch otgers vader Vnd Salo-
mon von Brytanie vnd Andern manigen guden fürften Die gingen alle gemeÿlich
Vnd knyweten nyder vor den könig Nymo furt den wint An fyner hant vnd fprach
3ü dem koñige Herre wir waren vor 3ijden Die neften jn uwerm rade vnd in allen
fachen Die ir 3ü dún hattent ⟨64va⟩   50

NV duncket vns jr habent in uwerm hoiffe verreder die uber hant nement Nü
wollen wir gerne den dag leben das ir der verreder enttragen würdent Vnd wir
fagen üch hüdent uch wan es dut üch noit Nymo fprach könig karl Jch enkan mich
nit gehüden Got wolle mich dan felber behüden Amen fprach Nymo lieber herre
ich wil yne ouch dar vmb bieden Herre Nü wil ich üch fagē war vmb ich üch dis 55
gefagt han Dieffer hünt endut nieman keyn leyt Dan alleyn Markair üwerm diener
Jr enfehen Abrye finen herren nit der mit der königynne hyn weg reyt So wyffent ir
wol das abrye diefen hunt von erft an er3ogen hatt Vnd das der hunt 3u lefte vnd
alle3ijt mit yme lieff Vnd das yne Abrye ouch vmb kein gut hinder yme gelaffen
hette Dar vmb lieber herre bidden wir üch Das ir vns eins dings geweret Syt3ünt 60
vff üwer phert vnd rident dē hunde noch war er uch vor gene wirdet Dann man
mocht da mit die warheit erfaren Dan ir fehent wol Da er nü Markair beyß Da
erhaft er ein brot Vnd lieff hinweg Vnd han yne fider nye me gefehen Dan bis er
yt3e wider ift komen hr'e mir Anet in myme hert3en Markair habe Abrye gedödet
Vnd were es nit Alfo So wolde ich verlorn han Alles das ich han herre Abrye was 65
eyn frömer ritter vnd wart Nye laß in uwerm dienfte Vnd we' er nit dot an 3wyffel
Er were langes widder kōmen Nymo fprach der könig Jr redent wyßlich ich wil hin
vß rijden vnd wil fehen war mich der hünt füre Der hünt fprang ghein dem könige
Vnd begonde vafte 3ü hülen glich Als er gerne 3ü yme hette geredt Der könig faß vff
fin phert vnd fin ritterfchafft Alle mit yme Aber Markair der bofewicht wart diefer 70
rede gewar vnd bleyp da heyme vnd was fere bedrübt Vnd drauwete heymlich er
wolde hert3og nymo doden ⟨80vb⟩

---

43 *befcheiden*] s. Lexer.   48 *fprach*] fehlt in Hs.

ALſo reyt kŏnig karl hin vß vnd der wint lieff alles vor an Als lange bis ſye in den walt kamen Vnd ouch vorbaß ʒu ſyme herren Da legete ſich der hünt bij
75 ſynen herren nieder Vnd begonde da faſte ʒü hülen Als der kŏnig das geſach Da det
er das laub vnd erde vff ſcherren Da fünden ſie Abrye dot ligen Da begonde der
kŏnig heyß ʒü weynen Vnd ſprach ʒü ſiner ritterſchafft Jr hr'n man ſicht hie wol
Das markair dis mordens nit geleucken en kan Abrye hat den dot geliden Vmb
myner huſfrouwen der kŏnigynnen willen Jch en weyß Aber leider nit war ſye
80 komen iſt Jch verſorge hie ſye mit verrederye vmb gangen Doch So mir got der alle
ding geſchaffen hat Marckair müß dieſen mort dure gnůg beʒalen Dann ich wil ye
wiſſen wie dieſe ſache ergangen ſint

3. Wigoleis vom Rade

Die anonym verfaßte Prosaauflösung des mittelhochdeutschen Versepos *Wigalois* Wirnts von
Grafenberg entstand zwischen 1472 und 1483, doch ist die Handschrift nicht erhalten. Über-
liefert sind ein Druck von 1493 aus Augsburg bei Johann Schönsperger und von 1519 aus
Straßburg bei Heinrich Knoblochtzer.
    Ausgaben: Faks. Wigalois. Nachdruck der Ausgabe Straßburg 1519. Mit einem Vorwort
v. H. Melzer. Hildesheim/New York 1973; Brandstetter (1971, 190-235). – Lit.: O. Weiden-
müller, Das Volksbuch von Wigoleiß vom Rade. Diss. Göttingen 1910; A. Brandstetter, Pro-
saauflösung. Studien zur Rezeption der höfischen Epik im frühneuhochdeutschen Prosaro-
man. Frankfurt 1971; J. L. Flood, Der Prosaroman ›Wigoleis vom Rade‹ und die Entstehung
des ›Ulenspiegel‹. In: Zeitschrift für deutsches Altertum 105 (1976), 151-165; J. D. Müller,
Funktionswandel ritterlicher Epik am Ausgang des Mittelalters. In: Gesellschaftliche Sinnan-
gebote mittelalterlicher Literatur. [. . .]. Hrsg. v. G. Kaiser. München 1980, 11-75; B. Wein-
mayer, Studien zur Gebrauchssituation früher deutscher Druckprosa. Literarische Öffentlich-
keit in Vorreden zu Augsburger Frühdrucken. München 1982, bes. 157-165. – Vorlage: Druck;
Straßburg 1519 bei Heinrich Knoblochtzer; Faks. der Ausgabe Melzer.

DEr vnuerʒaget kůn hŏld beualhe ſich gott dem herren vñ ſeiner lyeben můter
Marie alle ſorg ʒů rugke ſchlahent vnd rit hinwegk. Er ſahe vor im manigē
vngebaneten weg vnd weßt nit wŏlicher in auff das nåchſt gen Korotin bringē
mŏcht / ʒůletʒt ryt er nach mittem morgen vnd keret einer ſtraße nach auff die
5 gelinckē hand / die in trůge ⟨F ij'⟩ auff verwachſſen weg vñ wild gereüt ʒů einer
holen ſteynwand / die allenthalben mit dornen vñ vnkraut verwachſſen was im
ward der endē nicht ſouil wegs das er reyten mŏcht. Er ſtůnde ab hŏftet ſein pferde
an ein tannen ʒůbeſichtē ob er yendert ein durchfart vinden mŏchte / wann es nit
verr von einem ſee was darumb er meynet deſter ee weg ʒů vindē. Jn dem ſo ſicht er
10 auß einē groſſen holle geſchwinde gegē jm her lauffen / ʒemal ein vngeſchaffens
groß lågs weib / vñ on ʒweifel ein rechtē bŏße valamitin / der an geſicht was muret
geleich wie ein affe / aber ſere groß dieffe vngeſtalte augē / einen weitten můde /
auß dem recket ʒů yegklicher ſeytten im ein ʒan herauß gleich als einem
eberſchwein / der leib was auch groß vnd lanck allenthalbē verwachßen mit

10 *ein*] Dr. *eiu*.

ſchwartʒem kotʒotem har als ein bere / was ſol ich von des vngeheüren weybes 15
geſtaltt ſagen / es was nichts hüpſches noch loblichers an allen jrem leih. Als herr
Wigoleys die ſahe / da gedacht er / ſolt ich das ſchwert ʒiehē gegen einē weibe /
wåren krancke ſynn vnd mer geleich verʒagheit / dann manlichem gemůte / weil
aber er alſo ſtůnd gedenckēt was er thůn wolte / laufft dʒ weib geſchwinde auff in /
vnd greifft in an mit ſolicher krafft / die gegen ſeiner ſtǒrck wol ein gantʒ hǒr was 20
vñ warff man vnnd pferd mit krafft ʒehauffen / brach von jm helm / ſchilt
ſchwert / vnd allen harnaſch / band im hend vnd fůß mit einer ſtarcken wid. Sy
nam ſein ſchwert vnd ſtůnd für in vnd meinet jm ſein haubt abʒeſchlahē in dem
wirt ſein pferd ſer weyheñ vnd ſchreiē darab die valamitin ſo übel erſchracke / das
ſy das ſchwert da vallen ließ / vnnd hůb ſich ʒů der flůcht / dann ſy nicht ⟨F ijᵛ⟩ 25
anders wißte / der wurm pheton dē der teür hǒld der yetʒo tod hie ligt im ſelbs gar
vngeleich erſchlagē hette / wañ ſy der enden wol weßt ſy auch vormalen gar offt da
geſuchet hette / aber ſy jm alle mal entlauffen was in das hole / darein ſy auch
yetʒo gar eylend lauffen tete / dañ fliehen was ir beſte ſchantʒ / auß was vrſach aber
dʒ vngeheur weib die man nenet die ſtarcke Ruel gegen dem hochgebreißten wer- 30
den ritter beweget ward / ſolich mǒrdt an im ʒůuolbringē will ich nit verhalten /
beſunder wiſſendt machen vmb das von anderer frawen wegen ir mißtůn ein klei-
nes glimpft werde. Es was ein künig mit namē geheiſſen Floyr von belandt der
ſelbig künig erſchlůg onſchuld jrē lieben man geheiſſen Feros vñ warff den alſo
toden in den ſee / das doch vaſt vnritterliche gethā was. Nun vermeinte ſy es wer 35
der ſelb Floyr / aber der endē kōmen ſy auch ʒů tǒdten / difes fürkommen vñ auch
iren lieben man rechen griff ſy in vñrǒdlichen vñ vngewarnet an / ſy hett in auch
bey namen ertǒdtet / het ſy der groß ſchrecken vñ forcht von jm nicht abgetriben
Aber diſe ir forcht erlediget den tugentlichen ritter / vnd ʒůuoran die genad des
almechtigē gottes ʒů dem er vm̄ hilff mit gātʒer andacht rüfft / wañ er jm ſelbs 40
gantʒ nichtʒen gehelffen mocht. Jn diſer ſtrengē not warde er ſich mit krǒfftē hin
vnd herwider von einer ſeytē auff die anderē wenden / vō dem ſich die ſtarck wide
ʒerlǒſet vñ vffprach / dʒ im beyde hend ledig wurden / ʒehandt lǒſet er auch auff
die bande der fůß / vnd name ſein harnaſch wider an ſich / ſein ſchwert in ſein
handt vnnd ſprach / ich gelob bey ritters ere / das ich mich hinfüran gegen den 45
weybē noch ainichen crea⟨F iijʳ⟩turen / wie die genāt ſind die mich warlich meynē
on were nymermer laſſen vindē noch verʒiehē wil / ſeyd malen mir gott der herr
von dem verwalten weibe ſo genedigklich geholffen hatt. Er gieng da er ſein roß
gehǒfft het / lǒſet das ab / vnd ʒohe das an der handt über ſtock vñ ſtein wie vnd er
mocht / biß er kam von dem velſen ʒů dem geſtad des ſees der in yn das landt 50
Korotin bringē ſolte. Der hochgebreiſt kůnlich ritter mit dem rade als der dem
bǒſen weyb vnd auch dem tod empflohen vñ ʒů dem ſee kommen was / ſaß er vſſ
vnd rite aber weiter / nitt lang kame er auff ein ſtraß die in trůg auß dem wildē
gereüte / da ſahe er ein ſchǒnes wůnigklichs lādt in einer ǒden / bey der ſtraß des
ſelben lands ſteckten wol ſetʒig ſper an einer ʒeyl. Difes geſichte erwǒckt dē kůnen 55
hǒlden neüe krafft vnd manlich gemůt / er gedacht da ſǒllen on ʒweifel ſchilt vnd
ſpere vō meiner handt erkrachen / in dem ſo ſicht er gegen jm her reyten den

---

24 *valamitin*] Dr. *valamitiu.*　**54** *ǒden*] Dr. *ǒben.*

ſtarcken Karios dem niemand geleich ſtreitē kund wol verwapnet / vnd vaſt
koſtlich geʒymieret / den ſelben Karios ʒelet man allein viertʒig mannes ſtŏrck ʒů /
60 wie wol man in eynen ʒwerg nennet / daň er was kurtʒes leybs / kurtʒ arme vnnd
bein / aber vaſt dick vnd ſtarck / in gebar ʒů der welte ein wildes weib an wilden
enden eines wůſten walds / darumb was nit wunder ob die natur ſein lidmaß vnd
geſtalt ander geformieret vnd ander würckung geben hett / daň andern menſchen.
Der ſelbig als er vnſern ritter erſahe / ſprach er du wicht / wer hàtt dich in diß lāde
65 gebracht auß dem du lebendig nym̃er kōmen magſt ich beſchwere dich bey Macho-
met das du mit ſtreit von mir beſtanden vnd von meinen hen⟨F iiijᵛ⟩den ſterbē müſt.
Hiemit nam er ein ſtarcks ſper in ſeine hand / vnd rant dem ritter entgegē / herr
Wigoleys dem ward da wol ʒemůte vnd kam jm hertigklich engegen / ſy riten ein
ſolichen ſtarcken ritt vō dem in beyden billich ruck und ripp ʒerbrochen wåren / ſy
70 ʒerſtachen die ſper das die ſtück in dem lufft vmb flugē / den heydē verdroß übel
das im dꞌ jung ritter beſeſſen was waň er vormalē manigē vom leben ʒům tod
gebracht het er nam behend ein ander ſper / der geleichen thete auch herr Wigo-
leys / vnd ranten widꞌ ʒeſamē mit ſolichem ſtarckē juſt / daruō die ſper
ʒerſpreiſſeten vnd in die lufften fůren. Alſo triben ſy diß neydtlich vnd tŏdlich ſpil
75 mit einander / biß ſy die ſper alle vertetē / Karios was ſolicher thyoſt vormalen
vngewone / der ergram in jm ſelber als ein bere vor großem vnmůt / als er ſahe das
die ſper alle ʒerſtückt lagen / nam er einen groſſen ſchwåren kolbē ʒů beyden
hendē / vnd ſchlůg mit allē ſeinē krŏſten nach dē kůnē hŏlden / dꞌ ſein ſelbs auch
nit vergaß / vñ wich im hübſchlich auß dē ſchlage / hete ſein ſchwert ʒů der hende
80 vnd wŏrt ſich manlichen als ein hŏld. Diſes ſchlahē wert ʒwiſchen jnen biß aller
ding ʒů abent / ſy ʒerhůgen die ſchilt ʒů kleinē ſcherben vnd teten einander ſer
gedrang / herr Wigoleys můſt ſich mit kündigkeit vnd lyſtē beſchütʒē / mer daň mit
måheit / ir keiner wolt auch dē andern fliehñ waň ſy warē beyde preyßes gewō /
den meinet auch ir yegklicher da erholen vñ ſein lebtag auß behalten / ʒů letſt
85 erholet der edel ritter herr Wigoleys einē ſchlag / der dem ſtarckē Karios geriet
durch helm vñ durch hirnſchal / von dem er von ſtund an des lebens beraubet
ward / als er dꞌ wunden empfand hůb er ſich flüch⟨F iiijʳ⟩tig mit groſſem geſchrey
in dem wetagē vnwiſſent vff das verʒaubert moß / auff dem er ſein lebe jåmerlich
verlore / dann ob er nit wund geweſſen wåre / ſo můßt er dannocht der enden totde
90 ſein / waň der nebel vnd ʒauberey in vnd ſein pferd ʒeſamen verpicken thete / als
ob ſy mit pech vnd hartʒ ʒeſamen verhŏfftet wåren / her Wigoleys jaget im nach
byß ʒů dem moße / do ſahe er einen dickē nebel ſich erheben vñ auff ſchwingen vor
dem er dē flyehendē ʒů ſeinem glück nicht mer geſehen mocht / vnd můſt ſeiner
nachfart erwinden. Er gedachte an wŏliche enden kere ich nůn hinn / ich kan vor
95 nebel nicht für mich / ſo iſt die nacht allenthalben vmb mich vñ weiß nicht wa
auß / yedoch keret er für ſich als er mocht / in dem bedaucht in wol der nebel nicht
von natur ſein / ſunder von ʒauberey ʒeſein / wann alles das er ergryff thet er
ʒeſamen verbichen als ob dʒ geleimpt wår / durch das moß aus dem ſich der nebel
erhaben hett / es floß ein waſſer vnder einer brucken hin / neben dꞌ ein groß ſtarck
100 rade mit ſchwerter / gablen vñ ſpieſſen / wŏliches rade ſtetigklich vm̃lieff / vnd
gegen der brucken ſtach / alſo das niemandt lebendig darüber kommen mocht / er
ſahe diß fremd wercke auch gar fleyſſigklichen an / vnd verwundert ſich des on
maſſen ſere / vnd kund doch nicht erdencken wie er das anfahen ſolte / das in das

rad nit durch lieffe / wann das ftetigklich mit fchlegen vnnd ftichen gryṁigklichen
wůtet. Nůn was funft niendert kein ftraße da man in das lande mocht kommen / 105
dann allein über die brucken / wann es allenthalben mit ȝaubery was verwaret vnnd
verhůtet. Herren wigoleyfen bedaucht fich in fo groffen nõten als yetȝ noch nie
⟨F iiij'⟩ gewefen fein / dañ wa er auß wolte da warē / all ftraffen verfchloffen / er
gedacht folte ich wider ȝů rugk keren / vnd dife abenteür der ich mich ȝů erholen
angenoṁen vñ vnderftandē habe nicht volenden were ein fchlage ritterlicher eren / 110
vnnd aller meiner freüden / aber ich will ye mein heyle noch baß verfůchē / ob ich
ein andere in difes gůt landt vinden mõchte / ja ob die mit dreyfig rifen verhůt
wåre / fo wolt ich doch die all lieber befteen dañ neben dem rad hinreiten. Nůn wol
hin almechtiger got / ich ergib mich in dein gõtlich genade / vnd beuilhe dir mein
fel vñ leybe in dein gõtlich milte erbarmůg / du erkenneft alle hertȝē der menfchen 115
vnd weyfte alle ding ee dañ die gefchehen. Aller genedigifter gott kom mir ȝů
hilffe / wann du haft mich nie verlaßen / verlaß mich nit mein got vnd herre /
hilffe mir auß difen engftlichen forchten / durch deiner lieben můter willen / mit
difem gebeth ergab er fich mit gantȝer hoffnung in die genad gottes / dan als ir vor
gehõrt habent das in die nacht mit jrem gewalt über fallen hette / vnd in an feinem 120
fürnemen fere jret / die ward aller erft fo vinfter das er aber nicht weßt wahin / ye
doch über vnlang drang der mon her mit feinem hellen fchein von dem er weg vnd
ftraß wol mõchte gefehen habē / aber die groß můde ȝohe im die augē ȝů / das er in
den forgē entfchlieff / vñ hielt fein fchwert in d' rechtē hand / vñ fein pferd mit der
gelinckē hand. 125

4. Till Eulenspiegel

Der Schwankzyklus ›Ein kurtzweilig lesen von Dyl Vlenspiegel‹ - laut Vorrede geplant seit
1500 - erschien 1510/11, dann 1515 und 1519 in Straßburg bei Johann Grüninger. Als Ver-
fasser des anonym erschienenen (aber mit Verfasserakrostichon versehenen) Werkes gilt Her-
mann Bote (ca. 1463 - vermutlich 1520/25; Zollschreiber und Landrichter in Braunschweig).
Der Stoff ist aus mündlichen Volkserzählungen und deutschen, italienischen und französi-
schen Schwanksammlungen zusammengetragen; die Annahme eines niederdeutschen Vorläu-
fers des Werkes ist umstritten (vgl. Wunderlich, 13ff. und 25).
  Ausgaben: Faks. Dyl Ulenspiegel. In Abbildung des Drucks von 1515. Hrsg. v. W. Wunder-
lich. Göppingen 1982; Ein kurtzweilig lesen von Dyl Ulenspiegel. Faksimileausgabe und Kom-
mentar [...]. Hrsg. v. A. Schmitt. Leipzig 1979; Ulenspegel. Kritische Textausgabe.
Hrsg. v. W. Krogmann. Neumünster 1952; Ein kurtzweilig Lesen von Dil Ulenspiegel. Nach
dem Druck von 1515 [...] hrsg. v. W. Lindow. Stuttgart 1978; Tyl Ulenspiegel. In: Deutsche
Volksbücher in drei Bänden. Hrsg. v. P. Suchsland. Berlin/Weimar. 4. Aufl. 1982; Ein kurtz-
weilig Lesen von Till Eulenspiegel [...] unterbreitet v. G. Steiner. Berlin 1980, Köln 1983.-
Lit.: Ch. Walther, Zur Geschichte des Volksbuches vom Eulenspiegel. In: Niederdeutsches
Jahrbuch 19 (1893), 1-79; P. Honegger, Ulenspiegel. Ein Beitrag zur Druckgeschichte und zur
Verfasserfrage. Neumünster 1973; D. Arendt, Eulenspiegel - ein Narrenspiel der Gesellschaft.
Stuttgart 1978; Th. Cramer (Hrsg.), Till Eulenspiegel in Geschichte und Gegenwart. Bern
1978; W. Wunderlich (Hrsg.), Eulenspiegel - Interpretationen. Der Schalk im Spiegel der For-
schung 1807-1977. München 1979; W. Röcke, Der Schwankroman des Spätmittelalters: Her-
mann Botes Ulenspiegel. In: W. Frey u. a., Einführung in die deutsche Literatur des 12.-
16. Jahrhunderts. Bd. 3. Opladen 1981, 92-113; H. Blume/W. Wunderlich (Hrsg.), Hermann

Bote. Bilanz und Perspektiven der Forschung. Beiträge zum Hermann Bote-Kolloquium vom
3. Okt. 1981 in Braunschweig. Mit einer Bibliographie. Göppingen 1982; W. Wunderlich, »Till
Eulenspiegel«. München 1984; G. Bollenbeck, Till Eulenspiegel. Der dauerhafte Schwank-
held. [. . .]. Stuttgart 1985. – Vorlage: Druck; Straßburg 1515 bei Johann Grüninger; Faks. der
Ausgabe Wunderlich.

Die .XL hiſtori ſagt wie Ulēſpiegel eim ſchmid hemer vñ ʒangē etc. ʒů ſamē ſchmidet.

⟨LVIIʳ⟩

D A nun Ulēſpiegel von dē ſchmid kam / da gieng es gegen dem wīter vñ dʻ
5   winter ward kalt / vñ gefror hart / vñ fiel ein deure ʒeit darʒů. Alſo dʒ vil
dienſtknecht ledig giengē vñ Vlenſpiegel hat kein gelt ʒů vʻʒerē / da wādert er
fürter / vñ kůpt vff ein dorff da wōt auch eī ſchmid dʻ nā in vff für ein ſchmid-
knecht Aber vlēſpiegel hat kein groſſen luſt da ein ſchmidknecht ⟨LVIIʳ⟩ ʒů bleibē.
Wan der hunger vñ des winters not ʒwang in darʒů / vñ gedacht: Leid was du leidē
10   kanſt / ſo lāg dʻ finger widʻ in die lück erd gat dů wʒ dʻ ſchmid wil / dʻ ſchmid wolt
in nit gern vffnemē / vmb die thür ʒeit willē. Da bat vlnſpiegel dē ſchmid / dʒ er im
ʒů arbeitē geb / er wolte thů wʒ er wolt / vñ eſſen wʒ er im geb. So wʒ dʻ ſchmid ein
arg mā / vñ gedacht. Nim in vff vʻſůch in. viii. tag / darin kan er mich nit arm
eſſen. Des morgēs begundē ſie ſchmidē / vñ dʻ ſchmid trengt vlnſpiegeln mit dē
15   hammer / vñ mit den belgē hefftigklichē / bis an dʒ malʒeit / da es mittag ward. Da
het dʻ ſchmid ein prophei in dē hoff. Vñ als ſie woltē ʒů tiſch gō. So nimpt dʻ ſchmid
vlenſpiegeln in den hoff / vñ fiert in ʒů prophei / vñ ſagt da ʒů im. Sehin du
ſpricheſt / du wōlleſt eſſen waʒ ich wil / vff dʒ ich dir ʒů arbeiten geb / vñ dis mag
niemās eſſen dʒ iß du nů alles / vñ giēg in das huß / vñ aß etwʒ / vnd ließ Vlenſpie-

8 vlēſpiegel] Dr. vlēſiegel.   16 prophei] s. DWB s. v. Profei/Privet.

geln bei dem prophei ſtȏ. Vlnſpiegel ſwig ſtil vñ gedacht. Du haſt dich v'rent / vñ   20
haſt dʒ vil and' lütē gethȏ / mit d' maß würt dir wid' gemeſſen. Wa wiltu nū das im
beʒalē / das mǖß beʒalt werdē / vñ wer der winter noch ſo hart. Vlnſpiegel arbeit
für ſich bis an dē abēt. Da gab d' ſchmid Vlēſpiegeln etwas ʒůeſſen / wañ er het dē
tag gefaſtet / vñ im ſteckt das im kropff / das er in het ʒů prophei gewißē. Da nun
Vlnſpiegel wolt ʒů bet gȏ. Da ſprach d' ſchmid ʒů Vlnſpiegel. Stand morgen vff / die   25
magt ſol blaßen / vñ ſchmid eins für das ander / ⟨LVIIIʳ⟩ wʒ du haſt / vñ how huff
negel ab ſo lāg bitʒ ich vff ſtan Da giēg vlēſpiegel ſchlaffen / vñ als er vff ſtund
gedacht er wolt im dʒ beʒalē vñ ſolt er bitʒ an knü im ſchne louffen / Er macht ein
hefftig feür vñ nimpt die ʒang / vñ ſchweißet ſie in dē ſandlöffel vñ macht ſie
ʒůſamē des gleichē. ii hēmer vñ des feürſpet / vñ ſperhockē vñ nimpt dē rüpff darī   30
die hůffnegel ligē / vñ ſchüttet die huffnegel daruß vñ howet ī die kȏpff ab / vñ die
kȏpff ʒůſamē vñ die ſtefft auch alſo / vñ nimpt ſeinē ſchurtʒ da er hort dʒ d' ſchmid
vff ſtůd vñ get hiw̄eg / d' ſchmid kūpt ī die werckſtat vñ ſicht dʒ dē negelē die kȏpff
warē abgehowē / vñ d' hamer / ʒāgē vñ and' ſtück ʒůſamē warē geſchmid da ward
er ʒornig vñ riefft d' magt wa d' knecht wer hin kumē / die magt ſagt ſie wer für die   35
thier gāgē / der ſchmid ſprach er iſt gāgē als eī ſchalck / wüßt ich wa er wer / ich
wolt im nach reitē vñ im eī gůt ſchlappē ſchlagē / Die magt ſagt er ſchreib etwʒ vber
die thür da er hīweg giēg dʒ iſt eī antlit dʒ ſicht als eī ůl. Dā vlēſpiegel het dis
gewȏheit / wa er ein bübery thet / da mā ī nit kāt. Da nam er kreidē od' kolē vñ
malet vber die thür eī üle vñ eī ſpiegel / vñ ſchreib darüber ʒů latin. Hic fuit. vñ dʒ   40
malet Vlēſpiegel vff des ſchmids thür auch. Alſo nū d' ſchmid des morgens vß dē
huß gieng / da fand er dʒ alſo wie im die magt hat geſagt wan der ſchmid kund die
geſchrifft nit leſen. Da gieng er ʒů dem kircherren / vnnd badt in das er mit im
gieng / vnd leß die geſchrifft vber ſeiner ⟨LVIIIᵛ⟩ turen. Der kirchherr gieng mit
dem ſchmid für ſeī thür vnd ſach die geſchrifft / vnd das gemeld. Da ſprach er ʒů   45
dem ſchmid. Dʒ bedüt ſo vil / als hie iſt Vlenſpiegel geweſen. Vnd ſo het der kirch-
herr vil vȏ Vlenſpiegeln gehȏrt / was er für ein geſel wer / vnd ſchalt den ſchmid /
dʒ er im das nit ʒů wiſſen het gethon / dʒ er doch Vlnſpiegelen geſehen mȏcht
haben. Da ward der ſchmid bȏß vff den kirchherren / vnd ſagt / wa ſolt ich euch dʒ   50
wiſſē thůn das ich ſelbēr nit wißt. Aber ich weiß nun wol das er in meinem hauß
geweſen iſt / dʒ ſicht man an meinē werck geʒüg wol / ſunder wañ er nymer
kumpt / daran iſt cleine macht. Vnd nimpt die kolqueſt / vnd wiſchet / das vber der
thüren vß / vnnd ſagt / ich wil keins ſchalckßwappen an meiner thüren haben. Da
gieng der kirchherr vonn dannen / vnd ließ den ſchmid ſton. Aber Vlenſpiegel d'
bleib vß vnd kam nit wider.   55

---

27 ſtan] letzter Buchſtabe unleſerlich.   **29** ſandlöffel] s. DWB.   **30** feürſpet] s. DWB s. v.
Spieß (II).   **30** rüpff] s. DWB s. v. Rumpf.   **44** turen] Dr. buren.   **52** kolquest] s. DWB s. v.
Kohlqueſte.

5. Hans Mair, Buch von Troja

Die Prosaversion des Trojastoffes entstand 1391 auf der Basis der *Historia destructionis Troiae* des Guido de Columnis von 1287. Der Verfasser ist Hans Mair aus Nördlingen (gest. 1407/08, Ratsherr, später Stadtammann). Der Schreiber der hier zugrundegelegten, 1393 in Augsburg entstandenen Handschrift (M) ist unbekannt. Die belehrenden Elemente (Kritik am Ritterstand) treten gegenüber der dominierenden Intention der Unterhaltung zurück. Insgesamt sind 7 Handschriften erhalten.

   Ausgabe: Hans Mair, Das Buch von Troja. Kritische Textausgabe und Untersuchung von H. J. Dreckmann. München 1970. – Lit.: K. Schneider, Der ›Trojanische Krieg‹ im späten Mittelalter. München 1968; G. P. Knapp, Hector und Achill. Die Rezeption des Trojastoffes im deutschen Mittelalter. Personenbild und struktureller Wandel. Bern/Frankfurt 1974. – Vorlage: Hs. M; Bayerische Staatsbibliothek München: Sign.: Cgm 342.

XXVIIj büch ſagt ward erſlagē küngin pantaſilea

Alſo ward kain Port an der ſtat Troy / in ʒway Monatē nie uf geſloſſē vnd tet daʒ
folk anders nit / dann clagē vnd wainē Jn der weil enbot der küng Agamenō
offt / dē küng Priamus / daʒ er ſein folk hieʒʒ uſſʒiehē ʒe fehtē / daʒ er im
5 gencʒllich verſagt wann er forht aller der ſeinē tod Vnd mer daʒ er gedinge hät / daʒ
im hilff ſolt koṁ.

NV waʒ ʒu den ʒeitē / in dem land ʒu orient / ain land daʒ hieʒʒt Amaſon / da
wauntē / eitel frawē / vnd kain man / die heten / ain küngin / diu hieʒ Pan-
taſilea / diu waʒ wol gelert vō Natur ʒe ſtreitē vnd fraidig ʒu fehtē / darumb waʒ ir
10 nam weit erkant / bey dē land lag ain jnſel / diu waʒ veſt vnd luſtig / da warnd eitel
man / vnd kain fraw / Nu waʒ ain gewonhait / daʒ die frawen / drei Monat / in dē
jar / komēd in der mann jnſeln / daʒ waʒ / in dem April Maiē vnd junij / vnd hetē
do irē luſt nach natürlichē ſittē mit anander / dauō ir uil ſwang‘ wurden / vnd
fürend dann wid‘ in ir land / Wann ſi dann deʒ kinds genauſend / waʒ daʒ ain
15 toht‘ / ſo behübend ſi eʒ bei in Waʒʒ eʒ aber ain ſun / wann er dann kom / uber
driv jar / ſo ſchiktē ſi in / in die jnſeln ʒu den mannē Nu hät div küngin Pantaſilea
groʒʒ Minn vnd lieb ʒu Hectorn / darüb daʒ man alʒ uil / in allen landē ſagt / uō
ſeiner manlichen ritt‘ſchafft / vnd uō ſeiner tugend Vnd da ſiv hort daʒ die kriechē
alʒ mit groʒʒer maht / warnd geʒogē uf den küng Priamus / Da maht ſiv ſich uf /
20 ʒu hilff dem küng Priamus / durch die lieb / die ſi het ʒu Hector / mit ʒwai tuſendē
jrer junkfrawē ⟨69ʳ⟩ Der fraidigſtē vnd Beſten ſo ſis gehabñ moht in Jrem land /
Vnd do ſi kom in die ſtat Troy / da weſt ſi nit daʒ Hector tod waʒʒ vnd da ſi deʒ
gewar ward deʒ ward ſiv ſer betrübt / vnd tet uil tag anders nit dann wainē vnd
clagen / Zu dem leſten da bat ſi den küng Priamus daʒ er ſich hieʒʒ all die ſeinē / uf
25 den and‘n tag / beraitē ʒu dem ſtreit So wolt ſiv mit jren junkfrawē / fehten mit
den kriechen / vnd wolt ſi innan bringē / waʒ der megt kraft getün möht / mit irē
hendē wid‘ die krichen / Alſo uō dem haiʒʒē deʒ küngs Priamus ʒoch uſ der ſtat der
küng philimenis / Eneas / Polidamas / vnd die andern / mit irē folk / vnd mit in /

---

5 *gedinge*] Hs. *het gedinge*.

div küngin Pantaſilea / vnd ir junkfrawē / Do hieȝȝ in der küng uf ſlieȝȝē / die
porten / div da hieȝȝ Dardanides Do ȝugend ſi uſſ / wider ſi komēd Ritterlich die   30
kriechē / Da hurt div küngin ritterlich wider Menelaū / vnd ſtach in uō dem roſſ /
vnd gab daȝ ainer jrer junkfrawē / Do rant Diomedes mit kreftigē lauff / ſeins roſſ
uf die küngin mit ſeinē ſpieȝȝ / vnd ſi uf in / vnd ſtauch baid anand' alȝ krefti-
lich / daȝ ſich diomedes / vnd daȝ roſſ koum uor dem vall enthielt / doch belaib
Panthaſilea veſt ſicȝē in dē ſatel / vnd ȝart Dyomedes / den ſchilt uō dem hals /   35
Vnd gab den ainer junkfrawē / Nu moht der küng Thelamō / nit geleiden / die
groȝȝē manhait d' küngin vnd nam daȝ roſſ mit den ſporē wider ſi / deȝ nam ſiv
war / vnd ſtach in ritterlich uō dem roſſ / vnd hurt da vnder die kriechē / vnd ſlug
vnd ſtach da mit jrē junkfrawē / daȝ ſi in ainer kurcȝē ȝeit innan wurden / uō den
ſlegñ irs ſwercȝ / irer kraft / Vnd mit der hilff deȝ küngs philimenis fieng ſiv   40
Thelamonē / vnd wolt den ſchiken / in die ſtat / Da daȝ erſach Dyomedes / deȝ
ward er mit ȝorn enȝunt / Vnd rant die an / die den küng Thelamon fürtē gefangē
vnd ledigt in uō irē handē / Da rüfft div küngin irē junkfrawē vnd braht ſi all ȝe
ſamē / vnd hurt mit in an die feind / alȝ krefticlich daȝ ſi müſtend die fluht gebñ /
vor den junkfrawē Da iagt Panthaſilea nach / vnd ſlüg ir uil ȝe tod / an der fluht / 45
vnd iagt ſi biȝ uf daȝ geſtat deȝ Meirs Da wernd die kriechē all ſigloȝ worden / wär
nit geweſen / der edel Dyomedes / Der ſacȝt ſich vaſt ȝu wer / wider die junkfrawē
Do gieng div naht an / vnd ward der ſtreit geſchaidē / do ȝoch div küngin mit dē irē
in die ſtat ⟨69ᵛ⟩ Da ſagt ir der küng groȝȝen dank Wann ſiv vnd ir Megd häten uf
den tag groȝȝ wunder getaun mit irē leib vnd gab der küngin vnd iren junkfrawē / 50
vil ſchöner vnd koſtlicher preſent / wann er gedaht daȝ er uō in / ſolt in ſeinē
leidē / ain tail werdē getröſt:

Darnach ward uil tag an anand' geſtritē / biȝ daȝ Menelaus kom in ȝway Mo-
nad / uō dem küng Lycomedē / vnd braht mit im Achilles ſun / Neptolomū /
er hieȝ auch Pirrus / Den enpfiengend die kriechē gar mit groȝȝē eren / Deȝ wur-   55
den die uō Mirmidon ſein diener / über all mauſſ fro / Da mahten in die kriechē ȝu
ſtund ȝu ritt' / vnd gurt im Thelamonius vmb / den ritter gürtel / Vnd ſprach ȝu im
mit wortē / Jch ȝier dich mit diſer ritt'lichē er / daȝ du manlich ſeiſt ȝu rechē / den
tod deins edeln vaters / Do gurtē im die ſporē vmb / ȝwen küng der kriechē Da gab
im der küng Agamenō / daȝ harnaſch ſeins vaters / vnd div geȝelt / vnd alleȝ daȝ   60
ſein waȝ geweſen / Vnd im ȝu er vnd ȝu fräude ſeiner ritterſchaft / hätten ſi uil
frölicher tag:

DO kom der tag / daȝ man ſolt fehtē / vnd beraitē ſich baid tail ȝu dem ſtreit /
Do ȝoch in dē ſtrit Pirrus / vnd' ſeins vat's harnaſch / Vnd rant ȝu dem erſtē
an polidamā / vnd maint in mit ſeinē ſwert ȝu tod ſlahen / Do kom im ȝe ſtund ȝe   65
hilff der küng Philimenis / mit ſeinē folk von Paſſagon / Do lieȝ Pirrus Polidamā
vnd hurt an dē küng Philimenis / vnd ſtach in uō dem roſſ / Vnd tet darȝu all ſein
kraft wie er in möht gefauhē / aber ſein folk ſacȝt da für ſich ſterbñ / oder irē h'n
erlöſen / Da wider warnd die uō Mirmidon / alſo daȝ der küng ward gefangē / Vnd
wolten in fürē uſſ dem ſtreit / Da kom in den ſtreit div küngin Panthaſilea / mit jrē   70
Megden / vnd warnd alliu jriu wappē weiȝȝ alȝ der ſne / vnd kert ſich an die uō

---

29 *hieȝȝ*] Hs. *hieȝȝ hieȝȝ.*

Mirmidō / vnd ſtauchend der uil hart wunder uō dē roſſē Do rant Thelamonius /
die küngin ritterlichē an / vnd ſtach ſi uō dem roſſ / Do ſprang ſiv muticlich uf vnd
rant in an mit erʒuktē ſwert / vnd flüg in alʒ krefticlich / daʒ er müſt vallē uō dem
75 roſſ ʒu der erd / Do hülffend der küngin jr junkfrawē / ritt'lich uff ir roſſ mit
hertem ſtreit / Vnd da ir geſagt ward / daʒ der küng Philimenis gefangē wär uō den
kriechē / Da eilt ſi ʒe ſtund mit jrē ⟨70ʳ⟩ Junkfrawē wider die von Mirmidon / die
in gefangē häten vnd flüg der uil ʒu tod / Alſo daʒ ſi uō jr müſtend weichē Da
Pirrus ſach den groʒʒē ſchaden der ſeinē / da lieʒʒ er den küng Philimenis / den er
80 het gefangñ / on allñ ſchaden / Vnd rüfft vaſt wider die ſeinē alſo / Sullt ir iuch nit
ſchamē / Daʒ ir alʒ ſchantlich werdend erſlagñ / uō den weibñ / ſind girig mit mir
daʒ wir ſi mit vnſ'n ſwertē / ſlahēd ʒe tod Da erhort Panthaſilea die traw Pirri vnd
aht der ʒe mal clain / vnd alʒ ſiu im neher kom / da er jriu wort / wol möht
vernem̄ / da legt ſiv im mit wortē den tod Hector übel an / daʒ in ſein vat' alʒ
85 mortlich het erſlagñ / den ſelbñ tod ʒü rächen / ſölten nit allain kom̄ / allain div
weip / die güt vnd füglich ſind ʒe fehten / Mer eʒ ſölt darʒü tün alliu diſiu wellt /
Vnd wir die die kriechē weib haiʒʒend / werdend bald innan vnſer mähtigē ſleg /
Von den worten ward Pirrus / enʒunt uō ʒorn / vnd wannt darūb ſein roſſ / mit
ainē ſnellē lauff / wider die küngin / Da ſi deʒ gewar ward / do kom ſiv im ritt'lich
90 engegē / da ſtach Pirrus ſeinē ſpieʒʒ / uf ir enʒway / doch moht er ſi uō irē roſſ nit
erwegñ Aber div küngin ſtach in daʒ er fiel ʒu der erd / Do ſprang er ʒe ſtund
manlich uf / vnd lieff ſi ritterlich an / mit erʒuktē ſwert / vnd tet ir mangē ſlag /
daʒ tet im div küngin auch / mit groʒʒē ʒorn / Da hülffend die uō Mirmidon / irē
h'n mit groʒʒē ſtreit uf daʒ roſſ Do kom in den ſtreit Agamenō / mit ainē groʒʒē
95 folk / Dyomedes / der hercʒog uō Athenis / vnd die and'n küng vnd fürſte Alʒ der
küng Philimenis ledig ward / deʒ ſagt er der küngin groʒʒē dank / vnd ſprach daʒ er
ſein lebñ het uō ir / Da ſamet er ſein folk ʒu ſam̄e / vnd div küngin ir Megd / Da
kom auch in den ſtreit Polidamas nach dem vnd er uō dem roſſ geſtochē waʒ / Da
kom auch Eneas / vnd der küng Remus / mit groʒʒē folk / da hŭb ſich ain herter
100 ſtreit / Pirrus faht vaſt wider die uō Troy / Nach feſter faht Panthaſilea wid' die
kriechē / Do kom Pirrus an Galnotonem Anthenors ſun / vnd Polidamas bruder /
doch uō ainer and'n müter Vnd ſlug den ʒe tod Da rant div küngin Pirrū an / vnd er
her wider / vnd komēd baid ʒe ſamē mit ainē ſnellē lauff / irer roſſ / Da komēd die
hüffen / alſo wurdē ſi geſchaidē Nu ward Polidamas laidig / vmb ſeinē brüder vnd
105 flüg in dē ʒorn / uil der feind ʒe tod / dauō maht er mit ſeiner manhait, vnd mit
hilff der küng / die feind flühtig / vnd eiltē ⟨70ᵛ⟩ Jn vaſt nach vnd flügend ir uil an
der fluht ʒe tod Da widerſtündē in manlich Pirrus dyomedes vnd Thelamonius /
vnd brahtē die kriechē uō der fluht Nu waʒ eʒ an dem abñd / dauō ward der ſtreit
geſchaidē Alſo ward ainē gancʒē Monad an anand' gefohtē Vnd wurden mer dann
110 ʒehen tuſend ritt' an baidē tailē erſlagñ Eʒ verlor auch div küngin Panthaſilea / uil
irer junkfrawē in dem ſelbñ Monad:

Alʒ nu der Monad ain end het / da hübend ſi noch herticlicher an ʒe ſtreitē /
Vnd ʒugend baid tail ʒe feld Da ʒoch in den ſtreit Pirrus / vnd anderhalb
Panthaſilea / vnd warnd anander tötlich feind / vnd komēd / mit groʒʒē ʒorn ʒu

---

113 *anderhalb*] Hs. *aderhalb*.

famē Pirrus ſtach ſeinē ſpieȝ uō ainē ſnellē lauff ſeins roſſ uf der küngin enȝwai /   115
doch belaib ſiv veſt ſicȝē in dem ſatel / Da rant div küngin noch herticlicher wider
Pirrū / vnd wie ſiv in nit ſtech uō dem roſſ / doch ſtach ſiv in alȝ krefticlich / daȝ ir
ſpieȝȝ brach / vnd im daȝ trumb belaib in dem leib / Da ward uō kriechē ain groȝȝ
geſchrai / vnd komēd all ȝe hüffen wider Panthaſilea / vnd flügend ir alȝ mangē
ſtraich daȝ ir der helem kom uō dem haupt Do daȝ erſach Pirrus do rant er die   120
küngin mit groȝȝē ȝorn an / Vnd gedauht nit an den ſpieȝȝ / der im ſtekt in dem
leib / waȝ im halt darumb ſölt beſchächen / Daȝ erſach div küngin und gedaht
Pirrū ee flachē Da kom Pirrus uor / vnd flüg ſi uō kreftē ſeiner arem / mit ſeinē
ſwert / ȝwiſchē die ſchultern / vnd flüg ir den arē uō dem leib / alſo daȝ div edel
mānlich küngin Panthaſilea / fiel totiu uō dem roſſ / Da flüg Pirrus in ſeinē ȝorn   125
irē Edeln leib / allē ȝe ſtūken / Do moht er ſich auch nit leng‘ enthaltñ / uō dem
groȝȝē plūt / daȝ im ran uſſ der wundē / er müſt alȝ er tot wär vallñ ȝu der erd / Da
trügend in die ſeinē uf ainē ſchilt / in ſein hütten / Nu warnd der küngin junk-
frawē / vmb iren tod ſer betrübt / vnd wolten fürbaȝ lieber ſterbñ / dann geneſen /
vnd ȝu rechē / ir frawē / ſtünd aller ir gedank / vnd hurtē ritterlich an die Mir-   130
midon / die hetñ auch / irē beſchirmer verlorn / vnd flügend ir uil ȝe tod / Da
ward der uō kriechē mer dann ȝwai tuſend erſlagñ / waȝ halff daȝ die uō Troy /
wann eȝ komēd ⟨71ʳ⟩ Die kriechen wider ſi / mit ainer vnſeglichen maht / vnd
flügend ir uil ȝe tod / Eȝ ſchreibt der maiſt‘ Dares / Daȝ deȝ mals .x. tuſend von
Troy wurdend erſlagñ / Darūb waȝ dannoch der Junkfrawē vnd der and‘n uō Troy   135
lebendig warnd / vnd die auch mohtē / die fluhend / all in die ſtat / vnd
verfluſſend die portē / mit ſtarkē rigeln vnd floſſen / wann ſi häten kainē gedingē
mer / noch kain maht durh fehtens willē her uſſ ȝu ȝiechen:

6. Hans Sachs, Der Ursprung des Meistergesangs

Das Meisterlied wurde von Hans Sachs (1494-1576; Schuhmachermeister und Meistersänger
in Nürnberg) 1516, im Jahr der Beendigung seiner Wanderschaft und seiner Rückkehr nach
Nürnberg, verfaßt. Die Intention ist - wie beim Meistergesang insgesamt - nicht eindeutig zu
benennen. Das unterhaltende Element tritt hier jedoch deutlich stärker hervor als belehrende
und legitimierende Elemente (vgl. dazu Dutschke, 71f.).
   Ausgabe: Hans Sachs, Werke. Hrsg. A. v. Keller/E. Götze. 26 Bde. Tübingen 1870-1908
[Nachdr. Hildesheim 1964] (Bd. 25, Nr. 36). - Lit.: N. Holzberg, Hans-Sachs-Bibliographie.
Nürnberg 1976; E. Geiger, Der Meistergesang des Hans Sachs. Bern 1956; B. Könneker, Hans
Sachs. Stuttgart 1971 [mit weiterer Lit.]; F. Ellis, The Early Meisterlieder of Hans Sachs. Bloo-
mington 1974; Hans Sachs und Nürnberg [. . .] Hrsg. v. H. Brunner/G. Hirschmann/F. Schnel-
bögl. Nürnberg 1976; Hans Sachs. Studien zur frühbürgerlichen Literatur im 16. Jahrhundert.
Hrsg. v. Th. Cramer/E. Kartschoke. Bern/Frankfurt 1978; M. Dutschke, ›. . . was ein singer soll
singen‹. Untersuchung zur Reformationsdichtung des Meistersängers Hans Sachs. Frank-
furt/Bern 1985. Zum Meistergesang: R. Weber, Zur Entwicklung und Bedeutung des deut-
schen Meistergesangs im 15. und 16. Jahrhundert. Diss. Berlin 1921; A. Taylor, The Literary
History of Meistergesang. New York 1937; B. Nagel, Meistersang. 2. Aufl. Stuttgart 1971;
Ders. (Hrsg.), Der deutsche Meistersang. Darmstadt 1967; R. Hahn, Meistersang. Leipzig
1985. - Vorlage: Hs.; Staatsbibliothek Preußischer Kulturbesitz Berlin; Sign.: Ms. Germ. quod.
414, 32ʳ-33ʳ.

In Regenpogens langen don 3 lied

H. S. gedicht

1 Ein edler garttē wart gepäûē / von einē kûnig het ʒwelff diner wol behût / dar vm
da ging von golt ein ʒaûn / dar an da waren ſiben gûldin pforten.

5 Zwelff weinſtock warē wol gehäûē / in mittē ⟨32ᵛ⟩ ſtant ein paûm der het dreÿ
eſte gût / dar peÿ ein lilgen ʒweÿg waſ praûn / veÿelroſſen ſtûnden an allen ortē.
Mitē in diſſem gartten qûal / ein prinlein was geleit mit meiſterſcheffte / in
diſſem garttē vberal / Da vō enpfingen alle fricht jr kreffte / wer ʒw dē garttē
kam gemein / vnd diſſer fricht begert / vō den ʒwelffen dem wûrden ſie
10 peſchert / der fricht hollet man weit vnd ver / nûn het der kûng gros feintſchafft
ich melt / die kamē dar mit einē her / ſchlûgē vor dem garttē aûf ire ʒelt /
v'ſchranckten al weg vnd ſteg / noſſen doch ſelber nit der frichte wert / vnd
liſſen nÿmāt dar ʒw ein / wen ſie ergriffen wart vō in peſchwert.

2 Hort waſ bedeût vns diſſer garte / er deût meiſter geſang die hoch ſûptille kûnſt /
15 der kûnig iſt der heillig geiſt / vō dem die kûnſt hat irē vreſpringe.
Zwelf diner die ʒwelff maÿſter ʒarte / der gûlde zaûn iſt die heillig geſchrifft mit
gûnſt / ſiben pfortten werden beweiſt / daſ ſein die ſiben freÿen kûnſt ich ſinge.
Dar dûrch mā in den gartten gät / die weinſtock ſind vns die gedicht pedeÿte / vō
dem gelaûben mich verſtet / der paûm bedeût vō der driûalttikÿte / alle gedicht
20 ſûptil vnd hach / die lilgē ich pericht / das lob das vō maria wirt gedicht / ⟨33ʳ⟩
feÿel vnd roſſen manger leÿ / ſin al hofflich gedicht der meiſter vil / der prûn
pedeût die melodeÿ / vnd alle meiſterliche don ſûptil / on die kein frûcht becli-
ben kan / wer ſich dan ʒw diſſem gartē v'pflicht / vnd diſſer kûnſte ringet nach /
dem werden pald ʒw deil der edlen fricht.

25 3 Die feind die vmb den garttē ligē / vnd aûf geſchlagen han ir ʒelt weit vnde
preit / vnd han v'ſchrancket weg vndt ſtras / daſ ſelbÿg ſind al menſchen die ich
melde.
Die in ſinden wider got krigen / mit hoffart geicʒ fûlereÿ vñ vnlaûterheit / mit
mordereÿ neid vnde has / gotſchwervng ſpil iſt vol al diſſe welde etc.
30 Die han der genad nit vō got / daſ ſie ſoliche kûnſt mochten gelereñ / ſie dreiben
aûch dar aûs dē ſpot / wû ſie geſang von einē meiſter herē / ſÿ ſind in ſûndē hart
v'wûnt / vnd kein aûf merckvng han / der frûcht die in dem edlen garttē ſtan /
wer poſheit vnd neû ſûnt bedracht / den halten diſſe leût vûr kûnſtē reich /

---

1 Allgemein s. W. Tauber, Der Wortschatz des Hans Sachs. 2 Bde. Berlin 1983.
6 *veÿelroſſen*] ›lychnis‹ s. DWB s. v. *Veilrose*. 16 *zwelff maÿſter*] Dies sind: Frauenlob,
Regenbogen, Hch. v. Mügeln, Walther, Wolfram, Reinmar, Marner, Klingsor, Kanzler, Poppe,
Stolle, Hch. v. Ofterdingen (vgl. Nagel 1962, 65): Die in Nürnberg verehrten 12 alten Meister
sind: Konrad Nachtigall, Fritz Zorn, Conrad Vogelsang, Hermann Oertel, Fritz Kettner, Hans
Vogel, Sixt Beckmesser, August Moser, Hans Schwarz, Ulrich Eislinger, Hans Folz, Lienhart
Nunnenbeck (vgl. Nagel, a. a. O., 32). Dazu H. Ellenbeck, Die Sage vom Ursprung des Mei-
stergesangs. Diss. Bonn 1911. 17 *ſiben freÿen kûnſt*] septem artes liberales: Trivium: Gram-
matik, Dialektik, Rhetorik; Quadrivium: Arithmetik, Geometrie, Musik, Astronomie.

weiſheit vnd kûnſt wirt gart v'acht dar vm ſtet es in der welt kûmerleich / doch
der gart erhaltē wirt / aûf erdt vō mangē kûnſtē reichem mañ / der dar in erbeit 35
alle ſtûnt / dem gab der kûnig dort ewigē lan etc.

1516

7. Der Pfaffe mit der Schnur

Der Pfaffe mit der Schnur ist eines der 21 Reimpaargedichte, die in einer St. Galler Hand-
schrift aus dem 3. Viertel des 15. Jahrhunderts überliefert sind. Ihr unbekannter Dichter,
dessen genaue Lebenszeit nicht exakter als »erste Hälfte des 15. Jahrhunderts« angegeben
werden kann, war Berufsschreiber, der sich infolge der bei seiner Schreibtätigkeit erworbenen
Übung anläßlich des Schreibens von Boner-Texten angeregt fühlte, selbst ›byschafft‹ (›Bei-
spiel, Geschichte, Fabel‹) zu verfassen (nach Fischer 1983, 169–170).
   Ausgabe: H. Fischer (Hrsg.), Eine Schweizer Kleinepiksammlung aus dem 15. Jahrhundert.
Tübingen 1965, 35–43. - Lit.: H. Fischer, Studien zur deutschen Märendichtung. 2. Aufl. [. . .].
Tübingen 1983 [dort S. 280–437 systematische Forschungsbibliographie]; R. Moor, Der Pfaffe
mit der Schnur. [. . .]. Bern [usw.] 1986. - Vorlage: Hs. (halem., wohl Glarus, 3. Viertel des
15. Jahrhunderts); Stiftsbibliothek St. Gallen; Sign.: Cod. 643.

E s hat ein man ein iunges wib
 die hat er als lieb als ſinē lib
doch ir trüw ſy an im brach
Eins mals do ſy ein pfaffen erſach
5 do kam dem pfaffen in ſin ſinne
dʒ er ſy bat vmb die minne
Sy ſprach wie wöltin wir es ſachen an
wan ich han So ein häfftigen man
vernäm er von mir ſöliche mär
10 So wûſſent das ich verlorn wer
doch kan ich es wol vachen an
Das ſin nit wirt innen min man ⟨104ᵇ⟩
Ein ſchnûr wil ich binden an die füſſe
                                    min
15 wenn deñ ûch dunkt dʒ es ʒit ſöle ſin
So ʒûchent dʒ ſail dʒ ich erwach
So vernimpt min män nit diſe ſach
vilicht ſpricht denn min man
So wil ich dañ ʒû ûch gan
20 war ich welle ſo ſprich ich
in dem buch krimet mich
Mich dunkt möcht ich ʒe ſtûle gan
Min ſchmercʒ müſt ein ende han
So wännet min man es ſy war
25 So kum ich denn ʒû ûch dar
der pfaff Sprach der ſin iſt gût

Des iſt erfröwt aller min mût
da mit gang lieber bûl da hin
Wenn mich dunkt dʒ es ʒitt ſöl ſin
So kum ich vnd ʒûch dʒ ſail   30
got der geb vns dar ʒü hail
Die frow gieng hein jn ir hus
Si aſſent ʒe nacht vnd ſprach alſus
ʒû irem män mir iſt gar we
dar vm ſond wir gan ſchlaffen deſter e 35
dʒ ich kom ʒû der geſuntheit wider
alſo giengent ſy do nider
die fröw erlöſt dʒ liecht ʒehant
die ſchnûr ſy an die füſſe band
vñ lait ſich an ir gûtten gemach 40
nu merkent wʒ do da geſchach
do die frow entſchlieff do wolt der män
Sin harn waſſer von im län
an die ſchnûr ſtieſ er ſich
Dʒ dûcht in gar wunderlich 45
in wundert wʒ die ſchnûr tätte da
der ſchnûr ende gieng er na ⟨105ᵃ⟩
Bis das er an der frowen füſſe kam
vil gros wunder er dar ab nam
Er getacht wʒ die frowe meint darmitte 50
jn bedûcht es betutte gûttes nit
dʒ ſail band er ſelb an die füſſe ſin

Er gedacht wer wil komen her in
ʒe hand kam der pfaff gegangen
55 an die ſchnůr begond er hangen
vñ ʒoch faſt der man ſtůnd vff
vñ gieng hin ab in dʒ hus
do fiel der pfaff an den ſelben män
er wand er ſölt Sin bülen hän
60 der man vmb fieng den pfaffen
vñ ſprach wʒ haſt du hie ʒeſchaffen
du biſt ein minner dʒ ſich ich wol
der minne dir gnůg werden ſol
vil bald růfft er der frowen ſin
65 ſtand vf liebe husfrow min
Es iſt ein dieb in dem hus
⟨105ᵇ⟩ der wolt dʒ vnſer tragen vſ
vil bald ʒůnt ein liecht an
Er můs ie ſin leben hie lan
70 die frow ſtůnd vff vnd wʒ leides vol
vil bald blies ſy an ein kol
Si ſprach dʒ liecht wil brůnnen nit
dar vmb ſo bitt ich dich
dʒ du ſelbſ enʒůndeſt dʒ liecht
75 vnd gib mir die wil den dieb
jn min hand ich wil in vaſt han
dʒ er mir nit kan engän
der man blies ſelb an den brand
die frow nam den pfaffen an die hand
80 vñ ſtieſ in fůr dʒ hus hin dan
vil bald ſy do einen eſel nam
vnd hat den vaſt jn ir hant
vñ do der man hat enbrant
dʒ liecht do kam er gelouffen
85 Die frow ſprach ina woffen woffen
⟨106ᵃ⟩ Wie biſt du ſo ein vnſinniger man
dʒ du ein eſel für ein dieb valleſt an
Er ſprach es iſt ʒwar ein man geweſen
den haſt du hie laſſen geneſen
90 vñ haſt den vſſ dem hus gelan
vnd den eſel in die hant getan
dar vm ſo gang vs du böſes wib
du haſt verſchmachet minen lip
vñ wolteſt haben ein and'n män
95 Des můſt du vſſ dem huſe gän
Die frow lůff fůr dʒ hus hin dan
ʒů einer alten frowen ſy do kam
von gräwe wʒ wiſſ ir har

Si ſprach liebe frow, nement war
ich wil ůch trůlich klagen   100
min man hett mich vſgeiaget
dar vm wil ich ůch geben lon
dʒ ir wellent für dʒ hus gän
vñ da wellent weinen vor dem hus
So wil ich gän hin vſ ⟨106ᵇ⟩   105
ʒů minem her'n wie er ſich gehab
ob er enkeinen gebreſten trag
dʒ alt wib ſprach ich wil es tůn
gebent mir ein käs vñ ein hůn
Si ſprach ich wil ůch noch me geben   110
Dʒ ir die ſach nu volbringent eben
Dʒ alt wib ſaſſ fůr dʒ hus hin dän
vil faſt weinen ſy began
do lůff der män her vſ
vñ ſchlůg dʒ alt wib vor dem hus   115
vñ ſneit ir ab ir grawes har
Er wolt wänen ſicher fůr war
dʒ es ware ſin eliche frow
dʒ hare gehielt er do
jn ein tůch ſchön vñ vin   120
vnd band es gar ſicher dar in
do nu der ſchön klare tag har kam
do lůff der ſelbe man
vñ lůd die frůnd ſiner frowen
vnd wolt ſy laſſen ſchöwen   125
Dʒ mord dʒ jm ſin frow hat getän
da hin kament frowen vñ ouch man
die ir frůnd ſolten ſin
Er gab inen flaiſch, brot vñ dar ʒů win
⟨107ᵃ⟩ do ſy alſo trunken vñ aſent   130
vnd ob dem tiſche ſaſſent
do trůg der man hin in
dʒ Selb har in eim tüchelin
vñ ſprach ir frůnd ich wil ůch klagē
vñ von miner frowen etwʒ ſagen   135
Si hat mir armen män
gar ein gros vntrůw getän
nächt ʒe nacht mit einem män
den wolt ſy by ir ſchlaffen län
vñ ſeit den frůnden alſo die mär   140
wie es ergangen wär
Er ſprach lieben frůnde nement war
ich ſchneid ir ab ir har
ʒe einem worcʒeichen vñ durch dʒ

145 dʒ man es geloupti defter bas
Er nam her fúr dʒ felb har
do wʒ es ittel grawe gar
dʒ har fachent die frúnde an
die frow fprechen do begän
150 Sechent lieben frúnde min
der man mag wol vnfinnig fin
Min har ift gelw vñ grawe nicht
nu fechent wie mir mit im gefchicht
nächt fieng er ein efel fúr ein man
155 vnd fchrey den fúr ein dieb an
des har hett er abgefnitten
vnd wil mich nun gefchenden damitte
⟨107ᵇ⟩ die frúnd wandent all es wer alfo
vñ fprachent allfament do
160 der män ift vnfinig dʒ ficht man wol
vil bald man im hellffen fol
Sy fchiktend nach einem prieft' ʒehant
der die lút befweren kond
der befwúr do den armen man
165 Sy warent alle jn dem wan
der man wer vnfinnig gewefen
nu merkent wer nu múg genefen
vor böfer valtfcher wiben lift
Owe fälig er nu ift

Der mit böfen valfchen wiben 170
Sin leben nit fol vertriben
Sy betörent mängen wifen man
vor inen fich iemän kum hütten kan
wer nu kunt in ir band
von inen kunt er kum ane fchand 175
Er wirt betöret an allen wan
alfo gefchach difem armen man
Er müft ie vnfinnig wefen ⟨108ᵃ⟩
ich han noch me gelefen
das falomon ein wifer män 180
den wiben ouch nit kont engan
vñ famfon vñ allexander
die kament all in fchande
von böfer valfchen wiben lift
aber ein ʒart biderb wib ift 185
Ein kreatur vor allen dingen
wa man die mag finden
Si ift gold vñ aller eren wert
kein beffer ding weis ich nu vff erd
denn ein ʒart biderb frowen 190
alles laid kan fy ʒerhöwen
Man fol fy loben vñ ʒieren
vnd jn aller ere füren

8. Jörg Wickram, Rollwagenbüchlein

Die Schwanksammlung unter dem Titel *Das Rollwagen búchlin. Ein neüws / vor vnerhörts Búchlein / dariñ vil gúter schwenck vnd Historien begriffen werdē / so man in schiffen vñ auff rollwegen / deßgleichen in scherheüseren vnnd badstuben / zú langweiligen zeiten erzellen mag / die schweren Melancolischen gemúter damit zú ermünderen / vor aller menigklich Jungen vñ Alten sunder allen anstoß zú lesen und zú hören / Allen Kauffleüten so die Messen hin vñ wider brauchen / zú einer kurtzweil an tag bracht und zúsamen gelesen [. . .]* erschien 1555 wohl in Straßburg, vermutlich bei Johann Knobloch d. J., der auch andere Werke Wickrams druckte. Es handelt sich dabei um das erfolgreichste Werk Jörg Wickrams (ca. 1505-1561/62; Ratsdiener in Colmar, Stadtschreiber in Burkheim am Kaiserstuhl); bis 1613 sind 17 Auflagen bekannt (vgl. Roloff, 315ff.).
Ausgaben: J. Bolte (Hrsg.), Georg Wickrams Werke. Bd. 3. Tübingen 1903 [Nachdr. Hildesheim 1974]; H. G. Roloff (Hrsg.), Georg Wickram, Sämtliche Werke. Bd. 7. Berlin/New York 1973. – Lit.: H. J. Geerdts, Das Erwachen des bürgerlichen Klassenbewußtseins in den Romanen Jörg Wickrams. In: Wissenschaftliche Zeitschrift der Friedrich Schiller-Universität Jena 1952/53, 117-124; K. Stocker, Die Lebenslehre im Prosawerk von Jörg Wickram und in der volkstümlichen Erzählung des 16. Jahrhunderts. Diss. München 1956; U. Sauter, Jörg Wickrams Rollwagenbüchlein und die gegebene Ordnung. In: Zeitschrift für Religions- und Geistesgeschichte 21 (1969), 73-78. Allgemein: E. Straßner, Schwank. 2. Aufl. Stuttgart 1978. – Vorlage: Druck [Straßburg] 1555 [bei Johann Knobloch]; Exemplar der Herzog August Bibliothek Wolfenbüttel.

Von eim Radtsherren der mit einem kind gieng.

JN einer ſtatt / mit nammen Freyburg / ſaß ein reicher Radtsherr / welcher mit
ſeiner Frawē noch nie in fünfftʒehē jar kein kind gehebt hat / deß halben offt
etwas ſpans bey jnen ſich erhůb / daß ye eins dem anderen die ſchuld gab. Auff ein
5 ʒeit dinget die Fraw ein haußmagt / welche faſt ʒüchtiger berden was / kundt auch
dem hauß wol vor ſtan. Jr Mañ gedacht in ſeinem ſiñ / Mein Weib ʒeicht mich / ich
ſey kein nütʒ / wie wer jm / ſo ichs mit meiner magt verſůchte / ob die ſchuld mein
ſey oder nit / nur daß wir auß dem ʒweiffel kommen. Vnd kart ſein müglichen fleiß
an / ob er ſy kônte bereden. Die magt durch vil glatter wort vnd verheiſſen jres
10 Herren verwilget / vnd empfacht von ⟨Aviijᵛ⟩ jm ein kind. Nun vermag aber die
Stattordnung alda / ſo ein Radtsherr die Ee bricht / wirt von allen eeren geſetʒt. Vñ
gedacht / wie iſt dem ʒethůn / wirdt mans von mir innen / wird ich übel beſtan.
Vnd gadt hin ʒů ſeinem Doctor / welcher ein geſcheider mañ was / entdenckt jm
ſein anligen / vnd die groſſe gfar ſo jm drauff ſtůnde. Der Doctor trôſtet jn vñ
15 ſpricht: Dem iſt wol ʒethůn / ſind vnuerʒagt. Gond heim / vñ legen euch ans bett /
vnd gehaben euch ſeer übel im bauch / vnd über ein tag ſchicken mir den harn bey
euwerer Frawen / vnnd laßt mich handlē. Der Radtsherr thet wie jm der Doctor
befolhen hat / vnd ſchickt am anderen tag die Fraw ʒum Doctor mit dem waſſer.
Der Doctor beſichtiget das waſſer / vnd im beſehen lachet er. Die angſthafftige
20 Fraw ſo ſy den Doctor ſicht lachen / betrůbet ſy ſich faſt: dann ſy wußt wol daß jr
mann faſt kranck lag. Der Doctor ſpricht / Euwer Herr iſt ſeer krāck / vñ geſchwilt
jm der bauch: dann er gadt mit einem kind. Die Fraw antwortet / Herr / wie kan
das geſein? treiben kein ſpeywerck / mein mann iſt ſeer kranck. Antwortet der
Doctor / Jch ſagen euch die warheit / er gadt mit einem kind. Herr / ſagt die Fraw /
25 wie gadt das ʒů es iſt vnmüglich? Antwortet der Doctor / Jr weiber haben ſeltʒam
glüſten / verſůchens in all weg / in dem iſt euwer mann ſchwanger worden. Vnd ſy
errôtet / gedacht in jr ſelbs einfaltigklich / Es mag ſein / vnnd faſſet widerumb das
hertʒ ʒů beiden henden / fragt den Doctor / wie jrem mann ʒů helffen were. Gab
jren die leer / Beſtellē ein junck⟨Bjʳ⟩fraw / die noch keins mañs ſchuldig iſt / vnnd
30 verfůgens ʒů euwerem mann / als denn wirdt die Jungfraw das kind empfahen. Die
Frauw antwortet / Es wirts keine wôllen thůn. Spricht der Doctor / Keerē fleiß an
bey ʒeit / ſunſt verdirbt euwer mann / dañ das můß ſein. Noch eins ſpricht der
Doctor / Was habē jr für ein magt? Antwort die Fraw / Sy iſt ſo ʒüchtich / mag von
denen dingē nichts hôren / ich geſchwigē erſt thůn. Spricht der Doctor /
35 Verſůchends mit jr / keeren euweren müglichen fleiß an / vnd ſagen / ſy môg den
mann beym leben erhalten / mit verheiſſung einer reychlichen heimſteür / vñ ſo ſy
das kind gewiñt / daß jrs für euwer eigen fleiſch vñ blůt wôllen auferʒiehē. Alſo
ſchied die Fraw vom Doctor heimwertʒ ʒů jr magt / hielt jren den handel für mit
groſſem bitten vñ flehē. Die magt anwortet / Liebe Fraw halten jr mich für ein
40 ſômliche? ich wil noch hinnacht auß dem hauß. Die Fraw herwider mit groſſer bitt

---

13 *entdenckt*] beſſer: *entdeckt*.

vñ verheiſſen geradt an ſy hin / ſy ſölle doch jrs mañs leben anſehen / deßgleichen wölle ſy daß kind für jr eigen kind erʒiehen / vñ ſy reichlich außſteürē ʒů einem gůten geſellen. Nach langer hefftiger bitt verwilget die magt / vñ legt ſich ʒum Herren / welcher gleich in kurtʒen tagen wider genaß / vnd die magt empfieng dʒ kind. Alſo ward der ſach radt / vnd die Fraw hielt der magt alles was ſy jren 45 verheiſſen hat / vnd bliben all bey eeren. Wie aber die magt ſo bald gebar / vñ nur die halbe ʒeit 20. wochen das kind getragen hat / gewan die Fraw ein argwon / vnd gieng wider hin ʒum Doctor / vnd ⟨Bjᵛ⟩ ſprach / Herr Doctor / wie gadts doch ʒů / daß die magt deß kinds ſo bald genißt? Antwortet der Doctor / Mein liebe Fraw / wundert euch das? gedencken jr nit daß der mañ das kind 20. wochē getragen hat / 50 vnnd die magt auch 20. Spricht die Fraw / Ja warlich das iſt war / dancket dem Doctor / vnnd ſchied von jm. Etwan ein jar darnach / gieng der Doctor vngeferd für die Fraw / grůßt ſy vñ lechlet / das treib er ʒum dickeren mal / bey dem die Fraw abnaṁ daß es mit kreüteren ʒůgangen was / wie man ſpricht.

9. Oswald von Wolkenstein, Fröhlich, zärtlich

Fröhlich zärtlich (Klein, Nr. 53) gehört zu den Tagelied-Variationen Oswalds von Wolkenstein (1377-1445; Ritter, Tiroler Politiker, zeitweise im Dienste König Sigismunds). Überliefert ist das Lied in den drei Haupthandschriften: A (Wien, Österreichische Nationalbibliothek, Cod Vind 2777), B (Universitätsbibliothek Innsbruck, o. Sign.). c (Tiroler Landesmuseum Ferdinandeum, Innsbruck, FB 1950). Die hier zugrundegelegte Handschrift B entstand zwischen August 1431 und dem 30. August 1432 wohl in Südtirol, möglicherweise im Augustiner Chorherrenstift Neustift bei Brixen. Als Hersteller der Handschrift wird ein Schreiber aus der Umgebung Sigismunds vermutet.

Ausgaben: Faks. Oswald von Wolkenstein. Handschrift A. In Abbildung hrsg. v. U. Müller und F. V. Spechtler. Stuttgart 1974; Oswald von Wolkenstein. Abbildungen zur Überlieferung I: Die Innsbrucker Wolkenstein-Handschrift B. Hrsg. v. H. Moser und U. Müller. Göppingen 1972; Oswald von Wolkenstein. Abbildungen zur Überlieferung II: Die Innsbrucker Wolkenstein-Handschrift c. Hrsg. v. H. Moser, U. Müller und F. V. Spechtler [. . .]. Göppingen 1973; Die Lieder Oswalds von Wolkenstein. Unter Mitwirkung von W. Weiß und N. Wolf hrsg. v. K. K. Klein. 3. Aufl. Tübingen 1987. Übersetzung: Oswald von Wolkenstein, Lieder. Mittelhochdeutsch/Neuhochdeutsch. Hrsg. v. B. Wachinger. Stuttgart 1964. - Lit.: D. Kühn, Ich, Wolkenstein. Eine Biographie. Frankfurt. 2. Aufl. 1980; A. Schwob, Oswald von Wolkenstein. Eine Biographie. Bozen. 3. Aufl. 1979; E. Timm, Die Überlieferung der Lieder Oswalds von Wolkenstein. Lübeck/Hamburg 1972; E. Kühebacher (Hrsg.), Oswald von Wolkenstein. Beiträge der philologisch-musikwissenschaftlichen Tagung im Neustift bei Brixen 1973. Innsbruck 1974 [mit einer Bibliographie S. 410-442]; U. Müller (Hrsg.), Oswald von Wolkenstein. Darmstadt 1980; W. Röll, Oswald von Wolkenstein. Darmstadt 1981; H. P. Treichler, Studien zu den Tageliedern Oswalds von Wolkenstein. Diss. Zürich 1968; F. G. Banta, Dimensionen und Reflexionen: Eine Analyse des Gedichtes ›Fröhlich, zärtlich‹ von Oswald von Wolkenstein. In. Müller (Hrsg.) 1980, 57-78. - Vorlage: Hs.; Universitätsbibliothek Innsbruck; o. Sign., Bl. 23ʳᵛ.

---

52 *vngeferd*] s. Götze, Frnhd. Glossar. **54** *abnaṁ*] s. FWB s. v. *abnehmen* (16).

FRölich ȝärtlich lieplich vnd klärlich luſtlich ſtille leyſe / jn ſenffter ſüſſer
keuſch' ſainer weyſe / wach du mīnikliches ſchönes weib / reck ſtreck breys
dein ȝarten ſtolcȝen leib / [ſecunda pars] Sleuſs auf dein vil liechte öglin klar /
taugenlich nym war / wie ſich verſchart / der ſterne gart / jnn der ſchönen hayttren
5 klaren ſunne glancȝ / wol auff ȝu dem tancȝ / machen einen ſchönen krancȝ / von
ſchawnen prawnen plawen grawen gel rot weyſſ viol plümlin ſprancȝ /

⟨XXIII'⟩ LVncȝlot müncȝlot klüncȝlot vnd ȝyſplot wyſplot freuntlich ſprachen auſs
waidelichen güten rainen ſachen ſol dein pöſſchelochter rotter mund / der ſer mein
hercȝ lieplich hat erȝunt / Vnd mich für war tauſent mal erweckt / freuntlichen
10 erſchreckt / auſs ſlauffes träm ſo ich ergäm ain ſo wolgeȝierte rotte engeſpalt
lacherlich geſtalt ȝendlin weyſſ dorin geȝalt trieliſch mieliſch vöſlocht röſlocht hel /
ȝu vleiſſ waidelich gemalt

WOlt ſy ſolt ſy tät ſy vnd käm ſy näm ſy meinem hertȝen den ſenikleichen groſſen
hertten ſmertȝen vnd ein brüſtlin weyſſ darauff gedruckt ſecht ſlecht ſo wër mein
15 trauren gar verruckt / Wie möcht ein ȝart ſeuberliche diern luſtlicher geȝiern das
hercȝe mein an argen pein / mit ſo wunniklichem ȝarten rainen lüſt mund mündlin
gekuſſt ȝung an ȝünglin brüſtlin an bruſt bauch an beuchlin rauch an reuchlin ſnel
ȝu fleiſſ allcȝeit friſch getuſſt /

10. Es hatt ein Schwab ein Töchterlein

Der im folgenden wiedergegebene Text ist ein Dokument weltlicher lyrischer Dichtung der
Mitte des 16. Jahrhunderts, und zwar für die Gattung ›Gesellschaftslied‹, wie sie »[...] als
Ausdruck des Fühlens und Vorstellens der bürgerlichen Mittelschicht in den Städten« (Rup-
prich, 231) gepflegt wurde. Der Text findet sich auch im Weimarer Liederbuch, S. 317–323
[Faks. Leipzig 1976].
    Ausgabe: A. Kopp (Hrsg.), Volks- und Gesellschaftlieder des XV. und XVI. Jahrhunderts.
I. Lieder der Heidelberger Handschrift Pal. 343. Berlin 1905. – Lit.: H. Rupprich, Die deutsche
Literatur vom späten Mittelalter bis zum Barock. 2. Tl.: Das Zeitalter der Reformation 1520–
1570. München 1973, 231–245. – Vorlage: Hs. (1550/5, Raum Heidelberg); Universitätsbiblio-
thek Heidelberg; Sign.: Pal. 343.

---

1 Allgemein s. J. Schatz, Sprache und Wortschatz der Gedichte Oswalds von Wolkenstein.
Wien/Leipzig 1930.   2 ſainer] s. Lexer s. v. sein.   7 LVncȝlot] s. Lexer s. v. lunzelot. Zum
Suffix -lo(ch)t s. H. Schwarz, Das Suffix -lich(t) bei Adjektiven im Neuhochdeutschen. Diss.
Freiburg 1905; Grammatik des Frühneuhochdeutschen I,2, § 32.   7 müncȝlot] s. Lexer s. v.
munzlot.   7 klüncȝlot] s. Lexer s. v. klunzlot.   7 ȝyſplot] s. Schatz s. v. zisplocht, vgl. Lexer
s. v. zispezen.   7 wyſplot] s. Schatz s. v. wisplocht; vgl. Lexer s. v. wispelen.
8 pöſſchelochter] s. Schatz s. v. pöschelocht.   11 trieliſch] s. Lexer.   11 mieliſch] s. Lexer s. v.
smielisch.   11 vöſlocht] s. Schatz s. v. vöslocht; DWB s. v. veselicht.   11 röſlocht] s. Lexer
s. v. rœselêht.   18 getuſſt] s. Lexer s. v. tuzzen.

Ein annder Liedt.

Es hatt ein ſchwab ein dochterlein, es woldt nit leng' diennen, ſie woltt nůr rockh
vnnd mandel haben, ʒwen ſchůch mit ſchmalen rÿemen, O dů feins mein Elſelein.

Wiltů Rockh vnnd mandel haben, ʒwen ſchůch mit ⟨42ᵛ⟩ ſchmalen Riemen, ſo
můeſt dů nhůn ghen aůgſpůrg ein, daſelbſt rottes goldt verdiennen, O dů mein 5
feÿnes elſelein.

Da ſÿ nůn ghen Aůgſpůrg kham, wol in die enge gaſſen, ſÿ fragt noch dem beſten
wein, da Ritter vnnd knëht beÿ ſaſſen, O dů mein feins elſſelein.

Vnnd da ſÿ in die ſtůben kam, da bott man Jr ʒů trinckhen, die aůgen lieſs ſie
vmbhergan, den becher lieſs ſie ſinckhen O dů feines mein elſſelein. 10

Do ſaſſen dreÿ geſellen gůtt, die ſpilten mit den wůrfflen, vnnd wem die meiſten
aůgen khemen, der ſolt beim elſſelein ſchlaffen, O dů feines mein elſſelein.

Der aller Jüngſt der vnnd' in war, der warff die meiſten aůgen, gehabt eůch wol,
mein ſchon Jůnckfraů heindt wil ich beÿ eůch ſchlaffen, O dů mein feines elſſelein.

⟨43ʳ⟩ Vnnd do ſÿ vff d' ſÿdel ſaß, gar heimlich thett ſÿ weÿnen, ſo hab ich ſtolcʒer 15
brůder dreÿ, ein Reichen vatter daheimen, O dů feines mein Elſſelein.

So haſtů ſtolcʒer brůed' dreÿ ein Reichen vatter daheimen, ſo magſtů wol ein meid-
lein ſein, dů ſchlaffſt nit gher alleine O dů feines mein elſſelein.

Der Jüngſt der vnnd' den brüdern war, der war der aller beſte, ach vatter liebſter
vatter mein ſo gib mir geldt in ſeckel, O dů feines mein elſſelein. 20

Da er nůn ghen aůgſpůrg kam, wol in ein enge gaſſen, das erſte menſch das er
anſach das war ſein liebſte ſchweſter, O dů feines mein Elſſelein.

O ſchweſter liebſte ſchweſter mein, wie iſt es dir ⟨43ᵛ⟩ ergangen, das dir der Rock iſt
fornen ʒů kürtʒ, vnnd hinden vil ʒů lanngen, O dů feines mein elſſelein.

Brůed' liebſter brůed' mein, dů redſt mir an mein eere, vnnd thedt mir das ein and' 25
man, er můſt mirs wid'keren, O dů feines mein Elſſelein.

Er ſetʒ ſie hind' in aůff das roſs, da kert ſie Jm den Rückhen, O brůed' liebſter
brüder mein, hilff mir die ſchandt vertrůckhen, O dů feines mein elſſelein.

Schweſter liebe Schweſter mein, ich will dirs wid'keren, ich weÿſs ein reichen Bůr-
gers ſůn, d' begeret dein ʒůe ehren, O dů feines mein elſſelein. 30

---

15 *ſÿdel*] s. Lexer s. v. *ſidel*.

VII. Informierende Texte

Als informierend sollen diejenigen Texte aufgefaßt werden, deren Auftraggeber/Autoren/Schreiber/Drucker einen natürlichen oder kulturellen Sachverhalt oder Handlungen von Menschen für einschlägig interessierte Rezipienten – oft für Angehörige fachlich orientierter Gruppen – mit dem Anspruch auf Objektivität beschreiben. Der Zweck informierender Texte liegt mithin in der Faktizität des Mitgeteilten und der damit verbundenen Schaffung einer kognitiven Disposition zu sachlich (z. B. kausal oder final) begründetem instrumentalem oder sozialem Handeln. Zu den informierenden Texten gehört ein Großteil der sich insbesondere seit dem 14. Jahrhundert im Zusammenhang mit der Entwicklung von Wissenschaft und Technik sowie der zunehmenden gesellschaftlichen Arbeitsteilung herausbildenden Fachliteratur.

Kennzeichen informierender Texte sind: einfache und zusammengesetzte Aussagesätze in der Form des Indikativs Präsens (bei Sachverhaltsbeschreibungen) oder Präteritums (bei Handlungsbeschreibungen), ein fachbezogenes Vokabular, Darstellungsmittel nichtsprachlicher Art wie Skizzen, Schemata usw.

1. Konrad von Megenberg, Die deutsche Sphaera

Von Konrad von Megenberg (geb. 1309 in Bäbenberg bei Nürnberg, Studium in Paris und dort von 1334-1342 magister artium, 1342-1348 Rektor der Stephansschule in Wien und damit verantwortlich für das gesamte Schulwesen der Stadt, seit 1348 bis zu seinem Tod 1374 in Regensburg, zeitweilig als Dompfarrer von St. Ulrich) sind 25 ihm sicher zugewiesene hagiographische/theologische/philosophische, kirchenpolitische, kirchenrechtliche, moralphilosophische und naturkundliche Schriften überliefert. Die in 10 Handschriften und 4 Drucken (von 1516 bis 1539) erhaltene *Deutsche Sphaera* ist die mit einer Reihe sach- und begriffserklärender Zusätze versehene deutsche Übersetzung des Schulbuchs der Astronomie *Sphaera mundi* des Engländers Johannes de Sacrobosco (Ende 12. Jahrhundert bis 1244/1256).
Ausgabe: F. B. Brévart (Hrsg.), Konrad von Megenberg. Die Deutsche Sphaera. Tübingen 1980. - Lit. : H. Ibach, Leben und Schriften des Konrad von Megenberg. Würzburg 1938; H. Steger, Konrad von Megenberg und die Sprache des Nürnberger Raums im 14. Jahrhundert [. . .]. In: Zeitschrift für deutsche Philologie 82 (1963), 63–86; F. B. Brévart (Hrsg.), Johannes de Sacrobosco. Das Puechlein von der Spera. Abbildung der gesamten Überlieferung, kritische Edition, Glossar. Göppingen 1979; Ders., Konrad Hainfogel. Sphaera materialis. Göppingen 1981 [Übers. vom Jahre 1516 unter Zugrundelegung der Hs. A]; Ders., Zur Überlieferungsgeschichte der ›Deutschen Sphaera‹ Konrads von Megenberg. In: Beiträge 102 (1980), 189–214; J.-P. Deschler, Die astronomische Terminologie Konrads von Megenberg. [. . .]. Bern 1977; Verfasserlexikon 5, 221–236. Allgemein zur Fachliteratur: P. Assion, Altdeutsche Fachliteratur. Berlin 1973. - Vorlage: Hs. A (nordbairisch, 2. Hälfte 14. Jh.); Bayerische Staatsbibliothek München; Sign.: Cgm 156.

SEit aber deu funne größer ift dem ertreich. vnd hat dez ertreichs größen hundert. vnd fehs vnd fehtzig / als Alfraganus der maifter fprichet. fo ift daz notdurft daz daz halptail dez ertreich alle zeit derleuht werde von der fvnnen / vnd daz der fchat von dem ertreich geftrekt in den luft der in aines horns geftalt ift / fich minner in feiner finbeln als lang piz daz er ain end habe / vnd geprech in der   5
praiten dez zaichentragers / vnd der fchat ift vnabfchaidleich / von der fvnnen gegenpuncte / wanne er vellt alle zeit geleichs an der fvnnen gegenpunct / Der gegenpunct ift niht anders danne ain punct an dem zaichentrager geleichs ŭber gegen der fvnnen / oder gegen ainem andern planeten. vnd haizzen in die fternfeh‘ nadyr / Vnd dar ŭmb fo in dem vollenmonen der mon ift in dem haubt / oder in   10
dem zagel dez drakken vnder ⟨29ᵛᵃ⟩ der fvnnen gegenpunct / fo wirt daz ertreich gefatzt zwifchen den mon vnd der fvnnen. vnd fo velt dev fpitz dez erden fchaten auf den monn / Seit nv der mone kain aigen lieht hat / vnd allen feinen fchein nimet von der fvnnen / fo gepricht dem monen fein lieht / vnd ift ain gemain fcheingeprech ŭberal daz ertreich. ob daz ift daz der mon in dez drakken haubt ift /   15
od‘ in feinem zagel. Aber ez ift ain funder fcheingeprech des monen auf ainem ftŭkke dez ertreiches ob der mon nahent den felben fteten / vnd doch niht dar inne ift / vnd der fcheigeprech ift alle zeit in dē vollen monen oder nahen da pei / ⫟ Vnd dar ŭmb feit in etleichem wider fatz daz ift in igleichem vollē monen fo der mon

---

2 *Alfraganus*] arabischer Astronom, gest. nach 861.   **3** Ein Teil der Virgeln hat in der Mitte einen Punkt.   **5** *finbeln*] ›Rundung‹, s. Lexer s. v. *sinwälle*.   **6** *zaichentragers*] ›Ekliptik‹.   **10** *nadyr*] ›Fußpunkt‹, Gegenpunkt zum Zenit.   **19** *wider fatz*] ›Opposition‹, hier: der Planeten.

20 geleichs gegen der funnen fitzt. fo der mon niht ift in deʒ draken haubt / oder in deʒ
dracken ʒagel. noch geleich vnder dem widerpuncte der funnen. So ift niht
not⟨29ᵛᵇ⟩durft daʒ in igleichem vollen monen der mon feinē fchein verlife. alfo daʒ
er fcheingeprechen hab. als wir nv da von reden. ⊄ Daʒ alleʒ prŭfe in difē ebenpild.
Et cetera lator.

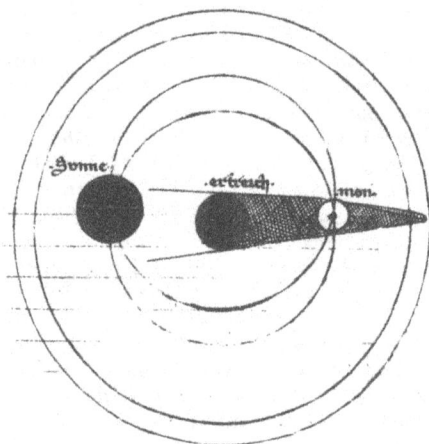

25 NV mŏhtftu fprechen feit dev funne vil groʒʒer ift danne daʒ ertreich / fo der-
leuht fie daz ertreich gantʒ vnd wirft iren fchein verre dar v̂ber an die andern
praiten deʒ himels / vnd dar v̂mb mag der mon feines fcheins nimmer beraubt
werden / Dar ʒv antwŭrt wir vnd fprech⟨30ʳᵃ⟩en / daʒ dev groʒʒe verren d‘ fvnnen
von dem ertreich / vnd von vns daʒ benimet. wanne die lengen deʒ fvnnen fcheins
30 fpitʒʒen fich vō der groʒʒen verren / alfo daʒ fi nevr daʒ halptail deʒ ertreichs
erleuhtet als vor gefprochen ift / Eʒ machet auch vil der verren von vnferm
gefiht. ⊄

So aber der mō ift in dem haubt / oder in dē ʒagel des draken oder nahent da pei /
vnd daʒ gefchiht in der famenung des monen mit der fvnnē / fo mag gefchehen
35 daʒ d‘ mon kv̂mt ʒwifchen vnf‘ gefiht / vnd ʒwifchen die fvnnen / vnd feit der mon
an im felber ift dikke vnd tunkel / vnd ift niht durchfcheinig / fo bedekt er vns die
clarhait der fvnnen / vnd fo hab wir der fvnnē fcheingeprechen / Niht alfo ʒe
verften daʒ dev fvnne an ir felber kain lieht hab. funder vns gepricht der funnen
lieht von dem ʒwifchenfatʒʒe des monē / Da von ift vns kvnt. ⟨30ʳᵇ⟩ daʒ der fvnnen
40 fcheingeprechen alle ʒeit fchol fein / fo der mon nev ift / oder in der famenung des
monen mit der fvnnen. ⊄ Dv fcholt auch prŭfen wenne deʒ monen fcheingeprech
ift. daz der geprech mag gefchehē vberal daʒ ertreich. als wir vor gefprochen ha-
ben. ⊄ Aber fo der fvnnen fcheingeprech ift / fo ift er nevr in ainer wonung oder in
etleicher wonung auf erden / Daʒ gefchiht von d‘ anderung der angefihte die die
45 leut habent an die planeten / wanne in etleicher wonung haben die leut ain fchelch
angefiht an die planeten in der felben ʒeit. vnd in ainer andern wonvng habent fi

ain reht angefiht an die felben planeten / Dar v̊mb verlifen etleich leut der fvnnen fchein vnd die andern niht.

2. Sebastian Münster, Kosmographie

Sebastian Münster (1488–1552) war nach Aufenthalten in Heidelberg, Rufach im Elsaß (bei dem Hebraisten Konrad Pellikan), Pforzheim, Tübingen und wieder Heidelberg seit 1529 Professor für Hebraistik in Basel. Außer durch seine hebraistischen Arbeiten, darunter insbesondere durch die Ausgabe einer *Biblia Hebraica* (1535), wurde er durch seine 1544 zum ersten Mal publizierte, danach fortlaufend verbesserte und erweiterte, allein bis 1600 in 33 Auflagen erschienene, ins Lateinische, Französische, Italienische und Tschechische übersetzte *Cosmographei* berühmt. Das ist eine auf literarischen Quellen von der Antike bis ins 16. Jahrhundert, auf geographischer Fachliteratur seiner Zeit, auf handschriftlichen Originalbeschreibungen von Landschaften und Orten sowie auf einigen eigenen Reisen beruhende, aber dennoch nicht rein informierende, sondern auch mit unterhaltenden Textteilen durchsetzte »beschreibung aller lånder / herschafften / fürnemsten stetten / geschichten / gebreüche / hantierungen [. . .]«.

Ausgabe: Sebastian Münster. Cosmographie. Basel 1500. With an Introduction by R. Oehme. Amsterdam 1968 [mit Faksimile]; Cosmographia oder »Beschreibung der gantzen Welt«. Letzte und vollständigste Ausgabe (Basel 1628). Neu hrsg. v. K.-H. Burmeister. Lindau 1988. – Lit.: G. Strauß, Sixteenth-century Germany. Its topography and topographers. Madison 1959; E. O. Schreckenfuchs, Trauerrede zum Gedächtnis seines Lehrers Sebastian Münster. Freiburg 1552. Ingelheim 1960; K.-H. Burmeister, Sebastian Münster. Versuch eines biographischen Gesamtbildes. Basel/Stuttgart 1963; Ders., Sebastian Münster. Eine Bibliographie. Wiesbaden 1964. – Vorlage: Druck; Basel 1550 bei Heinrich Petri; Faks. der Ausgabe Oehme.

Von den gemeinen breüchen vnd fitten
jet3iger Teütfcher v̊lcker.

E S weißt faft jederman / was vnd ẘlche kleider vnd fpeyß im Teütfchēland jet3 im brauch feind / darüb nit von n̊ten etwas daruon 3ů fchreiben. Es haben die Teütfchen vil vnderfcheidt vnd manfaltige grad oder ftand vnder jnen. Den erften 5 ftodt haben die geiftlichē / den andern die edlen / vnd der hat vil grad. Dañ es feind fürften / grauen / freyherrē vnd andere edlen. Jn Denñmarck vnd Engellād hat man dife grad nit oder gar wenig. Die fürften übertreffen die andern nit alleyn in der wirdikeit ⟨ccclxxxij⟩ vnd hohem gefchlecht / funder auch in dem gewalt / dañ fie haben weyte lånder vnd herfchafften. Aber die grauen / freyherren vnd andere 10 edlen / fit3en hin vnd hår hinder den landtsfürften / befunder die fchlechtē edel leüt. Hie ift gar ein feltzamer brauch vnder den edlen. Dañ wan den keyfer des keyferthumbs halb not an ghat / vnd er vermant feine fürften / grauen vnnd edlen / fo fprechen fie / daß fie gefreyet feind vnd niemād dienen dañ der jnen folt gibt / dar3ů laffen fie auch jre vnderthannen nit dienen / vñ fagen doch / daß der 15 keyfer jr oberherr fey. Dife leüt meynen / das jr adel nit ein wenig gefchwecht

---

6 *ftodt*] s. DWB s. v. *Staat*; P. L. Weinacht, Staat [. . .]. Berlin 1968.

würd / wan fie foltē kauffman fchatʒ treiben oder ein handwerck fûren / oder fo
einer ein onedle haußfrauwen neme / oder folt einer wonē wie ein ander burger in
einer frembden ftatt. Sie haben kein gemeinfchafft vnd bewonung mit den ftet-
20 tifchē / funder habē fchlôffer vñ andere ftarcke vñ wolgeʒiert wonungē auff den
bergē / in den wålden od‘ auff dem feld / do fie mit jrem haußgefind frey wonen.
Die fürftē vnd edlen hangē an gemeinliche dem iagen / vnd meynen auch es gehôr
jnen allein ʒů auß langwerigem brauch vnd gegebner freyheit / aber den andern
verbietē fie ʒů fahen hirtʒē / reh / hinnen vnd hafen bey verlierung der augen / ja
25 an etlichen ôrtern ift es verbottē bey kopff abhawen. Doch was fchedlich thier
feind / mag iederman fahen. Es effen auch die edlen gar lüftparlich vnd kleiden
fich koftlich vnnd ʒieren fich mit gold / fylber vnd feydē / funderlichen die wei-
ber / im hauß vñ außerhalb dem hauß. Vnd wan fie außghan / volgt jnen nach ein
hauffen gefinds / vnnd ghan fo langfam vnd fitlich vnnd machen fo wol bedachte
30 fchritt in jrem gang / daß das gemeyn volck fie eins wegs an jren geberden erkent.
So aber ein ferrer weg vor handen ift / ghan fie nit ʒů fůß / dañ fie meyntē es were
jnen onerlich vñ ein vrkundt der dôrfftikeit / aber raubē wañ fie not anghat /
fchemen fich jre ein theil nit / befunder nach dem der thurnier in ein abgang
kommen ift. Wann jnen ein fchmach von jemand begegnet / tragen fie es felten mit
35 dem recht auß / funder fie verfamlen jre reyfigen gefpanen vnnd rechen fich mitt
dem fchwerdt / feüwer vnnd raub / vnnd ʒwingen alfo die jhenen die jnen wider-
trůß haben gethan / ʒů ⟨ccclxxxiij⟩ der gnůgthůung. Der ander ftodt ift der burger
die in den ftetten wonen / deren ein theil dem keyfer / die andern den fürften oder
geiftlichen prelatē vnderworffen feind. Die dem keyfer gehorfam feind haben vil
40 freyheiten / breüch vñ fatʒungen / deren fie fich in gemein gebrauchen. Alle jar
machen fie auß den burgern ein ftett oder burgermeifter / an dem der hôhft gewalt
ftot. Jn den malefitʒen oder übelthaten vrtheilen fie nach vernunfft vnd gewon-
heit / das fie funft auch pflegen ʒů thůn in andern burgerlichen håndeln vnd
ʒånckē doch mag man ʒů dem keyfer appelliren. Es feind gar nahe in allen

---

24 *hinnen*] assimilierte Form von *Hinde*, s. DWB.　　**35** M.: *wie die edlen fich halten.*
44 *appelliren*] s. RWB.

Reichſtetten ʒweierlei burger. Etlich ſeind junckern 45
vnd von den groſſen geſchlechten geboren / die ande-
ren ſeind ſchlechte burger. Die ſchlechten burger trei-
ben kauffmanſchatʒ / oder bekümmeren ſich mit hand-
wercken / aber die andern / die man patricios nent /
vnd von den alten geſchlechten hårkommen ſeind / be- 50
tragen ſich mit jrem våtterlichen erb / vnd von ʒinß
vnd gülten. Vnd wañ einer auß den gemeynen burgern
ʒů groſſer reichthumb kompt / vnnd will ſich ʒů jnen
ſchlahen oder gemeinſchafft mit jnen machen / nemen
ſie jn nit in jre gemein. Doch was der ſtatt regimēt an- 55
trifft / wirt do vnder den burgern kein vnderſcheydt
gemacht / ſunder werden beide ʒů den åmptern genom-
men / beſunder die inheimiſchen. Die ſtett in Teüt-
ſchem land ſeind gemeinlichen wol bewart vonn natur oder kunſt / dañ ſie ſeind
faſt ʒů den tieffen wåſſern geſetʒt / oder an die berg gegruntfeſt / vñ die auff der 60
freyen ebne ligen / ſeind mit ſtarcken mauren / mit gråben / bolwercken / thürn /
ſchütten / vnd anderen gwer vmbfaßt / das man jnen nit bald kan ʒůkommen.

Der dritt ſtodt iſt der
menſchen die auff dem feld
ſitʒenn inn dörfferen / höf-
fen / vnnd wylerlin / vnnd
werden genent bawrenn / dar-
umb das ſie das feld bauwen
vnnd das ʒů der frucht berey-
tent. Diſe füren gar ein 65
ſchlecht vnnd nidertråchtig le-
ben. Es iſt ein jetlicher von
dem anderen abgeſcheiden /
vnd lebt für ſich ſelbs mit ſei- 70
nem geſünd ⟨ccclxxxiiij⟩ vnd
viech. Jre heüſer ſeind 75

---

45 M.: *Zweierlei burger in dē groſſen ſtetten.* **51** *betragen*] s. DWB (2). **62** *ſchütten*] s. DWB
s. v. *Schütte* (2). **74** *mit*] Dr. *mtt.*

ſchlechte heüſer von kot vnd holtʒ gemacht / auff das erdtrich geſetʒt vnd mit ſtrow gedeckt. Jre ſpeiß iſt ſchwartʒ rocken brot / haber brey oder gekocht erbſen vnd linſen. Waſſer vnd molcken iſt faſt jr tranck. Ein ʒwilch gippe / ʒwen buntſchůch
80 vñ ein filtʒ hůt iſt jr kleidung. Diſe leüt habē nimmer růw. Frůw vnd ſpat hangen ſie der arbeit an. Sie tragē in die nechſten ſtett ʒů verkauffen was ſie nutʒung überkommen auff dem feld vñ von dem viech / vnd kauffen jn dar gegen was ſie bedǒrffen. Dañ ſie haben keine / oder gar wenig handwercks leüt bey jnen ſitʒen. Jren herrē mǔſſen ſie offt durch das jar dienen / das feld bauwen / ſåen / die frucht
85 abſchneiden vnnd in die ſchewer fǔren / holtʒ hauwen vnd gråben machen. Do iſt nichts daß das arm volck nit thůn mǔß / vnd on verluſt nit auffſchieben darff. Was ſolich hert dienſtbarkeit in dem armen volck gegen jren obern bringe / iſt man in kurtʒ verruckten jaren wol innen worden. Es iſt kein ſtåhel bogē ſo gůt / wan man jn ʒů hoch ſpañen wil / ſo bricht er. Alſo iſt es mit der růhe der oberkeit gegen den
90 vnderthanen / wo di ʒů groß iſt. Es wolt ſich der künig Roboam ʒů vil tyranniſch gegen ſeinen vnderthanen halten / aber wie wol es jm außſchlůg weißt man wol. Doch weiß jch auch wol / das gott offt hirten vnd regenten über das volck ſetʒt / nach dem es ſich gegen jm verſchuldet.

3. Gart der Gesundheit

Kompilator der deutschsprachigen Version des *Hortus sanitatis* ist vermutlich Johann Won-
necke von Kaub (1430/33 - 1503/04; Stadtarzt in Mainz und Frankfurt). In 435 Kapiteln wird
die Wirkung und Heilkraft von Pflanzen (und einigen tierischen und mineralischen Substan-
zen) beschrieben. Der *Gart der Gesundheit* - zuerst 1485 in Mainz bei Peter Schöffer erschie-
nen - erfuhr bis zum Ende des 15. Jahrhunderts 15 Nachdrucke. Die Texte sind überwiegend
informierend und enthalten nur gelegentlich kleinere anleitende Passagen.
    Ausgaben: Faks. Gart der Gesundheit. München 1924. Mit einem Nachwort von
W. L. Schreiber: Die Kräuterbücher des 15. und 16. Jahrhunderts; Faks. Hortus sanitatis.
Deutsch [. . .] Grünwald bei München 1966 (ohne Hrsg., im Verlag K. Kölbl). - Lit.: K. E. Heil-
mann, Kräuterbücher in Bild und Geschichte. Grünwald bei München [o. J.]; G. Keil, ›Gart‹,
›Herbarius‹, ›Hortus‹. Anmerkungen zu den ältesten Kräuterbuch-Inkunabeln. In: gelêrter der
arzenîe, auch apotêker: Beiträge zur Wissenschaftsgeschichte. Festschrift für W. F. Deams.
Pattensen 1982, 589-635; Verfasserlexikon 2, 1072-1092 und 4, 154-164; G. Eis, Der Einfluß
der mittelalterlichen Botanik auf die Gartenliteratur des 16.-18. Jahrhunderts. In: Ders., Me-
dizinische Fachprosa des späten Mittelalters und der frühen Neuzeit. Amsterdam 1982, 299-
306; P. Assion, Altdeutsche Fachliteratur. Berlin 1973, bes. 133-151. - Vorlage: Druck; Mainz
1485 bei Peter Schöffer; Faks. der Ausgabe Kölbl.

---

77 *kot*] s. DWB s. v. *Koth* (II.4).   79 *gippe*] s. DWB.

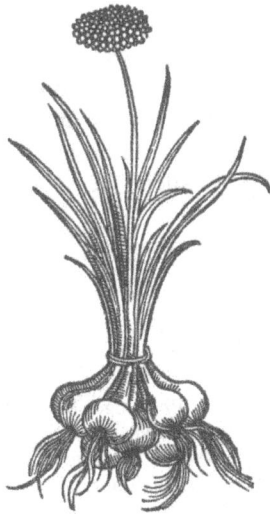

Cepe ʒwobeln ❡ Cap̄. ciij.

CEpe latine. grece bulbus. arabice baſal. ❡ Der meiſter Diaſcorides in dem capitel
bulbus id eſt Cepa beſchribet vns vñ ſpricht daʒ der ſynt ʒweyer hande. die eyn
ſynt roit vō farben Die andern wyß. Vnd ſpricht daʒ ʒwōbeln ſynt heyſſer natuer
vnd machen die kele ſcharpff rohe geſſen vñ erheben den magen ❡ Zwōbeln ſynt 5
gůt genutʒt ydropicis das ſynt die waſſerſuchtigen die vō kelte kommet wente ſie
ʒurtrennen die geſchwolſt. ❡ Zwōbeln mit honig gemiſchet benemen dē ſmertʒen
des bōſen magen ❡ Die meiſter ſprechen daʒ der menſche nit vil ʒwōbeln eſſe wente
ſye ſynt den gliddern ſchade vnd drucknet ʒů faſt die ſeuchtůge deß lybes. ❡ Galie-
nus in dem · vii · bůch genant ſimpliciū farmacarū in dē capitel Cepa vnd Serapio 10
ſprechen daʒ ʒwobeln ſynt heyß machen an dē vierden grade. ❡ Jtem ʒwobeln etʒen
vff die fyckblatern die mit eſſig gemiſchet vnd darvber geleyt ❡ Jtem welcher mit
ʒwobeln ſtrichet die kale ſtat machet do ſelbeſt hare wachſen. ❡ Serapio ſpricht daʒ
die roden ʒwobeln faſt ſtercker ſynt an irer natuer wan die wyſſen. ❡ Platearius
ſpricht daʒ ʒwobeln weychen den buch vnd brengen dorſt ❡ Der ſafft gemiſchet mit 15
honig vñ die důckeln augen vſſen an do mit geſchmieret machet ſye clare vnd
hůbſch. ❡ Jtem ʒwobeln gemiſchet mit ſaltʒ vnd vff die wartʒen geleyt heylet die
von grunde vß ❡ Zwobeln geſtoiſſen mit eſſig vnd die maledyt hut do mit geweſchen
benympt die vnreyn hut vnd machet eyn glat hut. ❡ Plinius ſpricht daʒ ʒwobeln ʒů
vil geſſen vff blaſen dē buche vñ brengen wynde. ❡ Zwobeln ſynt dem magen ſchade 20

2 *Diaſcorides*] Dioskurides, griech. Arzt 1. Jh. n. Chr.   4 *heyſſer natuer*] zur antiken und
mittelalterlichen Humores- und Säftelehre s. u. a. G. Eis, Albert Birchtels Traktat von den
sechzehen Latwergen. In: Ders., Medizinische Fachprosa des späten Mittelalters und der frü-
hen Neuzeit. Amsterdam 1982, 130–136.   9 *Galienus*] Claudius Galenus, griech.-röm. Arzt
129–199 n. Chr.   12 *fyckblatern*] Hs. *fyckalatern* ›Hämorrhoiden‹.   13 *Serapio*] Serapion
von Alexandria, griech. Arzt 200 v. Chr.   14 *Platearius*] Matthäus Plattearius, Arzt in Saler-
no, 12. Jh.

vnd brengen vnluſt. ⟨ Jtem ʒwobeln geſſen benemen den bőſen geroch deß mūdes. ⟨
Der ſafft von ʒwobeln in die naſelocher gelaiſſen purgieren das heubt. ⟨ Jtē ʒwobeln
gemiſchet mit honig vnd ruten vnd ſaltʒ yglichs glich vil vnd diſſe ſtück mit eyn
geſtoiſſen vñ warm gelaiſſen in die oren benympt yr eyter vnd ſchwern ⟨ Jtem
25 colericis das ſynt die von natuer heyß vnd drucken ſynt den iſt ʒwobeln ſchade.
want ſye do von dőrrer vnd hitʒiger werden. Aber flecmaticis das ſyn die do kalt
ſynt von natuer dyenen ſye wőel ʒŭ allen ʒyten vnd verʒeren in yne die vberfluſſig
feuchtūge.

4. Georg Agricola, Zwölf Bücher vom Bergwerk

Georg Agricola (1494-1555), Humanist, Philologe, Mediziner und Naturkundler, war nach
dem Studium der klassischen Philologie Rektor der Schola Graeca in Zwickau, nach dem
daran anschließenden, ihn auch nach Italien führenden Studium der Medizin Stadtarzt und
Apotheker in Joachimsthal, danach (seit 1531) Stadtarzt, seit 1546 zeitweilig Bürgermeister der
Stadt Chemnitz und für drei Jahre Mitglied des Rates des Herzogs Moritz von Sachsen. Er
stand infolge seines wissenschaftlichen Ranges in Kontakten zu den vornehmsten Gelehrten
seiner Zeit, darunter zu Erasmus, und infolge seiner politischen Stellung in zeitweiliger diplo-
matischer Verbindung zu Karl V. und König Ferdinand. Sein Werk *Vom Bergkwerck xij Bü-
cher* ist die von dem Philologen und Mediziner Philipp Bechius (1521-1560) besorgte Überset-
zung der lateinischen Ausgabe *De re metallica libri XII* vom Jahre 1556. Es beruht auf rund
25-jähriger systematischer Materialsammlung, auf kritischer Sichtung des wenigen vor-
handenen bergbaukundlichen Fachschrifttums (vor allem Ulrich Rülein von Calw, *Nützlich
Bergbuchleyn*; die *Pirotechnia* des Vanocchio Biringuccio, 1540) und beschreibt mit vorwie-
gend informierender, aber auch anleitender Intention ihres Verfassers das gesamte im
16. Jahrhundert vorhandene Wissen um Bergbau und Hüttenwesen wie die zugehörige in den
führenden Bergbaugebieten (speziell im Erzgebirge) bekannte Praxis.
    Ausgabe: Zuletzt und mit Übersicht über frühere Drucke und Ausgaben: *Vom Bergkwerck
xij. Bůcher dariñ alle Empter / Jnstrument / Gezeuge [. . .] beschriben seindt [. . .]*. Basel bei
Jeronymus Froben 1557. Faksimile Leipzig 1985. Dazu: H. Prescher, Georgius Agricola. Kom-
mentarband zum Faksimiledruck ›Vom Bergkwerck XII Bücher‹ Basel 1557. Leipzig 1985. –
Lit.: Vgl. Prescher, a. a. O., 151-154; Die deutsche Literatur, Reihe IV, Abt. A: Autorenlexi-
kon 1, 418-449; Ebd. Abt. B: Forschungsliteratur (Autoren), 89-136 (Bibliographie); H. Wils-
hof, Georg Agricola und seine Zeit. Berlin 1956; Ders., Bergwerke und Hüttenanlagen der
Agricola-Zeit. Berlin 1971. – Vorlage: Druck; Faks. der Ausgabe Basel 1557 (s. o.).

H. Georgij Agricole vom Bergkwerck

das acht bůch.

WJe man mitt der bergkart von wegen des probierens handlen ſőlle / hab ich in
dem oberen bůch angeʒeigt vnnd erklåret / jetʒůder griffe ich wol ein gröſſer
werck an / als nemlich diß / das vns die metallen herfür bringet / wañ ich nicht
5 ʒůor můſte erklåren / wie man die bergkart ſolle ʒůbereiten. Dañ dieweil die na-

---

22 *purgieren*] s. DWB.   **23** *ruten*] ›ruta‹; s. Lexer.   **1** Vgl. generell das deutsch-lateinische
Glossar des Originaldrucks (nach S. CCCCLXXXIX) sowie Veith, BWB.   **2** *bergkart*] s.
DWB.

taur die metall offtmals herfür ʒebringen pfleget gantʒ vnſauber / vnnd mitt er-
den / harten ſäfften / auch ſteinen vermiſchet / iſt von nöhten diſe ding / die man
auß der erdē hauwet / den mehrer teil von dē ärtʒ eb mans ſchmeltʒet / ſcheiden.
Derhalben mitt welchen weiſen / das ärtʒ klaubet wirt / gepaucht / geröſt / ge-
quetſcht / ʒümàl gemalen / geràdē / gewäſchen / im röſtofen geröſt / vnnd ge- 10
brandt / will ich jetʒmal ſagen / vnd will von der erſten weiſe ʒü arbeitten anfahen.
Erfarne bergkleut / ſo ſie das ärtʒ hauwendt / bald in den ſchåchtē vñ ſtollen klau-
bendt ſie das ärtʒ / vnd was koſtlich iſt / thündt ſie in die trög / das aber ⟨ccxv⟩
gering / in die vhäßlin. Wañ aber ein bergkhauwer nicht bergverſtēdig / ſölchs
vnderwegen hatt glaſſen / od' ein erfarner / von wegen der noht / der er hatt volgen 15
mùſſen / geʒwungen / nicht thün mögen: als bald diß das herauß gehauwē iſt / auß
der grüben wirdt gefürdert / ſoll die halb beſåhen werden / vnnd ſoll die bergkart /
die am ärtʒ reich iſt / von deſſen teil das kein ärtʒ hatt / klaubet werdē / es ſeye
nuhn erde / oder ein harter ſafft / oder ein ſtein gwåſen. Dañ vnnütʒ ärtʒ mitt dem
nutʒen ʒüſchmeltʒen / iſt ſchådlich / dañ aller koſten wirt verloren / dieweil ſie 20
allein auß erdē vnd ſteinen ſeindt ʒüſamē gwachſen / ſeindt die ſchlackē allein
lehr vnd vnnütʒ / auß den harten ſäfften ettlich die ſchmeltʒung des ärtʒes ver-
hinderen / vnd ſchadē bringendt. Aber geſtein die an eim reichē gang ſeindt / ſol
man auch ſelbſt damitt dem ärtʒ nichts abgange abſchlahen / vnd wåſchen. Wañ
aber die bergkheuwer eintweders vnerfaren / oder vnſorgſam / das ärtʒ / dieweil ſie 25
es außhauwendt / mitt erdt vnd geſtein vermengt habendt / ſo klaubendt nicht
allein die menner das ärtʒ / ſonder auch die knaben vnd weiber. Diſe vermiſchung
werffendt ſie in ein langen bauchbanck / bey dem ſie vaſt ein gantʒen tag ſitʒendt /
vnd klaubendt das ärtʒ daruon / das geklaubt ſamlendt ſie in die trög / das aber
ʒüſammen iſt gläſen thündt ſie in die vhäßlin / welche in die ſchmeltʒhütten / da 30
man ärtʒ ʒüſchmeltʒen pflegt / geführt werden.
Die metall aber / die gedigen oder row ſeindt herauß gehauwen / welches
geſchlecht ſeindt / gedigen ſylber / oder glaßärtʒ / od' gedigen graw ärtʒ / ſo
quàt⟨ccvi⟩ſchen die ſteiger daſſelbige auff ein ſtein glegt mit den quàtſchern / wel-
che blech ſie darnach eintweders auff ein ſtock legendt / vnd mit eiſernen meißlen 35
alſo ʒerquàtſcht / ʒerſchroten / oder mitt einer ſcheren ʒerſchneiden: deſſen anderē
ſcher in einē ſtock veſt gſchlagen / iſt drey werckſchüh lang / die andere welche das
ärtʒ ʒerſchneidet / ſechs. Diſe ſtück aber des ärtʒes / ſchmeltʒē darnach die
ſchmeltʒer / ſo ſie es im ciſernen pfenlin vorhin gwermt haben / in den treiböfen.
Wiewol aber der heuwer in ſchåchten oder ſtollen / die außgehauwne ding / 40
habendt klaubt / doch müß man das ärtʒ darauß geʒogen oder gfürt / mitt håimern
in ſtück ʒerſchroten / oder klein pauchen / daß mitt diſer weiſe / die fürträfflicher
vnd beſſere teill von den geringeren vnnd böſeren klaubt mögendt werden / wel-
ches im ſchmeltʒē ein groſſen nutʒ bringet: dañ wo das ärtʒ ohn die klaubung
gſchmeltʒet wirt / ſo leidt das güt gar offt groſſen ſchaden / eb das gering flüſſig 45
werde / oder eins das ander verʒere / welches das es nicht geſchåhe / müß man ʒum

---

7 ſäfften] s. DWB s. v. *Saft* (3).   10 gerådē] s. Lexer s. v. *rîtern*, DWB s. v. *reitern*.   17 halb]
unklar, möglicherweiſe Df. für *hald(e)*.   31 Hier folgt ein Holzschnitt; Legende: *Ein langer*
pauchbank A. Tróg B. Ertʒ vhåßlin C.   39 Holzschnitt; Legende: *Ein ſtuffen ärtʒ A. Ein*
quàtſcher B. Ein eiſern meißlen C. Ein ſtock D. Ein hauwerʒeug / gleich einer ſcheren E.

teil mitt difem fleiß / zum teil mitt zůfetzen verhůtē: wañ aber ein årtz eines gangs
gering fein wurde / fo foll man deffen den beffern teil an ein fonderlich ort werf-
fen / den bôferen aber / vnnd das geftein gar hinwerffen / die årtzklauber aber
50 legendt ein harten vnnd breitten ftein auff ein jettlichen pauchbanck. Aber die
pauchbenck / feindt gwonlichē lang vnd breitt vier werckfchůh / auß brettern in
einander gleimpt / zů welcher feitten vnd hinderteil feindt bretter gemachet / die
faft bey einem werckfchůch von jnen herfürghendt / angfchla⟨ccxvij⟩gen / das vor-
der teil aber / bei welchem der klauber fitzet / ift offen. Vnder difen aber feindt
55 andere / die das ftück eines reichen goldts oder fylber årtz auff ein ftein glegt / vnd
mitt einem breitten hañer aber nicht dickē / zum teil quåtfchē / zerfchroten / vnd
in vhaß werffendt / zum teil fchroten / vnd das beffer von dem geringen klau-
bendt / dahår fie auch den nammen bekummen / vnnd daffelbig auch in man-
cherley årtzuhåßlin fonderlich werffindt vnd famlendt. Die andere aber das årtz
60 welchs nicht fo reich an goldt oder fylber ift / auff dē ftein glegt / vñ mit einē
quåtfcher quåtfchet / pauchē fies klein / vñ fo viel gepaucht ift / werffendt fie
daffelbige alfo gefamlet in ein vhaß. Der årtz vhaffen aber ift ein zwifach gfchlecht.
Das ein ift ein årtz vhåßlin / vñ in d' mitte ein wenig weiter / dañ zů vnderft / oder
zů oberft / dz ander ein årtzaimer / welcher fo vndē weiter / oben ftåts enger ift /
65 deffen ober teil aber / wirt mitt einem deckel zůgedeckt / das årtzuhåßlin aber
bleibet offen: aber ein ftabeifen / das durch feine handthabē ghet / wirdt zů beiden
feitē gekrümpt / welches mitt den hendē ghalten wirdt / fo man den årtzaimer
tragen will. Es můffen aber die klauber fonderlich empfig fein.

Ein pauchbanck A. Bretter die herfür ghendt B. Ein hañer C. Ein
70   quåtfcher D. Ertzuhåßlin E. Ertzaimer F. Stabeifen G.

Die andere weiße ártჳ ჳů pauchen iſt diſe. Die geſchübe eines groſſen vheſten gangs / werdē gepaucht / eb man ſie rőſtet / fürwar den arbeitern die ჳů Goßlar auff die weiſe mitt groſſen feuſteln das kiß pauchē / ſeindt die fůß mitt rinden / wie ſtifflen / bewart / die hende mitt langen hendtſchůhē / damitt nicht die ſtein-brüche / von den bruchſtücken herab gfallen / ſie verwunden.   75

5. Bartholomäus Scheräus, Sprachen-Schule

Der frühe Versuch eines etymologischen Wörterbuches von Bartholomäus Scheräus, von dem nicht viel bekannt ist, der sich selbst als ›Cultor SS. Theolog. u. Lingv.‹ bezeichnet, erschien 1619 in Wittenberg bei August Boreck unter dem Titel: *Miscellanea Hierarchica. Geistliche / Weltliche / und Háußliche Sprachen Schule: DArinne alle nőtigste Wőrter / groß vnnd klein / so auß allerley Sprachen in den drey Ertჳstánden der Christenheit von Alters her sehr gebreuch-lich / aber fast vnverstándlich sind / Jtem etliche sonderliche vnd Sprichwőrtige Reden / auch nůtzliche vnd liebliche Fragen / aus allerhand Sachen vnnd umbstánden [. . .] auff Deutsch Fragweise erkleret vnd abgehandelt [. . .].* Die Erklärungen geben teils die lateinische, griechi-sche bzw. hebräische Bedeutung deutscher Lehnwörter wieder, zumeist sind die Angaben jedoch rein spekulativ. Die Vorstellungen von der Herkunft der Deutschen gehen auf Theodor Biblianders *De ratione communi omnium linguarum et literarum commentarius* (Zürich 1548) zurück. Neben der informierenden Intention enthalten die Erläuterungen der Wörter aus der geistlichen Sphäre auch erbauliche und die übrigen unterhaltende Elemente.

Vorlage: Druck; 1619 Wittenberg bei August Boreck; Exemplar der Württembergischen Landesbibliothek Stuttgart.

⁜ Woher kommet das Wort der Deutſchen?
vnd warumb hat die Deutſche Sprache ſoviel Lateiniſche
vnd andere Wőrter?

Des *Noæ* Sohn *Iapheth* hat einen Sohn geჳeuget / mit namen *Gomer*, vnd der *Gomer* wieder einen / mit namen *Aſcenas* oder *Aſcon*, das iſt / *Antiſtes vel parator*   5 *ignis*, ein Fůrſteher des Fewers / das iſt / des Gottesdienſts / wie ჳuſehen *Gen.* 10. v. 3. vnd 1. *Chron.* 1. v. 6. vnd. *Ier.* 51. v. 27. Von dem ſind kommen die Vőlcker *Aſcanij* in dem kleinern *Aſia*, welche ſich hernach in Deutſchland begeben haben / vnd ſind genennet worden die *Tuiſcones*, weil jhr erſter Kőnig geheiſſen hat *Tuiſcon*, als ſpreche man / der *Aſcon*, oder die *Aſcon*. Darnach haben ſie auch 10 geheiſſen die *Teutones*, von jhrem ჳehenden Kőnige / genand *Teutan*. Vnd von dieſem *Tuiſcones* oder *Teutones* ſind die Deutſchen alſo genennet worden / als ſpreche man / die Tuiſcken / darnach ein wenig beſſer die Tuitſchken / Tuitſchen / vnd letჳlich die Teutſchen oder Deutſchen. Vnd mag auch die Stadt Deutſch / am Reinſtrom gelegen / daher genand ſein / welche Lateiniſch heiſt *Tuitium*. Der 15 *Tuiſcon* aber hat geregieret vmb das Jahr der Welt 1800. vnd der *Teutan* oder *Teutanes*, 2360. Sonſt hat *Philippus* von dem Vmbcirck des Deutſchlandes dieſe Verß gemacht:

---

71 *geſchübe*] s. DWB.   1 *kommet*] Dr. *kommmet.*   4 M.: *Deutſches namens Vrſprung.* 9 M.: *Deutſcher erſter Kőnig etc.*   14 *Deutſch*] Deutz (heute Stadtteil von Köln).   17 M.: *Vmbkreiß des Deutſchlandes.*

Rhenus ab Occaſu, Viadri ſed flumen ab Ortu
20   *Clauſerunt ſines, Teutona terra, tuos.*
Aeriǽǫ́; Alpes immotum limen ad Auſtrum,
        Baltiens ad Boream terminat Oceanum.   das iſt:

Der Rein von Abend / die Oder von Morgen / das Welſche gebirge von Mittage /
vnd die Oſt See von Mitternacht ſind des Deutſchlandes vier grentzen.
25   ⟨219⟩ Warumb aber ſo viel Lateiniſche vnnd andere wörter in der Deutſchen
Sprachen ſind / da ſie doch *Gens indigena, nec infecta connubijs alius gentis,* ſind
die vrſachen / entweder das die Völcker *Aſcanij,* wie itzt geſagt / aus dem kleinern
Aſia, da die Griechiſche vnnd Lateiniſche Sprache geweſen / ſich ins Deutſchland
begeben / vnnd dergleichen wörter außgebreitet haben / oder das die Deutſchen
30 flugs anfenglich die *Druydas* zun Prieſtern gehabt / welche fürnemlich
Griechiſch / vnd auch wol Lateiniſch geredet haben / wie droben geſagt / oder
auch / das ſie mit den Römern vnd Lateinern viel Kriege geführet vnnd jhre wort
gelernet haben / Jtem das hernach die freyen Künſte vnd Sprachen bey jhnen auff-
kommen / welche in Griechiſcher vnd Lateiniſcher Sprache beſchrieben ſind / dar-
35 an es jhnen am erſten trefflich gemangelt / vnd derohalben manche fürtreffliche
Geſchicht vnd That bey jhnen iſt vnbeſchrieben blieben / das ſie bald ſelbſt nichts
von ſich wiſſen / als was andere Leute oder Geſchichtſchreiber von jhnen melden /
etc.

6. Hans Staden. Wahrhaftige Historia

Hans Staden (vermutlich 1525-1576; die Reisebeschreibung ist das einzige überlieferte Do-
kument zur Person Stadens) reiste wohl als Büchsenschütze 1548/49 und ein weiteres Mal
1550 nach Brasilien. Von den Tubinambás-Indianern gefangen, verbrachte er mehrere Jahre in
deren Siedlung und kehrte erst 1555 wieder nach Europa zurück. 1557 erschien sein Bericht
über Reisen und Gefangenschaft bei Andreas Kolb in Marburg unter dem Titel: *Warhaftig'*
Historia vnd beschreibung eyner Landtschafft der Wilden / Nacketen / Grimmigen Men-
schenfresser = Leuthen / in der Newenwelt America gelegen [...]. Trotz des reißerischen Titels
und der im Beschluß genannten Absicht, Gott für seine Errettung durch dieses Buch zu dan-
ken, ist die dominierende Intention die der Information.
    Ausgaben: Faks. Hrsg. v. R. N. Wegner. 2. Aufl. Frankfurt/Main 1927: Faks. Hrsg. v.
G. E. Th. Bezzenberger. Kassel-Wilhelmshöhe 1978: K. Fouquet (Hrsg.), Hans Staden - Zwei
Reisen nach Brasilien. 2. Aufl. Marburg 1963. - Lit.: ADB 35, 364-366. Allgemein: H. Opitz,
Reiseliteratur. In: W. Frey u. a., Einführung in die deutsche Literatur des 12.-16. Jahrhunderts.
Bd. 3. Opladen 1981, 211-235; I. Schiewek, Reiseliteratur: Vom Märchenglauben zur Welter-
kundung. In: Realismus in der Renaissance. Aneignung der Welt in der erzählenden Prosa.
Hrsg. v. R. Weimann. Berlin/Weimar 1977. 194-221. - Vorlage: Druck: Marburg 1557 bei
Andreas Kolb; Faks. der Ausgabe Bezzenberger.

---

25 M.: *Vrſach der frembder Wort in Deutſcher Sprache.*   **29** M.: *1.*   **30** M.: *2.*   **32** M.: *3.*
34 M.: *4.*

Wie die Wilden Tuppin Jnba deren gefangner ich war /
jre wonungen haben. Cap. 4.

SJe haben jre wonungen vor dem vorgenanten groſſen gebirge / hart bei dem
Meer / auch hinder dem berge ſtrecket ſich jre wonung wol 60. meil / vnd es
kompt eyn fluß waſſers auß dem berge in das meer flieſſen / den ſelbigen be⟨pijᵛ⟩-   5
wonen ſie auff eynen ort / vnd heyſſet die Paraeibe / die lenge an dem meer ſtrome
her / haben ſie vngefehrlich 28. meile landes die ſie bewonen / ſein allenthalben
mit feinden bedrenget / Auff der Nort ſeiten grentzen ſie an eyn art Wilder /
heyſſen Weittaka / ſein jre feinde / auff der ſudenſeiten jre feinde heyſſen Tuppin
Jkin / landtwerts in jre feinde / ſein genant Karaya / dañ die Wayganna im gebirg   10
hart bei jn / vñ noch eyn art heyſſen Markaya / wonen ʒwiſchen jnen / von denſel-
bigen haben ſie groſſe verfolgung / die vorgenanten geſchlechte / haben krieg
durch eynander her / vnd wenn jrer eyn den andern fahet den eſſen ſie.

Sie ſetzen jre wonungen gerne vff ŏrter da ſie waſſer vnd holtʒ nicht weit haben /
Wild vnd Fiſche deſſelbigen gleichen / vnd wan ſie es auff eynem ort verhert ha-   15
ben / verandern ſie jre wonunge auff andere ŏrter / vñ wen ſie wollen jre hŭtten
machen / verſamlet eyn Oberſter vnter jnen / eyn parthei oder 40. man vnd weib /
ſo viel er bekoṁen kan / das ſein gemeynlich freunde vnd verwanten.

Dieſelbigen richten eyne hŭtten auff / welche iſt vngeferlich 14. fŭſſe breyd /
vnd wol 150. fŭſſe lang / darnach jrer vil ſein. Sein vngeferlich 2. klofftern hoch   20
ſein oben rund wie eyn keller gewelbe / dieſelbigen decken ſie dicke mit palmen
ʒweigen / dʒ es nicht darinregnet / die hŭtte iſt alle offen inwendig / es hat keyner
keyn ſonderlich ʒŭgemacht gemach / eyn yedes der parteien man vnd weib / hat
eynen raum / in der hŭtten / auff eyner ſeiten / von 12. fŭſſen / auff der andern
ſeiten / deſſelbigen gleichen eyn ander partei / ſo ſein jre hŭtten vol / vnd eyn yede   25
partei hat jr eygen fewer / der ŏberſte der hŭtten hat ſein loſament mitten in der
hŭtten / ſie haben alle gemeynglich drei pŏrtlin / auff yderm ende eyns / vnd mit-
ten eyns / ſein nider / dʒ ſie ſich mŭſſen bŭcken wen ſie auß vnd in gehen / jrer
dŏrffer ⟨piijᵛ⟩ wenig haben vber ſieben hŭtten / laſſen eynen platʒ ʒwiſchen den
hŭtten / da ſie jre gefangene auff todt ſchlagen. Auch ſein ſie geneygt Feſtungen   30
vmb jre hŭtten ʒumachen / die iſt ſo: *(vgl. S. 184 oben)*

Figur der hŭtten vñ ſtocketen. Caput V.

Sie machen eyn Stocket vmb die hŭtten her auß Palmen ⟨piijᵛ⟩ beumen / die ſpalten
ſie voneynander. Das Stocket iſt wol anderthalb klafſter hoch / machens dick das
keyn / pfeil hindurch mag kommen / haben kleyne ſchießlŏchlin darin da ſie her-   35
auß flitſchen / Vnd vmb das ſtocket her machen ſie noch evn ander ſtocket / von
groſſen hohen reydeln / Aber ſie ſetzen die revdel nicht hart bei eynander / nur das
eyn menſch nicht kan hindurch kriechen. Vnd es haben etliche den gebrauch / Das
ſie die kŏpffe deren ſo ſie geſſen haben / vff die ſtocketen ſtecken / vor den eingang
der hŭtten.   40

---

26 *loſament*] s. DWB.   **33** *Stocket*] s. DWB s. v. *Stacket*.   **37** *reydeln*] s. Lexer s. v. *reitel*.

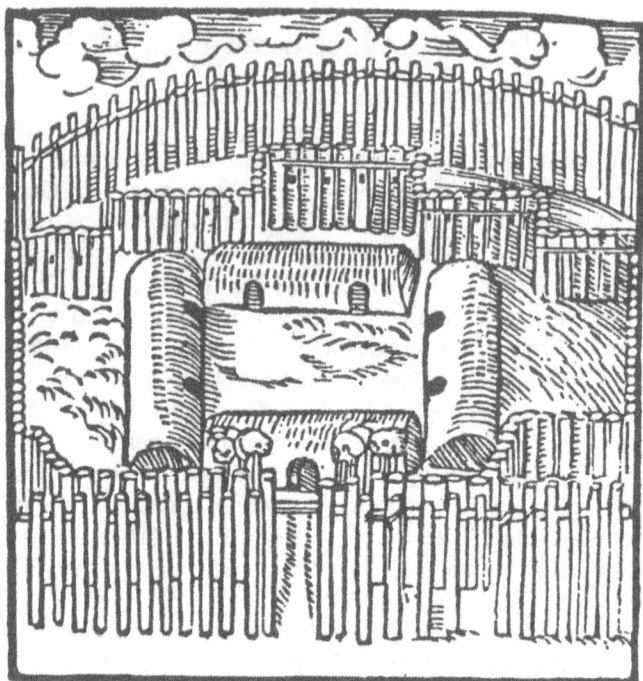

Wie fie Fewr machen. Caput *vj*.

Sie haben eyne art holtzes / die heyffet Vrakueiba / des trucknen fie / vnd nemen
fein dan zwey ftecklin eyns fingers dick / reiben eyns auff dem andern / das gibt
dann ftaub von fich / vnd die hitze von dem reiben ftecket den ftaub an / Darmit
45 machen fie fewr / wie diefe figur anzeygt.

Warin fie fchlaffen. Cap. VII.

⟨piiij^r⟩

Sie fchlaffen in dingern die heyffen Jnni vff jre fpraach / fein von baumwollen
garn gemacht / die binden fie an ʒwen pfôle vber die erden / vnnd haben die nacht
ftets fewr bei fich. Sie gehn auch nit gern die nacht auß jren hûtten / jres behûfes   50
ʒuthun / one fewr / fo fehr fôrchten fie fich fur dem Teuffel welchen fie Jngange
nennen / vnd jnen offtmals fehen.

7. Neue Zeitung aus Wien

Seit Beginn des 16. Jahrhunderts (erstmals 1502) erscheinen sporadisch (in der Regel anonym)
den Flugschriften verwandte Schriften, meist unter der Bezeichnung *Newe Zeitung* (auch:
Schreckliche Zeitung, Wahrhaftige Newe Zeitung etc.), im Druck. Sie informieren über aktuel-
le Weltbegebenheiten und stellen neben den brieflichen Zeitungen und den ab 1558 periodisch
erscheinenden Meßrelationen einen Vorläufer der modernen Zeitung dar. Die ausgewählte
Newe Zeytung Auß Wien [...] wurde wohl 1595 zuerst in Wien und dann in Regensburg
gedruckt.
    Lit.: K. Schottenloher, Flugblatt und Zeitung. 2 Bde. Neu hrsg. v. J. Binkowski. München
1985 [zuerst Berlin 1922]; H. A. Münster, Geschichte der deutschen Presse in ihren Grund-
zügen dargestellt. Leipzig 1941; E. Weller (Hrsg.), Die ersten deutschen Zeitungen. Mit einer
Bibliographie (1505-1599). Stuttgart 1872 [Neudr. mit Nachträgen des Autors und von P. Bahl-
mann, A. Heyer und A. Schmidt. Hildesheim 1962]; J. Halle, Newe Zeitungen, Relationen,
Flugschriften, Flugblätter, Einblattdrucke von 1470-1820. [...] München 1929 [Nachdruck
1966]; K. Koszyk, Vorläufer der Massenpresse. Ökonomie und Publizistik zwischen Refor-
mation und französischer Revolution [...]. München 1972; Reallexikon 4, 977-998. – Vorlage:
Druck; Regensburg 1595 bei Andreas Burger; Exemplar der Staatlichen Bibliothek Regens-
burg.

Newe Zeytung Auß Wien /

wie der Balia Baffa vnd der Jbrachia Baffa genandt / mit 100. taufent ʒu
Roß vnnd Fuß / auch 3000 Schantʒgrâber mit jhnen genommen / auch auff
2. Meyl Wegs auff Lebont vnter der Erd gefchantʒt / vnnd vermâint ʒwifchen der

2 *Baffa*] ›Pafcha‹.

5 Chriſten Låger hindurch ʒu dringen / ſolches aber iſt durch einen Tůrcken auß der
Lickau kundt gethan worden / vnnd der Kônig auß Perſia vnd andere Ritterliche
Helden / die ſich deß Chriſtlichen Namens frewen / dem Tůrcken entgegen kom-
men / vnd ein gewaltige Schlacht gethan / den Sieg Gott lob erhalten / den 24.
Junij.

10   Jtem /
Vom Grafen von Hardegk / vnd Nicolaum Perlin Welliſchen Baumeiſter ʒu
Raab / wie ſie wegen auffgebung gemeldter Vôſtung vnd anders / ʒu Wien ſeindt
gericht worden. Alles in diſem 1595. Jar.

E S iſt vns ſchreibung komen / wie das ʒwen gewaltige Waſcha ſich haben inn
15 der Lickau vernemen / vnd ſich ʒu Conſtantinopel anmelden laſſen / vnd
jhnen nit wol wiſſentlich geweſen iſt / ob jr Kåy: May: vorhanden ſey oder nicht /
dermaſſen anlangt / wo ferrn man jnen das Tůrckiſche Pôfelvolck / welches Jhr
May: in Vngern wolgerathen kan / vergônnen môchte / vnd den Chriſten damit ein
abbruch ʒuthun / welches jnen durch die Keiſerliche råth iſt vergůnnt vnnd
20 ʒugelaſſen worden / vnd in Namen jres Mahomets das Volck ʒuſammen gebracht /
bey hundert tauſent Mann ʒu Roß vnd Fuß / auch 3000. Schantʒgreber /
12. gantʒer Tag vnd Nacht angefangen auff die Chriſten ʒuſchantʒen / welches jh-
nen bôßlich von handt gangen iſt / darbey man leichtlich abnemen vnd erkennen
kan / das Gott ſein allmechtige Handt von vnns nicht abʒiehen wil / das ſie dann
25 nur 2. Meil wegs gegraben haben / in dem iſt ein junger Tůrckiſcher Knab in verjr-
rung / von dem hauffen in das Chriſten Låger kommen / vnd holio / holio
geſchryen / vnnd vermeint er komme gleich wider ʒu den freunden / doch iſt er
auß mittel Gottes gar wol ʒu dem freunden kommen / vnd haben jn gar freundlich
lieb gehabt / welches doch ein Knab bey 18. Jahren ſeines alters ſein mag / vnd jn
30 herrlich vnd kôſtlich tractiert / vnd jm die aller beſte Speyß vnd Tranck reichen
vnnd mittheilen laſſen / vnd jhn offtermals gefragt / von wannen er komb / vnd
ſich niemals mit worten recht rauß gelaſſen / auff ein ʒeyt haben jn etliche Herrn
ʒu Gaſt beruffen laſſen / vnd mit dem Jungen Diſputationes gehalten / als ob ſie
auch da in verbunt legen / vnd jhn gefragt auß welcher Landts art er were / da hat
35 er angefangen er kônne ſich nicht erinnern wo er im Land ſein môchte / da haben
die Herrn geſagt / ſie liegen da bey den Chriſten gefangen / ob man jhnen nicht ʒu
hůlff kommen môchte / da hat der Knab angefangen / er komm auß der Lickau /
vnd es haben ſich etliche Waſcha auffgemacht vnd ʒiehen auff Lebont ʒu / vnd
haben ſchon etliche Tag vnd Nacht geſchantʒt / vnnd vermeinen das Landt mit
40 fewer ʒu verʒehren / wenn das geſchech môgt jhr auch wider erledigt werden / da
diß die Herrn vom Knaben verſtanden haben / alsbaldt haben ſie dem Landtvolck
auffgeboten auff 20. Meyl wegs lang vnd breyt / vnnd alle Baß biß auff ein Tagråiß
an das Tůrckiſch Land verlegen laſſen / vnd die Tůrcken alsbald vom ſchantʒen

---

14 *Waſcha*] s. *Baſſa*.   15 *vernemen*] s. DWB.   16 *Kåy:*] kaiserliche.   16 *May:*] Majestät.
16 *vorhanden*] s. DWB s. v. *vorhanden* (2d).   17 *anlangt*] s. DWB.   17 *Pôfelvolck*] vgl. DWB
s. v. *Pöbel*.   18 *wolgerathen*] s. DWB s. v. *geraten* (14).   23 *bôßlich*] s. Lexer s. v. *bœslich*.
34 *verbunt*] s. Lexer.   42 *Baß*] s. Wörterbuch der bair. Mundarten in Österreich. Bd. 2. Wien
1976. s. v. *Paß* III.

abgeʒogen / vnnd ſich auff ein frey feldt finden laſſen / gar bald man ſie vernom-
men hat / haben die Vnſerigen ein klein heufflein voran geſchickt bey 1200. 45
ſtarck / die Tůrcken haben ſich vor dieſem nicht entſetʒt / ſondern auff ſie
geʒogen / die Vnſerigen inn die Flucht geſchlagen / die Tůrcken hinnach gedruckt
biß an ein Waldt Roſpa genannt / da ſeindt die Vnſern herfůr geruckt / vnd iſt der
junge Knab bey vnſern Volck geweſen vnnd auff das Tůrckiſch Heer geſchryen /
vermeinet jm hůlff ʒukommen / aber die vnſern auff ſie geſetʒt / die Tůrcken in 50
die flucht getrieben derer bey 30 000. auff der Walſtat ſeind gefunden worden / der
vnſern aber bey 5000. todt blieben ſeind / der Knab iſt noch bey Jr Kŏn: May: auß
Perſia / die andern Tůrcken ſind flůchtig worden / aber der mehrer theil iſt ins
Waſſer geſprengt worden vnd hat diſer Tumolt von morgens vmb 8. Vhr an gewert
biß vmb 11. Vhr ʒu nacht / vnd iſt ein gewaltiges Gut widerumb den Tůrcken 55
abgedrungen worden.

Dem HErren Jeſu Chriſte ſey Lob / Ehr vnd preiß geſagt / das er vns mit ſeiner
Gŏtlichen Hand vnd Allmacht ferrner beyſtand thue / damit diſer Tyrann werde
weiter einen abbruch nemen / damit die Chriſten heut erweitert mŏgen werden / ʒu
Lob ſeines Gŏtlichen Namens / vnd aufferbauung ſeiner Chriſtenheit / Amen. 60

Auß Wien vom 15. Junij / Anno 95.

ANheut vmb 8. vhr vor Mittag ſein die *Aſſeſſores* deß biß daher gehaltenen
Kriegsrechtens / auff dem Burgplatʒ inn die Schrancken erſchienen / alſo
auch Graf Ferdinandt von Hardegk / von etlichen ſeinen Blutsfreundten ſchwartʒ
bekleydet / auß der Kay: Burg dahin kommen / hierauff vber deß General Profoſen 65
das Vrtheil vnnd anders dabey ʒuuermeldten vonnŏthen geweſen / verleſen wor-
den / hernach der Graff ein ʒimliche lange / doch beſcheidene red gethon / doch
nicht wol ʒuvernemen geweſen iſt.

Gleich hierauff iſt vber Nicolaum Perlin ein Welliſcher *Collovel* vnnd Baw-
meiſter / ſo auch bey auffgebung der Veſten Raab *Interreſsirt*, der Sententʒ ergan- 70
gen. Vber das anfangs gemeldter Herr Graf auß dem Hof / bey der Jeſuiter Kir-
chen / durch die Stadt Quarti vnnd hieige Burgerſchafft welche inn vŏlliger
Růſtung geſtanden / durch beleitet worden / alda ein hohe / mit ſchwartʒem Thuch
vberʒogne Bin geſtanden / darauff er mit 3. ſeiner Diener / ſo jme alle inn der klag
auffgewartet / vnd einen wolberedten Mann / ſo jhnen troſtweiß ʒugeſprochen / 75
geſtigen / vnnd abermals gegen dem Volck / welchs inn groſſer mennig ʒugeſehen /
ein ſtarcke red vnd freundlichs vrlaubnemen gethon / alsdann ſeinen Mantel / wie
auch den Kragen ſelbſt vom Halße genommen / vnd ſeinem Diener in die Hand
gegeben / volgents vnerſchrocken auff ein ſchwartʒ Sammates Kůß niderkniet /
ſein auffhabendes Sammates Hůtlein fůr die Augen geruckt / vnd den außgeſtreck- 80
ten bloſſen Arm auff einen nebenſtehenden ſchwartʒen ſtock gelegt / welcher jme
alsbaldt von des Scharffrichters Knecht vnd ʒugleich von dem Scharffrichter ſelbſt
das Haupt vnd Hand gantʒ leichtlich vnd geſchwind abgehawen / vnd ſein gantʒer
Leichnam von ſeinen Dienern als bald in einen Sarch / vnnd volgendts auff einen

---

52 Kŏn:] königlich.   **62** Aſſeſſores] s. DRW.   **65** Profoſen] s. DWB; HRG.   **69** Collovel]
Colonel ›Oberſt‹.   **70** Interreſsirt] s. DWB.   **72** Quarti] s. DWB s. v. *Quarde*.

85 dabey ſtehenden Wagen / ſampt den 6. Roſſen / ſo auch ſchwartʒ vberʒogen ge-
weſt / gelegt vnd hinweg geführt worden.

Ebner maſſen iſt der Perlin auch auff die Bin getretten / jedoch gantʒ kleinmütig
vrlaub genommen / vnd nider gekniet / als nun der Scharffrichter im ſtreiche / hat
Er Perlin ſich etwas gewendt das er ſeiner alſo gefehlet / vnnd faſt inn den Kin-
90 backen / hernacher ligendt ʒwen ſtarcker ſtreich auff jn gethôn / vnd gleichwol den
Kopff nit gar abnemen können. Hernacher der ſcharffrichter auß forcht von der
Bin geſprungen / vber das eins theils deß ʒuſehenden Volcks ʒufliehen ange-
fangen / das bald ein Auflauff darauß ervolgt were. Letʒlichen haben ſeine deß
Perlin Leut / den Leichnam alſo ʒerhaut auch in einem Sarch hinweg getragen.

95 Vorgeſtern haben die Zinniſchen vnd Schannburgeriſchen Kriegsknecht auſſer
hieger Stadt beyſamen haltent / ʒu tumulirn angefangen / darumb das man jhnen
den Solt one Paßport geben wolt / vnd das ſie vermüg deß ergangenen vrtheils vnter
dem Marggrafen von Purgaw dienen ſolten / haben ſich alſo einer plünderung ver-
nemen laſſen / auch den darumben ʒu jhnen geſchickten *Commiſſarien*, Herrn
100 Chriſtoffen / Freyherrn von Egkh in ring geſchloſſen / vnd nit abgelaſſen. Hierauff
nun die mäiſten Herrn Kriegs Råth vnnd andere fürneme Herrn mit ʒwey Viertel
auß hieger Burgerſchafft / alſo auch der Stadt Quardi / vnd etliche Feldtſtücklein
gegen jnen ʒogen / als nun gemeldte Rebellierte Soldaten ſolchs geſehen / haben ſie
jhre Fånlein fliegen laſſen / ʒugleich auch ʒur Wehr ſtellen wollen / iſt doch die
105 ſachen durch lange vnterredung geſtillt vnnd dahin vermittelt wordē / das jnen jre
Paßporten folgen freyſtehen ſolt / wem ſie dienen wolten / hat ein anſehen gehabt
ʒu einem vbeln Lårmen / das die Stadt ſchier her müſſen herhalten / etc.

Erſtlich gedruckt ʒu Wien / nachgedruckt ʒu Regenſpurg / durch Andream Bur-
ger.

8. Schützenbrief

Die Schützenbriefe des 15. Jahrhunderts sind Einladungsschreiben (Ladebriefe) zu Schützen-
festen, in deren Mittelpunkt ein Wettschießen (mit der Armbrust oder mit Büchsen) steht. Die
Ladebriefe enthalten neben den Informationen über Ort und Zeitpunkt der Veranstaltung die
allgemeinen Bedingungen und Mitteilungen über die ausgesetzten Siegespreise. Am Beginn
des Textes ist im Druck Raum gelassen für die Adresse, die zumeist handschriftlich ausgefüllt
wurde. Der abgedruckte Schützenbrief ist die Einladung zu einem am 30. September 1479 in
Lenzkirch von den Rittern Dietrich, Jörg Rudolf und Bernhard von Blumeneck veranstalteten
Armbrustschießen. Exemplare sind in Nördlingen und Straßburg nachgewiesen (vgl. dazu
Freys, 3ff.).
Ausgabe: Faks. Gedruckte Schützenbriefe des 15. Jahrhunderts in getreuer Nachbildung
hrsg. v. E. Freys. München 1912. – Lit.: A. Edelmann, Schützenwesen und Schützenfeste der
deutschen Städte. München 1890; J. Klersch, Das deutsche Schützenwesen. Geschichte und
Bedeutung. Hrsg. v. Bund der Historischen Deutschen Schützenbruderschaften. Köln 1967. –
Vorlage: Druck; [Basel] 1479 [bei Michael Wenssler]; Faks. der Ausgabe Freys.

---

96 *tumulirn*] s. DWB s. v. *tumultieren*.   **99** *Commiſſarien*] s. HRG; DRW.   **102** *Quardi*] s.
Quarti.   **102** *Feldtſtücklein*] ›kleines Geschütz‹.   **106** *Paßporten*] s. DWB s. v. *Paßport*.

Den Erſamen wyſen Burgermeiſter Rat vnd Armbroſtſchutzen gemeinlich der
Statt Nördlingen: vnnſern beſonndern lieben vnd guten frunden Empieten
wir Diethrich von Blumnegk Ritter Jorg Rudolff vnd Bernhart alle von Blumnegk
geprudere vnnſer willig fruntlich dienſt zuuor vnd tund uch zuwiſſen: Als wir vß
loblicher fryheit vff mentag nach ſand Michelstag nechſtkomend einen fryen Jar-   5
merckt haben zu Lentzkilche vff dem Swartzwald gelegen das wir da uch vnd ann-
dern vnnſern lieben herren frunden vnd guten gonnern zu eren lieb vnd geuallen
ein fruntlich gut geſellſchafft mit dem Armbroſt vmb diſe nachgeſchriben aben-
turen vn gaben daſelbs zu Lentzkilch zu ſchieſſen furgenomen haben vnd vff
donrſtag nach ſand Michelstag ſo die glogk zwolffe ſlecht den Erſten ſchutz ſenn-   10
den vnd den tag ſouil ſchutz tun laſſen wollen als nach dem tag vnd zit geſin mag:
Vnd dar nach die anndern tag anuahen vnd vffhoren zuſchieſſen nach Rat gemei-
ner ſchutzen oder der mernteil ſo lang biß viertzig ſchutz geſchehen vnd jn ein
meſß ſchieſſen als vſſen vff diſem brieff verzeichnet iſt Erberlich nach ſchieſſens
recht vnd gewonheit vngeuarlich Namlich vnd des erſten zweintzig guldin fry Dar   15
nach achzehen guldin: Jtē ſechzehen guldin: Jtem viertzehen guldin: Jtem zwolff
guldin: Jtem zehen guldin: Jtem nun guldin: Jtem acht guldin: Jtem ſiben guldin:
Jtem ſechs guldin: Jtem ſechſthalben guldin: Jtem funff guldin: Jtem funffthalben
guldin: Jtem vier guldin: Jtem vierthalben guldin: Jtem dry guldin: Jtē dritthalben
guldin: Jtem zwen guldin: Jtem anderthalben guldin Jtem ein guldin: Vnd der Sitz 20
zu ſollichē ſchieſſen wirt hundert vnd funfftzehen ſchritt wyt vngeuarlich welicher
mit dem Armbroſt vffrecht vnd redlich die meiſten ſchuts gewynnet dem git man
die beſt abentur vnd dar nach ye dem meiſten die beſte abentur biß die gaben gantz
hingewunnen werden: wir haben ouch jn ſonderheit vmb der gemeinen ſchutzen
willen geordnet das alle ſchutz zwen die nechſten by dem zweck yeglicher einen   25
crutzer geben ſol das wirt die viertzig ſchutz achtzig crutzer daruß ſollen werden dry
abenturen: Namlich vierunddriſſig crutzer: Jtem ſechfundzwentzig crutzer: Jtem
zwentzig crutzer vnd einen bock wollen wir darzu fry geben ader dar fur acht
ſchilling pfenning: Vmb die vier abenthurē werden alle die ſtechē eins ſchutz die nit
abenturē gewunnen haben noch darumb zuuerſtechen kommen ſind: Alſo das man   30
ye dem nechſten das beſt gibt: Es wirdt ouch ein yelicher der alſo mit dem Armbroſt
ein abentur gewinnet ſy ſie klein oder groß von yedem guldin ein crutzer geben: Do
von wirt man ſchriber zeiger vnd ander ſo zu dem ſchieſſen das zuuerſehen geord-
net werden vßrichten das jnen ſuſt nieman nutzit zugeben pflichtig ſin ſol er tuge es
dann gern: Furo ſo wollen wir jn dem hafen diß nachgeſchriben abenturen vßge-   35
ben: Namlich ein Silbrin becher fur vier guldin: Jtem ein Silberin becher fur dry
guldin: Jtem ein ſilberin ſchal vor dritthalben guldin: Jtem ein Silberin ſchal fur
zwen guldin: Jtem ein tegen mit einem ſilberin ortband fur anderthalben guldin:
Jtem funfftzehen eln gefarwten vogelechten ſchurlutz fur anderthalben guldin:
Jtem aber funfftzehen eln gefarwten vogellechten ſchurlutz fur anderthalben gul- 40
din: Jtem vnd aber funfftzehen eln gefarwten vogelechten ſchurlutz fur anderthal-

---

2 *Nördlingen*] hsl. eingetragen.   **20** *Jtem*] Hs. *Jem.*   **20** *Sitz*] s. DWB.   **23** *abentur*] s. FWB
s. v. *abenteuer* (17).   **35** *Furo*] s. DWB s. v. *Füro*.   **37** *dritthalben*] s. DWB.   **38** *ortband*] s.
DWB.   **39** *vogelechten*] vgl. DWB s. v. *vogeln* (5).   **39** *ſchurlutz*] s. DWB s. v. *Schürletz*.

ben guldin: Jtem ein tegen mit einem filberin ortband fur ein guldin vnd ein ort:
Jtem ein halb wiß fchurlitʒ tuch fur ein guldin: Jtem aber ein halb wiß fchurlitʒ
tuch fur ein guldin: Jtē ein eln fwartʒ lunfch tuch fur ʒehen fchilling: Jtem ein eln
45 rot lunnfch tuch fur ʒehen fchilling: Jtem ein Roten hut mit einer fydin binden vnd
dryen fttrußfedern fur ʒehen fchilling: Jtem ein Roten hut mit dryen Strußfedern
fur acht fchilling: Jtē ein Siden bendel mit Silberin vergulten loblin fur fechs fchil-
ling: Vnd ein fidin feckel mit Silberin vergulten loblin fur vier fchilling alles rappen
pfennig: Alfo das ein yeglicher er fye wer er welle frow oder man jung oder alt finen
50 oder ander namen wie uil er wil mag laffen anfchriben: Doch das er von yedem
namen ein Crutʒer gebe: Vnd als dick einer fechs crutʒer gibt fo dick fcribt man jm
Siben namen an: Vñ die felben namen all wieuil der wirt lat man yeden namen vff
ein befonndern ʒedel fchriben vnd in ein hafen tun vnd dann fouil vngefchribner
ʒedel in einen andern hafen dauon nimpt man fouil ʒedel als der abenthuren find
55 vnd vff yeglichen ʒedel ein abentur fchriben: Vnd die felben ʒedel daruff die aben-
turen alfo gefchriben ftand mit guter ordenung vnd jn bywefen gemeiner fchutʒen
wider vnder die vngefcriben ʒedel vn mifchet die wol vndereinander: Vnd vff
ʒinftag nach fand Michelstag fo die glogk ʒehne flecht: So follen die hafen ʒu
gethan vnd mit guter ordnung vnd fromen perfonen darʒu geordnet ʒum beften
60 verfehen vnd von ftund an wider vffgetan vnd die ʒedel glich wie das nach der
ordnung fin fol heruß genommen vñ ein yeglichen das gegeben werden was im das
gluck gibt alles getruwlich vñ vngeuarlich: Es follen ouch in follichem fchieffen vnd
kurtʒwilen durch gemein fchutʒen vnd vns erkorn vnd gefetʒt werden funff manne
die gewalt haben follen alle vnd yeglich fpenn vnd ʒweitracht fo in vnd durch
65 follich fchieffen erwachfen ouch alle bruch vnd abgang der Schutʒen nach billicheit
ʒu erkennen vnd ʒu ercleren: Vnd was alfo durch fy mit der meren ftym erkennt
vnd erclert wirt daby fol es bliben vnd von einem yeglichen on wagern vnd wid-
derrede vollʒogen werden Vnd heruff So geben wir allen den die alfo ʒu folliche
fchieffen gen Lentʒkilch kommē da ʒefind fo lang das weret vnd wider von dannen
70 an jr geuarfammi vnnfer fryficher troftung vnd gleit fur vns alle die vnnfern vnd
der wir vngeuarlich mechtig vßgenommen offen acther ouch die bennig vnd die fo
vnnfer gnedigen herfchafft von Ofterrich vnd vnnfer offenn vyent fint on alle
geuerde: Vnd heruff fo ift an uch vnnfer ernftlich bitt mitfampt uwern fchutʒen
vnd nachpwren den ir ouch das verkunden wollen ʒu vnns ʒekommen vn nit vßbli-
75 ben fonnder tun als wir uch des vnd alles guten wol getruwen das wollen wir vmb
vwer Erfamkeit mit willen vordienen: Zu vrkund mit minem Dietrichs von Blum-
negk Ritters Jnfigel von vnnfer aller wegen befigelt vnd geben an fand Laurentʒen
abent: Anno domini 14 Septuagefimonono:

---

42 *ort*] s. DWB s. v. *Ort* (4).   **44** *lunfch*] s. H. Fischer, Schwäb. Wb. s. v. *lündisch*.   **47** *loblin*]
›Zapfen‹ (?); vgl. Schweiz. Id. s. v. *Löben* (c) oder ›(Eichen)laub‹.   **48** *rappen pfennig*] $1^1/_6$
Pfennig.   **53** *hafen*] s. DWB.   **64** *fpenn*] s. DWB s. v. *Span* ›controversia‹.   **65** *bruch*] s.
DWB s. v. *Bruch* (18).   **65** *abgang*] s. FWB s. v. *abgang* (4).   **67** *wagern*] s. Fischer,
Schwäb. Wb. s. v. *wägeren*.   **70** *fryficher*] s. DRW s. v. *freisicher*.   **71** *acther*] besser *achter* s.
FWB s. v. *²ächter* (3).   **71** *bennig*] s. DWB s. v. *bennisch*.   **72** *vnnfer*] Dr. *vunfer*.   **78** *14*] Dr.
lat. Kürzel.

VIII. Anleitende Texte

Als anleitend sollen diejenigen Texte verstanden werden, deren Auftraggeber/ Autoren/Schreiber/Drucker einem einschlägig interessierten, oft einer bestimmten Berufsgruppe zugehörigen oder sonst fachlich orientierten Rezipientenkreis auf bestimmten Kenntnisvoraussetzungen beruhende genaue Verfahrensregeln zur Erreichung eines meist instrumentalen, seltener sozialen Handlungszieles geben. Die Entwicklung anleitender Texte, die dem Mittelhochdeutschen noch nahezu fremd sind, steht in engstem Zusammenhang mit dem Aufschwung des städtischen Gewerbes und des beginnenden Manufakturwesens wie überhaupt der Technik sowie der Wissenschaft seit dem 14. Jahrhundert. Zusammen mit den informierenden Texten, die aber nicht zu genau formulierten Handlungen anweisen, sondern allgemeine kognitive Dispositionen zu Handlungen vermitteln, bilden sie die herkömmlicherweise als Fachschrifttum bezeichnete Literatur des Frühneuhochdeutschen.

Kennzeichen anleitender Texte sind: Einfache und zusammengesetzte Aussage- und Befehlssätze, präsentische und vor allem imperative Verbformen, nominaler Stil, ausgeprägtes Fachvokabular, Darstellungsmittel nichtsprachlicher Art wie Tabellen, Schemata usw.

1. Celsus, De medicina libri octo Deutsch

Die deutsche Übersetzung der *de medicina libri octo* des römischen Enzyklopädisten Aurelius Cornelius Celsus (1. Jh. nach Chr.) erschien 1531 in Mainz bei Johann Schöffer unter dem Titel *Dje acht Bücher des hochberümpten Aurelij Cornelij Celsi võ beyderley Medicine* [...]. Übersetzer ist Johann Khüffner, Student der Medizin aus Ratemberg am Inn.
    Ausgaben: Faks. Celsus. Getruckt zů Meyntz durch Johannem Schöffer [...]. [Rückentitel]: Celsus: De medicina libri octo ... 1531. Grünwald bei München (o. J.). Hrsg. Verlag K. Kölbl; A. C. Celsus, Über die Arzneiwissenschaft in acht Büchern. Übersetzt und erklärt von E. Scheller. 2. Aufl. neu durchgesehen von W. Frieboes. Braunschweig 1906. – Lit.: Allgemein: K. Deichfelder, Geschichte der Medizin. Wiesbaden 1985; A. C. Crombie, Von Augustinus bis Galilei. Die Emanzipation der Naturwissenschaft. München 1977. – Vorlage: Druck; Mainz 1531 bei Johann Schöffer; Faks. der Ausgabe Kölbl.

Das ſibendt Bůch.

Von der Cur des Polypi / des naßen geſchwers / mit dem eiſen.

Das ʒehendt Capitel.

JCh hab vor ſchon geſetʒet daß man das geſchwer ſo iñ der naſe wachſet / ſonder-
5 lich mit dem eiſen curiren můß / darumb můß man jn mit eynem ſcharpffen eiſen inſtrument welchs eynem ſchwertlin gleich gemacht vom beyn abledigen / vnnd fleyß ankeren / da mit die vnder kruſpel nit beſchediget werde / da ſelbs iſt es ſchwer ʒů curirē / Als bald es deñ abgeſchnidten iſt / ſo ſoll man es mit eynem krummen eiſen heraus ʒiehen / darnach faſel / oder etwas mit eynem penſel iñ die
10 artʒnei ſtreen / dauon das blůt verſtellet werde / damit die naßlöcher lindlich er-
füllen / Weñ aber nůn das blůt geſtellet iſt / die wunde mit faſel außtrücknen / nach dem es gereyniget eyn feder ſpitʒlein mit artʒnei beſtreichen / wie vorhin iñ die oren gethon iſt / dauon eyn maſe wirt / hinein legen / biß es allenthalben hey-
let.

15 #### Von Oʒena / iſt eyn grewlicher geſtanck der naſen.

Das eylfft Capitel.

BEi groſſen wundtartʒten hab ich nit gefunden / von dem / ſo die Griechen Oʒena nennen / weñ er ſich von artʒnei nit will vertreiben laſſen / wie man jn doch mit der handt curiren ſoll / Jch glaubs / vrſach / die cur bringt ſchmertʒē mit
20 ſich / ſo mag es ſelten wol helffen / oder genůgſam geſundt machen. Jedoch iſt von etlichen geſetʒet / man ſoll eyn genåtten ror / oder onknopfficht ſchreibſtill iñ die naſe ſtecken / biß es überſich iñ den mund komme / Darnach durch das ſelb mit eynem reynem glüendē eiſen iñ den mund greiffen / vnd nach dem das gebrent ort mit kupffer roſt vnd hõnig reynigen / bald es gereyniget iſt mit bitter ſafft geſundt
25 machen / Oder man ſoll die naſe vnden biß ʒům mund aufffchneiden / auff daß man an die ſtat ſehen / vnd mit dem glüenden eiſen deſter leichter hinʒukommen

---

7 *kruſpel*] s. DWB.   9 *faſel*] s. DWB s. v. *Fasel* (2).   15 *Oʒena*] ›Ozaena‹ (Nasenschleim-
hauterkrankung).   21 *onknopfficht*] s. DWB s. v. *knöpficht.*

möchte / alßden die naſe hefften / vnd das gebrent geſchwer gleicher weis curiren /
den hafft aber mit ſilber ſchaum / oder eynem andern / das da aneynander heylet
beſalben.

Von mundtſchåden / ſo mit der handt / vnd eiſen geartʒneiet werden. 30

Das ʒwölfft Capitel.
Von den Zeenen.

JM mundt wirt auch etlichs mit der handt curiret / Wa ſich dañ erſtlich die ʒen
ʒuʒeittē von ſchwecheyt wegen der wurtʒel / etwañ auch von ſchaden des dorren-
den ʒanfleyſch wegen rütlen / iñ diſen beyden ſoll man mit eynem glüenden eiſen 35
das ʒanfleyſch pfütʒē ⟨Bbjᵛ⟩ alſo / daß es nûr eyn wenig berür / nit gar haffte / das
gebrennet ʒanfleyſch mit hönig ſalben / vnnd mit met außwaſchen / wenn es reyne
geſchwer werden / alßdenn dürre artʒnei / von den dingen / ſo ſtellen / hinein
ſtreen.
Macht aber eyn ʒan ſchmertʒen / vnnd wil man jn herauß nemmen / dann da 40
hülfft kein artʒnei / ſo ſoll man jn vmbſchaben / damit dʒ ʒanfleiſch dauon gele-
diget werde / alßdenn ſol man jn bewegen / das alſo treiben / biß er wol beweglich
wirt / dañ wa eyn ʒan behanget / wirt er mit groſſer gefårlikeit herauß gebrochen /
vnd ʒů ʒeitten die kew am rechten ort verrucket / diß geſchihet mit noch gröſerm
ſchaden an den obern ʒenen / dann er mag die ſchlaff vnnd augen ʒerſchüttlen / 45
Alßdenn / wa es ſein kan / den ʒan mit der hand / wa nit / mit einer ʒang herauß
reiſſen / Vnd ob er vorhin hol iſt / das ſelb loch mit faſeln / oder einem blei / das
ſich darein ſchicket / außfüllen / damit er ʒwiſchen der ʒang nit ʒerſchmettert wer-
de / Die ʒang ſoll auch geratt vberſich gehebt werden / damit die wurtʒe nit
vmbgeribē / vñ eyn beyn von den ſelbē / an welchen d' ʒan henget / eins teyls 50
ʒerbrochē werde. Darʒů hat es noch mer gefårligkeit / namlich wenn die ʒeen kurtʒ
ſeind / ſo habē ſie geren låge wurtʒē / dañ es kombt offt / dʒ die ʒang den ʒan nit
faſſen mag / od' doch vorgebens ergreiffet / erwiſchet alſo dʒ beyn im ʒanfleiſch /
vñ bricht es / Wenn deñ vil blûts herauß fleüßt / ſo ſoll man wiſſen / das am beyn
etwas ʒerbrochen iſt / darumb ſoll man mit dem jnſtrumēt erfaren / wa der ſchiel 55
oder drum von dem abgebrochen ʒand hingefallen / denn ſoll man jn mit der
ʒangen herauß ʒiehen / Wil er aber nit herauß / das ʒanfleyſch weyter ʒerſchnei-
den / biß der nacklend ſchifer widerumb mit dem ʒånglein gefaßt werde / wa das
nit bald geſchihet / ſo erhartnet vnnd verſchwilt der backe außwēdig / alſo / das
der menſch den mundt nit auffthun mag / Man ſoll aber eyn warm pflaſter vom 60
honig vnnd feigen aufflegen / biß ſich da ſelbs das eytter bewege / alßdenn das
ʒanfleiſch ſchneiden / Deßgleichen / wenn vil eytters herauß geet / iſt auch eyn
anʒeigen / das eyn beyn ʒerbrochen iſt / derhalben iſt auch gůt die ſelb ʒeit dʒ beyn
herauß ʒiehen / Vnder weilen / wa eyn ſolcher ſchaden doriñ iſt / da wirt auch
geren die fiſtel / die måß man herauß ſchaben. 65
Einen fålenden ʒan / an dem ort / da er ſchwartʒ iſt / ſoll man ſchaben / vñ ſchmi-
ren mit geſtoßner roſen blůmen vermiſchet mit vier teylen eychöpfel / vnd das

---

28 *ſilber ſchaum*] s. DWB.   **38** *dürre artʒnei*] s. DWB s. v. *dürr.*   **44** *kew*] s. DWB.
55 *ſchiel*] s. DWB.   **58** *nacklend*] s. Schmeller, Bayer. Wb. s. v. *nackeln.*   **58** *ſchifer*] s. DWB
s. v. *Schiefer.*   **66** *fålenden*] s. Schmeller, Bayer. Wb. s. v. *falen*; vgl. Lexer s. v. *vœlic.*

ander myrre / vnnd im mund offt lautern wein halten / Auch inn ſolchem fal dʒ
haubt decken / vil geen / das haubt kratʒen / vnnd nit ſcharpff ſpeis brauchen.

70 Wa aber von einem ſchlag / oder inn ander weg etliche ʒeen wacklē / die ſoll man
mit goldfaden an die / ſo noch veſt ſtecken / bindē / jm mundt was da ſtellet /
halten / als wein / inn welchem granat ȯpfel ſchålen geſotten / oder iñ den weiß
oder glüend eychȯpfel geworffen ſeind. Wen auch ʒů ʒeitten an den kindern eyn ʒan
wachſet / eh dann der ander / ſo ledig geweſen / außgefallē iſt / den ſelben ſoll
75 man vmb vnnd vmb reynigen / vnnd herauß ʒiehen / vnnd den / ſo erſt ge-
wachſen / an des vorigen ſtel alle tag mit einem finger ʒwingē oder tauhen / biß er
den andern gleich wirt. Als offt auch eyn ʒan auffgebrochen / vnnd noch eyn
wurtʒel vberbliben iſt / die ſoll man ʒůhand mit einer ʒangē / ſo darʒů gemacht /
auff griechiſch Rhiʒan genant / herauß ʒwingen / Die geſchwerlin aber / welche im
80 mund oder ʒandfleiſch werden / ſo ſy nach der hitʒ erhertnē / die Griechen
heiſſens aber Antiades / dweil ſie vnderm lindē heutli ſeind / ſoll man ſy mit einem
finger vmbkratʒen / vnnd herauß reiſſen / wa ſie ſich aber alſo nit wellen ledigen
laſſen / mit einem hacken hefften / vnnd fliede herauß ſchneiden / darnach ⟨Bbij'⟩
das geſchwer mit eſſich außwåſchen / vnnd die wunde mit artʒnei / damit das blůt
85 verſtellet wirt / beſtreichen.

Vom blat oder vſel / von etlichen auch das gürgelein jnn der khelen genandt.

⸿ Wenn das blat von hitʒ herab geet / ſchmertʒen machet / vnnd rotfarb iſt / ſo
mag man es on gefårlikeit nit wol beſchneiden / dañ es pflegt ſeer ʒů blüten /
90 darumb das / ſo ich ſonſt geſetʒet beſſer ʒubrauchen / Wa es aber kein hitʒ hat /
vnnd doch vber die maß von der ſtrauchen herab geʒogen iſt / vñ iſt dünn /
ſcharff / weiß / ſo ſoll man es ſchneiden / Auch ſo es tieff / blafleckicht / grob /
hoch vnnd ʒart iſt / vnnd mit nichte beſſer dañ mit einer ʒangen ʒůgreiffen / vñ
darunder / was man wil herauß ſchneiden / dann da iſt nit ʒůſorgen / ob man ʒů vil
95 oder ʒů lütʒel abſchneide / dweil man nůr ſo vil vnderm ʒanglein laßet / ſo vil für
vnnütz erkant wirt / Auch gebieret ſich das vom blat herab ʒůſchneiden / als vil es
lenger iſt / weder es natürlich ſein ſoll / Nach d' Cur ſoll man ſich des halten / wie
ich von den halßʒåpfflein oder drüſen / ſchon geſetʒet hab.

2. Meiſter Albrant, Roßarzneibuch

Das hier auszugsweise wiedergegebene Roßarzneibuch ist eine Sammlung von 36 Rezepten
zur Behandlung der wichtigsten Pferdekrankheiten. Als ihr Verfasser gilt Meister Albrant, ein
im zweiten Viertel des 13. Jahrhunderts am Hofe Friedrichs II. in Neapel tätiger, nicht unge-
bildeter, auf die therapeutische Praxis orientierter Deutscher. Sein von allen Schichten rezi-
piertes, geographisch von Friaul nach Norden über Prag vorwiegend in die östlichen Gebiete
des deutschsprachigen Raumes verbreitetes, ins Ungarische, Tschechische (mehrmals), Polni-
sche, Russische übersetztes Werk ist in 218 Handschriften, 8 Inkunabeln sowie einer Anzahl
von Drucken aus dem 16. bis 18. Jahrhundert erhalten.

---

73 *glüend*⟩ s. DWB.   83 *fliede*⟩ s. Lexer s. v. *vliedel* (?).   91 *ſtrauchen*⟩ s. DWB.

Ausgabe: G. Eis, Meister Albrants Roßarzneibuch im deutschen Osten. Reichenberg 1939. –
Lit.: Ders., Meister Albrants Roßarzneibuch. Verzeichnis der Handschriften [. . .]. Konstanz
1960; Ders., Mittelalterliche Fachliteratur. Stuttgart 1967, 31; S. Oehrl, Vergleichende Studien
zur altdeutschen Pferdeheilkunde. Diss. Hannover 1966; Verfasserlexikon 1, 157–158. – Vor-
lage: Hs. (ostoberdeutsch, 1442); Bayerische Staatsbibliothek München; Sign.: Cgm 289.

⟨131ᵛᵃ⟩ Von der Roſſen

WEr roß ertzney wöll haben der lere diß buchen das macht maiſter Albrecht
kayßer fridrichs ſchmid vnd Marſchalck von nabūg der hat das büchlein ge-
macht vnd hat auch dÿ künſt v'fücht an den roßen die im kaißer fridrich enpfolhen
het dauon die künſt gentzlichñ vnd gar gewiß vnd bewert iſt etc. etc.   5
Welichs roß ain ſiechs haubt hat das im zerſtoßen ſey od' ſüſt von geſúcht kranck
ſey Der nëme rëttich wol gedirret vnd zittwar gleich vnd ſtoß das durch ain and' vnd
miſch dañ dis mit wein vnd güße es dem roß in den hals vnd v'hebe im die naß-
locher bis es begŭnnet träfen Vnd thu das dick bis im die vnrainigkait vnd das avtter
aus dem haubt gentzlich gerŷnne das erkenne da beÿ Wenn im die naßlöcher nicht   10
mër rŭnent ſo iſt es ⟨131ᵛᵇ⟩ geſunt worden etc. etc.
Welich roß hat ainen geſwolln hals das es nicht ſlinden mag So zwir zway aier
oder dreÿ roher vnd miſche die mit eßig Vnd mache ainenn ſtabe als großen als ain
dawm der vornen geſpaltñ ſeÿ vnd vmb winde den mit werck vnd würffe das roß
nyder vnd ſtoß im den ſtabe in den hals bis die aÿß zerbreſtend darnach gewß im dy   15
temperŭg in den hals etc. etc.
Welichs roß dy wurm hat in dem magen oder in dem bauch ſo nŷm eßich vnd
aier ſchaln dy wol geſtoßen ſein vnd roſt ab eÿßen vnd geprenntñ pfeffer geſtoßen
vñ laß das mit ein ander lob werden vnd geuß dem roß das in den hals Oder nym
gahail vnd ſchneid das clain vnd ſüde es wol in ainē wein vnd weñ es law werde ſo   20
gúß es dem roß in den hals etc. etc.
⟨132ʳᵃ⟩ Welich roß den büfel hat zwÿſchen haut vnd har vnd flaiſch So nŷm ain
rößbain Vnd prenn das vnd ſtoß es zupuluer vnd nŷm ſpengrön vnd prenn dÿ haut
ein wenig da der wurm iſt vnd ſeë das puluer darauff Od' nym ain roßbain vnd bind
im es an den hals das es nyeman wißen ſo wirt es geſünt etc. etc.   25
Welich roß von waßer rauch wirt das ſol man erkennen bey trieffendē naß-
lochern dem ſol man laßen an der aдern etc. etc.
Welich röß matelrat iſt das braittet ſich dañ auff dy ballen dem ſol man laßen auf
den bain etc. etc.
Welich roß wirt rauch von dem wind als ſam es herttſlechtig ſeÿ dem ſol man   30
laßen zwÿlchen augen vnd oren etc. etc.

---

7 *zittwar*] s. Lexer.   **9** *träfen*] s. Lexer s. v. *drâsen*.   **14** *werck*] s. Lexer.   **15** *aÿß*] s. DWB
s. v. *Eiße*.   **16** *temperŭg*] s. Lexer.   **19** *lob*] ›lau‹.   **20** *gahail*] s. DWB s. v. *Gachheil*.
22 *büfel*] ›Druse der Subkutis‹ (laut Glossar der Ausgabe, 147).   **23** *ſpengrön*] s. DWB s. v.
Spangrün; laut Glossar der Ausgabe, 144: ›viride hispanum, Vitriol‹.   **27** *laßen*] s. Lexer.
28 *matelrat*] Glossar der Ausgabe, 148: statt *mauchelreh* ›von der Mauchelrähe befallen‹.
30 *herttſlechtig*] s. DWB s. v. *herzschlechtig*.

Welich roß von futer ʒerauch iſt worden das blaet ſich vnd këret alle viere von
jm ⟨132ʳᵇ⟩ das ſol man ſaiffen jn den leib ſtoßen ſo entlaſt es ſich etc. etc.

Welichs roß ain dritt hat den ſol man ſchon machen vnd gepëtes brott dor auff
35 binden mit ſaltʒ ſo ſtincket er nicht vnd thu das alle tag etc. etc.

Welich roß ain ayßen hat den ſol man creutʒlichen durch brennen mit einem
haißen eÿſen vnd binde dor auff ain gebetes brott mit ſaltʒ ʒwir in dem tag vntʒ es
wol gehaile etc. etc.

Welich roß ain geſpalten füß habe den ſol man auff ſpalten ʒwiſchen den höven
40 Vnd lege dañ dor auff ain küchlein von kleÿmël gewollen mit ainem weÿßen ains
ayes ſo wirt dy ſpalt gantʒ aller dings etc. etc.

Welich roß vʹpellet wirt dem ſol man dy eÿſen ab prechen vnd ſol dën pallen auff
ſlahen vnd ain wërck mit waßer altag dor an legen ſo ſchwirt es auß etc. etc.

⟨132ᵛᵃ⟩ Wenn ainem roß das aÿter auff dem fuß aus priſtet ſo ſol man es aus kerẽ
45 ſame der fuß geſpalten ſeÿ vnd ſolt auf gießen warmen hünts miſt etc. etc.

3. Küchenmeisterei

Das erste gedruckte deutsche Kochbuch *Kuchenmeysterey* erschien 1485 unter anonymer Ver-
fasserschaft in Nürnberg bei Peter Wagner. Bis 1500 erfuhr das Werk 12 Nachdrucke. Das
zugrundegelegte Exemplar wurde wohl 1486 in Passau bei Johann Petri (2 Exemplare sind
erhalten) gedruckt.
    Ausgabe: Faks. Kuchenmeysterey (Passau: Johann Petri, um 1486). Hrsg. v. R. Ehnert. Göp-
pingen 1981. – Lit.: T. Seifert/U. Sametschek, Die Kochkunst in zwei Jahrtausenden. Das
große Buch der Kochbücher und Meisterköche [...]. München (o. J.); H. Wiswe, Kulturge-
schichte der Kochkunst. Kochbücher und Rezepte aus zwei Jahrtausenden mit einem lexika-
lischen Anhang zur Fachsprache von E. Hepp. München 1970; F. Pfeiffer, Alte deutsche
Kochbücher. In: Serapeum 9 (1848), 273ff.; Ders., Zur Litteratur alter deutscher Kochbücher.
Ibid. 10 (1849), 331ff; Ulrich Müller, ›Einführung‹ zu ›Laßt uns haben gute Speis‹. 66 der
ältesten deutschen Kochrezepte aus dem Mittelalter. Ausgew. [...] v. E. Jourdan/Ursula Mül-
ler. Stuttgart 1984. – Vorlage: Druck; [1486 Passau bei Johann Petri]; Faks. der Ausgabe
Ehnert.

¶ Jtem ein meinſterlich Sultʒ vber viſch als dy Salm vñ ander gros Reynviſch. die
viſch mach ʒu gutẽ ſtuckẽ ſpiß ye cʒwei oder drei ſtuck an ein hultʒẽ ſpiſlein vnd
ſewd ſie alſo ab mit wein vnd eſſig ſaltʒ vnd wurtʒ. behalt die brwe als vorgeſchri-
ben ſtet. heb das bort vnd thu im als vor. ſo aber die ſultʒ ʒu dunne wird. ſo nym
5 lorper bleter oder dy ſchalen oder auff ein halbe lorper vnd ſtos ſy mit dem geheb-
tem brot mit der viſch prw. treib das durch vnd temperir es vnd verſuch ob es recht
abgemacht ſey mit wurtʒen vnd ſaltʒ leg dän dy viſch ſtuck ein vnd ſchut dy ſultʒ
vber vnd las geſten. Wiltu gern ſo ſeh aber ingwer doruber odʹ cʒimmet oder
muſcatplut. vnd gib es:

---

34 *dritt*] s. DWB s. v. *Tritt* (II 3b).   **34** *gepëtes*] ›geröstet‹; vgl. Schweiz. Id. s. v. *bach²eⁿ*;
Schmeller, Bayer. Wb. s. v. *bachen*.   **42** *vʹpellet*] s. Lexer s. v. *verbellen*.   **1** *meinſterlich*] s.
Lexer.   **3** *wurtʒ*] s. Lexer.   **4** *bort*] besser *brot*.

⟨aiiij^r⟩ Jtem gefultʒt vifch bereit alfo. ym Sŏmer. fo fie doch nit gern geftend Wē̄n 10
du die vifch bereiteft fo behalt dē̄ fweiß vnd die fchuppē̄ vnd grad thu es in einē̄
hafen vnd fewds mit wein fcheum es fchon vnd fchut es in einē̄ morfer ftos es wol
vnd ftreich es durch ein tuch mit feiner eigenē̄ prw dorynn es gefotē̄ ift ein lorber-
blat daryñ geftoffen vñ durchgetriben fo geftet es. leg dy vifch ein alfo vil du
fchuffeln wilt fo fie fchō̄ gefotē̄ fein. Nym dē̄n dy vifch prw. vñ thu fchuppenprw 15
darvnter mit wurtʒen vñ allē̄ dingē̄ verfuch was do gebricht effig faltʒ oder gewurtʒ
im gefmagk los in einer pfannē̄ erwallē̄ einē̄ wal. vnd fchut es dā̄n vber die vifch dy
las erkalten ym luft vnd fetʒ fy dann ein. wiltu mandel oder weinper dorauff ftreuen
das thu betʒeiten ee fy halweg geften. fo beleiben fi alfo gut vnd rein.

❡ Jtem wiltu vifch halten das fi lang frifch beleibē̄. fo leg fie in ein veflein oder in 20
einē̄ yrden hafen vnd geus dorauff guten effig vnd leg peterlein doran vnd begrab
das yn ein grubē̄ von frifcher erdē̄. vnd wē̄n du der vifch vñ effig aus nympft fo
geus alweg frifchen effig wider doran vnd deck das mit gutē̄ deckē̄ wid‘ ʒu fo bleibē̄
fy lāg cʒeit frifch vnd werdā̄ nit ftĭckĕd. ❡ Jtē̄ gefultʒt krebs mach alfo gar ein. hof-
lichs dewigs effen on fchadē̄. fewd dy krebs mit weyn ab vñ fchel die fchern. hels vñ 25
ʒegel behalt das and‘ wurtʒ es befunder. nun mach dy prw. ab alfo. nym perfig dy
klein fein feud fy in wein vñ effig als vil du ir bedarfft od‘ habē̄ wilt fchut fy aus vnd
nym dy gallē̄ aus dē̄ kopfen. nim die peuch. fcher. vnd cʒegel ftos fy wol yn einē̄
morfer ʒutreib fy mit der prw darynnē̄ fie gefoten fei durch ein feigtuch feig fie.
Jtem nym darnach aber frifch krebs vnd newr dy gefchelten fchere vnd auch 30
ʒegel. vnd thu fy ynn dy durch ⟨aiiij^v⟩ geriben krebs in ein pfanne. erwell fy fchon
ein kleine weil mach fy ab von gutē̄ wurtʒen vnd faltʒ verfuch fy was in gebreche
vnd las fy erkalten.

❡ Jtem ein ander Sultʒ cʒu dē̄ eingemachtē̄ krebffen. Nym krebs wy vil du wilt
fewd fie ab in wein vnd auch in effig thu dy fchalen ab vnd thu das bitter aus den 35
kopfen fchel dy fcher vnd dy peuch thu fie in einē̄ morffer vnd mandel vnd ein weis
brofamlein brots dortʒu ftos wol mit gutem wein treib es durch ein tuch vnd thu es
in ein pfañ vñ fmaltʒ dorein vnd mach es ab mit wurtʒē̄ vñ faltʒ. verfuch es wer es
dā̄n ʒu ftarck fo temporirs mit waffer alfo das effig. wein vnd wurtʒ recht mos
haben. gib fy auff. fetʒ fy fur kalt oder warm. beftrew fy mit welifchen weinpern od‘ 40
frifchē̄ ynguer fo du fy warm gibft Wiltu fy kalt gebē̄ vñ wol geftandē̄ feyn fo
befteck fie mit mandel.

4. Gottfried von Franken, Pelzbuch

Gottfried von Franken (geb. Ende des 13./Anfang des 14. Jahrhunderts in oder bei Würzburg,
wahrscheinlich Geistlicher) verfaßte vor 1350 ein auf eigenem Praxiswissen und dem Erfah-
rungsaustausch mit zahlreichen anderen Landbaukundigen beruhendes, aber auch die Tradi-
tion antiker Agrarschriftsteller einbeziehendes lateinisches Lehrbuch des Garten- und Wein-
baus für einen klösterlich-bürgerlichen Rezipientenkreis. Der Teil des Werkes, aus dem der
hier wiedergegebene, Pfropfanleitungen enthaltene Textausschnitt stammt, das *Pelzbuch*

---

11 *fweiß*] s. Lexer.   **12** *hafen*] s. DWB.   **17** *die*] Dr. *die dy*.   **19** *halweg*] s. DWB s. v.
halbweg (2).   **21** *peterlein*] ›Petersilie‹.   **25** *dewigs*] s. Lexer s. v. *döuwec*.   **26** *perfig*] s. DWB
s. v. *Persch*.

(›Pfropfbuch‹). liegt seit der zweiten Hälfte des 14. Jahrhunderts in zwei deutschen Fassungen, einer mitteldeutschen und einer bairischen, seit dem 15. Jahrhundert zusätzlich in einer schwäbischen Fassung vor.
  Ausgabe: G. Eis, Gottfrieds Pelzbuch. Studien zur Reichweite und Dauer der Wirkung des mittelhochdeutschen Fachschrifttums. Brünn [etc.] 1944 [Nachdr. Hildesheim 1966]. - Lit.: R. Ankenbrand, Das Pelzbuch des Gottfried von Franken. [. . .]. Diss. Heidelberg 1970; S. Sudhoff, Das deutsche Pelzbuch des Mittelalters [. . .]. In: Zeitschrift für Agrargeschichte und Agrarsoziologie 2 (1954), 105-114; P. Assion, Fachliteratur. In: I. Glier, Die deutsche Literatur im späten Mittelalter. 1250-1370. Tl. 2, München 1987, 387-288; Verfasserlexikon 3, 125-136. - Vorlage: Hs. (nordthüringisch, 3. Viertel 14. Jh.); Stiftsbibliothek Admont; Sign.: Cod. 504 b.

Manchirleyge iſt der boume pfroppunge. doch iſt is gewonlich das man das rys
ſnyt von ſyme ſtamme benedin deme knoufe odir dem gelede noch ſiner
weſunge in der lenge cȝweyger neyle eynis vingers ⟨61ᵛᵇ⟩ dorno kerbe tweris das
gelit bis an den kern vnde teyle ſpaldinde das benedin dem gelede blebin iſt vnd
5 wirf eyn teyl das den rurit von dir. das andir teyl das do gancȝ blebin iſt das ſchele
bis an das gelit vnde ſcherfe is ſam eynen kil mit eyme meſſir an der ſitin der kernis
alſo das du mogiſt das pfropris ſecȝin cȝwiſchin di rynde des ſtammis vnd des
holcȝis Sundir e das geſche ſo mache eyn hol in den ſtam mit dem gecȝoyge das dor
cȝu ſi bequeme vnde wen du hoſt gepfropt ſo binde cȝu ſamen mit eyner wit odir
10 baſte odir ſemdin. dor no bedecke di cȝu vugunge mit miſte odir mit leyme das das
waſſir abe trage vnde nicht euſore. ⟪ Dy andir wiſe iſt das man ſpalde ⟨62ʳᵃ⟩ den
ſtam mittin. vnd das pfropris ſnyde cȝu beydin ſitin ſam eynē kil. ⟪ Dy dritte wiſe
iſt hobiſch vnd ſelcȝen. wiltu manchirleyge obis han vf eyme boume als legir obis.
vru. ſuȝe. odir ſuwir. byn cȝwen iarn odir drin noch dem ſitin in galabria. entrinde
15 eyn cȝwik eynis aldin appilboumis odir eynis birboumis von dem ende bi cȝwen
ſpannen odir dryn kegin eyme gelede breyt des lengiſtin vingirs vmme vnd vmme.
vnd wirf dy rynde wek. vnd kleyde das gebloſte teyl mit eyner ryndin eynis vremdin
boumis der leye obis du wollis di do gliche wit ſi. di vremde rinde di ſal han
knvſpil eynis odir cȝwey odir dry. vnde vugin cȝu ſamen wol ir beyde ſaf an di ſtat
20 ⟨62ʳᵇ⟩ der abgeriſſin ryndin vnd vorbinde als eyn pfroprys. alſo das man ſchicke io
das das knvſpil den vremdin rinde kvmen vf di ſtat do di vorwurfin knoſpin han
geſtandin. di knoſpin heyſin in latin gemma Jſt das in dem erſtin iare bluyt der
cȝwik di blut ſal man ab brechin das icht der cȝwik von geylikeit vorterbe. Jn dem
andirn iare ſo ſege ab den aldin cȝwik vor der nvgin rynde wen du ſieſt das di vs
25 geſproſſin ris ſint volkumen di machſtu pfroppin vf den ſelbin boum vnde machin
manchirleyge vrucht des boumis glich als eppil odir birn ſuwir odir ſuȝe ⟪ Dy virde
wiſe iſt. man ſnyde von eyme cȝwige eynis boumis eyn ſtucke vnd entploſe das
ſtucke das do blebin iſt an dem boume noch luſt in der ⟨62ᵛᵃ⟩ lenge. dorno nym eyn
cȝwik eynis vremdin boumis der do gelich dicke ſy vnd ab geſnetin vnde geroume di

1 Zum Verständnis des Textausschnittes vgl. die entsprechende Stelle des Patzauer Pelzbuches (in der Ausgabe von G. Eis, S. 105f.).   9 *wit*] s. Lexer.   10 *ſemdin*] s. Lexer s. v. *semede*. 13 *hobiſch*] zu mhd. *hövesch*, mnd. *hovesch* ›an den Höfen üblich‹.   14 *galabria*] ›Kalabrien‹.   19 *knvſpil*] ›Knospe‹.   23 *geylikeit*] vgl. Lexer s. v. *geile, geilecheit*.   29 *vremdin*] Hs. *vrendin*.

rinde gliche lanc dem gefcheltin czwige fam man tut eyn widin holcz das di kindir   30
machin czu eyner pfifin vnd ftoz di gancze rinde an den gebloftin czwik des boumis
vnd dor kegin das ris ouch entploft an dem groftin ende. alfo das di ende beyde
mittin in der fchalin io czu famen tretin fam in eyne rore alfo das die knofpin der
ryndin kvme kegin der ftat des halczis vs der di knofpin pflegin dringin alfo verre
ab di rinde knofpin habe. Svmeliche di fnydin di ende glich. fvmeliche fchiks kegin   35
den andir. Nu merke das das ror alfo gefchickit mak fyn von dem eldiftin holcze
odir ⟨62ᵛᵇ⟩ von dem vremdin das man pfroppin wil. dor no fal man bewarn di czu
vugunge alfo vor gefprochin ift. ℂ Dy vumfte wife des pfroppin ift fam ich larte in
Brabant. wiltu machin eynen boumgartin das her frucht brenge in dem drittin iare.
fo mus man in den erftin czwen iarn di bluyt ab brechin. Nym in dem merczin eyne   40
iunge buche di do fi eynis beynis dicke di durch bore tweris leytirs wyt wol von den
andir mit manchir leyge nebiger groz vñ kleyne. vnd in eyn iclich hol fecze eyn
czwik dem loche mefik. der czwik fal benedin gefchelit fyn noch der tufe des lochis.
vnd bewerke di czuvugunge wol vor dem reyn. Dorno mache eyn vurch in gutim
ertriche alfo lank als der boum ift ⟨63ʳᵃ⟩ vnd begrap den boum eyner fpannen tyf dy   45
ris vf gekart vnd loz fi wachfin. Ouch merke das fvmeliche fprechin das di loch
nicht fullin durch gen. Svmeliche wollin das di loch fullin tretin bis an di nydirfte
borke des boumis. vorfuch beyde ab du wilt. vnd wen das iar vs get. fo grab den
boum vs vnde czwifchin eyme iclichin ftruche fege den boum enczwey in ftucke vnd
fecze das ftucke mit fyme ftruche wo du wilt in di erde.   50

5. Ältere deutsche Habichtslehre

Die nur in einer einzigen Handschrift des 15. Jahrhunderts überlieferte anonyme *Ältere deut-
sche Habichtslehre* ist eine im 14. Jahrhundert entstandene praktische, nicht von lateinischer
Fachliteratur geprägte Anleitung zur Pflege, Abrichtung und Heilkunde des Habichts. Sie
wurde spätestens Anfang des 15. Jahrhunderts zu dem in vier Handschriften und mehreren
Drucken (seit etwa 1480) überlieferten sog. *Beizbüchlein*, dessen Kernstück die *Jüngere deut-
sche Habichtslehre* bildet, umgearbeitet und ging 1542 in die Schrift *Waidwerck und Federspiel*
des Humanisten Eberhard Tappe (geb. um 1505) ein. Sie gilt damit »als das bedeutendste
beizjagdliche Werk in deutscher Sprache« (Lindner, 9).
    Ausgabe: Die deutsche Habichtslehre. Das Beizbüchlein und seine Quellen. Eingeleitet und
hrsg. v. K. Lindner. Berlin 1955. – Lit.: Ebd., 9–37; D. Dalby, Lexicon of the Mediaeval Ger-
man Hunt. [. . .]. Berlin 1965, S. XXXVI. – Vorlage: Hs. (1442, wohl ost-/nordoberdeutsch);
Bayerische Staatsbibliothek München; Sign.: Cgm 289.

So der habich zefaifte wordñ ift jn dem korbe od' auff dem rick fo fol man im fere
abziehen fpenne acht tage oder mêr dornach fein nottürfft ift oder das man in

---

42 *nebiger*] s. Lexer s. v. *nabegêr*.   **1** Vgl. generell zum Wortschatz: D. Dalby, Lexicon of the
Mediaeval German Hunt. [. . .]. Berlin 1965. Zum Textverständnis vgl. den Druck von E.
Tappe, der der Ausgabe Lindners beigegeben ist.   **1** *korbe*] »eine der üblichen Sitzgelegen-
heiten für junge oder in der Mauser befindliche Beizvögel« (Lindner, 256).   **1** *rick*] s. Dalby
s. v. *ric*; genaue Sachbeschreibung bei Lindner, 256.   **2** *abziehen*] s. FWB 1, 516 s. v. *abziehen*
(18).   **2** *fpenne*] s. Lexer und Dalby s. v. *spen*. Andere Deutung bei Lindner, 257.

begynnet tragñ wañ man Jn auff dy hant neme alſo gar faiſte Vnd dañ vil ſchwinget
ſo ʒerbrichet ſich jnwendig von der faißikait vnd wirt da von dorren od' ſterben
5 etc etc etc

Von geweltem vnd naßem hüner ǟße magerent die habich ſere Vnd das man in
bindet auff dën rÿck jn die lüffte an das wëter da hin da der wind vnd der rëgen nit
ʒu jm müge kömen etc etc

Wie man dën habich ſanffte ſol mager werden Man ⟨112vb⟩ ſol den habich gleicher
10 weyße tʒwingen vnd abtʒiehen als man dar mit fahen wil Vnd ſol in ſanffte laßen
mager werdñ das er das ſemer verdäwe vnd im vergee Wañ däwet er Jn im E das
plut dañ das ſemer ſo mag man jn vnſanffte betʒwingñ vnd fahen machen Wann
dieweyle er ycht ſchmëres Jn jm hat ſo iſt er vnluſtig vnd fahet nicht gërne Flüget er
aber weñ man in wirffet ſo kombt er nicht gern wider ʒehant Wie uil er ſuſte leibs
15 hat das ſchadet im nicht jn der weyße ſoltu den habich mager machñ Man bringet
in wol wider ʒu leibe auff der hende etc etc

Zu welicher ʒeit d' habich genüg geſpennet ſeÿ Wiltu wißen ʒu welcher ʒeÿt der
habich genüg geſpennet ſey ſo gib im die ʒehen von hüner füeßen v'däwet er dÿe ſo
iſt er ʒu fayſte wërffet er ſy aber an gewelles ſtat ſo iſt jn recht' maß

20 ⟨113ra⟩ Dem habich iſt auch nütʒe das man in ain weÿle füre vnd trage das er wol
fahende werde vnd in halte mit gutē ǟße Alſo iſt ſchäffin v̈ßer waßer vnd kalte
hüner vnd gib im vnterweÿlen gewelle da wirt er lüftig von Wirt er aber ʒu mager ſo
enmage man jn nit ſër gearbeitñ wañ das wër im ſchade etc etc

Wie man den habich ʒu der hant ſpennet So du den habich gëchlingñ tʒwingñ wilt
25 vnd im das ſchmër benëmen das er beleibe bey ſeiner kraft vnd bey leybe ſo ſetʒe jn
außwendig daches an das wëter auff ainen rick Dën rÿck hencke an ein ſaÿle das ër
ſweb wañ er ſich rüret vnd laß in vaſten alſo lang biß er ain ſchäffin lüngen auſſer
waßer geeßen habe vnd gib im große kröpff der lüngen Sol er aber nit lenger eßen
dann ʒwën tag vnd laß jn dornach faſten bis an den ⟨113rb⟩ andern tage das benÿmet
30 jm das ſchmër vnd beheltet jm das bräte vnd auch das plüte das ſol man wÿßen von
des habichs faißigkait vnd magerkait etc etc

Wie der habich lüftig werde der habich wirt lüftig ʒe fahen tragen des morgens frwe
oder ſetʒe jn hin aus an das weter vnd gib im wënig vnd laß in baden vor mittem
tage vnd ſëtʒe Jn an dye ſünnen von dem winde biß ſich ſein gefider gedrückēt vnd
35 er gefider geſtrichet So laß in denn dornach ſtēn in finſter kamer das er nicht
ſchwinge bis an den abent ſo reÿtt dañ damit bayßen ſo wirt er gernde vnd lüftig
Vnd laß in auch nicht lange vaſten das er dën geluſt nicht v'lier Der habich iſt
mulicher jn dem lentʒen ʒubetwingen damit ʒebaißen ⟨113va⟩ denn in dem herbſte
von dem ſchmër das er jn dem winter auf ſych hat gelegt Vnd auch von dem vogel
40 raÿen iſt auch deſter gailer etc etc

So der habich in dem hawße ſwinget nach allem dem das er ſyhet vnd wildiclich
geberet vnd auff dē veld ſere ſwÿnget nach dem gefügel Vnd wañ man Jn wirffet das

---

11 ſemer] eine Art Schmer.   **17** geſpennet] s. Dalby s. v. spennen.   **40** raÿen] ›Reihzeit,
Paarungszeit‹ (Lindner, 257).

er fchöne vahñ möchte vnd da mit fahen nicht enwÿl Oder das laßet das er gefangñ
hat vnd fÿhet in die fünnen oder ainem vnter dÿ augen Vnd befycht fich felb jn dē
flüge vmbe vnd vmb fo ift er betzwüngen wann mañ in wirffet doch nit vahet   45
etc etc etc

Zu zwaÿen maln Jnne dem Jare mag man dën habich zu baÿßen beraÿtñ Jnne dem
fümer gen fand lorentzen tage Vnd Jnne ⟨113ᵛᵇ⟩ lentzen gën fand peters tage fo der
habich geret vnd im die augen langk werdent vñ hol vnd die brüfte fcharpff Vnd ift
geringe auff der hant vnd im das gefider liechte wirt vnd fein gewelle trückñ fint   50
vnd gëll vnd flimig fo fol man nicht baißñ etc

Merck ift der habich faifte fo folt du Jm nicht geben des warmen vogels plüt noch
feines warmen flayfches da wirt er aber vnlüftig abe wer er aber v'hüngert fo ift es
im güt vnd fchadet Jm nicht etc etc etc

Wiltu den habich jnne recht' maßen behaltñ fo gib im zu dem erften male claynen   55
kropffen von rintflayfch des zëhen rintflaÿfch nyñer des morgens kropffe füllent
fein verdäwet gën dem mittentag / Den abent kropffe fol er v'däwet habñ vor dem
tage Man fol in auch nyñer zu ⟨114ʳᵃ⟩ fere gearbaÿten an aÿnem tage bayde abents
vnd auch mörgens das im das fahen vnd auch fliegen nit laÿde etc etc

Mit dem vngearbaiten habich mag man wol von erften claynen vogel fahen als   60
entten vnd kroen Mit dën wol gearbaiten habichñ fol man fahen krenich ganß
trappen vñ Rëher es ift Jn aber fchade wa fy der zu fere gewoñent etc etc

6. Philipp von Seldeneck, Kriegsbuch

Unter dem genannten Titel werden sieben kriegswissenschaftliche Texte zusammengefaßt, die
in der zweiten Hälfte des 15. Jahrhunderts im nordoberdeutschen Sprachraum aufgezeichnet
wurden. Der hier ausgewählte, die sog. *Kriegsordnung der Fußtruppen* enthaltende Text ist
zwischen 1485 und 1493 von Hans von Seldeneck, dem ältesten Sohn des »pfälzischen Kriegs-
mannes« (Eis, 18) Philipp von Seldeneck auf dessen Anweisung oder Diktat oder nach
dessen Vorlage in die Handschrift eingetragen worden. Er gibt, veranschaulicht durch sche-
matische Planzeichnungen, Anweisungen über die Aufstellung des Fußvolkes je nach militä-
rischer Bedingung. Schriftliche Quellen für den Text sind nicht bekannt.
   Ausgabe: K. Neubauer, Das Kriegsbuch des Philipp von Seldeneck vom Ausgang des
15. Jahrhunderts. [. . .]. Diss. Heidelberg 1963. – Lit.: P. Assion, Fachliteratur. In: I. Glier
(Hrsg.), Die deutsche Literatur im späten Mittelalter. 1250–1370. 2. Tl. München 1987, 371–
454; P. Assion, Altdeutsche Fachliteratur. Berlin 1973, bes. 92–101. – Vorlage: Hs. (nordober-
deutsch, 2. Hälfte des 15. Jahrhunderts); Badische Landesbibliothek Karlsruhe; Sign.: D 18.

Nûn will jch philips vonn Seldenneck meynē funē vnd Erbenn zû Erindernn vff jre
verbefferûng Eynn ordenûg der fûsknecht zû Einē feltfchlagenn jnn Einē flachenn
oder breyttenn feldt zû ros vnd zû fûs zûmachenn fchreybenn / Vnd follenn Sich
die fûs knecht alfo haltenn wie hirnoch ftett

---

51 *gëll*] Tappe hat *geyl*, wohl fälschlich für ›gelb‹.   **1** Vgl. generell die Sachanmerkungen in
der Ausgabe sowie deren Glossar.

5   Jtem ein gefirde ordenůg die foll alfo fein Sein ʒehenn taufent knecht jm feld fo
geburt fich hůndert mann jn Eim glitt Eins minder oder meher Dan Es fol alwe-
genn jn Eim glid vngeradt fein / hott man dan vill fchůcʒenn fo mag mā halb fpis
vnd Halb fchucʒenn nebenn Einander ftellenn / Doch die fchucʒenn vff die lin-
ckenn feyttenn wo aber der fchůcʒen nit als vill jft als der fpis So mag mā die
10 mindern vnd foůill gelider machenn als mā mag / Vnd die Armbruft oder bogenn
fchůcʒenn dor vnder mifchenn oder do mitten hinneÿn allein thůn vnd wan das
gefchicht fo foll mā die banner vnd Felenn Entmitten dor ein thůn Vnd ein felenn
jm vorʒůck vff das ʒehet gelit jn der noch hůt aůch alfo / vnd vor dem banner
drew glitt mit helmpartenn vnd aůch drew dor hinder vnd vff der fchucʒenn feÿt-
15 tenn Ein flugell mit fpiffenn / Acht glitt mit fůnffenn fůr ein fallenn ʒů denn
bannernn vff die kurcʒenn gewere vnd dornoch die vberigenn Helparten theylenn
allwegenn am andern oder drittenn glitt / Dornoch mann Jr vill oder wenig hott
durch die fpis vnd fchůcʒenn theylnn / Bis fie alle vertheyltt vnd vergleycht wer-
den / Alfo jft die ordenůg befchloffenn / Wo aber nit foůill fchucʒenn wernn So
20 foll mā die o'denůg mit fpiffenn vnd Helmparten ⟨94ᵛ⟩ gancʒ machenn wie vorftett
Vnd aůs den fchucʒen ʒwem Haůffenn machenn vnd denn ein haůffen do vornenn
vff die linckenn feÿten nebenn die fpis ftellenn Vnd do hindenn denn andern theyl
vff die recht feytten Ob mā den hindern hauffen wolt angreyffenn das mā fich nit
meher bedorfft vmb kernn So feind die fchůcʒenn allwegenn vff der lyncken feyt-
25 ten Vnd follen die fpis alwegenn vffgricht fein bis mann ficht wo mā fie will an-
greyffenn Vnd wan mā fie angreyfft do vornenn am haůffenn So legen fie die fpis
nider vor dem banner Vnnd die hindernn follenn jr fpis vffricht habenn vnd pleÿ-
benn vnd fo man fie dan do hinden angriff fo kernn fie fich vmb vnd die hindern
fpis nyder geloffenn / Vnd die vordern fpis wider vff gehabenn
30 Hott man dan Ein veltgefchůcʒ vnd will das verborgenn furn fo můs man Es jn
der ordenůg Enmittenn vor dem banner fůrnn / das dunckt mich aůch das beft fein
Wan mā aber das gefchůcʒ nit verborgenn furnn will fo foll es aůch vff der
fchucʒenn feytten fein
Jft dan Ein reyfiger ʒewck do der kan fich felbft woll ordenn dor noch das velt jft
35 oder der placʒ / vnd die ordenůg alwegenn behaltenn Ob des volcks minder oder
meher jft Sollenn die hauptleůt alwegen die ʒall vberfchlagenn Das fie wiffenn mit
den glidern jn der ordenůg ʒů ʒůkomenn das fie mogenn befchliffenn
⟨95ʳ⟩ Hienoch will jch anʒeygenn mit Einer kurcʒenn verʒeychenůs vnd mit fi-
gurnn wie mann der fůs knecht ordenůg machenn vnd fchickenn foll
40 Spis vnd helmparten follenn durcheinandergetheylt werden wie vor do von Ey-
gentlich gefchribenn ftett

---

12 *Felenn*] = *fenlein* ›Fähnlein‹. Vgl. dazu Anm. zu S. 30, Zeile 23 (Text II.2).

Schüczenn			
	(felenn)		

	Helmpartenn		45
	Helmpartenn		
	Helmpartenn		

| Flugel mit spiffenn | (fe) (fe) (banner) (fe) (fe) | Flugel mit spiffenn | |

	Helmpartenn		50
	Helmpartenn		
	Helmpartenn		

| | (felenn) | Schuczenn | |

⟨95ᵛ⟩ Wan Ein fůsvolck ein vortheyll jm veld Hott Es feÿ waffer Oder grabe Oder Berck Oder Ein Holcʒ So follenn fie jr ordenůg alfo machenn Die fpis vff die 55 rechtenn feyttenn / vnd die fchuczenn vff die linckenn feyttenn So lang als die ordenůg jft Vnd vff der fchuczenn feytten gegenn den bannern Ein flugell mit fpiffenn vff die kurcʒft gewer wie die ordenůg vorftett do mit fie fich allwegenn mogenn kernn vnd jr fchuczenn mogen deckenn mit den fpiffenn.

Schuczenn	Spis		60
		Helmparten	
Flugell mit fpiffen	( ) ( ) (bannir) ( ) ( )		
		Helmparten	

⟨96ʳ⟩ Wan fůsknecht jn der ordenůg ʒihenn dornoch jr vill jft So můffenn jr glitt 65 machenn fünff hůndertt fein jr foůill fo mach fünff knecht jn Ein glitt Sein aber Daufent knecht So mach vnd ordenn Newn oder Elff knecht jn Ein glitt vnd dor noch fo vill jr jft vnd dornoch aůch das veltt oder weg jft / dornoch můs mã die ordenůg vnd denn ganck machenn Vnd follenn die fchuczenn getheyltt fein Halb ʒů forderft die andernn halbenn ʒů hinderft / vnd vff die vordernn fchuczĕ die hal- 70 benn fpis vnd dornoch die helmparten vnd die banner vnd felenn jn der mitt der helmparten vnd dornoch die andern halptheÿll der fpis vnd ʒůlecʒft aber fchů-

---

44 Diese Skizze hält sich streng an die handschriftliche Vorlage; Veränderungen (mit Begründung) in der Ausgabe.   49 (fe) Kürzel für felenn.   63 ( ) man ergänze: felenn.

cʒenn / Vnd wan Ein geſchreÿ kůmpt ſo ſoll mã die ʒwem theyll der ſpis nebenn-
einander fůrn vnd die helmparten vnd pannir mittenn dor Ein ſtoſſenn vnd die
75 vordernn ſchůcʒenn ſoll man auch do vornenn behalten vnd vff die linckenn ſeyt-
ten ſtellenn die hindern ſchůcʒenn aůch alſo vnd ſo jſt die ordenůg gleych am gang
gemacht wie vor ſtett

Schucʒenn | Spis | Helmparten | Helmparten | Spis | Schůcʒenn

7. Adam Ries, Rechenbuch

Durch das *Rechenbuch / auff Linien vnd Ziphren* [. . .] des Adam Ries (1492–1559; Rechen-
meister, Rezeßschreiber im Bergbau) wurde das schriftliche Rechnen mit arabischen Ziffern
in Deutschland populär. Das Werk erschien zuerst 1522 in Erfurt bei Mathes Maler und fand
unter variierendem Titel weite Verbreitung. Deubner (1960/65, 23ff.) belegt 108 Drucke bis
1656.
    Ausgabe: Faks. Rechenbuch / auff Linien vnd Ziphren [. . .]. Darmstadt 1955 (o. Hrsg. im
Verlag Hoppenstedt u. Co.). – Lit.: Adam Ries, sein Leben, seine Rechenbücher und seine Art
zu rechnen. Die Coß von Adam Riese. Hrsg. v. B. Berlet. Leipzig/Frankfurt 1892; F. Deub-
ner, . . . Nach Adam Ries. Leben und Wirken des großen Rechenmeisters. Leipzig/Jena 1959;
Ders., Adam Ries, der Rechenmeister des deutschen Volkes. In: Zeitschrift für Geschichte der
Naturwissenschaften, Technik, Medizin 1.2 (1960/65), 11–44; K. Vogel, Adam Riese, der deut-
sche Rechenmeister. München/Oldenburg/Düsseldorf 1959; W. Roch, Adam Ries. Des deut-
schen Volkes Rechenlehrer. Sein Leben, sein Werk und seine Bedeutung. Frankfurt/Main
1959. Allgemein: J. Tropfke, Geschichte der Elementarmathematik, 4. Aufl. Bd. 1: Arithmetik
und Algebra. Neu bearb. v. K. Vogel/K. Reich/H. Gericke. Berlin/New York 1980; H. Gros-
se, Historische Rechenbücher des 16. und 17. Jahrhunderts. Leipzig 1901. – Vorlage: Druck;
Frankfurt/Main 1574 bei Ch. Egenolfs Erben; Faks. der Ausgabe Hoppenstedt u. Co.

Volgen die Species mit

Federn oder Kreiden in Ziffern ʒu rechnen.

Addirn

⟨10ʳ⟩
5   L Ehret viel ʒahlen in eine Summa ʒu bringen / Thu jhm alſo: Setʒ dieſelben
    ʒahlen / welche du ſummiren wilt / vnder einander / die erſten vnder die
erſten / die ander vnder die ander / vnd alſo hinfurt. Darnach hebe ʒufŏrderſt an /
gegen der rechten Handt / ſummir ʒuſamen die erſten Figuren / kompt ein ʒahl /
die du mit einer Figur ſchreiben magſt / ſo ſetʒ ſie gleich darunder / Entſpringet
10 aber eine mit ʒweyen Figuren / ſo ſchreib die erſte gleich darunder / die ander
behalt / Darnach ſummir ʒuſamen die andern Figuren / gib darʒu das du behalten
haſt / vnd ſchreib abermals die erſte Figur / wo ʒwo vorhanden. Vnd thue deßglei-
chen hinfurt mit allen Figuren / biß auff die letʒten / die ſchreib gantʒ auß / ſo
haſtu wie viel in einer Summa kompt / als folgende Exempel außweiſen.

78312	68975	37064	15
87547	87496	52086	
165859	156471	89150	

Proba.

Nun ſoltu wiſſen / daß ich hierinn ʒweyerley Proben gebrauchen wil / iſt die
erſte / daß ein Species die ander probirt / Die ander iſt mit 9. alſo : wirff 9. hinweg 20
als offt du magſt / was dann vnder 9. bleibet / behalt für dein Prob / ⟨10ᵛ⟩ Als hie
durch die erſte Prob ʒu probiren / ſo nim die obern ʒwo von der vndern / Bleibet
nichts vbrig / ſo iſt es recht.

Aber mit der andern Prob / nimb 9 hinweg von den obern / als offt du magſt /
das bleibende iſt dein Prob / So dann von der vndern Zahl auch ſouiel kompt / ſo 25
haſtu jhm recht gethan.

Subtrahirn

L Ehret wie du ein ʒahl von der andern nemen ſolt / Thu jhm alſo / Setʒ oben
die ʒahl / dauon du nemen wilt / vnd die du abnemen wilt / gleich darunder /
wie im ſummiren. 30

Darnach mach ein Linien darunder / vnd heb ʒu forderſt an / wie im Addirn /
Nimb die erſte der vnderſten ʒahl / von der erſten Figur / der oberſten ʒahl / was
dann bleibt / ſetʒ vnden. Darnach nimb die ander Figur der vndern ʒahl / von der
andern der oberſten ʒahl / was bleibet / ſetʒe auch vnden. Magſtu aber die vnder
Figur / von der obern nicht nemen / ſo nimb ſie von ʒehen / Zum bleibenden gib 35
die ober / vnd ſetʒ gleich vnder die Linien / was kompt. Darnach addir eins der
nechſten vndern Figurn / gegen der lincken Handt / vnd ſubtrahir fort biß ʒum
end / wie folget:

⟨11ʳ⟩				
	89674	79864	30000	
	63521	67876	12345	40
	26153	11988	17655	

Proba.

Wiltu probiren mit der erſten Prob / ſo ſummir die vndern ʒwo ʒahlen / kompt
die ober wider / ſo iſt es recht. Aber mit der andern Prob / ſo nimb 9 von den
vndern ʒweyen / als offt du magſt / Kompt dann von der obern ʒahl dem bleiben- 45
den gleich / ſo haſtu jhm recht gethan.

Dupliren

L Ehret wie du ein ʒahl ʒweyfaltigen ſolt. Thu jhm alſo: Schreib die ʒahl vor
dich / mach ein Linien darunder / heb an ʒu forderſt / Duplir die erſte Figur.
Kompt ein ʒahl die du mit einer Figur ſchreiben magſt / ſo ſetʒ die vnden. Wo mit 50
ʒweyen / ſchreib die erſte / Die ander behalt im ſinn. Darnach duplir die ander /

vnd gib darʒu / das du behalten haſt / vnnd ſchreib abermals die erſte Figur / wo
ʒwo vorhanden / vnd duplir fort biß ʒur letʒſten / die ſchreibe gantʒ auß / als
folgende Exempel außweiſen.

	4 1 2 3 2	9 8 7 6 5	6 8 7 0 4
	8 2 4 6 4	1 9 7 5 3 0	1 3 7 4 0 8

⟨11ᵛ⟩   Proba.

Durch die erſte Prob / medir die vnder ʒahl / kompt die ober wider / ſo iſt es
recht. Aber mit 9. wirff oben hinweg / als offt du magſt / was bleibet / duplir. Nimb
60 auch 9. hinweg / ob du magſt / Wirdt dann von der vndern ʒahl auch ſo viel / ſo
haſtu jhm recht gethan.

Medirn

L Ehret wie du ein ʒahl halb machen ſolt. Thu jhm alſo: Schreib dieſelbige für
dich / mach ein Linien darunder / heb an ʒu hinderſt / das iſt an der
65 eufferſten Figur gegen der lincken handt. Jſt dieſelbig Figur gerad / ſo ſetʒ den
halben theil vnden. Jſt ſie vngerad / als 9. ſo ſprich / halb 8. macht 4. die ſetʒ / Das
vberig / als I. medir mit der nechſten Figur gegen der rechten Handt / wirdt für
ʒehen gerechnet. Kompt aber I. in der mitte ʒu mediren / ſo ſchreib ein 0. gleich
darunder / vnd medir als dann mit der nechſten / Als folgende Exempel außweiſen.

	8 6 4 2	7 8 9 7 6	6 8 1 7 4
	4 3 2 1	3 9 4 8 8	3 4 0 8 7

Proba.

Durch die erſte Prob duplir die ander ʒahl / ſo kompt die ober wider. Aber mit
der andern / ⟨12ʳ⟩ als 9. nimb die Prob von der vndern / duplir die / wirff 9. hinweg
75 ſo offt du magſt. Kompt dann von der obern auch ſo viel als vberbleibt / ſo haſtu
ihm recht gethan.

8. Alchimie und Bergwerk

Die alchemistisch-technische Rezeptsammlung unter dem Titel *Alchimi vnd Bergwerck* er-
schien im Druck zuerst 1534 in Straßburg bei Jacob Cammerlander. Sie wurde später mit dem
Alchemisten Petrus Kertzenmacher in Verbindung gebracht. Der ausgewählte Abschnitt be-
faßt sich mit dem Hauptziel der Alchemie, der Rezeptur zur Herstellung von Gold.
  Lit.: W. Ganzenmüller, Die Alchemie im Mittelalter. Paderborn 1938 [Neudr. Hildesheim
1967]; E. E. Ploß/H. Roosen-Runge/H. Schipperges/H. Buntz, Alchimia. Ideologie und Tech-
nologie. München 1970; Chr. Meinel (Hrsg.), Die Alchemie in der europäischen Kultur- und
Wissenschaftsgeschichte. [. . .]. Wolfenbüttel 1986; P. Assion, Altdeutsche Fachliteratur. Berlin
1973, bes. 90f.; A. C. Crombie, Von Augustinus bis Galilei. Die Emanzipation der Naturwis-
senschaft. München 1977 [mit zahlreichen Literaturhinweisen]. – Vorlage: Druck; Straßburg
1534 bei Jacob Cammerlander; Exemplar der Niedersächsischen Landesbibliothek Hannover.

Kolenus vom golt machen. Cap. xxj.

KOlenus lert Solem alſo machen / vnd ließ die kunſt mit jm begraben / dañ er
ſie niemant leren wolt / biß mañ ſie in dem grab beſchrieben fandt / alſo /
Nimb ⟨xxxiij^v⟩ âſchen / vnd geuß daran ein leinôl / ſeude es mit einander biß das ôl
einſiede / ſo waſch es mit eſſig / vnd laß es trucken / darnach niṁ aurum purga- 5
tum / ʒerlaß das wol / vnd wirff dañ blei âſchen ein wenig dariñ / rür es durch
einander ſo wirt es puluer / das waſch mit waſſer / laß es trucken vnd reib es aber
mit aqua armoniac / das thû ſo lang biß der calx Solis deß waſſers ſo vil in ſich
trucket biß er ʒwir alß ſchwer wirt alß er was / darnach legs in fewlglaß / ſetʒe es in
miſt ſieben tag / vnnd geuß in das glaß ſtarcken eſſig von margram âpffel vnd von 10
rotem gûtem wein / alſo der calx vnd der wein wenig werde / vnd laß es alſo ſtan
ſiben tag ſo wirt es rot waſſer / mit dem ſelben waſſer reib Mercurium album
ſublimatum vñ fixum / biß er rot wirt wie cinober / darnach fewl jn aber in eſſig
im miſt biß er waſſer werde / ſo mache jn trucken in âſchen in furno ſublimatio-
nis / deſſelben elixir ein teyl wandelt ʒehen teil lune in aurum optimum. 15

Eyn ander operatio ad ſolem bonum. Cap. xxij.

NJmb fünff lot weißwelſch glaß / fünff lot gelbs glaß / das auß plei gemacht iſt /
alß die gelben gleßlen ringlein / die ʒwei mach ʒû kleynem puluer / vnd niṁ
dañ x. lot bleiaſchen der geveutelt ſei / vnd thûs alles ʒû einander in ein tegel / vñ
ſetʒ es in ein offen da mañ glaß in brennet biß es alles wol flüſſig werd / ſo wirff 20
darin xij. lot mercurij viui / rüre es durcheinander / vnd laß es wol erkaltē / dar-
nach geuß es ander weit / vnd geuß in ſextevl / vnd laß erkalten / das mach ʒû
puluer / darnach niṁ ſaturnū purgatum / vnd bring in in ſolidam maſſam / vñ
ſchlahe darauß dünne plech / darnach niṁ auripigment / vnnd reibs mit ever klar /
beſtreich das plech damit / heb ſie wol ʒûm ſe⟨xxxiiii^r⟩wer biß ſie wol trucken / vñ 25
laß es heiß werdē / darnach laß es erkalten / lege es dañ inn eſſig biß das auripig-
ment wol feucht werde / darnach thû ſie aber ʒû dē kolen biß ſie heiß werdē / laß
ſie erkalten / vnd leg ſie aber in den eſſig biß ſie feucht werden / das thû alſo ʒehen
mal / ſo waſche ſie mit dē eſſig / ſeint ſie nit rot genûg ſo beſtreich ſie wie vor mit
eim newen auripigment / vnd thû im in allen ſachen wie vor / das thû ſo lang biß 30
die plech innen vnd auſſen gelb werden / darnach ʒerlaß ſie ob kolen biß wol flüſſig
werd / dañ wirff dariñ deß vorgeſchriebenen puluers / rüre es durch einander / vnd
geuß es / vnnd ʒûlaß jn aber wie vor / wirff deß puluers aber darin / vnd laß es
miteinander brennen / ſo wirt es hert alß ſol / darnach geuß mit arſenico citrono
ſublimato vnd fixo / dʒ thû ſo lang biß am gieſſen gût rot vnd fein ſol wirt. 35

---

1 *Kolenus*] Galenus (?).   **8** *aqua armoniac*] Ammoniac.   **8** *calx*] ›Pulver‹.   **10** *margram*]
›Majoran‹.   **12** *Mercurium*] ›Queckſilber‹.   **14** *furno ſublimationis*] beſonderer Ofen zum
Sublimieren.   **23** *ſaturnū*] ›Blei‹.   **24** *auripigment*] ›Arſentriſulfid‹; frnhd. *operment*
(›Rauſchgelb‹, vgl. DWB).   **34** *arſenico*] ›Arſentrioxyd‹, im Frnhd. aber gleichbedeutend mit
operment.

Cap. xxiij.

S͏Eyffen golt folt du alſo machen / nimb ein prett das xvj. ſchů lang ſei / vnd vier
ſchů brait / inn das prett mach vil grůben allenthalben als ein ſtieg / vnd ſetz es
vber das waſſer auff zwen triſpitz alſo / das es an einem end ein wenig vnder ſich
40 hange / darnach ſo ſchüt dz grieß in dem waſſer darauff / vñ ſchüt darnach deß
waſſers darauf dz der ſand herab flieſſe / vnd ſchüt das grieß aber dar auff / darauf
aber waſſer / das thů ein gantzē tag / zů nacht niṁ den grieß den du in grůben
findſt thůs zſamen in ein groſſen napff / thů queckſilber dar zů / geuß waſſer
daran / vñ rürs durch einander wol / laß es gewallen / vñ geuß dañ das waſſer
45 darab / dz thů ſo lang biß das waſſer klar werde / ſo laß ſtan vber nacht / zů
morgens findſtu dz golt mitt dē queckſilber am grunt / dz breñ mit einander zů
recht / ſo wirt es das beſte golt das von natur werden mag. ⟨xxxiiij ͮ⟩

Wie man golt von kupffer ſcheyden ſol. Cap. xxiiij.

W͏Jlt du goldt von kupffer ſcheyden / ſo nimb deß roten puluers das vom kupf-
50 fer gebrañt ſei zwölff teyl / vnd eyn teyl deß puluers von menſchen blůt / vñ
ein teyl ſal armoniac oder ſal preparati / vnd ein teyl heydniſche ziegel den die
goldtſchmied haben / reib es alß mit einander / vnd thů es in ein verglaſtes vas /
das ſei als zwei deck vbereinander geſeltzt / vnd am obern deck ſol ſein ein thörlein
mit eim ſaltz alß groß das ein eiſen löffel darin gehör / vnd die becken ſollen auf
55 ein ſeitten geneygt ſein / vnd vnten ein rör haben / vnd mach ein offen der nach
dem beckē geneygt ſei auff ein ort / vnd die vnter beck ſol kleyn ſtieglein haben /
das puluer herab nit zůſamen reiſe / vñ mach von erſten ein kleyn fewer in dē
ofen / vnd je lenger je gröſſer biß es wol erhitz / ſo rüre das puluer mit eim eiſen
ſcheufelin durch einander / vnd thů das thörlin oben wider zů / vnd je vber ein
60 weil rüre es durch einander / ſo fleußt das goldt zů tal in die rören / ſo ſetz ein tegel
vnter in ein glut / das thů ſo lang biß niṁer flieſſen wil / ſo habe ix. tegel die glüwig
ſeient / vnd geuß das goldt je von eim in den anderen / dañ geuß ab vnd laß
erkalten.

9. Johann Helias Meichßner, Handbüchlein

Das *Handbůchlein gruntlichs berichts / recht vñ wolschrybens / der Orthographie vnd Gramatic*
des Württembergischen Hofgerichtssekretärs Johann Helias Meichßner ist eine Anleitung zur
Orthographie wie zum regelgerechten grammatischen, stilistischen und rhetorischen Schrei-
ben. Sie wurde zwischen 1538 und 1588 mindestens elfmal aufgelegt und richtet sich an die
»jungen Schryber [. . .] vnnd liebhaber [. . .] der waren kunst recht teutsch schrybens« (Titel).
    Ausgaben: Auszug bei J. Müller, Quellenschriften und Geschichte des deutschsprachlichen
Unterrichts bis zur Mitte des 16. Jahrhunderts. Gotha 1882 [Nachdruck mit einer Einführung
von M. Rössing-Hager, Darmstadt 1969, 160–166; 393–396]; Faks. Handtbuechlin grundlichs
berichts Recht vnd wolschrybens der Orthographie vnd Grammatic. Hrsg. v. M. Rös-
sing-Hager. Hildesheim/New York 1976. – Lit.: M. H. Jellinek, Geschichte der neuhochdeut-

---

39 *vnder ſich*] s. Götze, Frnhd. Glossar.

schen Grammatik von den Anfängen bis auf Adelung. 2 Halbbde. Heidelberg 1913, 1914;
M. Rössing-Hager, Ansätze zu einer deutschen Sprachgeschichtsschreibung vom Humanismus
bis ins 18. Jahrhundert. In: Sprachgeschichte. [. . .]. Hrsg. v. W. Besch [u. a.]. Teilbd. 2. Berlin
1985, 1564–1622 [mit umfänglichem Quellenverzeichnis zum 16. Jahrhundert]. – Vorlage:
Druck; Tübingen 1538 bei Ulrich Morhart; Faks. der Ausgabe Rössing-Hager.

Von den fünff Clauibus der Miſſiuen.

Vnd ſind das die fünff Claues / zů den Miſſiuen gehörig / zů latin genant / *Salu-
tatio, Exordium, Narratio, Petitio* vnnd *Concluſio* / one diſe fünff Claues / oder
deren eins teils / mag kein ſendbrieff formlich gemacht.

Von der Salutation.   5

Doch werdē zů zeiten etliche vnderlaſſen / Als ſo ein Fürſt einem ſchlechten
amptmann oder ſunſt einem ſeiner burger ſchrybt / gebrucht er an ſtatt der ſalu-
tation nit mer dann die wort / Getrůwer / Oder lieber getrůwer / Oder Kelner /
Schultheiſs oder N. Aber in veindsbrieuē grůßt man nit / ſo erbeut man ſich ouch
keins dienſts / Yedoch ſouer die im Obern vnnd mitlen grad einander / oder einer 10
des vndern grads / denen beiden / oder ſunſt einer Statt / oder derglychē veinds-
brieue ſchryben / ſo werden jnen dannocht jre gepürlichen zierwörter vnd titel jrer
gepurt vnd ſtend zůgelegt.
So aber die im Obern vñ Mitlen grad / denen im vndern veindsbrieff zů ſchi-
cken / ſo ſchryben ſie ſich oben oder zů vorderſt / Wir etc. Embieten dir N. etc. vnd 15
Narriern alß bald die vrſachen der vehd etc.
⟨Dijʳ⟩ Aber das wort lieber / oder gnediger herr / mag in keinem grad ſtatt ha-
ben / ſonder ob glychwol einer des vndern grads / dem Obern oder mitteln ein
veindsbrieff ſchrybt / So gebrucht er für die wort / Vwer F. G. oder ůwer gnad /
allein hoflicheit zůhalten / ůwer Fürſtlich durchlůchtigkeit oder herlicheit.   20

Vom Exordio.

Vnd iſt ouch nit von nöten / in einer yeden ſach / ſonderlich ſo die gering / ein
exordium zů ynfůrung vnd vorbereitung der hauptſach zů gebruchen / Dañ ſolich
exordium beſchicht allein darumb / die zůhörenden zů vffmerckung des nachuol-
genden zůbewegen / glych als wann ein Organiſt oder ſpilmann ein gůts kunſtlichs 25
liedlin machen will / ſo fůrt er anfengklichs einen preambel oder vorlouff yn / vnd
nach dem ſelben / ſo er die oren der zůhörenden zů jme gezogen / ſo vacht er erſt
an / das liedlin zů pfyffen.

Von der Narration.

Die Narration iſt ein erzelung der geſchicht oder ſachen / derwegen das ſchryben 30
fürgenomen / mag zů zeiten ouch vermitten / vnd allein nach ſchlechtem yngang
der Miſſiff / die petition / die (als nachuolgt) zweyerley iſt / fürgenomē werden.
Were es aber ein verkündung / glücks wünſchung / danckſagung / oder dergly-
chen / ſo ſol die ſach derwegen Narriert / oder zum wenigſten etwas angezogen /
Aber die Petition mag nach gelegenheit vnderlaſſen werden.   35

Von der Petition.

Petitio hat ʒwen weg / Der erſt / wañ einer einem andern vmb ein ſach ſchrybt / die er jme ʒůthund nit ſchuldig / So bitt vnd begert er ſolchs durch gůtwilligkeit ʒů erlangen.

40 ⟨Dijᵛ⟩ Der ander weg / wañ der dem geſchriben würdt / verbunden iſt / gehorſame ʒůleiſtē / So beuilcht vnd eruordert der ſo ſchrybt / diß oder jhens ʒůthund.

Von der Concluſion.

Die *Concluſio* iſt ein end vnd befluſs aller vorgeſchribner ding / alles nach geſtalt
45 der ſachen fürʒůbringen / entweders mit erbietung das jhen ſo keiner pflicht halb willfart / ʒů verdienen / oder iñ gnaden ʒů erkennen / Oder das man ſich deß / dʒ man ʒůthund ſchuldig / der billicheit nach / oder dienſt pflicht halb gentʒlich verſehen wȯll. Oder man hab das vnderthãniger dienſtlicher getrůwer frůntlicher oder gůter wolmeinung nit wȯllen verhalten / Vnd ſol alſo in allweg die Concluſion
50 der Narration vnd Petition ãnlich ſein / vnd ordenlich begegnen / wie das etlich exempla ſo hernach volgen / anʒȯigen werden.

	Repetitio.
	Mutatio uel
Noch ſind etliche fürneme ſtůcklin	*Alteratio.*
55 ʒů mercken / die ʒů rechtem ſchryben	*Congruitas*
wol dienlich / namlich.	*Conſtructio.*
	Diſtinctio.
	Coniunctio.

Repetitio.

60 Das iſt das einer ein wort offt wider åfert vnd formlich / Als wann einer ſpricht / Gott vatter / Gott ſone / vnd Gott heiliger geiſt.

Vnd wie ſant Paulus in ſeiner erſten Epiſteln ʒů den Corinthern am ſechſten ſpricht / Weder die Bůler / noch die abgȯttiſchen / noch die Eebrecher / noch die weichling / noch die knabenſchender / noch die dieb / noch die geytʒigen / noch
65 die truncknen / noch die ſchelter / noch die rouber werden das reich Gottes ſehen.

⟨Diijʳ⟩ Item ʒů den Rȯmern am achten / Wer will vns ſcheiden von der liebe gots / trůbſal oder angſt / oder veruolgung / oder hunger / oder blȯſſe / oder geuårlicheit / oder ſwert etc.

Vnd ſȯliche wideråferungen / bedůten allweg etwas treffenlichs / daruff man
70 vffmerckens haben ſol / ſunſt were es ein überfluß vnd vnform.

Als wenn einer ſprech / ich gieng vß meins gnedigen herrn Cantʒly / vñ do ich vß meins gnedigen herrn Cantʒly gieng / da begegnet mir ein Reuter / vnd do mir der Reuter begegnet / do ʒuckt er von leder / vnd do er alſo von leder ʒuckt / do ſchlůg er vff mich etc.

75 Soliche vnnotturfftige wideråferung / iſt gantʒ vnformlich vnd überflüſſig geſchriben / in den oren der ʒůhȯrenden übel dȯnend / vnd deshalb als ein ſtinckend aaſs ʒů verwerfen.

Mutatio oder Alteratio.

Vnderweiſt einen yeden / das er nit allweg ein wort oder terminū nemen / beſon-
der dē mit wŏrtern glychs verſtands åndern (als) Der gemelt Hans / hat dem vorge-   80
nanten Jorgen / für das obbeſtimpt huſs / ʒehen gulden egeſchribner landſwerung
geben.

Vnd derē ſynonima will ich hernach ouch etliche einfůrn.

Ouch ſo vnderwyſt Alteratio / wo in einer miſſiua / ein condition ʒůuil oder
wenig iñhelt / das man die veråndern / vnd ʒů beſſerer form bekern vnd wenden.   85

Congruitas.

Jſt vnſtråflich vnd ʒierlich ſchryben ʒů rechtem verſtand / als ſo einer ſpricht /
der mann vnnd die frow haben ſich wol gehalten / (vnd nit) die mann vnd das frow
hat ſich wol gehalten / Dañ wo dermaß vnordenlich geſchriben / da würdt ⟨Diijᵛ⟩
des ſchrybers vngeſchicklicheit vermerckt.   90

Conſtructio.

Lert alle wort ordenlich vnd gepürlich ſetʒen / Damit die wort nit verkert / vnd
der recht verſtand verplendt werd.

Diſtinctio.

Jſt die articul in dem ſchryben ʒů vnderſcheiden / vnnd ye einen nach dem an-   95
dern mit gepürlichen anhången ʒůſetʒen.

Coniunctio.

Lert die vor vnd nachgeenden wŏrter geſchicklich ʒůſamē ʒůuerfůgen / Als ſo
einer ſpricht / Hans vñ Peter louffend / weder ſo er redt / Hans oder Peter loufft /
Dañ vnder diſen beiden iſt ein groſſer vnderſchied / das erſt copulatiue bindt die   100
louffenden ʒůſamen / alſo das ſie beid louffen můſſen. Aber das ander diſiunctiue
ſcheidt ſie von einander / vnd iſt gnug wŏlcher vnder den ʒweyen loufft.

Damit aber in meinem vorhaben fürgeſchritten / vnd die fünff Claues (dauon
ich hieuor anregung gethan) etwas verrer erclårt werden / So hab ich etliche exem-
pla der ſelbigen ʒůſamen geſtelt / wie nachuolgt.   105

---

105 ſelbigen] Dr. ſelbiben.

IX. Agitierende Texte

Als agitierend sollen diejenigen Texte verstanden werden, deren Auftraggeber/Autoren/Schreiber/Drucker eine gruppengebundene, in der geistigen, religiösen, politisch-sozialen oder anderweitig bestimmten Situation der Zeit gefährdete weltanschauliche Position so vortragen, daß der Kreis diesbezüglich indifferenter oder zumindest noch unentschiedener Rezipienten zu positiver, gruppensolidarisierender Stellungnahme bewegt wird, die vorgetragene Position damit gegenüber ihren Gegnern aktiv mitvertritt und auf diese Weise zu ihrer Umsetzung in die gesellschaftliche Praxis beiträgt. Aus dieser allgemeinen Bestimmung agitierender Texte ergibt sich, daß die eigene Position unter Absehen von allen internen Differenzierungen als geschichtlich, moralisch, religiös legitimiert vorgestellt, diejenige des Gegners dagegen verzerrt oder übersteigert wird und so als geschichtlich, moralisch, religiös verwerflich erscheint. Agitierende Texte setzen stärker als alle anderen Textsortengruppen Ansätze einer demokratischen Meinungsbildung, darunter die Entscheidungsfähigkeit und den Entscheidungswillen der Rezipienten sowie das Gewicht solcher Entscheidungen im argumentativen Spiel der Kräfte, voraus. Sie treten erst gegen Ende des 15. Jahrhunderts auf und erleben ihren ersten Höhepunkt in den ›Sturmjahren‹ von Reformation, Bauernkrieg und Ritterschaftsbewegung.

Kennzeichen agitierender Texte sind eine gewisse Kürze, direkte oder sich aus der inhaltlichen Konstellation ergebende Aufrufe zur Solidarisierung mit der Gruppe bzw. zur Abgrenzung von der Gegengruppe, dementsprechend ein Hervortreten des Ausrufe-, Wunsch- und Befehlssatzes, von rhetorischen Fragen, Wiederholungen, satirischen Redemitteln, ein positiver bzw. negativer Wertwortschatz, eine besondere Rolle des Imperativs und Konjunktivs gegenüber dem Indikativ.

1. Die 12 Artikel der Bauern

Die zwölf Artikel der Bauern sind ihrem Inhalt, ihrer Verbreitung und ihrer Wirkung nach der leitende Programmtext der Bauernbewegung. Ihr Hauptteil wurde 1525 in der durch die zwinglische Reformation stark beeinflußten Reichsstadt Memmingen von dem Kürschnergesellen Sebastian Lotzer (geb. 1490), ihre Einleitung von dem Prediger Christoph Schappeler (1472-1551) verfaßt. Die Forderungen der zwölf Artikel knüpfen geschichtlich an eine Fülle ähnlicher Programmpunkte aus der Kette bäuerlicher Erhebungen seit dem 15. Jahrhundert (darunter: Armer Konrad, Bundschuh), indirekt auch an hussitisches Gedankengut sowie an die Reformatio Sigismundi, aktuell an die Reformation Martin Luthers an und werden nun von ihren Verfassern auf eine allgemeine, aus der Bibel hergeleitete göttliche Rechtsbasis gestellt. Die damit konzipierte und offen aufgerufene neue Ordnung verlangt die Solidarisierung aller »wahren und rechten Christen« mit ihr, das heißt umgekehrt die Verurteilung der insbesondere landesherrschaftlichen Gegner der Bewegung als »Widerchristen«.

Ausgabe: Flugschriften der Bauernkriegszeit. Unter Leitung von A. Laube/ H. W. Seiffert bearb. v. C. Laufer [u. a.]. Berlin 1975, 26-31. Faks. in: Die neue Propyläen-Weltgeschichte in 6 Bänden. Bd. 3. Berlin 1941, 256ff. – Lit.: H. Claus, Der deutsche Bauernkrieg in Druckschriften der Jahre 1524 bis 1526. [. . .]. Gotha 1975; F. Hartweg, Die Drucker der »Zwölf Artikel der Bauern« 1525. In: Der deutsche Bauernkrieg und Thomas Müntzer. [. . .] hrsg. von Max Steinmetz. Leipzig 1976, 37-42; Ders., Die Sprache der Erfurter Nachdrucke der »Zwölf Artikel« der Bauern 1525. In: Beiträge zur Erforschung der deutschen Sprache 2 (1982), 231-253; P. Blickle (Hrsg.), Der deutsche Bauernkrieg von 1525. Darmstadt 1985; J. Vogler, Der revolutionäre Gehalt und die räumliche Verbreitung der oberschwäbischen Zwölf Artikel. In: P. Blickle (Hrsg.), Revolte und Revolution in Europa. München 1975, 206-231; Gebhardt 2, 67-72. – Vorlage: Druck [Augsburg 1525 bei Melchior Rammiger]; Exemplar der Stadt- und Universitätsbibliothek Frankfurt.

Dye Grundtlichen Vnd rechten haupt Artickel / aller Baurſchafft vnnd Hynderſeſſen der Gaiſtlichen vñ Weltlichen oberkayten / von wölchen ſy ſich beſchwert vermainen.

⟨Aijʳ⟩ Dem Chriſtlichen leeſer Fryd vnnd Gnad gottes durch Chriſtum.

E S ſeyn vil wider chriſtē / die yetʒūd võ wegen der verſaṁleten Baurſchafft / das   5
Euangelion ʒū ſchmehñ vrſach nemen / ſagent / das ſeyn die frücht / des newen Euāgelions? Nyemant gehorſam ſeyn / an allen ortten ſich empor heben vñ auff pömen / mit groſſem gewalt ʒūhauff lauffen vnd ſich rotten / Gaiſtlich vnnd weltliche oberkaiten ʒūreformieren / außʒūreytten / Ja villeücht gar ʒū erſchlagen? Allen diſen Gotloſen freuenlichen vrtailern / Antwurtē diſe nachgeſchribne Arti- 10
ckel / Am erſten das ſye diſe ſchmach / des wort gotes auff heben / ʒūm andern die vngehorſamikait / Ja die Empörung aller Bauren Chriſtelich endtſchuldigen / ʒūm erſten / iſt das Euangelion nit ain vrſach der Empörūgen oder auffrūren. Dye weyl es ain rede iſt / von Chriſto dem verhaiſſne Meſſia / Welchs wort vnd leben / nichts dañ / liebe / Fride / Geduldt / vñ ainigkaiten lernet. Alſo dʒ alle die in diſen 15
Chriſtū glaubē / lieplich / Fridlich / Gedultig / vnd ainig werden / So dañ der

---

5 M.: *Die wider Chriſten.*   **7** M.: *Des neuen Euangeli frücht.*   **11** M.: *Antwurt. dʼ artickel.*
13 M.: *Entſchuldigūg der Artickell.*   **15** M.: *Roma. 1.*

grund aller Artickel der Bawren (Wie dañ klar gesehen wirt) D3 Euangelion 3ů
hőren / vnd dem gemeß 3ů leben / dahin gericht ist / Wie mügen dañ die wider-
christen das Ewangelion ain vrsach der Embőrůg / vnd des vngehorsams nennen?
20 Das aber ettlich widerchristen vnd feynd deß Euangelij / Wider sőlliche anmůttung
vñ begerůg sich lőnen vnd auffbőmen / ist das Euangelion nit vrsach / Sonder der
teüfel der schedlichst feynd deß Ewangelij / der solches durch den vnglauben in den
seynen erweckt / Hye mitte das / das / wort Gotes (liebe / fryd / vnd ainigkait
lernent) vndergetruckt vñ wegkgenőmen wurde. ⟨Aijᵛ⟩ Zům andern dañ klar lauter
25 volget / das dye Bawren in jren Artickeln solches Euangelion 3ůr leer vnd leben
begerendt / nit müge vngehorsam / Auffrůrisch / geneñt werden / Ob aber Got die
Pauren (nach seynem wort 3ů leben ångstlich rüffent) erhőren will / Wer will den
willē gotes Tadlen? Wer will in sein gericht greyffen? Ja wer will seiner mayestet
wyd'strebē. Hat er die kinder Jsrahel 3ů jm schreyendt / erhőret / vnd auß der hand
30 Pharaonis erlediget? Mag er nit noch heut die seynen erretten? Ja er wirts erretten?
Vñ in ainer kürt3? Derhalben Christlicher leser / Solliche Nachuolgendt Artickel
lyse mit fleyß / Vnd nach mals vrtail.

⟨Aiijʳ⟩ Hyenachuolgent die Artickel.
Der erst Artickel.

35 ZVm Ersten ist vnser diemůttig bytt vñ beger / auch vnser aller will vñ maynůg /
das wir nun fürohin gewalt vnd macht wőllen haben / ain gant3e gemain sol
ain Pfarer selbs Erwőlen vnd kyesen. Auch gewalt haben den selbigen wider 3ů
entset3en / wañ er sich vngepürlich hieldt / Der selbig erwőlt Pfarrer soll vns das
hailig Euangeli lauter vñ klar predigen one allen menschlichē 3ůsat3 / leer vnd
40 gebot / dañ vns den waren glaubē stet3 verkündigen / geyt vns ain vrsach got vnd
sein gnad 3ů bitten / vnns den selbygen waren glawben einbylden vnd in vns bestet-
ten / Dann wann seyn genad in vnß nit ein gepyldet wirdt / so bleyben wir stet3
fleysch vñ blůt / das dañ nichts nut3 ist / wie klårlich in der geschrifft stat das wir
allain durch den waren glauben 3ů got komen kinden / vnd allain durch seyn barm-
45 hert3igkait sålig můssen werden / Darumb ist vns ain sőllicher vorgeer vñ Pfarrer
vő nőtten vñ in diser gestalt in d' geschrifft gegrindt.

Der ander artickel.

Zům andern nach dem der recht Zehat auff geset3t ist im alten Testament vnd im
Neuen als erfüldt / nichts destminder wőllen wir den rechtē korn 3ehat gern gebē /
50 Doch wie sich gebürt / dem nach man sol in Got geben / vñ den seynen mitaylē /
gebürt es ainem Pfarrer so klar das wort gots verkindt / Seyen wir des willen hin-

---

21 lőnen] nhd. lehnen; Dr. lonen.   **24** Dr. hat hier nach rechts offene Klammer.   **28** M.:
Roma. 11 Esaie. 40. Roma. 8 Exodi. 3 vnd .14. Luce. 18.   **38** M.: 1 Thim. 3 Titon. 1 Actuũ. 14.
40 M.: Deutro. 17 Exodi. 31. Deutro. 10.   **48** recht Zehat] der Rechte Zehnt wird vom
Getreide entrichtet; vgl. DWB 15, 454 f.; Lex. für Theol. u. Kirche 10, 1318 f.   **48** M.: Wie
dann die gannt3 Epistel 3ů den Hebr. saget.   **50** M.: Psal. 109.   **51** Satzstruktur nicht
eindeutig; am besten Hauptsatzbeginn bei gebührt, Seyen und hinfüro ansetzen.

füro difen ʒehat / vnſer kirch Brópſt ſo dañ ain gemain ſetʒt / ⟨Aiijᵛ⟩ Sollen ein-
ſeṁlen vnd eynnemen / daruon ainem Pfarrer ſo võ ainer gantʒen gemain erwőlt
wirt / ſeyn ʒymlich gnůgſam auffenthalt geben / jm vnd den ſeynen / nach erkant-
nus ainer gantʒen gmain / vnnd was über bleybt ſol man (armen dűrfftigen / ſo im
ſelbē dorff verhandñ ſeynd) mittailen / nach geſtalt der ſach vñ erkantnus ainer
gemain / was über bleybt ſoll man behaltten / ob man Rayſen můßt von lands not
wegen / Darmit man kain landts ſteüer dürff auff den armen anlegen / Sol manß
von diſem überſchuß außrichten / Auch ob ſach were daʒ ains oder mer dőrffer
weren / die den ʒehenden ſelbs verkaufft hettent auß ettlicher not halbē / die ſel-
bigē ſo darumb ʒů ʒaigen / in der geſtalt haben von aynem gantʒen dorff der ſol es
nit entgeltñ / Sond‘ wir wellen vns ʒyṁlicher weyß nach geſtalt vñ ſach mit im
vergleychen / jm follichs wider mit ʒymlicher ʒyl vnd ʒeyt ablaſſen / Aber wer võ
kainem dorff ſollichs Erkaufft hat vñ jre forfaren jnen ſelbs ſolchs ʒůgeaygent
haben / wőllen vnd ſolen vnd ſeynd jnen nichts weyters ſchuldig ʒůgeben / alain
wie obſtat vnſern Erwőltē Pfarrer darmit ʒů vnderhalten / Nach malen ableſen /
oder den dürfftigē mittailen / wie die hailig geſchryfft innhőlt / Sy ſeyen gaiſtlich /
oder welttlich den klaynen ʒehat wőllen wir gar nit geben / Dañ Got der herr dʒ
vich frey dem menſchen beſchaffen / das wir für ain vnʒymlichñ ʒehat ſchetʒen /
den die menſchen erdicht haben / Darumb wőllen wir jn nit weytter geben.

Der drit artickel.

Zům dritten / Jſt der brauch byßher geweſen das man vns für jr aigen leüt gehalten
haben / wőlch ʒů erbarmen iſt / angeſehen das vns Chriſtus all mitt ſeynem
koſtparlichen plůt vergůſſen / erlőßt vnnd erkaufft hat / Den ⟨Aiiijʳ⟩ Hyrtten
gleych alls wol alls Den hőchſten / kain außgenommen / Darumb erfindt ſich mit
der geſchryfft das wir frey ſeyen vnd wőllen ſein / Nit dʒ wir gar frey wőllen ſeyn /
kain oberkait haben wellen / Lernet vnß Gott nit / wir ſollen in gepotten leben nit
yn freyem fleyſchlichen můtwilen. Sonder got lieben jn als vnſerrn Herren. jn
vnſern nechſten erkennen / vnnd alles das ſo wyr auch gern hetten / das vnns Got
am nachtmal gepotten hat ʒů ainer letʒ / darumb ſollen wir nach ſeinem gepot
leben ʒaigt vnd weißt vns diß gepot nit an das wir der oberkait nit korſam ſeyen /
nit allain der oberkait / ſunder wir ſollen vns gegen jederman diemůtigñ / das wir
auch geren gegen vnſer erwelten vnd geſetʒten oberkayt (ſo vns von Got geſetʒt) jn

---

52 M.: *Geneſi. 14.*   53 M.: *De. 18. 12.*   56 M.: *Deutro. 25.*   56 M.: *1. Thim. 5 Math 10. 1.*
Chor. 9.   57 *Rayſen*] s. Lexer; DWB.   58 *armen*] s. Brunner/Conze/Koſelleck 1,409; DWB.
60 Zur Satzſtruktur: *die ſelbigē*: gemeint ſind die Käufer, grammatiſches Bezugswort fehlt;
logiſch wieder aufgegriffen mit *der.* An die Konstruktion angelehnte Übersetzung: *wenn es*
Sache wäre, daß ein oder mehrere Dörfer wären, die den Zehnten aus irgendeinem Zwang ſelbſt
verkauft hätten, ſo ſollen die (Käufer), die dies zeigen, ihn in der Weiſe, (nämlich) vom ganzen
Dorf zu haben, es nicht entgelten.   59 M.: *Ein chriſtliche erpiettung.*   63 M.: *Luce. 6 Math. 5*
Mā ſol niemāt nichs nemen.   68 *klaynen ʒehat*] ›Fleiſch- oder Blutzehnt‹; er war über Tiere
und tieriſche Produkte zu entrichten, vgl. die Ausgabe Laube u. a., S. 567.   69 M.: *Geneſis 1.*
72 M.: *Eſaie. 53. 1. Petri. 1. 1. Chor. 7.*   74 M.: *Roma. 13. Sapien. 6. 1. Petri 2.*   78 M.:
Deut. 6 Mathei. 4. Luce. 4. Luce. 6. Math. 5 Johan. 13.   80 *letʒ*] s. Lexer s. v. *lëcze.*
81 *oberkait*] Dr. *oberk-kait.*   82 M.: *Roma. 13.*

allen ʒimlichen vñ Chriſtlichen ſachen geren gehorſam ſein / ſeyen auch onʒweyfel
85 jr werdendt vnß der aigenſchafft als war vnnd recht Chriſten geren endtlaſſen oder
vns jm Euangeli des berichten dʒ wirß ſeyen.

Der Uiert Artickel.

Zum vierten iſt biß her jm brauch geweſen / dʒ kayn armer man nit gewalt gehabt
hatt / das willpret gefigel oder fiſch jn flieſſenden waſſer nit ʒů fachen ʒů gelaſſen
90 werdē / welchs vns gantʒ vnʒymlich vñ vnbrůderlich dunckt / ſunder aigennütʒig
vñ dem wort Gotʒ nit gemeß ſein / Auch in etlichen ortern die oberkait vns dʒ
gewild ʒů trutʒ vnd mechtigem ſchaden habē / wil vns dʒ vnſer (ſo Got dem
menſchen ʒů nutʒ wachſen hat laſſen) die vnuernüfftigen thyer ʒů vnutʒ verfretʒen
můtwiligklich leydē můſſen dar ʒů ſtillſchweigen das wider Gott vnd dem nechſten
95 iſt / Wañ als Gott der herr den menſchen erſchůff / hat er jm gewalt geben vber
alle thier / vber den fogel im lufft vnd vber den fiſch jm waſſer. Darumb iſt vnſer
begeren wañ einer waſſer hette dʒ ers mit gnůgſamer ſchriff be-⟨Aiiij⟩weyſen mag
das man das waſſer vnwyſſenlych alſo erkaufft hette / begeren wir jms nit mit
gewalt ʒů nemen Sunder man můſt ain Chriſtlich eynſechen darynnen habē vō
100 wegen brůderlicher lieb / aber wer nit gnůgſam anʒaigen darům kan thon / ſolß
ainer gemayn ʒymlicher weyß mittailen.

Der Funfft artickel.

Zum fünfften ſeyen wir auch beſchwert der beholtʒung halb / Dañ vnſere
herſchafften habend jnenn die hôltʒer alle allain geaignet / vñ wañ der arm man
105 was bedarff můß ers vmb ʒway geldt kauffen / iſt vnnſer maynung was für hôltʒer
ſeyen / Es habens geiſtlich oder weltlich jnnen die es nit erkaufft haben / ſollen
ayner gantʒen gemain wider anhaim fallen / vñ ainer gemayn ʒimlicher weiß frey
ſein aim yetlichē ſein noturfft jnß hauß ʒů brēen vm̄ ſunſt laſſen nemen / auch wañ
võ nôten ſein wurde ʒů ʒym̄ern auch vm̄ ſunſt nemē / doch mit wiſſen der ſo võ d‘
110 gemain darʒů erwelt werdē. So aber kains verhandñ wer / dañ das ſo redlich er-
kaufft iſt wordenn / Sol man ſich mit den ſelbigen briederlich vñ Chriſtelich ver-
gleichen / Wañ aber das gůt am anfang auß jnen ſelbs geaygnet wer worden vnd
nachmals verkaufft worden / Sol man ſich vergleichen nach geſtalt der ſach vñ
erkantnuß briederlicher lieb vnd heiliger geſchrifft.

---

84 M.: *Actuů 5 Ain Criſtliche erbiettung.*   85 *werdendt*] Dr. *wedendt.*   85 *aigenſchafft*] ſ.
Lexer; DWB; DRW.   93 M.: *Gene. 1 Actuů. 10 1 Timo 4 1 Cor. 10. Coloſſ. 2 Ain chriſtliche*
erbietung.   94 *leydē můſſen*] ſteht im Dr. in zwei nach rechts offenen Klammern.
98 *erkaufft*] muß hier bedeuten: ›übereignet‹.   99 M.: *Ein chriſtliche erbietung.*   105 M.:
Wie oben im erſten cap. des 1 bůch Moſi anʒaigt iſt.   110 M.: *Hierauß nitt außrayttung des*
holtʒ geſchehen wirt angeſehen die verordnetē Ain criſtliche erbietung.

Der Sechſt artickel. 115

Zům ſechſten iſt vnſer hart beſchwerung der dyenſt halben wőlche von tag zů tag gemert werden vnd teglich zů nemen / begeren wir das man ain zimlich einſechen dar ein thů / vnß der maſſen nit ſo hart beſchweren / Sonder vns gnedig hier jnnē anſechen wie vnſer Eltern gedient haben allain nach laut des wort gots.

⟨Bjʳ⟩ Der Sybent Artickel. 120

Zům ſibendē dz wir hinfüro vns ain herſchafft nit weyter wőlle laſſen beſchwerē / ſond' wieß ain herſchafft zymlicher weiß aim verleycht alſo ſol erß beſitzen laut der verainigůg des herren vñ bauren / Der herr ſoll jn nit weiter zwyngen noch dryngen mer dyenſt noch anders von jm vmb ſunſt begeren / Darmit der Baur ſolych gůtt on beſchwert alſo rüeblich brauchen vnd nieſſen müg / ob aber des herrē dienſt von 125 nőtten weren / ſol jm der baur willig vñ gehorſam für ander ſein / doch zů ſtund vnd zeyt / das dem bauren nit zů nachtail dyen / vnnd jme vmb aynen zymlichen pffenning deñ thůn.

Der Achtet Artickel.

Zům achten ſey wir beſchwert / vñ der vil. ſo gůter jnnen haben / das die ſelbigen 130 gůter die gült nit ertragen kindē vnd die Bauren das jr darauff ein bieſſen vñ verderben. das die herſchafft die ſelbigen gůter / Erberleüt beſichtigen laſſen / vñ nach der billikayt ain gylt erſchőpff / da mit der baur ſein arbait nit vmb ſunſt thue / dañ ain yetlicher tagwercker iſt ſeyns lons wirdig.

Der Neundt Artickel. 135

Zům neünten ſeyen wyr beſchwertt der groſſen frefel / ſo man ſtetz new ſatzung macht / nit dz man vnß ſtrafft nach geſtalt der ſach / ſunder zů zeyten auß groſſem neyd / vnd zů zeytten auß groſſem gunſt / Jſt vnſer maynung / vns bey alter geſchribner ſtraff ſtraffen / darnach die ſach gehandelt iſt / vnd nit nach gunſt.

⟨Bjᵛ⟩ Der Zehent Artickel. 140

Zům zehenden ſey wir beſchwert / das etlich haben jnen zůgeaignet / wiſen der gleichē ecker / die dañ ainer gemain zů geherendt / Die ſelbigen werden wir wider zů vnſern gemainen handen nemen / Es ſey dann ſach das mans redlich erkaufft hab / wañ mans aber vnbillycher weyß erkaufft het / Sol man ſich gůtlich vnnd briederlich mit ainander vergleychen nach geſtalt der ſach. 145

---

118 M.: *Roma. 10.* **124** M.: *Luce. 3 Teſſa. 6.* **132** *Erberleüt*] Dr. *Erberleüe.* **134** *thue*] Dr. *thye.* **134** M.: *Math. 10.* **136** M.: *Eſaie. 10 Epheß. 6.* **138** M.: *Luce. 3 Jhere. 26.* **141** M.: *Wye oben Luce. 6.* **144** M.: *Chriſtlich erbietung.*

Der Aylfft Artickel.

Zům ailften wellen wir den brauch genant den todt fall gantʒ vñ gar abthůn habñ /
Den niṁer leidē noch geſtatten / das man witwen waiſen das jr wider Got vñ eerē /
alſo ſchentlich nemen berauben ſol / wie es an vil ortten (menigerlay geſtalt)
150 geſchehen iſt / vñ von den / ſo ſy beſchitʒen vnd beſchirmen ſolten / hand ſy vns
geſchunden vnnd geſchaben / vnd wañ ſy wenig fůg hettendt gehabt / hettendt diß
gar genomen / dʒ Got nit mer leidē wyl / ſunder ſol gantʒ abſein / kain menſch
nichts hinfiro ſchuldig ſein ʒů geben / weder wenig noch vyl.

Beſchluß.

155 Zům ʒwelften iſt vnſer beſchluß vñ endtlyche maynůg / wann ainer oder mer Arti-
ckel alßhie geſteldt (So dem wort Gotes nit gemeß) weren / als wir dañ nit vermai-
nen die ſelbigen artickel / wo man vns mit dem wort Gots für vnʒimlich anʒaigen /
wolt wyr daruon abſton / wañ mans vns mit grundt der ſchrifft erklert. Ob man vns
ſchon etlich artickel yetʒ ʒů lyeß / vñ hernach ſich befendt das vnrecht weren /
160 ſollen ſy von ſtund an todt vñ ab ſein. ⟨Biiʳ⟩ nichts mer gelten / der gleichen ob ſich
in der ſchrifft mit der warhait mer artickel erfunden / die wider Got vnd beſchwer-
nus des nåchſten weren / wőll wir vnns auch vorbehalten / vnnd beſchloſſen ha-
ben / vnnd vns in aller Chriſtlicher leer yeben vnd brauchen / darumb wir Gott
den herren bitten wőllen / der vns das ſelbig geben kan vnnd ſunſt nyemant / Der
165 frid Chriſti ſey mit vns allen.

2. Der Bauer und die Gült

Die zwanziger Jahre des 16. Jahrhunderts waren eine Zeit, in der man sich – u. a. im Gefolge
der Reformation – der Diskrepanz zwischen der wirtschaftlich-sozialen Situation der Bauern-
schaft einerseits und dem wachsenden Reichtum bürgerlicher und klerikaler Kapitaleigner
andererseits zunehmend bewußt wurde. Der hier wiedergegebene, von einem unbekannten
Verfasser stammende, aus drei Auflagen bekannte Text, ein Anklagedialog, kritisiert die Ver-
leihung und insbesondere die Absicherung von Krediten durch Verpfändung der Häuser und
Grundstücke der Bauern und zielt damit auf Veränderung der bestehenden Rechts- und So-
zialverhältnisse. Der Unterhaltungswert des Textes (»kurtʒweylich ʒu leſen«) steht im Dienst
aer Agitation.
    Ausgaben: O. Schade, Satiren und Pasquille aus der Reformationszeit. Bd. 2. Hannover 1863
[Nachdruck Hildesheim 1966], 73–79; Die Reformation im zeitgenössischen Dialog. 12 Texte
aus den Jahren 1520 bis 1522. Bearb. und eingeleitet v. W. Lenk. Berlin 1968, 141–145; Die
Wahrheit muß ans Licht! Dialoge aus der Zeit der Reformation. Hrsg. v. R. Bentzinger. Frank-
furt/Main 1983, 262–269. – Lit.: J. Schwitalla, Deutsche Flugschriften 1460–1525. [. . .]. Tübin-

---

147 *todt fall*] Abgabe beim Tode des Leibeigenen an den Herrn, vgl. DWB 11, 582.   **147** M.:
Deutro 18. Math 8. Math. 23. Eſaie 10.   **155** M.: *Die weyl alle artickel im wort Gotes begryffen
ſeyen. Chriſtliche erbietung.*   **158** *grundt*] Dr. grnndt.

gen 1983; G. Niemann, Die Dialogliteratur der Reformationszeit nach ihrer Entstehung und Entwicklung. Eine literarhistorische Studie. Leipzig 1905. – Vorlage: Druck; Straßburg 1522 bei Johann Prüß; Exemplar der Universitätsbibliothek Würzburg.

Hie kompt ein Beüerlein ʒu
einem reichen Burger von der güldt / den wucher
betreffen / ſo kumpt ein Pfaff auch darʒu
vnd dar nach ein münch / gar kurtʒ-
weylich ʒu leſen.   5

Bewerlein.

G ot Grüß euch lieber her / Gott grüß euch. **Burger.** Gutʒ jar Beüerlein gutʒ iar / wo ʒeügſt du her liebß beüerlein. **Beüerlein** Jch ʒihe da her / ich wolt einſt lugē waß ir thetten. **Burger.** Jch weyß nicht ʒu thun dan ich ſitʒ hie vnnd ʒell mein gelt einſt. **Beüerlein.** Lieber herr / ſoll ich ein weyl ʒu auch 10 niderſitʒen / ich wolt gern ein weyl mit euch koſen. **Burger.** Wol ann liebß beüerlein koß her / waß wiltu mit mir koſen. **Beüerlein.** Lieber herr wer hat eüch alſo vil geltʒ geben / das ir alſo ſitʒent ʒu ʒelen. **Burger.** Liebß beüerlein waß fragſtu wer mir dʒ gelt geb daß wil ich dir ſagen / da kombt ein bauwer vnnd bitt mich ich ſoll jm x. oder xx. gulden leyhen / So frage ich in baldt ob er nit hab 15 ein gutte wiß oder ein gutten acker / So ſagt er baldt ja herr ich hab ein gutte wiß vnd gutten acker / die ʒwey ſtuck ſeindt hundert gulden wert / So ſag ich ʒu im wull an wiltu mir das gutt einſetʒen ʒu pfandt vñ wilt mir ein guldē gelts alle jar geben ſo wil ich dir xx. gülden leihen / ſo iſt der bauwer fro vnnd ſpricht ich will es euch gern einſetʒen / ich will dir aber ſagen wan du den gulden geltʒ jarß nit vßrichſt ſo 20 werdt ich das gutt annemen fur mein eygenthū / ſo iſt der bauwer wull ʒufriden vnd verſchreibt mirß alſo ich leyhe im das gelt er reycht mir ein jar ʒwey oder drey die gült dar nach ſo kan er die gult nit meher gereychen / ſo nem ich das gutt an vnd ſtoß den bauwern dar von ſo überkom ich das gutt vñ dʒ gelt Alſo geſchicht mir auch dergliychē mit handtwercks leütten / hat einer ein gutt hauß ich leyhe im auch 25 darvff biß ichß hinder mich bring / damit vberkom ich groß gutt vnnd gelt da vertreyb ich mein ʒeyt darmit. **Beüwerlein.** Jch hab gewendt es wuchern nur die juden / ſo hŏr ich wull ir künden auch dar mit. **Burger.** Du ſagſt vō wucher iſt doch niemantʒ hie der mit wucher vmb geet was mir die bawern bringen das iſt guldt. **Bewerlein.** Wan euch der wucher nit ʒu hawß kem wo blib dā die güldt 30 was iſt güldt anderſt dan wucher / dan ir hapt gelt vff pfandt geluhen vnd nempt alle iar cüchcrn gcnuß daruon / alß wan ein judt vff pfandt leicht / ir wolt jm aber einen ſolichen ſupteylichen namē gebē haben / ja es heyſt güldt. **Burger.** Du ſagſt alß von dem wucher / hat nit vnſer herr gott geſagt / wir ſollen einander ʒu hilff komen in nŏtten vnd ein ander furſtrecken. **Beüerlein.** Ja / hat aber vnſer 35 hergot nit geſagt / du ſolſt nit genuß nemen von hingelauhem gelt / wan der ſelbig genuß iſt wucher. **Burger.** Du biſt ein gutt geſell / ſolt ich nichtʒ von den hin

---

5 Nach der Uberſchrift folgt ein ganzſeitiger Holzschnitt mit einer Darstellung der Szene.
11 koſen] s. Lexer. **28** hŏr ich] Dr. hŏric.

gelawhen gelt nemmen / wer wolt mir dan mein gelthauffen großmachen.   Beü-
erlein.   Jch fehe vnnd hổr wull das ir nur dar vff vmb gent / das ir den gelt
40 hauffen groß machent vnd vil gelt vñ gut vberkoment / vnd gent da her blaſen mit
den dicken backen vnnd groſſem bauch / alß wolt ir ſprechen weichent vß dể weg
daher far ich / es iſt aber ein groſſe ſchwere ſundt das ſag ich euch furwaer.   Bur-
ger.   Das dir got den ritten geb alß bawren / wʒ ſagſtu mir von meinể blaſendể
dicken bauch / hat dich der teüffel hy reyn getragể dʒ du mich wilt alſo ſchumpfirn
45 in meinem hauß / wer es alſo vnrecht die pfaffen nemen kein güldt von gelawhen
gelt / gehe hin vß in dauſent teüffel namen / was han ich mit dir ʒu ſchaffen.
Beüerlein.   Ey nein / ey ey ey herr ir wolt ʒürnể / ey wol hổrn die hern alſo
vngern wan man in die warheit ſagt / ſo blitʒen ſie hinden vnd forn alß da ein eſſell
ein ſack vff im tregt / vnd wolt in gern ab werffen / ſo iſt im doch der ſack ʒu
50 ſchwer er bleibt im doch vff dem halß ligen Alſo bleibt dem wucherer ſein namen
auch kleiben.   Burger.   Das dich die dinß vnd beüll an kom / hett ichs getraudt
ich het dir nit alß vil geſagt / wie ich mein gutt oder gelt vberkổm ich mein das
mich der teüffel mit dir hab beſchiffen.   Beüerlein.   Ey ey her ir thundt als wolt
ir gern ʒurnen / ich mach doch nichtʒ vß ewer guldt dẳ waß es vor iſt.   Burger.
55 Solt ich aber nit ʒurnen / das du mir mein gult wit ʒu wucher machen vnd dir
vorgeſagt hab wer es wucher oder vnrecht gut / die pfaffen nemenß nit.   Beüer-
lein.   Ja ia ir macht das ich ſchier gern lecht der Pfaff darff eben alß baldt in
dreck fallen als ich oder ir. So kumpt eben ein pfaff dar ʒu vnd hort wʒ die ʒwen mit
einander reden.   Burger.   Her ſeint mer got willkomen / woll kompt ir alſo
60 gerecht / ich muß euch ſagen wie es mir mit dem ſchendtlichen beüerlein ergangen
iſt / ich ſitʒ ober meinem diſch / vnnd ʒell mein gelt einſt / ſo füert der teüffell diß
beüerlein hie rein vnd fragt mich / wie ich das gelt vberkomen het / da ſagt ich im
wie es mir von meiner guldtể würdt / die ich des jars fallen hab / So will er mir
vber ein wucher dar auß machen / ich hab dar für wer es alſo vnrecht ir pfaffen
65 lihen nit alſo gelt auß vmb gult wʒ ſagen ir dar ʒu Der pfaffe ſahe dʒ beüerlein an.
Beüerlein wo komſtu da mit her / das du wilt auß güldt wucher machể / mag einer
nit vm̃ ſein gelt kauffen wʒ er wil.   Beüerlein.   Ey ey ey ich lacht ſchier gern /
das ein grindtiger dem andern alſo ſanfft krauelt der pfaff leydt auch vnder dem
gedeck / deß wucherß güldte genant / Jch ſehe nicht vill güldt kauffen man ſagt
70 allwegen man hab alſo vil vff das oder yhenß gut gelauhen / wie kanß dẳ gekaufft
ſein / ſo es ein pfandt iſt.   Pfaff.   Wir pfaffen haben des macht das wir mổgen
gelt hinleyhen vmb gildt dann wir pfaffen müeſſen vnns des erneren.   Beüerlin.
Botʒ lung ey botʒ bauch botʒ haudt / wer hat euch die macht gegeben / jch hổr wul
ir hapt ein andern got dan wir armen wir armể haben vnſern herrể Jeſum Chriſtũ /
75 der hat ſolchs gelt leihen verbotten vmb genuß / es iſt aber dar ʒu komể woe ein
gutt iſt eß ſeindt ecker oder wiſſen / gertten oder heüſer / es würdt durch die leüdt
beſchwerdt alß wucher / pfaffen oder münchể / ſtifften oder clổſtern mit dem wu-
cher güldt genant alſo das bey nichtʒ nit mer frey iſt.   Der Pfaff vnd Burger ſagten
ʒum beüerlein / Du wilt vns lautter giheyen mit dein wucher / es iſt güldt vnd nit

---

43 *Das [. . .] geb*] ein Fluch; vgl. Lexer s. v. *rite*.   **43** *alß bawren*] ein Fluch; vgl. FWB s. v.
alles (2).   **51** *Das [. . .] kom*] ein Fluch; vgl. Lexer s. v. *dens, dinsen*.   **68** *dem*] Dr. *dam*.
74 *armen*] s. Brunner/Conze/Koselleck s. v. *arm*.   **79** *giheyen*] hier: ›provozieren‹, s. DWB
s. v. *geheien*.

wucher. Beüerlein. Ja man taufft ʒwey kindt das ein heyſt Fritʒell vnd heyſt es 80
auch Friderich / das ander heyſt man Henßell vnd heyſt es auch Hanß noch iſt es
jglichs ein kindt fragt man was nun das ſeindt die ʒwey / ſpricht man / es ſeindt
kindt. Alſo iſt auch gelt hinleyhen vmb genuß / heyſt manß ſchon guldt ſo iſt es
doch wucher / alß da ein judt vff pfanndt leicht der ſein genuſt dar von nympt / wir
derffen aber baldt keiner juden mer dan wir Chriſten habenß ſeyn gelernt. So 85
kumpt eben ein Münch auch dar ʒu / ſo die drey alſo mit einander reden der burger
der pfaff vnd das beüerlein / ſo ſprach das beüerlein. Nun iſt der reyen gantʒ pfeyff
vff pfeyffer. Spricht der burger mit den dicken backen vnnd mit dem groſſen
bauch ʒu dem beüerlein Schweyg tauſent teüffell namen als anmechtigen beüerleins
hat dich der teüffell in mein hauß getragen der trag dich auch wider hin auß. 90
Beüerlein. Ey ey ey lieber her nit ʒürnt dan auß ʒorn entſtett nichs gutʒ / jr
mócht heßſlich werden ir ſehent woll wie der münch alſo gladt iſt vmb die backen
das in ewer fraw nit lieber gewen dan euch / darumb ſo hütten euch vor ʒorn / dā
die münch ſchalckhafftig ſeindt. Münch Liebs beüerlein warumb redeſt du
alſo. So hebt der burger gleich an alß ein hitʒiger mā dē die ſach hart an lach / die 95
guld lach jm / jm ſin / das im das beuerlein wucher dar auß wolt machen vnd
ſprach ʒum münch. Herr ſoll ich euch nit ſagen wie es mir mit dem ſchendtlichen
beuerlein gegangen iſt. Beuerlein. Her ir ʒürnt aber einſt / Burger.
Schweyg in tauſſent teüffell namen kan ich dā nit ʒureden komē vor dir Beuer-
lein. Jetʒ ſchweyg ich. Burger. Lieber her (ſprach der burger ʒu dem 100
münch / Jch ſaß heutt ober meinem diſch vnd ʒelt mein gelt einſt / ſo kompt das
beuerlein alſo fein einher geſchmeygelt vnnd hub mit mir ann ʒureden / wohe mir
das gelt her kom / da ſagt ich im es würdt mir von meiner guldt die ich jerlichen
fallen hab / ſo wil er mir vberein wucher dar auß machen / was ſagen ir dar ʒu?
Münch. Lieber herr ſeindt ʒufridē / ich will jm wul mit guttē wortē ein redē 105
was ich will / dan die bauwern laſſen in nit gern etwas mitt bochen angewinnen /
alß in dan gegen im vff gewiſt ſeindt Burger. Woll an lieber herr / nement das
beuerlein heimlich ʒu euch an ein ortt vnnd reden ir weytterß mit jm / das ir in
kündt dar von bringen / dann ich vnnd der Pfaff haben nitʒ an im können gewin-
nen er hatt vnns antwort dar auff geben. Der Munch der nā das beuerlein ʒu im 110
vnd ſprach Liebeß beuerlein ſage mir eins / warumb ſagſtu das die guldt wucher ſey
vnnd iſt doch nitt alſo es leicht einer ſein gelt auß das er ſein genieſſen wóll / jch
hór wull wan ein kauffman etwas kaufft vnd gewindt etwas dar an / eß müſt wucher
ſein Beüerlein. Ey der botʒ lung ey woll ein hüpſche gleichūg iſt das / Wann
ein kauffman etwas kaufft vmb ſein gelt / ſo muß er im nach ʒiegen in Regen vnnd 115
ſchnee / in dreck vnnd in kodt wandern biß er eß widerumb verdreybt / wan er eß
verdreybt / ſo iſt ſchon haubtgelt vnnd verluſt beʒalt / vnnd muß dar bey große
ſorg haben das im das gut nit ʒu ſchannden werdt / oder gut oder gelt genommen
werdt. Aber mit der guldt iſt es ein annderß / wan euwer einer geltt hin leicht vmb
guldt / ſo leicht ers nicht hinweck er hab dan vor ʒwiffelttig gewiß pfandt dar für / 120
vnnd iſt des gelauhen geltʒ xx. nympt er hundert gulden dar von / dannoch iſt
nichtʒ an dem haupt gelt beʒalt / gehet der wucher für vnd für guldt genandt.

---

89 *als*] s. FWB s. v. *alles* (2). **107** *vff gewiſt*] s. Lexer s. v. *ûfwischen*.

Münch.   Liebß beuerlein ſchweig ſtill wir haben genug geredt von diſen din-
gen.   Beuerlein.   Ja ich weyß woll das jr leut nit gern hôrent die worheit ſagē.
125 Der münch ging wid'umb ʒū pfaffen vñ ʒū burger vnd ſprach / liebē hern ich meint
ich wolt rat haben geſchafft gegen dem beuerlein ich hab es aber nit ʒuwegen konen
bringen / ich radt das wir lugen das wir ſein ledig werdē dʒ er nur ſchweig. Alſo
wurdē die drei d' ſachē eins vñ ſprachē ʒu dē beuerlin wolā beuerlin wir wolē vnß
ſcheidē vñ alle ding alſo laſen beſtō vñ ſchweig alſo ſtil.   Beüerlein   Wolan ich
130 wolt erſt gern mer mit euch gekoſt haben / ſo hatt es ſchon ein endt / wol an gnadet
her ir lieben hern / ich arms beüerlein ich far dar vō / Alde alde güldt bleibt
wucher jmermer hey hey geltte.

> Jß vnd drinck wirck gutt ding
> Halt dreü vnd eer dir wirt nit mer
135 Dan ſpeyß vnnd gewandt
> Vnd waß du gutʒ vorhin haſt gſandt

3. Thomas Murner, An den Adel deutscher Nation

Thematik und agitative Stoßrichtung der hier auszugsweise wiedergegebenen Schrift *An den
Großmechtigsten und Durchlüchtigsten adel tütscher nation [. . .]* von Thomas Murner (1475–
1537; Franziskaner, Gelehrter, Übersetzer, Prediger, Satiriker, Dichter) ergibt sich aus ihrem
kommunikationsgeschichtlichen Ort: Sie war ein stellenweise parodistischer, insgesamt aber
gemäßigter Kommentar zu Luthers Programmschrift *An den Christlichen Adel deutscher Na-
tion* (vgl. Weimarer Ausgabe 6, 381–469) und wurde von Luther mit der Schrift *Auf das
ubirchristlich ubirgeystlich und ubirkunstlich Buch Bock Emszers zu Leypczick Antwort
D. M. L. Darynn auch Murnarrs seinß gesellen gedacht wird*, 1521 beantwortet (Weimar Aus-
gabe 7, 614–688).
    Ausgaben: Thomas Murner, Kleine Schriften [. . .]. 2. Tl.: [. . .] An den Großmechtigsten und
Durchlüchtigsten adel tütscher nation. Hrsg. v. W. Pfeiffer-Belli. Berlin/Leipzig 1928, 55–117;
Deutsche Flugschriften der Reformation (1520–1525). Hrsg. v. K. Simon. Stuttgart 1980, 93–
170. – Lit.: Th. von Liebenau, Der Franziskaner Dr. Thomas Murner. Freiburg 1913; J. Lefftz,
Die volkstümlichen Stilelemente in Murners Satiren. Straßburg 1915; P. Scherrer, Thomas
Murners Verhältnis zum Humanismus. [. . .]. Basel 1929; R. Newald, Wandlungen des Mur-
nerbildes. In: Beiträge zur Geistes- und Kulturgeschichte der Oberrheinlande. Festschrift für
F. Schultz. Frankfurt 1938, 40–78; A. Erler, Thomas Murner als Jurist. Frankfurt 1956;
J. Schulte, ›Schympff red‹. Frühformen bürgerlicher Agitation in Thomas Murners ›Großem
Lutherischen Narren‹. (1522). Stuttgart 1973; Lex. für Theol. u. Kirche 7, 695–697; Real-
enz. für prot. Theol. u. Kirche 15, 569–572; RGG 4, 1192–1193. – Vorlage: Druck [Straßburg
1520 bei Johann Grüninger]; Exemplar der Stadt- und Universitätsbibliothek Frankfurt.

Das der welttlich ſtat die geiſtlichen richterlich /

wed' ʒů ſtraffen noch ʒů vrteilen hatt.

A Lles ſo du bißhar vnderſtandē vnd fürgenūmen haſt / dem würt gelaupt in
  rům vñ verfierūg deiner wôrter dʒ du dich alwegen ſo hoffertig pflegſt der
5 gôtlichen geſchrifft ʒů riemen / alß du an filen orten / vnwarhafftig ſprichſt / das
ſag dein ewangelium / dein chriſtus / dein bibel / dein Paulus / das aber mengklich

mȫg erkēnen das du in keiner geſchrifften gefundieret biſt / ſund' fil irriger / vnd
ſchwetʒiger / vnd einem chriſten vnd geiſtlichen man hoffertiger reden die
vnuerſtendigen allein verblendeſt / wil ich anfahen in dem nammen des herrē
⟨Biijᵇ⟩ dir ʒů antwurten vnd nit ʒů arguieren / dan wir vnß dʒ ſelb vff ein andren 10
platʒ vorbehalten haben.

Erſtlich / vff das du dein vngunſt gegen den Romaniſcen erʒeigeſt / ſpricheſtu dʒ
ſie erdichtet haben / wie dreierley ſtend ſeient / ein geiſtlicher / adelicher / vnd
peürſcher welche drey ſtent der maſſen ſollent vnderſcheidet ſein / dʒ der weltlich
adelich oder püriſch den geiſtlichē nit hab ʒů ſtraffen / ſunder harwiderumb der 15
geiſtlich die andrē ʒwen / vnd da mit wellen ſich die rōmaniſcen beſchirmen alß
hinder einer muren dʒ ſie vngereformieret beleiben vnd iren můtwilē vnſtrefflich
dreiben mȫgen.

Das wiltu nun hoch widerfechten nach deiner gewȫheit vß der heiligen
geſchrifft / vnd bringſt ſant Paulum har. ad Cor. xii. der ſag das wir alle ein cȫrper 20
ſeyent / an dem ein iedes glid ſein eigen werck hab vnd Chriſtus das haupt ſey / wir
haben auch all ein ewangelium / ein tauff / ein glauben / da durch wir alle
geiſtlichs ſtadts / Darumb auch nit war ſey das drey ſtend ſeient / ſunder nit mer
dan ein geiſtlicher chriſtlicher ſtant aller gemeinē chriſtenheit / darumb auch die
ietʒ weltlich ſtants genant ſeint aber warlich geiſtlichs / chriſtlichs ſtants / dē ietʒ 25
genanten geiſtlichen ſtatt alß ire mitglider ʒů ſtraffen vnd ʒů beſſeren haben.

Darʒů gib ich ein antwurt mit ſolcher proteſtation das ich weder die Romaniſcen
noch niemans anders in ſeinē vbeldadtē v'fechten vñ beſchirmē wil / od' in ſeinē
můtwil halßſtarck machē / allein ʒů gegē dē vnwarhafftigē vñ vnchriſtlichē reden
geantwurt haben will. ⟨Biijᶜ⟩ 30

Erſtlich vff das fundament gon / vnd ſag das es nit wor ſey das nur ein ſtadt ſey /
der ein geiſtlicher gemeyner chriſtlicher ſtadt genant ſey / es fint ſich och nit weder
in gȫtlichen noch menſchlichen biecheren / doctor Luther wurdt auch ſein leptag
nimmer alſo gelert das er des eincherley gſchrifften ʒeigen mȫg / da das er anʒeigt
ſant Paulus. i. Cor. xii. / Ad Roma. xii. vnd i. Petri. iii. Das ſeint dry ort der 35
angeʒeigten heiligen geſchrifft da mit er wil beweiſen das nur ein geiſtlicher ſtadt
ſey / Nun ſol mengklich wiſſen das .i. Cor. xii. alſo ſtat geſchriben / Warlich in
einem geiſt ſeint wir alle in eine v'ſamlung / den ich corpus nit anders den ein
verſemlůg deütſchen ſol / wir ſeient iuden oder heiden / eigen oder frey / vnd ſeint
alle in einen geiſt gedrēckt worden / wer iſt aber vff erden alſo kindiſch / der da nit 40
verſtand das in denen worten nit mag beweret werden das nur ein ſtat ſey / es ſtat
wol da das wir in got einer verſamlung ſeyent / aber nit eins ſtandts / es iſt in einer
ſtat auch ein v'ſamlung der burger / noch iſt da mancher ſtadt vnd würdigkeiten der
perſonen / er nent das wort corpus ʒů dütſch an dem ſelben ort ein leib / vnd ſolt es
warlicher ein verſamlung deütſchen / dan ob wir ſchō ein leib mit Criſto Jheſu 45
vnſerem haupt machen / ligt es doch an dem tag das der leib nit anders dan ein
verſamlung gleicherweiß ſoll verſtanden werden / alß man ſpricht corpus capituli
die verſamlung des capitel / Wie gar mißuerſtendig brucht er die latiniſche ſprach
das er corpus vnnd ⟨Biijᵈ⟩ ſtatū für eins nimpt / den leib od' v'ſamlůg / vñ ein ſtat
iſt ʒweierley. So nun diſes von im angeʒeigt ort der heiligen geſchrifft nit ſagt das 50

---

41 *beweret*] s. Lexer s. v. *bewaeren*.

wir alle eins ſtats ſeyent ſund' in Criſto einer verſamlũg / da bei mag mengklich
verſtõn dȝ er wie hie ſo auch ſchier an allen orten die heilige gſchrifft fürwent /
wider iren eignẽ ſyn / dã weder die wõrter noch der v'ſtant geben mõgen / wan man
ſeinem allgieren glaupt ſo het er recht / ſůcht mã aber hind'ſich in der heiligen
55 gſchrifft / ort vñ end / ſo er angeȝeigt hat / ſo iſt es lurtſch vnd nit alſo wie er ſagt.
   Jtem er weiſet ȝů dem andren Ad Roma. xii. da ſtat alſo geſchriben / Alß wir in
einem leib fil gelider habẽ / vñ aber alle glider nit ein werck thůnt / alſo ſeint wir
alle ein verſamlung oder leib in Chriſto. So es nun nit war iſt das wir ein warlicher
leib mit chriſto ſeindt / dan in einer gleichniß / das iſt ein verſamlung in einigkeit
60 Chriſti verfaſſet / ſolt er corpus nit für einen leib / ſunder für ein verſamlung
verdeütſchen / doch laß das kein ſpan ſein / vnd werd hie geredt / das wir in
chriſto all ein leib ſeient / damit haſtu aber nit beweret das wir alle eins ſtadt
ſeient / Sunder haſt nach deiner gewonheit aber eins die heilige geſchrifft vnnd ſant
Paulus in das halßyſen vnd vff den laſterbangk geſtellet / den leib vnd ſtadt iſt
65 ȝweierley / erbüt ich mich für alle gelõrten vff erden / vnnd iſt diſer text mer wyder
dich dan mit dir dran / dan er ſpricht das wir ein verſamlung ſeint / Doch man-
cherley glid alſo das iedes ſein eygen werck ⟨Cᵃ⟩ thüg / das ſol billich wider dich
verſtanden werden / dan dein meinung wer / dȝ der weltlich des geiſtlichen werck
thůn ſol / dȝ iſt die weltlichen ſeien pfaffen vnd pfeffin / das ſie in dem tauff
70 empfangen haben / vnd wan du deinem Paulo võlgtſt / ſo lieſſeſtu ein iedes glid
ſein eigen werck thůn / die augen ſehen / den magen deuwẽ / die füß gon / vnd die
hend greiffen.
   Das drit ort .i. Petri .iii. ſo du anȝõgſt in ſant Peters ſendbrieffen ſtot weder von
leib noch von dem ſtat / vñ nit weiter / dan dȝ wir in dem glauben einmütig ſein
75 ſollen / daruß würſtu nimerme beweiſen / dȝ nur ein ſtat ſei vnder allen criſten.
Darũ ich ietȝ iederman wil gewarnet haben / wan du etliche õrter der heiligen
geſchrifft anȝõgſt / ȝů behilff deiner reden / dȝ man dir das nit glaubt ſunder an
angeȝõgten orten vnd enden ſich beſůchen / ſo werden ſie in warheit befinden / dȝ
du dich der heiligẽ geſchrifft wider iren ſiñ hoch mißbrucheſt / vnd felſchlichen
80 den armen vnuerſtendigen ȝů verblenden fürwendeſt.
   Wilt weiters dẽ weltlichen ſtat / vber dẽ geiſtlichen bewegen / als ob ſie ſolche
criſtliche růt die ſündẽ ȝůſtrafen billich an den geiſtlichen bruchen mõgen vnd
ſoltẽ / laß ich ſton in ſeinen werd / das můß ich aber da bei ſagen / Jſt es ein
criſtliche růt / ſol man ſie criſtlich vnd nit vffrürig noch mõrderiſch bruchen /
85 ſunder nach der leren criſti. Mathei. xviii. vnd Luce. xvii. Sündet dein brůder in
dich / gang hin ſtraff in ȝwüſchen dir vñ im / würt er vnſträfflich erfunden / ſo
nim einen oder ȝwen ȝů dir in krafft einer kundtſchafft / hõret er die alle nit / ſo
ſag das ⟨Cᵇ⟩ der oberkeit der kirchẽ. etc. Alſo ſol diſe růt gebrucht werden / das iſt
aber deiner meinũg nit / ſunder dȝ ir mit buſonen vnd trumeten allein vmb die ſtat
90 Hiericho giengen / vnd eilends die gantȝ ſtat verfiel in eſchen / dẽ dein ȝornigs
gemüt wer / das man den blunder allen ſchnel in eſchen legt / bald feierabent
macht / dȝ man noch by hellẽ tag in das bad gieng. Es ſein ſunſt vil ſtrafen vnd weg
vſſenwendig deins fürwendens / da mit die geiſtlichen von dem weltlichen mõgen
beȝwungen werden von vbelem ab ȝůſton / dan die keiſer vil ſtet mit gewalt ȝů dem

---

55 *lurtſch*] vgl Lexer s. v. *lürzen, lurzheit.*   **71** *deuwẽ*] s. DWB s. v. *dauen.*

criftlichen glauben bezwungē haben. Aber das geftand ich nit / das fie daz mit   95
richterlichem gewalt macht habē zūthūn / dz foltu probierē vnd beweifen / vß d'
heiligē gefchrifft / als du dich berūmeft doch noch nit gethon haft

Das du aber fprecheft das alle criftē feien geiftlichs ftands in anfehung ires geift-
lichen glaubens vnd d' verreinigung in crifto ihefu / wa mit wiltu dz beweifen / fie
fein wol eīs glaubens / aber nit eins ftands. Alfo mōchtftu auch fagen / wir weren   100
einand' all in dē erftē grat verwant / vnd fchwefter vnd brūder in einē Adam
vnferm vatter / vnd mōcht alfo keins das ander zū der ee nemen. Alfo mōchteftu
auch fagen / wir weren alle des adelichen ftads / dan wir einen gemeinen vatter
criftum Jhefum habē / der fein kron in dem blūt erholet hat. Alfo mōcht ich dem
nechften der me het dan ich / das fein mit recht anfallen / mit mir zūtheilen / dan   105
wir als brüder von einem vatter noch in vnzerteiletem gūt feffen / folche reden
fpōtlich vnd kindifch von dir zū hōren / dan ob wir fchon ⟨Cijª⟩ eins crifti glider
fein / ift dānocht in denen eins leibs glider ein groffer vnderfcheid / vnd hat iedes
fein eigē werck zūthūn / wie fant Pau. fagt. Jn welchen eigen werckē eins das ander
fol vngehindert lafen / da bei merckft du noch wol / das dein angezōgte gefchrifft   110
mer wider dich ift dan mit dir daran.

Sprichftu nachgonds / das vnder allen criftē kein vnderfcheid fei / dan des
amptßhalb. Solteftu billich anfehen was Pau. fchreibt .i. cor. XII. Das got erftlich in
d' kirchen gefetzet hat zwōlffbotten / zū dem andern propheten / zū dem drittē
doctores. etc. Vnd alfo nachgonds andere empter vnd würdikeit vnderfcheidlich.   115

Nun frag ich dich / ob fie in irē emptern ewig feien od' nit / fein fie in ewiger
würdigkeit vnd ampt / vnd haben das allein von got / fo habē fie ein ftat wider dich.
Sein fie aber abfetzlich / als dan foltu beweren / das fie dz apoftolat / euan-
gelifchtē / vnd doctorats würdikeit mit dem ampt ab legen / hie folteftu billich nit
alfo on gefchrifft reden / greiff dieff in das fecklin deiner hellifchen / ich hab   120
mißret / deiner heiligē gefchrifft / ob du ein blinden text finden mōgeft / der dir
helff beweren / das die ftätlich würdikeit mit dem ampt hingelegt werd vnd ab-
gang / wan wir das von dir hōren / wōllen wir dir ein antwurt gebē dan wir deinen
leren worten vnd fabelen / als wenig glauben wōllen / als du den vnfern.

4. Martin Luther, Ein Sendbrief an Bürgermeister, Rat und Gemeinde der Stadt Mühlhausen

Vorliegender Text ist ein Dokument der religiösen und politisch-sozialen Auseinandersetzung
zwischen dem Prostestantismus Wittenberger Prägung und den radikalen Auffassungen Tho-
mas Müntzers (geb. um 1490, hingerichtet 1525). Luther weist auf die Unruhen hin, die Mün-
tzer in Zwickau (1521) und gerade erst (Höhepunkt Juli/Anfang August) in Allstedt mit der
Infragestellung aller herkömmlichen kirchlichen und weltlichen Ordnungsverhältnisse, ins-
besondere der mit seinem Geistglauben letztlich verbundenen Leugnung der Autorität der
Bibel heraufbeschworen habe und warnt die Adressaten des Sendbriefes in Mühlhausen unter
realistischer Antizipation der religiösen und sozialrevolutionären Auseinandersetzungen des
Jahres 1525 vor Müntzers Lehre. – Die freie Reichsstadt Mühlhausen (damals rund 7500
Einwohner) erlebte seit 1523, u. a. ausgelöst durch die Predigt des Thomas Müntzer ähnlich
gesinnten ehemaligen Zisterziensermönchs Heinrich Pfeiffer (eigentlich: Schwertfeger), tief-
greifende soziale Unruhen; um so aktueller war für Luther der Anlaß, die Stadt im Kreis
seines theologischen und kirchenpolitischen Einflusses zu halten.

Ausgaben: D. Martin Luthers Werke. Kritische Gesamtausgabe. Bd. 15, 230–240; L. Fischer (Hrsg.), Die lutherischen Pamphlete gegen Thomas Müntzer. Tübingen 1976, 13–15 [Anm. 119–123]. – Lit.: Vgl. die Ausgabe von L. Fischer sowie Text IX, 5. Ferner: C. Hinrichs, Luther und Müntzer. [. . .]. 2. Aufl. Berlin 1962; M. Steinmetz, Das Müntzerbild von Martin Luther bis Friedrich Engels. Berlin 1971. – Vorlage: Druck; o. O. [nicht Wittenberg] 1524 [ohne Angabe des Druckers]; Exemplar der Universitätsbibliothek Erlangen-Nürnberg.

Den erſamen vnd weyſen herren Burgermeyſter /

Rhat vnd gantʒer Gemeyn ·der ſtadt Můlhauſen / meynen lieben herrn vñ gůten freůnden.

G Nad vnd frid in Chriſto Jheſu vnſerm heyland. Erſamen weyſen lieben her-
5 ren / es haben mich gůte freůnd gebeten / nach dem es erſchollē iſt / wie ſich
eyner / genannt Magiſter Thomas Můntʒer / ʒů euch in ewr ſtat ʒu begeben willens
ſey / euch hierinnen treulich ʒu raten vñ warnē vor ſeiner lere / die er auß Chriſtus
geiſt hoch rhůmet / ʒů hůtten / welch jch dañ als mich Chriſtliche trew vñ pflicht
vermanet / euch ʒů gůtt / nicht hab vnterlaſſen wőllen / wir auch gar willig vñ
10 geneigt geweſt / weyl jch herauſſen bin in landē ſelbſt perſonlich euch ʒů erſůchen.
Aber mein geſcheft im truck ʒů Wittēberg mir nit weytter ʒeit noch raum leſt / Bit
derhalben / wőllet gar fleyſſig euch fůrſehen vor diſem falſchen geyſt vnd pro-
pheten / der in ſchaffs kleydern daher gehet / vnd iſt inwendig eyn reyſſender
wolff. Dann er hat nun an vilen orten / ſonderlich ʒů Zwickaw / vnd yetʒt ʒů
15 Alſtedt / wol beweiſet was er fůr eyn baum iſt / weyll er keyn ander frucht tregt /
dann mord vnd auffrhůr / vnd blůtuergieſſen anʒůrichten / darʒů er denn ʒů
Alſtedt offentlich gepredigt / geſchriben vnd geſungen hat. Der heylig geyſt treybt
nicht vil rhůmens / ſondern richtet groſſe ding ʒuuor an / ehe er růmet. Aber diſer
geyſt hat ſich nu bey dreyen jaren trefflich gerhůmet vñ auffgeworffen vnd hat
20 doch biß her nicht eyn thetleyn thon / noch eynige frucht beweyſet / on das er
gerne mőrden wőllt / wie jr des gůtte kuntſchafft beyde von Zwickaw vnd Alſtedt
haben můgt / Auch ſendt er nur landtlauffer / die Gott nicht geſandt hat (dañ ſie
kůnnens nicht beweyſen) noch durch menſchen berůffen ſind / ſondern kumen von
jn ſelbſt / vnd gehen nicht ʒů der thůr hineyn / Darumb thůn ſie auch / wie
25 Chriſtus vor von denſelben ſagt / Johannis. 10. Alle die vor mir kumen ſind / die
ſind dieb vnd mőr⟨Aijʳ⟩der. Vber das vermag ſie niemandt / das ſie anß liecht
wőlten vñ ʒur antwortung ſtehen / on bey jres gleichen / Wer jn ʒůhőrt vnd vol-
get / der heyſt der außerwelt gotes ſůn / wer ſie nit hőrt / der můß gotloß ſeyn / vñ
wőllen jn tődten. Wie doll ding aber jre lere ſey / were vil ʒů ſagen / Aber es wůrdt
30 bald an tag kumen Wőllen euch aber ſolch meyne rede nit bewegen / ſo thůt doch
alſo / vñ volʒiehet die ſach mit eim auffchub / biß jr es baß erfart was es fůr kinder
ſind. Deñ es iſt angangen / es wirt nicht lang im finſtern bleýben. Treůlich meyne
jchs mit euch / das weýß got / vnnd wolt ewer fahr vnd ſchaden gerne ʒuuor kum-
men / wo es Got wőlt / des hoff jch ſolt jr mir ſelbſt gůt ʒeůgnus geben. Deñ jch
35 mich ya rhůmen kan in Chriſto / das jch mit meyner lere vnd ratt nyemandt ye
keyn ſchaden gethon hab / noch gewőlt / wie diſer geyſt fůrhat / Sonder bin ye-

---

1 Ausführliche Sprach- und Sachanmerkungen in der Ausgabe von L. Fischer, 119–123.

derman tröſtlich vnd hülfflich geweſen / das jr diſen meynen ratt ye billich nicht vrſach habt ʒu verachten. Wo jr aber ſolchs veracht / den propheten annemet / vnd euch vnglück darauß entſpringt / bin jch vnſchuldig an ewerm ſchaden / dann jch euch Chriſtlich vnd freündtlich gewarnet hab. Es neme jn ein erſamer ratt für ſich 40 auch vor der gantʒen gemeyn (kan es geſchehen) vnd frage jn wer jn her geſandt oder gerüffen hab ʒü predigen / Es hatt ye der erſame rhat nicht gethon. Weñ er dañ ſaget / Got vnd ſein geyſt hab jn geſand / wie die Apoſtel / So laſt jn daſſelb beweyſen mit ʒeychen vñ wunder / Oder weret jm das predigen / Deñ wo Gott die ordenliche weyß will endern / ſo thůt er alwegen wunderʒeychen dabey. Jch hab 45 noch nie gepredigt noch predigē wöllen / wo jch nicht durch menſchen byn gebeten vñ berüffen / Dañ jch mich nicht berhůmen kan / das mich Gott on mittel von hymel geſandt hat / wie ſie thůn / vnd lauffen ſelbert ſo ſie doch niemandt ſendet noch ledt (wie Hieremias ſchreybt) Darumb richten ſie auch keyn gůts an. Gott gebe euch ſeyn genad / ſeynen götlichen willen treülich ʒu erkennen vnd ʒü 50 volbringen / A. ʒü Weynmar am ſontag Aſſumptionis Marie.

Martinus Luther.

5. Thomas Müntzer, Hochverursachte Schutzrede

Die zwischen Ende Juli und November 1524 verfaßte und gedruckte Flugschrift *Hoch verursachte Schutzrede* stellt eine Reaktion Thomas Müntzers (1490-1525) auf Luthers Schrift *Eyn brieff an die Fürsten zu Sachsen von dem auffrurischen geyst* vom Juni/Juli 1524 dar, in der Luther die Fürsten vor Müntzer und dessen Ideen warnt. Die Antwort Müntzers dient vor allem der Abgrenzung der eigenen Bewegung gegen die inzwischen offiziell gewordene Wittenberger Reformation. Deren Vertretern, vor allem M. Luther, wirft er vor, sich so in pharisäerhafte Pseudogelehrsamkeit, in ein System neuer finanzieller Sicherungen, in eine neue weltliche Hierarchie und damit in Fürstendienerei verstrickt zu haben, daß jeder auf den ›Geist‹ gegründete Glaube erstickt würde.

Ausgaben: Thomas Müntzer, Politische Schriften. Hrsg. v. M. Bensing/B. Rüdiger. Leipzig 1970, 142-162; Dokumente aus dem deutschen Bauernkrieg. Beschwerden, Programme, Theoretische Schriften. Hrsg. v. W. Lenk. Frankfurt/Main 1980, 219-237; Thomas Müntzer, Schriften und Briefe. Kritische Gesamtausgabe. Unter Mitarbeit von P. Kirn hrsg. v. G. Franz. Gütersloh 1968, 321-343; Thomas Müntzer, Die Fürstenpredigt. Theologisch-politische Schriften. Hrsg. v. G. Franz. Stuttgart 1967, 116-145. – Lit.: M. Bensing, Thomas Müntzer und der Thüringer Aufstand 1525. Berlin 1966; Ders., Thomas Müntzer. Leipzig 3. Aufl. 1983; M. Steinmetz (Hrsg.), Der deutsche Bauernkrieg und Thomas Müntzer. Ausgewählte Beiträge der wiss. Konferenz ›Der deutsche Bauernkrieg - seine Stellung in der deutschen und europäischen Geschichte. Probleme - Wirkungen - Verpflichtungen‹. Leipzig 3.-7. Februar 1975. Leipzig 1976; Th. Nipperdey, Theologie und Revolution bei Thomas Müntzer. In: Archiv für Reformationsgeschichte 54 (1963), 145-181; RGG IV, 1183f.; W. Ellinger, Thomas Müntzer. Leben und Werk. Göttingen 3. Aufl. 1976; A. Friesen/H.-J. Goertz (Hrsg.), Thomas Müntzer. Darmstadt 1978; E. Wolgast, Thomas Müntzer. Ein Verstörer der Ungläubigen. Göttingen/Zürich 1981. S. auch die Literatur zu Text IX.4. – Vorlage: Druck [Nürnberg 1524 bei Hieronymus Höltzel]; Exemplar der Niedersächsischen Staats- und Universitätsbibliothek Göttingen.

---

47 *on mittel*] ›unmittelbar‹.

Hoch verurſachte Schutʒrede

vnd antwwort / wider das Gaiſtloße Sanfft lebende fleyſch ʒů Wittenberg /
welches mit verkårter weyße / durch den Diepſtal der heiligen ſchrift
die erbermdliche Chriſtenheit / alſo gåtʒ jåmerlichen beſudelt hat.

5   Thomas Müntʒer
                                    Alſtedter.

Auß der hôlen Helie / welches ernſt niemant verſchonet. iij. Regů. xviij. Mat-
thei. xvij. Luce .j. Apocali. Vndecimo.

Anno . M . D . XXiiij.

10 O deus redime me a calumnijs hominum: vt cuſtodiå mådata tua. Annůciemque
veritatē in filio tuo recôditam: ne techne malignantiů amplius perſeuerent.

Dem durchleüchtigſten / Erſtgebornen

Fürſten vñ Allmechtigen herren Jeſu Chriſto / dem gůtigen Kônig aller kônige / dē
tapffern Hertʒogen allen gelaubigen / meinem gnådigſten herrn / vñ getrewem
15 beſchirmer / vnnd ſeiner betrůbten / ainigen brawt der armen Chriſtenhayt.

Aller preyß / name / Eer / vnd wirde / titel vñ alle herlichkeyt / ſey dir
allain du ewiger gottes ſone Philipp .ij . Nach dem dein heyliger geyſt vor den
gnadloſſen lewen / den ſchrifftgelerten alleʒeit ſôlich glück gehabt / das er můſte
der aller ergſte teüffel ſein Joh. viij. Wiewol du jn one maſſe / vô anbegin haſt
20 Johañ . iij . vnnd alle außerwôlte haben jn von deiner vôlle vberkoɱen Joh. j. vnd
er in jnen alſo wonet j. Corint. iij. vnd. vj. ij. Corin. j. Ephe .j. Pſalm . v . Du gibſt
jn allen / die dir entgegen lauffen /nach der maß jres glaubēs. Ephe. iiij. Pſalm.
lxvij. Vñ wer jn nit hat / daß er ſeinem geyſt vnbetrieglich geʒeügnuß gebe / der iſt
dir chriſto nit ʒůſtēdig. Roɱ. viij Daʒ vnüberwintlich geʒeügnüß haſtu. Pſalm. xcij
25   Der halben iſt es nit faſt groß wunder / daß der aller eergeytʒigſter ſchrifft-
gelerter / Doctor lůgner / ⟨Aijᵛ⟩ ye lenger ye weyter / ʒum hochfertigen narren
wirt / vñ ſich mit deiner heyligen ſchrifft / one alles abſterben ſeines namen / vnd
gemachs / bedeckt / vñ auffs aller betrieglichſt behilfft / vnd nichts weniger will
mit dir auffs forderſte ʒů ſchaffen haben. Eſaie am lviij. ca. Gleich wie er deine
30 vrteyl (durch dich / die pforten der warheyt) erlangt het / vnd iſt alſo frech / vor
deinem angeſicht / vnd verachtet ʒů poden deinen richtigen geyſt / dañ er meldet
ſich deütlich vnwiderrůflich / daß er auß tobendē neyde / vñ durch den aller ver-
pitterſten haß / mich dein erworben gelid in dir / one redliche / warhafftige
vrſach / vor ſeinen hôniſchen / ſpôttiſchen / ertʒgryɱigen mitgenoſſen / ʒur le-
35 cherey macht / vnd vor den ainfeltigen ʒur vnerſtatlichen ergernuß / einen Sathan
oder Teüffel ſchildt / vñ mit ſeynem verkerten / leſterlichen vrteyl ſchmehet vnd
ſpottet.
    Jn dir pin ich aber wunſam / vñ hyer gegen deines milden troſtes gantʒ vol
geſettigt / wie du auch deinen hertʒlichen frewnden gantʒ holdſelig vorgetragē

---

7 *Helie*] Prophet Elias

haſt / ſagēde Matth. x. Der ſchůler hat es nit peſſer / dañ der maiſter. So ſy nun 40
dich vnſchuldigen hertʒogen / vñ getrőſten ſeligmacher / alſo leſterlich haben Beel-
ʒebub geheyſſen / wie vil meer mich deinen vnuerdroſſen Landtßknecht / nach
dem ich mich des ſchmeichelden ſchelmen ʒů Wittēberg geeüſſert hab / vnd deiner
ſtyṁ gefolget Johan .x. Ja ⟨Aiij'⟩ es můß alſo hergen / wo man die ſanfftlebendē
gůtdunckler / iṁ gedichten glauben / vnd in jren Phariſeiſchen tücken / nit wil 45
laſſen recht habē / jren namen vñ pracht ʒů nidergen. Du vermőchteſt das ſelbig
auch nit vor jn vberhabē ſein. Sie lieſſen ſich auch beduncken gelerter ʒůſein / den
du vñ deine ſchůler. Ja ſy waren mit jrem bůchſtabiſchen trotʒ wol gelerter / deñ
der Doctor Ludibrij nyṁermer werden kañ. Sie hetten auch geſchrayß vñ namens
genůg in aller welt / es war dannoch nit recht / das ſye gegen dyr mit jrem verſtandt 50
für namen / vñ woltēs mit der klarē ſchrifft / wider dich beweyſen. Wie ſy dann
dem Nicodemo verworffen Joan. vij. vnd vom Sabath Joan. v. vnnd am. ix. c. Sie
ʒogen die gantʒe ſchrifft gegen dir / auffs aller hőchſt / daß du darumb ſolteſt vñ
můſſeſt ſterben / daß du dich frey bekenneſt einen ſon gottes / vom ewigen vater
geborn wie wir deinen geyſt. Darumb ſprachen ſy Wir haben ein geſetʒ / nach des 55
iñhalt můß er ſterbē Dann ſye hetten den text Deutro. am.xiij. vnd am xviij . auff
dich geʒerret / vnd mőchten ſich auch nit weyter vmbſehen iṁ ſelbigen / in aller
maß / wie yetʒund mir der verſchmitʒte ſchrifftſteler thůt / do die ſchrift aufweiſet
am hőchſtē v'ſpottet er mit iñprünſtigem neyde) nennet den geyſt gottes einen teüf-
fel. 60
     Die gantʒe heylige ſchrifft / ſaget nit anderſt (wie auch alle creaturē außweyſen)
dan vom gecreütʒig⟨Aiij'⟩ten Sone gottes / derhalben er auch ſelber anfieng vom
Moſe / durch alle Propheten / ʒůerőffnen ſeyn ampt / das er můſte alſo leiden /
vnd eingeen in den preyß ſeines vaters. Dyß iſt klårlich beſchriben Luce am letʒten
capitel. Vnd Paulus ſaget auch / daß er nit anderſt / den Chriſtum den gekreütʒig- 65
ten predigen kőnne. j. Corin. j. Nach dem er daʒ geſetʒ gottes füderlicher erforſchet
hette / den alle ſeine mitgenoſſen. Galath. j. Mőchte er doch nichts annders dar-
innen finden / deñ den leydenden ſon gotes / welicher ſaget Mathei. v. daß er nit
koṁen wer / das geſetʒ auffʒůhebē / oder den pundt gottes ʒerreiſſen ſonder vil
mer ʒůuolfüren / erkleren / vñ erfüllen. 70
     Es mőchten die alles / dye heſſigen ſchrifftgelerten nit erkeñen / dañ ſie er-
forſcheten nit die geſchrifft auß ganntʒ jrem hertʒen vnd geyſte / wie jnen doch
gepůrete . Pſalm. cxviij. vnd Chriſtus jnen auch befalch Joan . v. Sie warn darinnen
geleret / wie die affen / wőllen dem ſchůſter ſchůch nach machen / vñ verderbē das
leder. Ey warumb: Sy wőllen des heyligen geyſts troſt vernemen / vnnd ſein jr leben 75
langk durch traurigkeyt des hertʒēs / auff jrē grund nye koṁen / wie ſichs doch
gebůret. Soll annderſt das rechte liecht leüchten iṁ finſternuß / vnnd vns durch
das gewalt geben / kynder gottes ʒůſein / wie klårlich beſchriben iſt.
Pſalm. liiij. vñ. lxij. Joan. j.
     ⟨Aiiij'⟩ So nun Chriſtus ſchon alſo angenoṁen / durch den alten vnd newen 80
beʒeügten pundt gotes gepredigt on erőffnung des geyſts würde / kőndt ein vil erger
verwickelts affenſpil / darauß werden / dann mit den Juden vñ Hayden / wie ein

---

66 *füderlicher*] s. Lexer s. v. *vürderlicher*.

yeder yetȝ vor fichtigen augen fihet / daß die yetȝigen fchrifftgelerten nit anderft
thůn / dann vorȝeyten die Pharifeyer / berůmen fich der heyligen fchrifft / fchrei-
85 ben vnd klicken alle bůcher vol / vnd fchwatȝen yṁer ye lenger ye mer. Gelaube /
gelaube / vnd verleügen doch die ankunfft des glaubens / verfpotten den geift go-
tes / vnd glauben gar vberall nichts / wie du fichft. Es wil jr keiner predigen er hab
daṅ . xl. od‘. l. guldē Ja die peften wṑllen mer dann hundert oder ȝwai hundert
gulden haben / do wirt an jnen war dye weyffagung Michee . iij. Die pfaffen pre-
90 digē vmb lons willen / vnd wṑllen rwe vnd gůte gemach haben / vnd die aller grṑfte
wirdigkeyt auff erden / vñ fich dennoch wiffen ȝů rhůmen / fie verfteen den
vrfprung / vnd treiben doch wider jn / das aller hṑchfte widerfpill / darumb daß fy
den richtigen geyft / einen irrigen geyft vnd Sathan fchelten / mit dem deckel der
heyligen fchrifft / wie Chrifto widerfůre / do er durch fein vnfchuldt / den willē
95 feines vaters verkündigte / welcher den fchrifftgelertē vil ȝů hoch vnd verdrießlich
war. Joan. v. vnd. vj.
⟨Aiiij°⟩ Du findefts nit annders auff den heütigen tag / wann die gotloßen durchs
gefetȝ befchloffen werden / fagen fy mit groffer leichtfertigkeyt. Ha / es ift auff-
gehaben / wann es aber jnen recht erklert wirt / wie es iṁ hertȝen gefchri-
100 ben . ij. Corint. iiij. vnd wie man durch anweyfung des felbigen / achtung haben
můß / ȝů betrachten die richtigen genge ȝum vrfprůg . Pfalm. xxxvj. Do vberfeldt
der gotlofe den gerechten / vñ tregt Paulů herfürer mit einem fṑlchen tṑlpifchem
verftanndt / daß es den kindern auch ȝum poppen fpill wirdt. Pfalm. lxiij. Noch
will er der aller klügfte auff erden fein / daß er fich auch růmet er hab keynen
105 gleichen. Dar vber nennet er alle armfelige menfchen / die fchwimmel geyfter /
vnnd mag nit hṑren / fo man das wort / geyft / redet oder lifeth. Er můß den
klůgen kopff fchütteln / der teüffel mags nit hṑren. Prouer. xviij. So man jm vom
anfang faget / deñ er ift herauffer geftoffen. Daruṁ hat er den gebrauch der
teüfcherey. ij. Corint. xj. iṁ hṑchften Alphabeth der Muficen / Difdyapafon / fingt
110 er auß Paulo Roma. xij. Man fol fich mit fṑlichen hohen dingen nit bekümern /
fonder eben machen den geringen / da fchmecket jm der prey nit anderft / es
graufet jm vor der fuppen ȝum frwe effen / Er fpricht man fol ainfaltig glauben /
vnd ficht nit was darȝů forderlich ift. Daruṁ faget Salomon von einem fṑllichen
menfchen / daß er ein ftocknarr ift / wie gefchriben fteet Prouer. am. xxiiij. ca.
115 fagen ⟨B°⟩ de / dem narren ift die weißheyt gottes vil ȝů hoch. [. . .]

6. Ratschlag zur Behandlung der Wiedertäufer in Baden

Der vorliegende Text aus dem Jahre 1528 enthält einen Ratschlag des Statthalters Hans Land-
schad und des Kanzlers Dr. Achtsnyt an den Markgrafen Philipp von Baden über die Behand-
lung der Wiedertäufer. Dem Ratschlag war ein vergebliches Gespräch von Vertretern der
geistlichen und politischen Obrigkeit mit den Betroffenen und danach ein Bedenken von
seiten des Statthalters und anderer Instanzen vorausgegangen, hatte aber zu keinerlei obrig-

---

85 *klicken*] s. DWB s. v. *klecken* (3).   105 *fchwimmel geyfter*] s. DWB s. v. *Schwiemelgeist*.
109 *Difdyapafon*] ›Doppeloktave‹.   114 *ftocknarr*] s. DWB.   114 *Prouer.*] Sprüche Salomos.

keitlichen Maßnahmen geführt. Als um so drängender werden die aufgeführten Handlungen empfohlen.

Ausgabe: M. Krebs, Quellen zur Geschichte der Täufer. IV. Bd.: Baden und Pfalz. Gütersloh 1951, 61–64. – Lit.: W. Wiswedel, Bilder und Führergestalten aus dem Täufertum [. . .]. 3 Bde. Kassel 1928–1952; E. H. Correll, Das schweizerische Täufermennonitentum. [. . .]. Tübingen 1925; E. F. P. Güss, Die kurpfälzische Regierung und das Täufertum bis zum dreißigjährigen Krieg. Stuttgart 1960; G. H. Williams, The Radical Reformation. Philadelphia 1962; Realenz. für prot. Theol. u. Kirche s. v. *Anabaptisten* (Bd. 1, 481–485) und *Mennoniten* (Bd. 12, 594–616); RGG 6, 601–604; Gebhardt 2, 85–88. – Vorlage: Hs.; Generallandesarchiv Karlsruhe; Sign.: 67/1083.

[. . .]

Es befinden fich dreýerleý art der widerteüffer,

⟨40ʳ⟩ Erſtlich, die vorſteher, vnnd Prediger ſambt jhren *Receptatorn*

Fürs ander, die nit vorſteher, oder *Receptatores*, aber ſonnſt ſo hartneckhig, vnnd die ſich nit allein Jnn Religions ſachen, nith wollen weiſen laſſen, Sonndern aúch inn Politiſchen Dingen vngehorſam ſein, 5

Fürs dritt, vil einfelttige Leüt, ſo ʒúm thail noch nit geteúfft, vnnd doch jnn etlichen Punncten jrrig, aber dannocht hoffnúnng, das ſie widerʒúbrinngen, vnnd ʒú gewinnen ſein möchten,

Gegen denſelbigen allen, möcht mit volgenndem vnderſchiedt Procedirt werden,

Erſtlich, die vorſteher vnnd Prediger, aúch jre Receptatores, belangt, jſt vnnſer gút 10 bedúnnckhen, das dieſelben vorſteher, ſie ſeýen jhm Lanndt daheim, oder nit, ohne alle gnad fürderlich deß Landts verwieſen werden,

Vnnd So ſie darüber dar jnnen betretten, das ſie erſtlich mit Rúten aúßgehaúwen, vnnd mit einem ʒeichen Notiert, vnnd abermalß verwieſen werden,

⟨40ᵛ⟩ Da ſie aber widerkommen, alßdann für Recht geſtellt, Beclagt, vnnd was er- 15 kenndt, ahn Jhnen volnſtreckht werde,

Deßgleichen, ſoll es aúch gegen Jren Receptatorn, Die Sie haúſen, vnnd herbergen, vnnd aúch widerteüffer ſein, aber vff ernnſtlich vermanen, vonn Jrem Jrthúmb nit abſtehen wóllen, gehaltten werden,

Wo aber Jemanndt vſſerthalb der Widerteüffer, ſolche vorſteher beý ſich haben, 20 oder Beherbergen, vnnd vff warnúnng dieſelben nit vonn ſich thún, oder abſchaffen würde, der ſoll nach gelegennhait, an Leib, oder Gútt geſtrafft werden,

Die andern, alls, die hartneckhigen, vnnd die ſich vff bißherr beſcheene vermanúnng, nit haben wóllen gewinnen laſſen, vnnd doch thails ſich ʒú bedennckhen erbotten, 25

Die ſollen alle widerbeſchickt, mit Jedem Jnn ſonnderhait ernnſtlich, vnnd treúwlich verſúcht, vnnd aller múglicher vleiß angewendet werden, Ob man dúrch gnaden Deß allmechtigen, beý Jhnen, Jnn Religion vnd Politiſchen, ſachen, was frúchtbarlichs erlanngen,

30 ⟨41ʳ⟩ Da aber beý Jhnen nichts ȝúerhalltten, Soll es anfenngklichs, gegen dennſel-
bigen volgendermaſſen gehaltten werden, Das Jhnen, Erſtlich, beý einer genannd-
ten Gelltſtraaff, alls Nemblichen, eins Pfúnndt Pfenninngs, gebotten würde, alle
Sonn vnnd Feürtágliche Predigen, vnnd ſonnderlich den *Catechiſmúm* fleiſſig
ȝúbeſúchen, Das aúch mit ernnſt darob gehaltten, vnnd die v̀bertretter Jedeßmals
35 vnnachleßlichen geſtrafft, Welche aber das gellt ȝúerlegen nicht vermóchten, Das
dieſelben ſolches Jnn der gefenngknús, abgebieſſet hetten, Vnnd damit man wiſſen
móge, was ſolche Perſonen, vff beſúchúnng Gottes wordts ſich gebeſſert, Sollen die
Kirchendiener Jedeß Ortts ſelbige Perſonen offtmals *Examiniren*, vnnd wie ſie
dieſelbigen befúnnden, Jederȝeit beý der Special *Viſitation* anȝeigen, welche Jrrige
40 Perſonen, aúch wo vonnóten, die Speciales für ſich beſchaiden, vnnd wie ſie erba-
ẃen, verhóren, vnnd mit ernnſt ȝú beſſerúnng vermahnen ſollen, Daß aúch allſo
mit jhnen ein ganncȝ jar ȝúuérſúchen, Deßgleichen ſoll es aúch mit den Neẃlingen,
beý denen etwas beſſerúng ȝúúerhoffen, gehaltten werden,

⟨41ᵛ⟩ Wo aber v̀ber ſolchen angewanndten vleiß, beý Jhnen nichts ȝúerhaltten, vnnd
45 ſie ſich beſtenndiglich erkleren, das ſie vff Jrem Jrthúmb bleiben, vnnd nit abſſteen
wóllen, Die ſollen deß Lanndts verwiſen, doch jnn ſolchen fellen, keinem ſeine
Kinder, So mit dem widertaúff nit befleckt, mitȝúnemmen gegönnt, oder gelaſſen,
ſonnder verpflegt werden,

Vnnd iſt ſolches alles ȝúúérſtóhn, Das Jhnen vonn jrem gút nichts gefolgt, ſonndern
50 mit demſelben volgennder geſtallt möchte gehanndelt werden,

Erſtlich, Soúil die Jhenigen anlanngt, die heimlicher mútwilliger weiß hinweg ȝie-
hen, vnnd Jre haab vnnd güetter hinder Jnen, aber doch keine weib vnnd Kinder
verlaſſen, deren haab vnnd güetter ſollen, vormóg deß Fürſtenthúmbs Baden her-
kommen, vnnd gebraúch, der Herrſchafft *Confiſcirt* werden, Jnmaſſen ſolches biß-
55 her aúch beſchehen,

Da aber weib oder Kinndt, oder deren eins vorhannden, Soll es mit denſelbigen,
vormóg deß Fürſtlichen Haúß. Baden, vffgerichten Lanndſerbordnúnng, alls wann
der ⟨42ʳ⟩ hinweg ȝogen, tod were, gehaltten werden, Doch das die hinderlaſſnen
weib vnnd Kinnder, dem vßgetrettenen, weder hilf noch vorſchúob thúen, aúch
60 daſſelb, weder haúß, noch herberge, beý ſchwerer Leibs ſtraffe,

Werden aber ȝweý Ehegemecht, miteinander verwieſen, mit ſampt den Kinndern,
So dem widertaúff verwanndt, od‘ da keine Kinder vorhannden,

So ſoll das gút vonn Oberkeit wegen, verpflegt, vnnd die Núcȝúng daúon *ad pias
Caúſas*, verwenndt werden, Dann wo mann Jhnen das gútt volgen ließ. So würdt
65 manncher mit freúden hinweg ȝiehen, vnnd nach keiner bekherúnng mehr denn-
ckhen, Deßgleichen, würde den Freünden das gút entȝogen, vnnd nimmermehr
nichts mehr daúon werden, Wann ſich aber Jemands bekert, ſein Jrthúmb be-
kenndt, *reúocirt.* vnnd vmb begnadigúnng bitt, aúch deßhalben, gnúgſame *Caútion*
thút, hieltten wir darfür, Daß dieſelben wider anȝúnemmen, Jnen Jr gútt wider
70 ȝúȝúſtellen; vnnd ſie allein der vffgehabenen núcȝúng beraúbt ſein ſolten,

⟨42ᵛ⟩ Da ſich aber begeben wúrde, Das einer, oder mehr, vſſerthalb Lanndts ſtürbe,
vnnd ſeine Erben gnúegſame vrkhúnndt, ſeines Tods, fürbrinngen, Dennſelben Er-

ben, (: doch weitter nith, dann biß Jnn den vierten grad *Jnclúſiúe*.) móchte die
Erbſchafft (: doch vſſerthalb der vfgehabenen núcʒúng :) geúolgt werden,

Jm fall aber kein Erb Jnn Obgemelttem grad verhannden, alßdann móchte die   75
Erbſchafft *ad pias Caúſas* verwenndet werden,

wo aúch ſolchen Jrrigen Perſonen, die allſo verwieſen, Ein Erbfahl ʒúfallen, Der
ſelb Erbfahl mócht gleicher geſtallt verpflegt, vnnd mit der Núcʒúnng daúon wie
obgemelt, gehaltten werden,

würde dann das eine Ehegemecht, ſo dem widertaúff nith verwanndt, dem annderm   80
ſo verwieſen, nachúolgen wóllen, Soll demſelben ſolches geſtattet, Haab, vnnd gút
verfolgt, Doch gegen dem gewónlichen abʒúg, vnnd abkaúffúnng der Leib-
aigennſchafft,

⟨43ʳ⟩ wolt aber das ein Ehegemecht nit nachúolgen, Sonndern begeren würde, Jm
ʒúgeſtatten, ſich annderwerts wider ʒúúerheúraten, Das ſoll demſelben leichtlich   85
nit ʒúgelaſſen, ſonndern ʒú Chriſtenlicher gedúlt vermahnet werden,

Da aber ſolche vermanúnng, nit ſtatt finnden, Soll dieſelb Perſon vor den geordne-
ten Eherichtern vnnd Räthen fürkhommenn, vnnd daſelbſten Rechtlicher er-
kanndtnüs gewartten,

Vnnd darmit dergleichen Perſonen, Das jrige nit heimlich verkaúffen, oder hinweg   90
brinngen, Sonndern dieſe *Execútion*, Jr würcklicheit erlanngen móge, So ſicht vnns
für gút an, Daß allennthalben, da ſolche wiſſenntliche widerteüffer geſeſſen, Den
amptleúthen beúelch beſchehe, das ſie weder Leib noch gút verennddern, biß vff
vernern beſchaid, vnnd das die amptleúth jr vleiſſige anſtellúnng daraúf machen,
aúch die Leúth vermanen, wer Jhnen was abkaúffen, Daß derſelb ſein gellt verloren   95
haben, vnd dar ʒú geſtrafft werden ſoltte,

Jtem das man Newe *Mandata* aúßgehen laſſe, dar Jnnen Die vnderthanen, vor dem
widertaúf mit ernnſt verwarnt würden,

⟨43ᵛ⟩ Vberdas, haben ſich aúch, biß Jnn die 200. Perſonen, befúnnden, Die das
miniſteriúm Eccleſiaſticúm verachten, Sich deß Sacramendts des heiligen abennt-   100
mals, gar nit gebraúchen, vnnd dem Schwenckhfeldianiſmo anhengig, Derenhalben
iſt Statthaltter vnnd Rath bedenncken, das Sie dúrch die Special Súper Jntendenten,
ſamentlich, vnnd ſonderlich, beſchickt, vnnd ʒúhórúng Gottes worts, aúch ge-
braúchúnng der heiligen Sacramenten ermahnet werden, vnd gedachte Specialis, Jr
fleiſſig vffſehen, ein Monat ʒwen, haben, Ob ſie die Predig, vnnd das heýlig Nacht-   105
mal, beſúchen, vnnd empfahen, Wo ſie es dann beſúchen, wol, vnnd gút, wa nit,
ſollen ſie widerúmb beſchickt, vnnd mit *Comination*, der Herrſchafft Straf, mit
ernnſt ermahnet werden, Da ſie abermals ſolchs nit thún, vnnd ſich der Kirchen
enteüffern, allßdann, die Straaf gegen Jnen gleich den widerteüffern, fürgenúmmen
werden,

Alls Erſtlichs, ſoll Jnen ein Gellt ſtraaf, alls Nemblich Ein pfúnt pfenning abge-

---

101 *Schwenckhfeldianiſmo*] Reformatoriſche Lehre Kaſpar von Schwenckfelds (1489–1561),
einer der führenden Geſtalten der Reformation in Schleſien. Vgl. RGG.

nommen, Welche aber die Straf nit ʒúerlegen, dieſelbigen ſollen es Jnn dem Thúrn abbüſſen, ⟨44ʳ⟩ Vnnd wo ſie ſolch gellt, oder Thúrnſtraaf aúch nith achten, móchten ſie ʒúm anderen mahl alle mit der gefenngkhnús, vnnd nit vmb gellt geſtrafftt,
115 Vnnd da ſie v̆ber ſolches alles halfſtärrig verharren wúrden, Mit haab, vnnd gút, gegen abkaúffúng der Leibaigennſchafft, vnnd erlegúng gebürlichen abʒúgs, hinʒiehen, vnnd anderwerts Jr gelegenhait ʒúſúchen, aúfferlegen,

Wöllen hieraúff, Was wir vnnß dißfaals verhaltten, ſollen, gemeiner vormúndtſchafft, vnſer gnedigſten, vnnd gnedigen herrſchafft, beſchaidts, vnderthenig
120 erwartten, Actum Carlßbúrg den xxx. auguſti. anno Lxxviij.

Hanſ Landſchaden
ſtathalter
Achtſchnitt
D. Canʒler

7. Johannes Cochlaeus, Ein heimlich Gespräch von der Tragedia Johannes Hussen

Das hier ausschnittsweise wiedergegebene fünfaktige Drama *Ein heimlich Gesprech [. . .]* des Kontroverstheologen Johannes Cochlaeus (Pseudonym J. Vogelsang, 1479–1552; 1528 Hofkaplan Georgs von Sachsen in Dresden; Beteiligter an bedeutendsten theologischen und konfessionspolitischen Auseinandersetzungen seiner Zeit) hat ein zeitweiliges Zerwürfnis zwischen Luther und Johannes Agricola über das Verhältnis von Gesetz und Evangelium (Antinomistenstreit) als geschichtlichen Hintergrund. Cochlaeus projiziert diesen Konflikt auf eine von Agricola verfaßte Dramatisierung des Prozesses gegen Johannes Hus vom Jahre 1415; im 4. und 5. Akt seines Dramas läßt er die Frauen der Reformatoren bei Luthers Frau Katharina mit dem Ziel vorstellig werden, sie möge ihren Mann von seinem unbeherrschten Zorn gegen Agricola abbringen und dessen wie seiner Familie Notsituation dadurch beenden. Theologische Sachdifferenzen werden so zu einem Gegenstand, über den in Intrigen aus Luthers persönlichem Umfeld, im 5. Akt gar aus einer ins Derb-Sinnliche gezogenen Liebesszene zwischen Luther und seiner Frau heraus entschieden wird. Die Agitation richtet sich gegen Luther persönlich wie gegen die durch ihn geschaffene neue Hierarchie und gegen die Ehe der protestantischen Geistlichen.
   Ausgabe: H. Holstein (Hrsg.), Johann Vogelsang (Cochlaeus). Ein heimlich Gespräch von der Tragedia Johannis Hussen. 1538. Halle 1900. – Lit.: M. Spahn, Johannes Cochlaeus. Ein Lebensbild aus der Zeit der Kirchenspaltung. Berlin 1898 (Nachdruck Nieuwkoop 1964); R. Bäumer, Johannes Cochlaeus (1479–1552). [. . .]. Münster 1980; H. Rupprich, Die deutsche Literatur vom späten Mittelalter bis zum Barock. 2. Tl. München 1973, 91, 323, 337, 383; A. Herte, Das katholische Lutherbild im Bann der Lutherkommentare des Cochlaeus. 3 Bde. Münster 1943; Lex. für Theol. u. Kirche 2, 1243-1244; RGG 1, 1842; Theol. Realenz. 8, 140-146. – Vorlage: Druck; 2. Aufl. o. O. und ohne Druckerangabe 1539; Exemplar der Bayerischen Staatsbibliothek München.

[. . .] *El[sa]* Laſſet vns eylets ʒu jhr gehen / denn ich muß widder heym eylen / mein Herr würde mir ſonſt eynen botten nachſchicken. *Gut[ha]* Getrawet er euch ſo

---

1 Die Namen sind bei der Ersterwähnung ausgeschrieben: *Elsa* (Frau des Justus Jonas), *Gutha* (Frau Spalatins), *Ortha* (Agricolas Tochter), *Martha* (Agricolas Frau), *Kâtha* (Luthers Frau), *Martin* (Luther).

übel? *El.* Jhr glaubt es nicht. *Gu.* Jch glaube ja mehr das mein herr vil weniger
getrawe. *El.* ⟨Eiij'⟩ Wolan laſſet vns ʒu jr gehē. *Or[tha]* Jch ſehe ſie ſchon. *Ma[rtha]*
Kenſtu ſie? *Or.* Solt ich ſie hie nicht kennen / kent ſie doch alle welt durch alle   5
land / ſo ferr mann jhre geſtalt / in brieffen ſchon abcontrafeyet / kennet. *Ma.*
Gehe lauffe ʒu jhr / vnd ſag jhr / das meyn gnedige Fraw von Aldenburg komme /
vnd wŏlle ſie anſprechen. *Ort.* Geſtrenge vnd hochwirdige fraw Doctorin / meyn
Gnedige Fraw von Aldenburg wil ewer geſtrengkeit vnd hochwirden anſprechen.
Kå[tha] Wo iſt ſie? *Or.* Dort gehet ſie her. *Kå.* Wer ſind die andern weiber / die mit   10
jr koṁen? *Or.* Es iſt die Erwirdige fraw Prŏbſtin / vñ die hochgelerte Magiſter
Philippuſin / vnd mein arme mutter. *Kå.* Was wŏllen ſie? Jch meyne / ſie hetten
gerne eynen guttē trunck von Rheyniſchem wein. Es iſt nit viel mehr iṁ faß /
wŏllen ſie aber gut Eymbekiſch oder Hamburger Byer / oder eyn Braunſchwi-
ckiſche Mummen / der hab ich gnug. *Ort.* Es iſt jetʒt keyn trinckwetter bey vns. *Kå.*   15
Was wollen ſie denn? *Or.* Ewer geſtrengkeyt wirts bald hŏren. *Gu.* Fraw von Wit-
tenberg / wŏllen wir widder dran / do wirs nechten gelaſſen haben? *Kå.* Gnedige
fraw von Aldenburg / ich hett wol luſt darʒu / des Rheyniſchen weins / iſt aber ʒu
wenig iṁ faß. *Gu.* Habt jhr nit eynen gutē ſtarcken Kŏtſperger? *Kå.* Er iſt matt vnd
ſeyger worden / taug jetʒt nit ʒu trincken / wolt jhr aber ein gut frembds Byer   20
haben / des hab ich gnug / Gott lob. *Gu.* Neyn / liebe fraw Docterin / wir haben
ſonſt eyn ſach bey ewer geſtrenckeyt außʒurichten. *Kåt.* Was iſt die ſach? *Gu.* Jhr
wiſſet / was jr mir nechten habt ʒugeſagt. ⟨Eiiij'⟩ *Kå.* Was? *Gut.* Mich ʒu geweren
alles des warumb ich werd bitten / außgenommen die nåchte bei ewerem Herrn ʒu
ſchlaffen. Wie wenn ich beym tage wŏlt bei jhm ſchlaffen? *Kå.* Das gilt nicht. Deñ   25
Paulus ſpricht / welche ſchlaffen / die ſchlaffen bei Nacht / So ſpricht auch die
heylige geſchrifft / Es iſt abent vnd morgen eyn Tag wordē / Jn ſumma / der mann
iſt meyn / vnd ſeynes leybs hab ich alleyn gewalt / vñ laſſe jhn keyner andern / wie
das Euangelium vnd Sanct Paul lehren / Bittet ſonſt was jhr wŏlt / ſo wil ich euch
geweren. *Gu.* Es iſt meyn ſchimpff / weñs meyn Herr hŏret / ſo würde ers fur ernſt   30
haltē. *Kå.* Jch glaubs wol / Was iſt deñ ewer gnaden ernſte bitt vnd begeren? *Gu.*
Sehet jhr diß betrübt weyb / vnd jhr hübſches tŏchterlein? *Kå.* Warümb weynen ſie
ſo bitterlich? *Gu.* Das machet ewer Herr. *Kå.* Das wer nicht fein. *Gu.* Es düncket
mich auch nicht feyn ſein. *Kå.* Wie macht ers denn? Hat er der tochter jhr ehr
genoṁen? *Gu.* Dauon hŏre ich nichts. Er hat aber jhrem Vater das leſen vnd pre-   35
digen verboten / dadurch er jhnen allen jhre narung nimpt / vnd das brot vorm
maul abſchneit. *Kå.* Wie mŏcht das koṁen? iſt er doch ſein beſter freund vnd
fŏrderer. *Gu.* Er beweyſt es jetʒunt nicht wol. *Kå.* Er muß groſſe vrſach haben /
ſonſt thet ers gewißlich nicht. *Gu.* Es düncket mich ein kleyn vñ geringe vrſach
ſcin. *Kå.* Was iſt es deñ? *Gu.* Nichts anders auff erden / dañ das die Tragedia von   40
Jo. Huſſ. iſt außgegangen. *Kå.* Er hat mirs geklagt / das es widder ſein lehre / fur
die Papiſten ſey. das thut jhm wehe. *Gu.* Jhr mann hats gut gemeynt / vnd hats nit
ſo weyt beſunnen / ⟨Eiiij'⟩ Sonſt hett ers nicht gethan. Jhr müſt die ſach helffen

---

12 *Philippuſin*] Dr. *Philppuſin*. **15** *Mummen*] ſ. DWB. **17** *Wittenberg*] Dr. *Wittenber*.
17 *widder*] Dr. *wigder*. **19** *Kŏtſperger*] ein Wein. **28** M.: *1. Theſſ. 5. Gene. 1.* **30** M.:
Matth. 5. 1. Cor. 2. **31** M.: *Furbit der Biſchoffin.*

hinlegen vnd vertragen. *Kå*. Liebes weyb hôrend auff ʒu weynen / hats ewer mañ
45 gut gemeynt / ſo ſols jhm mein Herr verʒeyhen / vnd ſol ſich nach Gott halten /
dauon geſchrieben ſtehet / Gott ſihet an das hertʒ. *Ma*. Geſtrånge vñ hochgelerte
fraw Doctorin / es iſt nicht anders / wir begeren gnad / laſſet vns nicht ʒu Betlern
machen. *Kå*. Es ſol nit ſein / ſchweiget vñ ſeyt getroſt / harret eyn wenig / ich wil
euch bald beſſere ʒeytung bringen.

50   ACTVS QVINTI SCENA PRIMA.

                                                    Kåtha / D. Martinus.

K *Atha*. Herr Doctor wie ſehet jhr ſo ernſt? Hertʒt mich doch ein wenig.
** ** *Mart[in]*. Laß mich jetʒt mit frieden. Es gelüſt mich wedder lachens noch
hertʒens. *Kå*. So wil ich aber euch hertʒen. *Mart*. Das gehôrt huren ʒu / wie der
55 Kônig Saul ſaget. *Kå*. Was achte ich des alten Jüden vnd vnſinnigen narren / Jhr
wiſſet / das S. Paulus ſaget / Der mann hat nicht gewalt ſeynes leybs / ſonder das
weib / Darüm̄ ſol ewer leyb thun / wie ich wil / vnd nicht wie jhr. Er iſt meyn vnd
nit ewer / herwidderümb bin ich euch auch bereyt / denn mein leyb iſt nicht
meyn / ſonder iſt ewer. *Mar*. Du ⟨Fjʼ⟩ biſt tieff gelehrt Kåta in der heyligen
60 geſchrifft. Sihe ʒu / das es recht ʒu gehe / ich beſorg du habſt mehr dann eynen
Schulmeyſter gehabt. *Kå*. Was jrret euch das? Seyt jhr doch auch nicht in Junck-
frawſchafft ʒu mir kom̄en / Jch halte mich nach S. Paulus lehr / ewer leyb iſt meyn
eygen / darümb laſt jhn thun / was er wil. *Mar*. Ey ſo nym jhn hin. *Kå*. O mein
liebes hertʒ / wie kanſtu ſo ernſt ſein / wenn ich dich ſo freuntlich ſchmuck vnd
65 druck an meyne brüſte? *Mar*. Ach du Leppin / hôre auff. Was wiltu doch? *Kå*. O
meyn aller liebſter ſchatʒ im̄ hymel vnd auff erden. Jch hab ein bitt an euch / die
wôllet mich geweren. *Mar*. O du edle heldin / was kan ich dir verſagen? Denn du
biſt mir jha mehrer vnd in meynem hertʒen viel lieber / dann die Batſchabe / eyn
mutter Salomonis jhrem Sohn ware. Zu welcher Salomon ſprach / Begere meyn
70 liebe mutter / denn es iſt nicht ʒymlich / meyn angeſicht von dir ʒu wenden. *Kå*.
Darauff wil ich euch widerümb hertʒen / haltet her. *Mar*. O meyn aller ſchônſte /
du biſt die Braut / dauon geſchrieben ſtehet / deine lefftʒen ſeint ein trieffender
honigſeym / honig vñ milch iſt vnder deyner ʒungen. *Kå*. O meyn liebſter herr / jr
ſeyt meyn rechter vñ eyniger Breutgam / dauon das Brautlied ſaget / Mein geliebter
75 iſt weiß vnd rôßlet / erwelt auß Tauſenten. Die Papiſten wolten mich im kloſter
vberreden / Chriſtus were mein eyniger Breutgam / dem ich ewiglich ſolt vertrawet
ſein / ich thete auff ſie vnd jhren Chriſtum / Jhr ſeyt meyn heyland vnd mein
hôchſter troſt / vñ grôſte freude / ich begere keynes andern / wedder im
hy⟨Fjʼ⟩mel noch auff erden. *Ma*. Das laſſe andere leut nie hôren / Sie wûrden ſich
80 daran årgern / vnd ſolten wol ſagen / das wir beyde nichts von Chriſto vnd vom
ewigen leben halten. *Kå*. Jhr ſeyt mein Chriſtus vnd meyn ewiges leben / begere
keynes andern / *Ma*. Bei leyb / laß ſonſt niemant ſolche wort hôren. *Kå*. Jch weyß

---

47 M.: *1. Reg. 16*.   **64** *ſchmuck*] s. Lexer s. v. *smücken*.   **66** M.: *Hurubel*.   **67** *du*] Dr. *dn*.
69 M.: *3. Reg. 2*.   **72** M.: *Can. 4*.   **74** M.: *Can. 5*.   **76** M.: *Heydeniſche rede*.
76 *vertrawet*] Dr. *vertrawe = et*.

mich vorn leuten wol ʒu halten. Es wartē aber etliche frawen drauffen auf mich / das ich jhnen fol gute antwort von euch brengen. *Ma.* Was ift dañ jhr begeren? *Kå.* Jhr folt aber fie vñ mich vnferer bitt geweren. *Mart.* Jft es mȯglich / fo kan ich dirs / meyn güldene Taube / nicht verfagen. *Kå.* Es ift wol mȯglich / vnd euch / mein aller lieblichfter Augentroft / leichtlich ʒu thun. *Mart.* Was ift es denn? *Kå.* Wir bitten alle fampt für Magifter Agricola von Eyßleben / das jhr ewern ʒorn von jhm wendet / vnd jhn widerümb lefen vnd predigen laffet / wie vor. *Mart.* Wer feind die weyber / die mit dir fur jhn bitten? *Kå.* Es feind nicht fchlechte bürge-rin / fonder nach mir die fürnemiften in der gantʒen Stat Wittenberg / Darʒu meyn gnedige Fraw vnd befonder freundin / die Bifchoffin von Aldenburg. *Mart.* Wiewol fie one dich nichts gefchafft hetten bey mir / fo foltu doch jhnen fagen / das ich jhre bitt hab angefehen vnd jhnen ʒugefallen / fo wȯlle ich auff jhre furbitt / allen ʒorn gegen gedachtem Agricola von Eyßleben fallen laffen / vnd jhm eyn gnediger Herr vnd fȯrderer fein / wie vor / jedoch fol er hinfort nichts iñ druck geben hinder mir one meine wiffen vnd willen / Wo er das nit hielte / fo würde der letʒfte ʒorn årger dann der erft. ⟨Fijᵛ⟩ *Kå.* Jch wil fie ʒu euch komē laffen / das jhrs jhn felbft faget. *Mar.* Neyn mein liebe Kåtha / Jch habe ʒu keynem weybe luft dann ʒu dir alleyn / du wirft jhns wol fagen. *Kå.* Jch hab noch eyn bitt an euch wȯlt jhrs hȯren? *Mar.* Was ift es? *Kå.* Weñ ich vor euch fterbe / das jhr keyn ander weyb nemet deñ alleyn des Agric. tochter. *Mar.* Jch wil keyn ander dann dich / Jch hoffe noch hundert jar (wolte Gott / Jch folt Taufentmal Taufent jar fagen) bei dir iñ folchem wefen ʒu bleyben. *Kå.* Das geb Gott / Hertʒet mich darauff / fo wil ich wider von euch gehen. *Mar.* Gehe hin / mein hertʒ vnd fele / Sage aber nicht alles was wir mit eynander geredt haben.

8. Martin Luther, Von den Jüden und ihren Lügen

Die 1543 in zwei deutschen und 1544 in einer lateinischen Auflage erschienene Schrift *Von den Jüden vnd jren Lügen* enthält die schärfste Agitation Martin Luthers gegen die Juden als Angehörige einer nicht christlichen Religion. Sie steht in der Folge eines 1538 unter dem Titel *Wider die Sabbather* veröffentlichten Briefes Luthers an den Grafen Wolf Schlick zu Falke-nau und einer dadurch hervorgerufenen nicht erhaltenen jüdischen Gegenschrift; sie gipfelt nach längerer theologischer Argumentation in dem an die Obrigkeiten gerichteten Aufruf zur Verbrennung der Synagogen, zur Zerstörung der Häuser und Konfiszierung der Bücher der Juden, ja zu ihrer Vertreibung ins Heilige Land. Da die Schrift über Philipp Melanchthon, der in ihr ›nützliche Lehren‹ erkennt, an den Landgrafen Philipp von Hessen und über Justus Jonas, der die lateinische Übersetzung angefertigt hat, an Herzog Moritz von Sachsen gelangt, erhält sie den Charakter eines Dokumentes des religiösen Antisemitismus der Protestanten.
Ausgabe: D. Martin Luthers Werke. Kritische Gesamtausgabe. Bd. 53, 412–552. – Lit.: H. A. Obermann, Wurzeln des Antisemitismus. [...]. Berlin 1981; Ders., Luthers Beziehungen zu den Juden: Ahnen und Geahndete. In: Leben und Werk Martin Luthers von 1526 bis 1546. [...] hrsg. v. H. Junghans. Bd. 1. Göttingen 1983, 519–530; K. H. Rengstorf/S. von Kortzfleisch (Hrsg.), Kirche und Synagoge. Handbuch zur Geschichte von Christen und Juden. Bd. 1. Stutt-gart 1968, 363–452; H. Kremers (Hrsg.), Die Juden und Martin Luther. Martin Luther und die

92 M.: *Erhȯrung der furbit.*

Juden. [. . .]. Neukirchen 1985; M. Brecht, Martin Luther. Bd. 3. Stuttgart 1987, 328–345. –
Vorlage: Druck; Wittenberg 1543 bei Hans Lufft; Exemplar der Universitätsbibliothek Hei-
delberg.

[. . .]

⟨i jʳ⟩ Weil nu das gewis iſt (durch ſolche lange / gewaltige predigt in aller Welt)
das / Wer den Son vnehret / der vnehret den Vater. Vnd wer den Son nicht hat /
kan den Vater nicht haben. Vnd die Jůden gleich wol jmer fur vnd fur / Gott den
Vater vnſer aller Schepffer / leſtern vnd fluchen / eben in dem / das ſie ſeinen Son
5 Jheſum von Naȝareth / Marien Son (welchen er hat nu 1500. iar / in aller Welt
verkleret / fur ſeinen Son / mit Predigen vnd Wunderȝeichen / wider aller Teufel
vnd Menſchen macht vnd kunſt / vnd noch jmer bis ans ende der Welt verkleret)
leſtern vnd fluchen / Nennen jn Hebel Vorik / das iſt / nicht allein einen lůgener
vnd falſchen / ſondern die lůgen vnd falſcheit ſelbs / erger denn den Teufel ſelbs.
10 So iſt vns Chriſten ſolchs fur vnſern ohren vnd frey fur vnſer naſen / in öffent-
lichen Synagogen / Bůchern vnd geberden / teglich geůbt in vnſerm eigen Lande /
Heuſern vnd Regiment / keines weges ȝu leiden / oder můſſen Gott den Vater / mit
ſeinem lieben Son / der vns ſo theur mit ſeinem heiligen Blut erkaufft / mit / vnd
vmb der Jůden willen / verlieren vnd ewiglich verloren ſein / Da ſey Gott fur.

15 Dem nach / ſol vnd mus es vns Chriſten kein ſchertȝ / ſondern groſſer ernſt
ſein / hie wider rat ȝu ſuchen / vnd vnſer ſeelen von den Jůden / ⟨i jᵛ⟩ das iſt / vom
Teufel vnd ewigen tod ȝu erretten. Vnd iſt der / wie droben geſagt. Erſtlich /

Das man jre Synagoga mit feur verbrenne / Vnd werffe hie ȝu / wer da kan /
ſchwefel vnd pech / Wer auch helliſch feur kůndte ȝu werffen / were auch gut.
20 Auff das Gott vnſern ernſt / vnd alle Welt ſolch Exempel ſehen möchte / das wir
ſolch haus (darin die Jůden / Gott vnſern lieben Schepffer vnd Vater / mit ſeinem
Son / ſo ſchendlich geleſtert hetten) bis her vnwiſſend geduldet / Nu mehr jm ſein
lohn geben hetten.

Zum andern / Das man jnen alle jre Bůcher neme / Betbůcher / Thalmudiſten /
25 auch die gantȝe Bibel / vnd nicht ein blat lieſſe / vnd verwaret auff die ſo ſich
bekereten / Denn ſie des alles brauchen ȝu leſtern den Son Gottes / das iſt / Gott
ſelbs den Vater / Schepffer Himels vnd Erden (wie geſagt iſt) vnd werdens nimer
mehr anders brauchen.

Zum dritten / Das man jnen verbiete / bey vns vnd in dem vnſern / öffentlich
30 Gott ȝu loben / ȝu dancken / ȝu beten / ȝu leren / bey verluſt leibes vnd lebens. Jn
jrem Lande můgen ſie das thun / oder wo ſie können / da wirs Chriſten nicht hören
noch wiſſen můgen. Vrſach / jr lob / danck / gebet vnd leren / iſt eitel Gotts le-
⟨i ijʳ⟩ſtern / fluchen / abgötterey / weil jr hertȝ vnd maul / Gott den Vater / Hebel
Vorik nennen / wie ſie ſeinen Son vnſern HErrn Jheſum nennen / Denn wie ſie
35 den Son nennen vnd ehren / So iſt der Vater auch genant vnd geehret. Hilfft ſie
nicht / das ſie viel ſchöner wort brauchen vnd Gottes Namen herrlich fůren / Denn
es heiſſt/ Du ſolt Gottes Namen nicht misbrauchen. Gleich wie es jre Vorfaren
nichts halff / das ſie Gottes Namen fůreten / vnd jnen doch Baal nenneten / ȝun
ȝeiten der Könige Jſrael.

Zum vierden / Das jnen verboten werde / den Namen Gottes fur vnſern ohren 40
zu nennen / Denn wir kônnens mit gutem gewiſſen nicht hôren noch leiden / Weil
jr leſterlich verflucht maul vnd hertz / Gottes Son / Hebel Vorik nennen / vnd
damit ſeinen Vater auch ſo nennen mûſſen / ders nicht anders verſtehen kan noch
wil / wie wir Chriſten ſolchs auch nicht anders verſtehen kônnen / die wir gleuben
mûſſen / wie der Son genant wird vnd geehret / So wird auch der Vater geehret vnd 45
genant. Darumb der Jûden maul nicht ſol werd gehalten werden bey vns Chriſten /
das es Gott ſolt fur vnſern ohren nennen / Sondern / wer es vom Jûden hôret / das
ers der Oberkeit anzeige / oder mit Sew dreck auff jn werffe / ſo fern ⟨i ijᵛ⟩ er jnen
ſihet / vnd von ſich iage. Vnd ſey hierin niemand barmhertzig noch gûtig / Denn es
trifft Gottes ehre vnd vnſer aller (der Jûden auch) ſeligkeit an. 50

Vnd ob ſie / oder jemand von jren wegen wolt furgeben / Sie meineten es nicht
alſo bôſe / wûſten auch nicht / das ſie mit ſolchem leſtern vnd fluchen / Gott den
Vater leſterten vnd fluchten / Denn / ob ſie gleich Jheſum leſtern / vnd vns Chri-
ſten / So loben ſie doch vnd ehren Gott auffs hôheſt vnd ſchôneſt. Iſt droben
geſagt / wie du gehôrt haſt / Wollens die Jûden nicht wiſſen / oder gebens gut fur / 55
So mûſſens aber wir Chriſten wiſſen / So ſind die Jûden mit jrem vnwiſſen nicht
entſchûldigt / weil Gott nu bey 1500. iaren ſolchs hat predigen laſſen / das ſie
ſolchs zu wiſſen ſchûldig ſind / Gott auch ſolchs von jnen fordert. Denn / Wer
Gottes Wort 1500. iar hôret / vnd jmer ſpricht / Jch wils nicht wiſſen / dem wird
ſein vnwiſſenheit freilich eine ſchlechte entſchûldigung / Das iſt / ein ſiebenfeltige 60
ſchuld verdienen.

Ja ſie habens zu der zeit nicht gewuſt / das Gottes Wort geweſt ſey / Sie habens
aber nu bey 1500. iaren gehôret / das Gottes Wort ſey vnd groſſe zeichen geſehen /
vnd ſelbs da widergetobet / drûber auch in ſolch elend 1500. iar ko⟨i iijᵛ⟩men.
Wolan / las ſie es noch hôren vnd gleuben / ſo ſollen alle ſachen ſchlecht ſein. Wo 65
nicht / ſo iſts gewis / das ſie es ewiglich nicht wiſſen / ſondern jmer fur vnd fur
fluchen wollen / wie jre vorfaren dieſe 1500. iar gethan haben / So kônnen wir
Chriſten (die es wiſſen) jr mutwillige / ewige vnwiſſenheit vnd leſterung bey vns
nicht leiden noch auff vnſer gewiſſen nemen / Sie mûgen hin zihen in jr Land /
daſelbs vnwiſſend ſein / vnd leſtern ſo lange ſie kônnen / vnd vns mit ſolchen jren 70
grewlichen Sûnden vnbeſchweret laſſen.

Ja wie wollen wir thun / wenn wir gleich den Jûden jre Synagoga verbrennen /
Gott loben / beten / leren / Gottes Namen nennen / ôffentlich verbieten etc.
Gleich wol werden ſie es doch heimlich nicht laſſen. Vnd weil wir wiſſen / das ſie es
heimlich thun / ſo iſts eben ſo viel / als thetten ſie es ôffentlich / Denn / was man 75
weis / das heimlich geſchicht vnd geduldet wird / das heiſſt doch nicht heimlich /
vnd gleich wol vnſer gewiſſen damit fur Gott beſchweret iſt. Wolan da mûgen wir
vns furſehen / Meins dûnckens wils doch da hinaus / Sôllen wir der Jûden leſte-
rung rein bleiben / vnd nicht teilhafftig werden / So mûſſen wir geſcheiden ſein /
vnd ſie aus vnſerm Lande vertrieben werden / Sie mûgen gedencken in jr ⟨i iijᵛ⟩ 80
Vaterland / So dûrffen ſie nicht mehr fur Gott vber vns ſchreien vnd liegen / das
wir ſie gefangen halten / Wir auch nicht klagen / das ſie vns mit irem leſtern vnd
wuchern / beſchweren. Dis iſt der neheſt vnd beſte rat / der beide part in ſolchem
fall / ſichert. [...]

9. Frisch auf, in Gottes Namen

Der vorliegende Text ist eines der historisch-politischen Lieder, die die Gefährdung des Heiligen Römischen Reiches deutscher Nation durch die Türken und gleichzeitig durch die nicht näher identifizierten »Welschen« (König Franz I. von Frankreich und/oder Papst Clemens VII.) zum Gegenstand haben, eine Machtkonstellation, wie sie zwischen 1526 und 1529 gegeben war. Das Lied ruft mit den gängigen Mitteln agitierender Texte zur Solidarisierung aller Glieder des Reiches mit dem Kaiser (Karl V.) zum Zwecke erfolgversprechender Handlung gegen die gemeinsamen Gegner auf.
   Ausgabe: A. Kopp (Hrsg.), Volks- und Gesellschaftslieder des XV. und XVI. Jahrhunderts. I. Die Lieder der Heidelberger Handschrift Pal 343 [. . .]. Berlin 1905, 64–65. – Lit.: H. Rupprich, Die deutsche Literatur vom späten Mittelalter bis zum Barock. 2. Tl. München 1973, 233–244. – Vorlage: Hs. (pfälzisch, Mitte 15. Jahrhundert); Universitätsbibliothek Heidelberg; Sign.: Cod. Pal 343.

Ein annder ſchon Liedt /

⟨50ᵛ⟩ Friſch aůff in gotteß namen dů werde Teůtſche Nation, Fůrwar ir ſoltt eůch ſchemen, das ir eůwer gůt lob ietzt laßt vnndergahn. das ir lang habt behaltten, in ehren vnnd Ritterſchafft, alſo geſchach den alttesn, der lieb Gott ſoll ſein waltten,
5 der verleihe vnns ſein Gottliche krafft /

Keiſer Karl auß Hiſpania, ein Edler fúrſt auß oſterreich, Er iſt von keiſerlichem ſtammen, wo findet man ſeins gleich, in zůchten vnnd in ehren, iſt er ganntz wol erkhanndt, darnoch thůt er ſich kheren, wann er das Reih ſol mherenn, vnnd aller Fúrſten landt /

10 Wach aůff dů heiliges Romiſches Reiche, wan es iſt an der zeit, Jr Fúrſten alle geleiche, růſt eůch zů diſem ſtreit. wan ir habt aůſſer welett, ein keiſerlich blůet, darůmb ſo thut eůch geſellen, thůtt eůch zůſamen ſtellen, es wirdt eůch alles zů gůett /

⟨51ʳ⟩ Darůmb ſo ſeindt gewarnet, vnnd ſeindt eins gůetten můetts, er ſeÿ reich od'
15 arme, das er ſein vatterlanndt behůt. Für den Türckiſchen hůnden, ſÿ fůren ein groſſen Pracht, des gleichen hab ich niht fůnden, rede ich zů diſen Stůnden, keiner ehr nemen ſÿ nit acht /

Geſchicht es nit gar balde, in einer kůrtzen zeit, So beſorge ichs mit gewaltte, es werdt ein groſſer ſtreit. Von welſchen vnnd von Teůtſchen, in gantzer teůtſcher
20 Nation; Jch rede das vnůerholen, daran ſol Niemanndt ſchmollen. Es mag nit annderſt erghon /

Darbeÿ will ichs laſſen bleiben, wol itz zů diſer zeit, Mich verdreůſt ietzt weiter zůſchreiben, es mocht ſich einreiſſen zů weitt, den verſtendigen iſt es geſagt, den and'n frag ich nichts nach, wen einer wirtt vérzagett, der and' gar veriagett, dem
25 Teůtſchen landt kompts zů gůtt /

www.ingramcontent.com/pod-product-compliance
Lightning Source LLC
Chambersburg PA
CBHW070411100426
42812CB00005B/1703